后浪出版

* 插图第7版 *

The Western Humanities, 7e

人文通识课 IV

从法国大革命到全球化时代

Roy T. Matthews
DeWitt Platt
Thomas F. X. Noble

（美）罗伊·T·马修斯 德维特·普拉特 托马斯·F·X·诺贝尔 著

卢明华 计秋枫 郑安光 译

世界图书出版公司
北京·广州·上海·西安

前言

《人文通识课》第七版仍然延续本书初版的宗旨：在历史解读的框架内提供一种有关文化表达和艺术作品的分析和欣赏。许多年来，我们已经清楚地认识到，如果把人文学识放在历史的背景中进行考察，学生们将是多么容易和有效地学到东西。此外，这一宗旨还将帮助开始接触人文学识的学生运用他们不断提高的历史眼光来丰富和加深他们自己对当今世界的最新见解。他们将清楚地看到，他们自己的生活以及对于他们来说很重要的东西并非来自真空，而是来自悠久、复杂，或许还称得上是奇异怪诞的往昔。如以往一样，我们将向学生提供一套丰富的、突出批判性思维的辅助教学手段，以帮助学生获取并修正他们自己对往昔的视界。

在《人文通识课》中，我们还将强调创造和表达的普遍共性。世界各地的人都有着做以下这些事情的冲动：解答人类存在之谜；探寻或是创立天地万物之序；创造性地对内在和外在的自然作反应；用真善美来愉悦感官和心灵；与其他人交流思想、共享高见。故而，我们的另一个宗旨便是力图表明，从文明生活发端之前起，表达自我和建立永久丰碑的欲望就一直是人类的一种强制性驱动。我们相信，强调这一点将帮助学生们明白，他们自己连同他们的想法、问题和志向，都不是与过去割裂，而是属于一种几千年前就已开始的传统。

我们还有一个目的，即帮助大学生做好应对未来的思想准备。当学生们审视过去并了解先人们如何应付困境、克服危机并设法留下不朽遗产的时候，他们就会发现，人类精神是无法压抑的。人类已经通过哲学、宗教、艺术、音乐、文学等人文学识为他们最深层的需求和最疑难的问题找到了答案。我们希望，这一凿凿可鉴的事实将给予那些塑造二十一世纪之世界的大学生以巨大的鼓舞。

《人文通识课》的特色标记

适用于教学的编排结构

长期以来，无论是教师还是学生都赞赏本书在阐述历史和文化时独特的平衡。书中各章的结构前后一致，以便强化学生从如下所述之多个视角进行学习的意识。

有关人文学识的背景性解释。本书每一章的第一部分都将论述所涉时代的物质状况，即历史、政治、经济和社会发展。我们旨在抓住各个纷繁复杂的时代之本质，并为讨论西方文化勾勒出一个前后连贯的叙述框架。

文化表达。每章余下的部分将专心论述两大范畴的文化表达：一是思想观念范畴，如哲学、历史、宗教、科学等；二是文化作品范畴，如艺术、音乐、戏剧、文学和电影等。在这一部分，我们将描述和分析该时代重要的文化成就，聚焦于那些普遍性的主题、风格选择和风格要素。我们将考察知识分子、艺术家、作家等有创造力的个人如何应对他们所处社会向他们提出的挑战，如何选择价值观和生活方式。

文化遗产。本书每一章的结尾处都有一段文字，简要地描述该章所涉时代的文化遗产。学生们将会发现，一些他们熟悉的观念、运动或艺术手法，其实都有着非常悠久的历史。他们也将发现，文化物件和文化课题的意义及所属价值，会随着时间、地点的变化而变化。我们的目标不仅是要帮助学生们厘定他们所属文化的来龙去脉，还要向他们表明，人文学识有如一系列生机勃勃的选择不断发展着，某个时代的人们创造了这些选择，而另外一些时代的人们又对之进行改造。

通过有效的特色教学手法给予学生的帮助

我们的另一个重要目的是帮助学生理解文化表达和文化成就，为此我们提供了一系列广泛的特色教学手法，以突出一些重要的主题并表明它们之间的相互关联。这些特色手法提供附加的素材或对素材的不同看法，丰富了本书的主体内涵。我们也认真地满足了扩展历史画面的需要，故我们将一些非西方文化的素材含括了进来，以求显示它们是如何相互影响的。

“人文学识入门：如何理解艺术”。前来选修西方人文课程的学生个人背景各式各样。为帮助学生们获致学习人文知识的基本能力，我们在本书开头就安排了“人文学识入门”，它向读者介绍赏析文学、音乐和视觉艺术等各种主要艺术形式的不同方法。我们通过这篇“入门”提供了一些工具，以图帮助学生更好地把握如何超越他们对艺术品的最初反应，向一种更有见地的理解方向发展。我们要求学生去思考艺术家们创作其艺术作品的意图，去观察其作品的构建要素，并且去赏析艺术家们所处的文化和历史环境如何影响他们的工作。在本次的第七版中，我们增添了新的一节，即“解读艺术”。

遭遇栏目。每一个**遭遇**栏目描述西方文化与其他文化之间的一次交汇。“遭遇”通过文字和艺术品聚焦于影响了双方文化的重要交往。我们试图在今天的大学生中培养全球意识，故而这些“遭遇”将表明文化遭遇和文化交流乃是人类历史中一个经久不息的组成部分，它们既有积极意义，也有负面影响。

生活片段。生活片段栏目向学生提供倾听来自往昔的声音的机会，这些声音是课文中所述之历史和文化事件的目击者发出的。这些节选自原始资料和原始档案的材料旨在向读者展示活生生的历史。

按图索骥。这个特色内容鼓励学生们培养地理学技能——在现在这个全球化时代，地理学技能是一种极有价值的能力。通过地图练习并回答一些与地图相关的问题，学生们将学会看地图并理解在特定地理环境中发生的历史和文化进程。

遗产部分。每一章的结尾部分将表述该章所述之传统的不朽遗产。

术语。当正文中出现新的文化术语时，该术语将被印成黑体字并随后给出定义。

文化关键词将在每一章的最后收集成一份列表——这个重要的学习工具向学生提供重要的词语。

第七版的变动

新作者托马斯·F·X·诺布尔（Thomas F. X. Noble）

本次《人文通识课》最新版的最重大进展是圣母大学（University of Notre Dame）教授托马斯·F·X·诺布尔加盟为合作者。托马斯是专治古代后期和中世纪早期历史的著名学者，他撰写、参著、主编或翻译了10本著作及将近50篇文章。作为中世纪史学家，他对古代世界也有着精深的理解，他的加盟使本书写作团队的知识结构得以大大平衡。多年来，本书的三位作者都相互熟知，也相互尊重，我们对全书各章做了修缮和更新，尤其是在托马斯的帮助下精心修订了关于古代和中世纪世界的各章。此外，为了使全书前后连贯一致，我们还特意加强了贯穿全书的教学法手段，即增添了两个特色以求鼓励学生分别去理解艺术和作批判性思考。我们期待《人文通识课》第七版将继续帮助授课人应对今天的教学挑战，并帮助新一代学生去理解并拥有他们的文化遗产。

第七版的新特点

我们一如既往地倾听读者们对本书的评价和改进建议。在第七版中，我们基于众多深刻的评论作了如下一些重大改动：

重新编排了希腊化世界和罗马共和国的时间框架。此次修订后的“希腊化时代的文明和罗马的兴起”讲述了罗马如何兴起并从希腊化世界后期阶段获得其文化定位。

重新编排了罗马帝国、拜占庭帝国和中世纪早期的时段。在前几版中，一些涉及罗马帝国的素材附属于罗马共和国的论述，而另一些资料则被看作是通向中世纪的前奏。本书第七版将罗马共和国放在希腊化背景下考察，故修订后的“罗马帝国文明和基督教的胜利”论述的是从奥古斯都时代到查士丁尼时代的罗马帝国文明（公元前31—公元565年），其中也含括了基督教和天主教会的胜利。基督教的胜利既是罗马世界转型中的一个关键因素，也是罗马世界的一个强大遗产。最后，这一讲的新格式采用了“古代后期”（late antique）的范式作为阐释框架。正如罗马不是在一天中建成一样，它也不是在一天中陨落的。罗马帝国长期缓慢的转变是一个动态的、创造性的过程，延续了好几个世纪。本次修订版将罗马帝国时期的材料糅合成一讲，这样，中世纪早期就相应地被单列出来对待。“罗马帝国的后裔：拜占庭和中世纪早期的西方”描绘了拜占庭和中世纪早期的西方这两个相互平行的历史进程。这种处理方法得以更充分地论述拜占庭文明的各个方面，并且也能更详细地论述查理曼时代，因为查理曼时代为中世纪的欧洲奠定了基础，也为西方文明向以后时代的转变做好了准备。

新特色：解读艺术。应众多评论者之请，我们增添了一个**解读艺术**特色，当然，这样做也是我们继续履行的一贯使命之组成部分：还原高深的文化以便清晰地展示给学生。我们在“人文知识入门”中向读者介绍并解释了这一新特色。十二项解读艺术的范本每一项都聚焦于一件艺术杰作（绘画或雕塑）或建筑，采用一套六项提示体系来突出其形式特征（即它如何成之为艺术品）和历史背景（即它如何反映其历史时代）。我们相信，掌握了这一特色的学生将可运用它来分析他们所遇到的任何艺术品。

新特色：批判性思考提问。应书评人的要求，我们在每一讲的最后增添了五个批判性思考提问。我们试图在这些评论提问中聚焦于通过考察历史背景来深入理解文化成就——这种方法是本书的基本宗旨。我们相信，这种教学手段将帮助学生掌握人类历史的复杂性。这些章末提问系对网络版**教师手册**（学生们无法接触到该手册）中评论性提问的补充。

修订了的艺术赏品。像以往各版一样，本次修订版中艺术赏品的大多数变动也是基于我们希望更新内容的愿望。每一幅插图都在正文和图片说明中得到解说。在前11讲中，增添了38幅艺术品图片，主要集中在论述从希腊化时期到中世纪盛期这段时间内——这几章主要由托马斯·诺布尔大笔改写。这些添加图片包括几幅历史性建筑物的平面构造图和复原图，以及许多新的视觉形象。

在后11讲中，我们也添加了38幅艺术形象，基本上都是替代同一些艺术家或建筑师的艺术作品。

教学资源

我们身为讲课人，深知在讲授人文学识时（尤其是给学生素质参差不齐的大课堂上课时）会遇到的难题。因此我们撰写了一本教师手册并制作了一套综合性的补充资料，旨在帮助解决这些难题。

《人文通识课阅读资料》（*Readings in the Western Humanities*）。在本书第七版的阅读资料中，马修斯和普拉特重新编排了章节，以使其与《人文通识课》（第七版）的变动相对应。原始资料的选取按时间顺序排列，对应于本书正文的22讲，并分作2卷。第一卷含括从古代美索不达米亚一直到文艺复兴；第二卷从文艺复兴一直到21世纪。这套文集让学生们接触到我们的文学和哲学遗产，使他们得以原汁原味地品味西方传统中那些大作家和大思想家们的思想和声音。

《传统：各个时代的人文资料》（*Traditions：Humanities Readings through the Ages*）。对于那些希望拥有他们自己的读者群的授课者来说，《传统》是一个新的资料库，我们设想该资料库既可用作单行本流传，也可用作麦格劳-希尔公司（McGraw-Hill）“西方人文”系列出品的姐妹篇出品。该文集的特点是内涵广博，同时包含了西方和非西方的人文资料，囊括了古代和当代的资料，选取自文学、哲学和科学等多个不同的学科。Primis Online数据库的灵活功能使这些资料得以既按时间顺序也按作者姓氏顺序排列。请上线www.primisonline.com/tradition。

教师手册（Instructor's Manual）。教师手册也作了修改和扩充。手册为每一讲准备了教学策略和建议、习题集、学习目标、关键的文化术语、参考性影片、阅读材料和网址，以及一份与《人文通识课》第七版一起配套修订的详细大纲。手册注明了《人文通识课》每一讲的参考资料载于其配套文集《人文通识课阅读资料》的何处，这样，教师们就能很轻松地将原始资料结合进每一堂课。

除了对应各讲的资料外，教师手册还在前言中提供了五种基本的教学策略和七种讲课模式。教师手册可以通过“网络学习中心”（Online Learning Center）下载获取。

网络学习中心（www.mhhe.com/mattews7e）。网络学习中心的学生板块包含了一条通往MyHumanitiesStudio网站的链接，在该网站中，学生们可以浏览有关各种艺术技巧的视频，并做一些旨在加强其理解视觉艺术、舞蹈、音乐、雕塑、文学、戏剧、建筑和电影的互动作业。除了MyHumanitiesStudio外，网络学习中心还提供以下资源：论文、简答题、全真/模拟测验题；章节目录；各章目的；关键术语；MyHumanitiesStudio练习。我们期待这些在线资源将能增强学生对人文学识的理解，并激发他们自己的创造力。

图像库（Image Bank）。图像库是一个网络显示管理器，使用者可以轻松地浏览并下载图像以用于课堂展示，教师们可以通过该图像库接触到《人文通识课》和麦格劳-希尔公司“西方人文”系列其他出品中所载的各种图像。

音乐选集（Music selections）。一张音响光碟收录了课文中谈到的各类音乐曲目，包括宾根的希尔德加德（Hildegard of Bingen）、巴赫（J. S. Bach）、伊格尔·斯特拉文斯基（Igor Stravinsky）和菲利普·格拉斯（Philip Glass）等作曲家的作品。

致谢

我们要感谢许多人对本次《人文通识课》修订的帮助和支持。罗伊·T·马修斯和德维特·普拉特依然要感谢多年来密歇根大学的在校生和毕业生提出的许多深邃的评价。托马斯·F·X·诺布尔要感谢他的数千名学生，35年来这些学生给了他很多教益。他也对自己被邀请来援手创作这部精湛成功之作的新修订版深表感谢，不胜惶恐。

对我们三人来说，本次第七版的修订实乃一次学习的经历，但是，在此付梓之日，我们已融为一个相互支持的团队。我们感谢Art Pomponio公司的理智反应和令人平静的声音。至于我们麦格劳-希尔公司的操作人员，我们想特别感谢罗娜·罗宾（Rhona Robbin）对该项目的领导。罗娜易于共事，而当发生在她权力范围以外的问题时，她也知道到哪里去求得问题的迅速解决。至诚哉，罗娜！我们也感谢蕾丝丽·拉康内里（Leslie Racanelli），此次修订期间，您机智地引导我们走出了好几条迷径；您一直是我们几位作者的巨大智慧库。还有，我们要特别感谢以下麦格劳-希尔公司团队的其他人员——Chris Freitag，Betty Chen，Brian Pecko，Allister Fein，Louis Swaim，Pam Cooper，Elena Mackawgy，Sarah Remington以及全部的编辑和出版人员。

导　言　为何学习文化史?

如果对在你出生以前发生的事情一无所知，那你就始终是个孩子。

——西塞罗，公元前1世纪

如果你说不出过去三千年的事情，那你就处在黑暗之中，毫无经验，浑浑度日。

——歌德，19世纪

本书的基本假设是：对于那些想成为饱学之士以图把握自己命运的人来说，西方文化的某些基础知识是必不可少的。人类已有的五千年成文历史相对连贯，未曾中断，虽然其间有时显得乱七八糟。如果人们得不到训导因而不理解他们在人类历史中的位置，那么，他们将会变得软弱无力，完全受制于来来往往的时兴风潮和一些奇思怪想。他们会被一些夸夸其谈者们的阿谀之词击倒，或者会盲从于以下这种错误观念：当前所发生之事态是独一无二的，或者是史无前例，或者是超越以往发生的任何事情。

可能发生的最糟糕之事是身处无知的囹圄内——用歌德的话来说就是“浑浑度日”。如果不知道过去及其对现今的含意，人们便会认为，他们当时所处的世界将会永远延续下去，而事实上这个世界的许多事物注定是要被遗忘的。通俗文化往往稍纵即逝，与此相反，学习西方文化将提供另一种完全不同的东西，这种东西已经经受住了时光的无情考验。今天的英豪人物终将被人遗忘，但不管多久以后，那些铸造了西方传统的文学艺术先辈所取得的成就仍将留存下去。他们的作品流传到各个时代，而且在每个时期都显得栩栩如生。古罗马作家塞涅卡（Seneca）精辟地表达了这一观念，他在公元1世纪时写道：“生命诚短暂，艺术乃长久。”

一但人们意识到西方文明的丰富遗产其实是他们自己的财富，那么，他们看待自己以及所处时代的目光就会超越现时代。他们将明白，他们无需受今天诸多限制的束缚，而是可以借鉴生活在几百年前乃至几千年前的先人的创造性眼光。他们将发现，他们的文化拥有赋予自身以内涵和形态的历史和脉络。学习和体会文化遗产可以帮助他们理解他们在当今世界的位置。

西方的地理范围

本书的论题是西方文化，但是，我们所说的“文化”以及“西方”究竟指的是什么呢？文化一词具有多项含义，但我们在这里是用它来指一个民族的艺术和思想表达及其创造性成就。至于西方，我们指的是地球上位于亚洲和小亚细亚以西、非洲以北的那个部分，主要是指欧洲——这是本书主体论述的地理框架。

然而，西方传统并不局限于我们今天所定义的欧洲。一些生活在当今欧洲疆域以外的民族之贡献也含括在西方文化之内，因为这些民族有的是西方的先祖，如那些最早创造了美索不达米亚和埃及文明的民族；有的则在某些时期是西方的组成部分，如在古罗马和早期基督教时代生活在地中海沿岸之北非和近东地区的民族。西方文化从形成于这些地区的理念中汲取了丰富的营养，这与地理范围无关。

一些曾经是西方传统之组成部分的地区被拉入了别的文化传统，例如美索不达米亚、埃及和北非，那里的居民在公元7世纪时信奉起了伊斯兰教，随后它们就不再包含在西方文化史范畴之内了。不过，由于伊斯兰文明对西方文明产生的巨大影响，我们在本书中也概述了伊斯兰历史，并对伊斯兰文化作了描述和鉴赏。伊斯兰文明与我们自己的西方文明颇多差异，但其丰富的传统在当今世界享有重要的地位。

大约在1500年之后，随着航海探险活动扩展到地球上其他一些最遥远的地区，几百年来一直凝聚在欧洲一地的西方文化开始裂变。从此时起，几乎称得上排他性的欧洲模式瓦解了，主要是通过传教士、军人、殖民者和商人的活动，西方价值观和理想开始向全世界输出。与此种进程相吻合并且使变化模式更趋复杂的是奴隶贩卖者们的活动，他们将无数非洲黑人贩运到南北美洲充当种植园的奴工。西方文化与许多此前孤立发展的文化之间发生了相互作用，从此改变了所有被这一互动进程触及的人群，无论这些人群自己愿意与否。

自1500年起持续进行着的全球西化进程，乃是当今时代的统率性主题。1900年以前人类的贪婪本性、传教士的无限热忱和殖民帝国的梦想未能做成的一些事情，在20世纪中被现代技术、大众媒体和通俗文化做成了。今天的世界是一个地球村，其中的许多部分受着西方价值观和西方生活方式的主宰。在我们这个时代，西化已成为一种双向的交流。来自其他文化的艺术家和作家采纳西方的形式和观念，同时他们又不仅仅是使他们自己的传统西方化，而是也向西方传统注入新鲜的感知和思维习惯。文化的全球化意味着一部南美小说或一部日本影片能像一幅欧洲油画一样被西方的读者观众所接受，并且还带来一套具有文化象征和含义的新奇词汇。

历史时期和文化风格

在文化史上，过去经常被划分成历史时期和文化风格。所谓历史时期，是一个具有某种共性的时间段，其共性或者在于其间明显流行着一种独特的文化、理念或技术，或者在于它因某个划时代性的历史事件而终结，例如像亚历山大大帝之类的军事统帅的去世，或像罗马帝国的崩溃之类的政治动荡。所谓文化风格，是文学艺术表达、手法或表现之特征的集合体，它限定了某个特殊的流派或时代。一个历史时期可能在时间上与某个文化风格相吻合，也可能同时包含不止一个的文化风格，或涵盖两个前后相继的文化风格。本书的每一章都将聚焦于一个历史时期，并含括一些重要的文化层面——通常有艺术、建筑、宗教、音乐和哲学——各个层面的叙述次序则根据讨论该时期相应文化风格的需要来编排。

本书的考察起自史前时期，也即人类发明书写以前的时代，其上限难以确定，总之是人类产生的那遥远时刻。约在公元前3000年时，书写产生了，从那以后的西方文化遗产分成三个笼统的历史时期：古代、中世纪和现代。

古代起自公元前3000年，止于公元500年（参见历史分期表1）。在这

历史分期表1　古代世界

<table>
<tr><td>公元前
3000</td><td>1200</td><td>800</td><td>500</td><td>323</td><td>146</td><td>31</td><td>公元
500</td></tr>
<tr><td rowspan="2">美索不达米亚和埃及文明；希腊文明的先驱</td><td rowspan="2"></td><td colspan="4">希腊文明</td><td colspan="2"></td></tr>
<tr><td colspan="6">罗马文明</td></tr>
<tr><td colspan="8">主要历史时期</td></tr>
<tr><td rowspan="2">美索不达米亚和埃及文化；米诺斯和迈锡尼文化</td><td rowspan="2"></td><td>希腊古风风格</td><td>古典（希腊）</td><td>希腊化文化</td><td rowspan="2">罗马帝国文化</td></tr>
<tr><td colspan="2">伊特鲁斯坎和希腊文化的影响</td><td>希腊化文化</td></tr>
<tr><td colspan="8">文化风格</td></tr>
</table>

历史分期表2　中世纪世界

500	1000	1150	1300	1500
主要历史时期	中世纪早期	中世纪盛期		中世纪晚期
文化风格	地区风格	罗马式风格	哥特风格	

3500年中，西方文明首先在美索不达米亚和埃及冉冉升起曙光，随后从公元前8世纪起在希腊和罗马光芒四射；当公元前146年希腊臣服于罗马之时，西方文明的光辉稍稍暗淡了下来，最终在公元5世纪随着罗马帝国的崩溃而归于湮灭。与上述这些历史时期相应的文化风格有美索不达米亚风格；埃及风格；希腊风格，其中又包含古风（Archaic）、古典（classical或Hellenic）和希腊化（Hellenistic）三种风格；罗马帝国风格（imperial Rome style）。

中世纪（Middle Ages）含括从公元500年到1500年之间的诸多事件，这一千年又可进一步划分成三个时段（参见历史分期表2）。中世纪早期（500—1000年）的特征是频繁的蛮族入侵和政治混乱，以致文明本身岌岌可危，勉强幸存。这段极其动荡的时期没有一种完整的国际风格，虽然有几种地区性的风格颇为繁荣。中世纪盛期（1000—1300年）则是一个稳定的时期，其间中古文化臻于鼎盛。此间出现了两种前后相继的风格：罗马式（Romanesque）风格和哥特式（Gothic）风格，而哥特式风格将在此后的中世纪文化中占据统率地位。中世纪晚期（1300—1500年）是一个转折时期，其间，中世纪日趋消亡，现代（modern age）奋力显现。

现代时期大约开始于1400年（历史时期之间经常是相互重叠的），一直延续到今天（参见历史分期表3）。随着现代的来临，一种界定历史变化的新方法开始显得更有意义——那就是把历史划分成各种运动，即大批的人群集合起来为达到一个共同目标而开展的活动。现代时期包含了好多场旨在以特殊的方式改变世界的运动。

现代的第一场运动是文艺复兴运动（Renaissance，1400—1600年），它试图复兴古希腊罗马的文化价值观。这场运动伴随着两种连续的风格：文艺复兴风格和矫饰主义（mannerism）。随后的一场重要运动是宗教改革运动（Reformation，1500—1600年），它致力于让基督教恢复到《圣经》中所确立的早期教会理想模式。虽然宗教改革并没有衍生出任何具体的风格，但这场宗教狂潮确实深刻影响了文学艺术的题材及其表达方式，尤其是对矫饰主义风格。

宗教改革之后是科学革命（Scientific Revolution，1600—1700年），这场运动的结果是古代科学被抛弃，现代科学得以诞生。科学革命的结果固然是翻天覆地的，但其本身进程似乎游离于它所处时代的风格，也即所谓的巴洛克风格（baroque）。这种富丽堂皇的风格旨在通过夸张的感官效果产生震慑，它与罗马大主教会试图恢复其尘世权威的努力联系在一起。

科学革命引发了启蒙运动（Enlightenment，1700—1800年），这场运动宣称要依据新兴科学的原理来变革政治和社会。就风格而言，18世纪呈现出斑驳陆离的景象，起先受洛可可（rococo）风格的主宰，那是一种奢华奇异的风格，代表着巴洛克风格的最后阶段；随后则由新古典（neoclassical）风格主导，这种风格受古希腊罗马作品的启发，也反映了科学革命的原理。在18世纪尚未过去之时，启蒙运动唤起了它的对立面，即浪漫主义运动（romanticism，1770—1870年），这场运动着意于情感、幻想和任何无法用科学论证的东西。与浪漫主义运动完美地相伴相随的是浪漫派风格（romantic style），其标志是对哥特式风格的重新赞赏和对自然的热爱。

到19世纪末期，现代主义（modernism，1870—1970年）兴起，它倾向于清除希腊罗马传统和基督教信仰的一切遗留痕迹，并塑造摆脱过去影响的全新的理解方式。从20世纪70年代起，后现代主义（postmodernism）崛起，这场运动力图与过去达成妥协，既容纳旧有的表达方式，同时又采纳一种全球性的、多种声音混杂的视野。

虽然每个文化时期都留有各自的创新和创造性标志，但我们在本书中对不同时期的考察却颇有偏重——论述某些时期之成就的篇幅和力度可能会大于其他一些时期。之所以作这样的调整，是因为某些时期或某些风格比其他的更

历史分期表3　现代世界

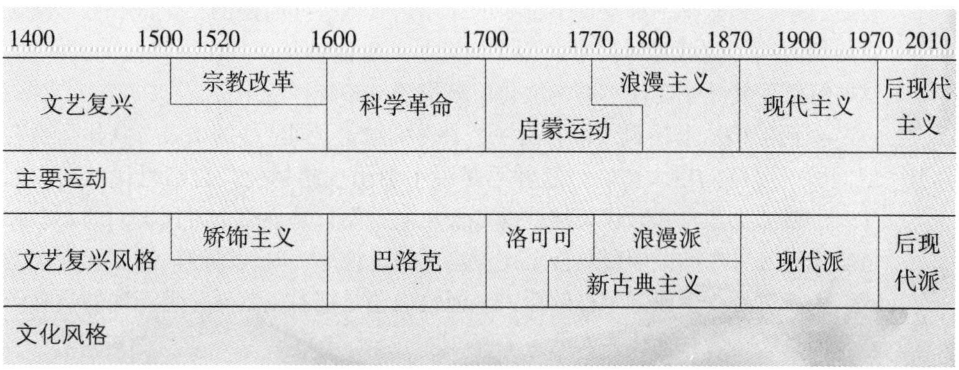

重要一些，尤其是从它们的成就对当今时代之影响的角度来看。例如，一些风格与其他风格相比颇显得鹤立鸡群：如公元前5世纪希腊的古典主义、16世纪意大利的文艺复兴盛期（High Renaissance）和20世纪中期的现代主义，相比于中世纪早期风格或17世纪的巴洛克风格来，显然重要得多。

综合看待文化史的方法

我们看待西方遗产的方法是将文化成就放在其历史背景中加以考察，展示物质条件——即每个时期的政治、社会和经济事件——如何影响文化成就的产生。本书每一章三分之一的篇幅将专门对史实作诠释性讨论，余下的三分之二则专心考察该时期的艺术、建筑、哲学、宗教、文学和音乐。历史的这个层面当然不是各自孤立地发生，我们的目的就是要展现它们是如何相互联结的。

为说明这种综合方法，我们来举个例子，看一看哥特式教堂。这种高耸入云、光线充足的祈祷场所突出的特征是尖顶拱门、巍巍尖塔和绚丽的彩色玻璃窗。哥特式教堂建于中世纪盛期,此前有一段城市生活基本绝迹的空白时期。在中世纪盛期,虽然宗教仍然是欧洲生活中的主导力量,但贸易开始再度繁荣,城市生活日趋恢复，城市居民开始变得越来越富裕。部分动机是为了显示它们新近获致的财富，许多城市和集镇便招聘建筑师和工匠来建造这些高耸巍峨的教堂，它们俯瞰周围好几公里的地面景观，昭彰着其建造者的经济富足。

我们采用综合看待西方文化的方法，不仅要考察艺术如何与物质条件相联结，而且还要探究在每一个特定时代渗透到艺术和文学表达中的共有主题、期望和观念。一个时代的创造性成就总是反映一种共同的视野，即使这种视野在当时还得不到众人明确的认识。因此，每个时代都拥有一种可以通过文化记载分析出来的独特眼界。关于这个现象，一个很好的例证是公元前5世纪的古希腊时代，其时，中庸之道，或者说在万物间保持均衡的理念，在雕塑、建筑、哲学、宗教和悲剧中都发挥了重要的作用。其他一些时期的文化记载并不都像古希腊时期的记载那样清晰，但人们还是经常能够从中找出一些共同的特性，这些特性促使一个时代不同的文化层面形成一条统一的主线。

我们能够从上述观点推导出一个必然的结论：创造性的个人及其作品受着他们所处时代的巨大影响。这并不是说不会出现超越他们自己时代的杰出天才——譬如文艺复兴时代英格兰的莎士比亚，而只是说每个时代人们的心态和情感是有迹可循的。即便是莎士比亚也反映了他那个时代的政治态度和社会模式。他诚然是一个流芳千古的伟人，但他也还是把君主制看作是正确的政府形式，而且还认为女人比男人低劣。

文化作品的选择

西方文化遗产浩如烟海，所考察作品的取材，无不反映出作者所做的抉择。我们选取的所有作品都对西方文化具有重大影响，但选择的理由不尽相同。一些作品被选取是因为它们指明了一种新道路的方向，如毕加索（Picasso）的《阿维农的少女》（*Les Demoiselles d'Avignon*），它标志着立体主义（cubism）绘画的诞生；还有菲尔丁（Fielding）的《汤姆·琼斯》（*Tom Jones*），最早的小说之一。另一些作品的选取是因为它们显得将一种风格体现得淋漓尽致，如被称为《波赛东》（*Poseidon*）或《宙斯》（*Zeus*）的堂皇塑像，它创作于公元前5世纪的雅典，见证了古典风格；还有但丁（Dante）的《神曲》（*Divine Comedy*），它是中世纪盛期多种理念的缩影。我们偶尔选取了某个特殊题材的作品，如圣经故事大卫和歌利亚（David and Goliath），并列举多那太罗（Donatello）、委罗基奥（Verrocchio）和米开朗琪罗（Michelangelo）等人创作的塑像，以求阐述不同的雕塑家如何来解释这个题材。还有其他一些作品吸引了我们的注意力，那是因为它们有的充当了前后相继的风格之间的链接点，如乔托（Giotto）的壁画，有的则代表了一个时代或一种艺术风格的终结，如经常被人提及的叫做《君士坦丁的巨型雕像》（*Colossal Statue of Constantine*）的塑像。最后，我们选取了一些作品，特别是绘画，纯粹是因为它们美不胜收，如拜占庭时期的圣母玛利亚与男孩的肖像。

通过西方文化史的各个时代，通过体现在绘画、雕塑、建筑、诗歌、歌曲中的各种变化的风格和品味，我们可以看到，每个时期的人类群体中都闪烁着创造的火花。这种多样性乃是西方经验的标志，我们将在本书中宣示这种多样性。

对读者的挑战

任何教育的目标都是（也应该是）自我认识。这一目标最初由古希腊人确立，他们在德尔斐的阿波罗神庙大门上方铭刻了“认识你自己”的律令。自我认识意味着了解你自己以及你在社会和世界中的位置。达到这一目标并非易事，因为做一个有教养的人乃是一个终生追求的进程，需要时间、精力和投入。不过，千里之行始于足下，我们期待本书能够成为你通过历史和文化遗产来了解和定位你自己的第一步。我们对读者提出的挑战是：用这本书来开始你自我认识的漫漫旅程。

人文知识入门

如何理解艺术

导论

我们全都能欣赏艺术。我们能在绘画、音乐、诗歌、小说、电影和其他许多当代或往昔的艺术形式中找到乐趣和兴趣。我们并不需要对艺术非常了解才能知道我们喜爱的东西，因为我们自己也是喜爱的一部分：我们所喜爱的东西不光涉及艺术本身，同样也涉及我们自己的品位。

列奥纳多 · 达芬奇：《岩间圣母》

例如，我们中的许多人会对诸如列奥纳多·达芬奇（Leonardo da Vinci）所作《岩间圣母》（*The Virgin of the Rocks*）那样的油画反应积极。画中圣母玛利亚和天使的面容美丽可爱；我们可能曾经在圣诞卡或其他一些商业性复制品中见过这类肖像。我们看到这幅画时的反应犹如英国诗人华兹华斯（Wordsworth）所说的“一见钟情”（first careless rapture），这种反应激发我们的想象，在我们与艺术作品之间建立起联想。然而，如果我们仅仅看到这些东西，如果我们始终停留在一种主观反应之上，那么，我们就只能欣赏表象，欣赏其直观形式，随后或许是下意识地全盘接受它所暗示的价值观。我们欣赏了艺术作品，但却不是理解了艺术作品。

有时我们因为不理解而不能欣赏。我们可能会排斥毕加索的《阿维农的少女》，因为这幅画向我们展示了一些我们可能无法辨认的妇女形象。这些妇女也许让我们感觉不适，她们所暗含的价值观或许会让我们感到惊恐，而不是让我们感到愉悦或放松。我们可能感受到厌恶，而不是钟情；但是，一旦我们认识到这幅画被认为是一件开创性的作品，我们就会努力想知道我们忽视的东西，并愿意作更深的探究。

要理解一件艺术作品（如一幢建筑、一首歌或一曲交响乐），我们需要保持我们的"钟情"（即我们的情感反应和联想），但不能仅仅是"一见"而已，不能流于表象和主观，不能单纯局限于我们感知到的东西。我们需要通过探寻超越我们自身以外的意义来丰富我们的鉴赏。这就涉及对以下各种事物的理解：

- 艺术家的意念或目标。
- 体现在作品中的形式要素。
- 这些要素如何服务于艺术家的目标。
- 这件艺术作品产生的背景。
- 该作品与其他作品之间的联系。

文学、艺术和音乐的分析方法

在分析一件艺术作品时，我们既要鉴定作品的意念，也要评价作品完成的情况。要回答这两个问题，我们可以考察作品的形式要素——该方法被称为"形式分析法"（formalism），也可探究其脉络背景——即所谓的"背景分析法"（contextualism）。

形式分析法

形式分析关注一件作品的美学（艺术）因素，而不管其脉络背景。这种分析类型集中探究手段和技巧：

- 对一幅画、一座雕塑或一套建筑结构的形式分析将考察其线条、形状、色彩、架构和布局，也将评判艺术家在使用表现手法时的技巧能力；这种分析全然不关心作品本身以外的任何东西。
- 对一件文学作品（如一篇短篇小说或一部长篇小说）的形式分析将探讨主题、情节、角色和场景之间的相互关系，另外还将考察语言元素——包括词汇选择、语气、比喻、象征等等——在支撑其他要素时运用得有多贴切。
- 对一部影片的形式分析也将探讨主题、情节、角色（既包括有台词的也包括没有台词的）和场景，并评析电影元素——摄影技巧、灯光、音像、剪辑等等——如何支撑其他的要素。

对《岩间圣母》的形式分析将考察其作者采用的视角、画中人物相互之间以及与其周围洞穴之间的布局、色彩与线条的运用技巧、光线与阴影对照比例（即所谓的明暗对照法［chiaroscuro］）。对《阿维农的少女》作形式分析也将依据同样的技术参数。这两幅画分别完成于1483年和1907年——这一事实无足轻重，只在对两位艺术家所采用的技巧和手法作探讨时才显得稍有意义。对于形式分析方法而言，时间和地点只存在于作品本身之内。

背景分析法

与形式分析法不同，背景分析法要求根据时间和地点来理解一件作品。背景分析法聚焦于作品以外的因素：

- 艺术、社会、文化、历史和政治诸方面的因素、事件和趋势。
- 艺术家创作该作品的意念和动机。
- 该作品与其同时代或别的时代同一流派的其他一些作品之间关系如何。
- 该作品与作者的其他作品之间关系如何。

毕加索：《阿维农的少女》

对前述达芬奇和毕加索的两幅画作背景分析将包含以下这些信息：这两幅画分别完成的时间、地点；它们得以产生的条件；当时流行的艺术风格；作者的生活环境等。单单画作不能提供背景探究所需的足够信息。同样，对某部陀思妥耶夫斯基（Dostoevsky）所著小说的背景分析既要考虑作者个人的境遇，也要分析他创作该部小说时俄罗斯和欧洲的局势。对巴赫（Bach）创作的某部合唱曲和赋格曲（fugue）作背景分析将包括巴赫的生活、他的宗教信仰和18世纪德意志的政治气候等方面的信息。

综合方法

在对一件艺术品作严格的背景分析时，作品本身有时会湮灭在关于背景的详尽探究之中。而在严格的形式分析中，一些有助于理解作品的重要知识可能会始终不得而知。因此，最有效的分析应是将两种方法融合到一起，既考究作品的形式要素也探究作品在其中得以产生的脉络背景。比起任何一种单纯的形式分析法或背景分析法来，这种综合方法都更有效，而且在某种意义上也更可信。一件艺术作品，无论是一首诗、一幅画，还是一座大教堂、一部大合唱，都是一个复杂的实体，正如同这件作品所蕴含的艺术家与艺术之间、艺术及其观众之间的相互关系也错综复杂一样。综合性的分析方法认同这些关系及其复杂性。这便是《人文通识课》一书在作艺术和文化分析时最频繁运用的方法。

多种视角

虽然许多研究文化和点评文化的学者是采用综合性的方法，但他们也特别关心从一个特殊的视角来看待事物——所谓“视角”指的是引导并影响他们作考察和解释的一套兴趣体系或一种思维方式。常见的视角有心理学视角、女性主义视角、宗教视角、经济学视角和历史学视角。

· **心理学**视角探究作品的心理特征含义，如性联想和象征意义——事实上，这是对艺术家进行一种追溯性的心理学分析。这一视角可能会探讨《岩间圣母》中玛利亚和天使的面部表情、姿势和体位所暗含的意义，或者可能会对达芬奇对待妇女的态度以及他与妇女的关系感兴趣。

· **女性主义**视角着手的人将从妇女的角度考究艺术作品本身及其产生的脉络背景。采用女性主义视角将诘问某件作品如何描述妇女？关于妇女及其普遍关系它说些什么？它有没有并且是如何反映了男权社会的现实？许多人已经讨论了毕加索《阿维农的少女》透射出来的妇女们的明显怨恨。在此同时，这件作品的尺寸（8英尺高，7英尺8英寸宽）和画中人毫无畏惧的神情表明，这些女人具有一种粗犷的力量。女性主义评论便聚焦于这类的考虑。

· 如果一件艺术作品缘起于宗教氛围中，那么，从**宗教**视角加以分析往往是合适的。例如，中世纪教堂高耸的尖塔和十字形的平面布局显露出宗教意义，文艺复兴时期描绘圣经人物的绘画也同样如此。当时的许多文学艺术作品也都包含宗教内容。宗教分析着眼于象征主义手法的运用、神学原理和信念的表现、文化间联系和影响的意含。

· **经济学**视角看待艺术作品则集中关注其经济内涵——即与财富相关的作用和关系。经济学分析往往借鉴马克思的下述论点：阶级是一切人类关系和人类活动中的制约因素；这种分析既探究作品的意念，也考察其内容：这件作品描述了不同阶级的人，表示了财富的分配，因此它是富人们为展示权力而产生。

· **历史学**视角也许是各种视角中包容性最强的视角，因为它可以容纳关于心理学、宗教和经济学论题的阐释，还包含有关不同时间和地点之阶级和性别的问题。历史学视角要求充分理解当时的重大事件以及它们如何影响个人并塑造文化。《人文通识课》在考察艺术和文化时经常采取历史学的视角。

分析词汇

某些术语和概念对于任何艺术品的分析来说都至关重要。

· **观众**（audience）是一件艺术品、建筑物、文学作品、戏剧、电影或音乐作品展示的对象群体。观众可以是单个的人，也可以是一小批人，还可以是一群具有共同兴趣或同等学识的专门人群。

· **布局**（composition）是在某件作品中各组成要素的安排。在音乐中，布局被称为“作曲”，指的是作品创作的过程。

· **内容**（content）是作品的题材；内容可以来源于神话、宗教、历史、现行事件、个人经历，以及几乎所有在艺术家看来合适的观念或情感。

· **背景**（context）是艺术作品产生的环境，其特定的时间和地点。背景包括当时的政治、经济、社会和文化状况；也可包括影响艺术家观念形成的个人条件和境况。

· **惯例**（convention）是一种得到普遍认同的习惯、手法、技巧或形式。比如十四行诗（sonnet），即是一种具有某些特定音韵格式、共分作十四行的诗歌。一首诗如果不遵循这种形式惯例就不是十四行诗。剧院的惯例是“愿意保留怀疑”：我们知道我们眼前正在上演的事件并不真实，但我们同意在演出进行期间相信它们。

- **体裁**（genre）是艺术、文学、戏剧或音乐作品按照其风格、形式或内容所属的类型或类别。例如，在文学中，长篇小说本身就是一种体裁；短篇小说则是另一种体裁。在音乐中，交响乐、歌剧和器乐曲全都是不同的体裁。从文艺复兴时期起，体裁得到了仔细的分类；在某种特定的体裁内一旦有一件新作品问世，就会有一套确定的惯例。
- **媒介**（medium）是制作一件艺术品所用的材料——例如雕塑中所用的大理石或青铜，绘画中所用的水彩或油料。（这里所说的“媒介”英语为medium，其复数形式为mediums；当medium用来指大众传播媒体如电台或电视等时，其复数形式为media。）
- **风格**（style）是创作和表达中各种元素的集合，既指形式，也指内容。艺术家、艺术流派、运动和时期都各具自己的风格特色。风格通常由现有风格演变而来，但也会因回应一些被认为已没落或过度的风格而衍生出来。
- **技巧**（technique）指的是一项具体的创作赖以进行的系统程序。如果我们是在讨论一名舞蹈家的技巧，那我们也许是指他（她）跳跃和旋转的方式；而说一位画家的技巧，则可能是指他（她）用画笔在画布上作画的方式。
- **主题**（theme）是一件作品的主导思想，也即艺术家试图表达的寓意或情感。因此，主题乃是艺术家意念的体现。例如，在一部小说中，主题是一个抽象概念，要通过作品中的角色、情节、场景和其他一些语言及结构元素来加以充实。

除了上述这些一般概念和术语外，每一种艺术形式都有它自己的专门词汇。我们将在下面的文学分析、美术分析和音乐分析各节中介绍这些比较专业的术语。

文学分析

文学分析首先要考虑各种文学体裁和形式。一部文学作品可以用**散文体**（prose）写成，即使用平常说话和写作的语言；也可以用**诗歌体**（poetry）写成，即采用比较富于想象、也比较精炼的表达方式，它通常的特征是合乎格律、富有节奏并且押韵。诗歌体的部分效果来自词语的发音，它们往往最适合于高声朗诵。散文体作品通常分为非小说类（nonfiction，论文、传记和自传）和小说类（fiction，短篇小说和长篇小说）。

在文学中，体裁既可指形式——散文、短篇小说、长篇小说、诗歌、戏剧、电影剧本、电视剧本，也可指同一种形式内的特殊类型——悲剧、喜剧、史诗、抒情诗等。

- **悲剧**（tragedy），按亚里士多德（Aristotle）的说法，必须有一个悲剧主人公——一个地位很高的人物，他将因自己过分的骄傲（傲慢，hubris）而沉沦；他不一定在剧尾死掉，但他的伟大所赖以维系的一切都将失去。
- **喜剧**（comedy）是一个情节复杂、搞笑的故事；它通常的结局是皆大欢喜。
- **史诗性**（epic）的诗歌、小说或电影篇幅相对来说都比较长，它们将详细叙述一位英雄的生平或一个民族的辉煌历史。
- **抒情**（lyric）诗歌是比较短的、主观性的诗歌，一般是表达一种非常强烈的个人情感。大体而言，史诗是讲述一个故事，而抒情诗是表达一种观念或感情。
- **主题**（theme）是作者希望传达的寓意或情感。在论文中，主题明确地表述成论题：即文章将予以证明或佐证的观点或结论。在小说或戏剧中，我们则根据内容和思想及意象的发展来推导出主题。
- **情节**（plot）在小说中是故事的展开。一部小说会有一个主线情节，小说的主题将围绕主情节表达出来，而其他一些次要情节则与次要的（或甚至是三等的）主题相关联。我们可以看情节如何贴切地印证主题来对情节作评价。
- **角色**（characters）使主题集中表现在人的身上，或者说由人来体现出主题；他们推动情节发展，同时也受情节的影响。一部作品的主人公，即主角，随情节的戏剧性发展而变化，因此他（她）是一种动态角色；而静态角色则在整个故事中保持不变。反角是一个与主角完全对立的角色。一些角色是脸谱性角色，代表一种类型的人群而非单个的人。
- **场景**（setting）是故事所发生的背景。它将包括地理位置、角色生活在其中的（政治、社会和经济）氛围、故事发生的历史时代，以及当时、当地和时人的文化、习俗。
- **叙述者**（narrator）从他或她的角度来讲述故事或诗歌。叙述者不一定就是作品的作者本人。叙述者（或**讲述声音**［narrative voice］）可以像作品的其他任何元素一样接受检验和分析。如果叙述者似乎无所不知且不受时间或地点的限制，那么这部作品便是采用一个全知视角。这类的叙述者向我们讲述书中每个人物正在思考、感受和做的事情。如果叙述故事的角度是某个角色，他或她只讲述自己知道或看到的事情，那这部作品就是采取第一人称的视角。这类的叙述者受其自身理解的限制。故而，要评判故事叙述得有多准确和完整，我们就需要对叙述者作一认识。

对一部戏剧（无论是舞台剧还是电影）作文学分析不仅要考虑上面已经提及的诸要素——主题、情节、角色、场景、语言等等——还要顾及戏剧形式所特有的技术考量。关于舞台剧，技术考量将包含导演的工作（导演负责诠释剧本并指导演员），以及舞台设计、灯光和音响设计、服装、化妆等等。关于电影，技术考量将包括导演、剪辑、摄影、音乐、特技效果等等。

现在我们举一首莎士比亚的诗作为例子，看一看应如何对它进行分析，以便加深我们的理解。把握一首诗歌的含义并评价其表达情况被称作阐释（explication），该词源自法语词explication de texte。阐释是对一首诗歌之意义的详细分析，集中考究其叙述声音、场景、韵味、格律、词藻和比喻。阐释首先探讨关于全篇诗作的最明显的东西，然后再对诗歌的各个方面作更细致的考察。

威廉·莎士比亚（1564—1616年）不只是一位伟人的剧作家；他也是一位伟大的诗人。他的作品既描绘了他那个时代的物质和精神状况，也揭示了我们今天仍然认同的人类情感、动机和相互关系。从这个意义上来说，莎士比亚的作品最好地体现了艺术之美的普遍性，也即艺术作品与观众之间的经久联系。

莎士比亚的十四行诗是他最独特的作品。学者们对于下述问题有着意见分歧：它们是一般的爱情诗还是专门献给某一个人的？如果是后一种情况，那会是献给谁的？从形式上来说，英语式的（或莎士比亚式的）十四行诗是一种分成十四行的诗歌，其中包含三个各分四行的节，每一节有其自身的韵律；另外还有一个两行的结尾节，对前面的各节作一批注。莎士比亚式十四行诗的音韵格式为abab cdcd efef gg；也就是说，每一节的第一行与第三行押韵，而第二行与第四行押韵，但各节之间的尾韵并不相同；最后两行则韵尾相同。

大部分莎士比亚式十四行诗的韵律是抑扬格；也即每一行有五个韵脚（所谓“五音步”［pentameter］），每个韵脚都由一个抑扬格组成，即一个轻音节跟一个重音节（如alone）。以下一句就是抑扬格五音步诗句的典型：“My mistress' eyes are nothing like the sun”（我情人的眼睛绝不像太阳）；每个韵脚都含一个轻音和一个重音，共五个韵脚。不押韵的抑扬格五音步句——莎士比亚剧本中大部分台词的句式——则被叫做**无韵体**（blank verse）。

十四行诗第130首（“我情人的眼睛绝不像太阳”）不仅说明了十四行诗的

格式，也清楚展示了莎士比亚的睿智和他对待当时某些惯例的态度。这首诗最初是用伊丽莎白时代英语写成的，这种英语的文句和发音都与现代英语颇为不同。我们用现代英语对它作了改写，这种改写是今天人们对待莎士比亚作品惯常的做法。

十四行诗第130首

我情人的眼睛绝不像太阳；
即使是珊瑚也远比她的朱唇红亮；
雪若算白，她的胸膛便算褐色苍苍；
若美发是金丝，她满头黑丝长。

曾见过似锦玫瑰红白相间，
却见不到她脸上有这样的晕光，
有若干种香味叫人闻之欲醉，
我情人的口里却吐不出这样的芬芳。

我喜欢聆听她的声音，但我明白
悦耳的音乐比她的更甜美铿锵；
我承认我从没有见过仙女的步态，
反正我爱人只能在大地上徜徉。

老天在上，尽管有所谓美女盖世无双，
可我爱人和她们相比，却也旗鼓相当。

由于诗人的意图可能不那么直白，有必要对诗句作逐行逐节的注释，那样才能向读者指出诗作的主题和诗人的寓意。因此我们这就来对诗句进行解释：

我情人的眼睛绝不像太阳，
　言者情人的眼睛并不明亮。
即使是珊瑚也远比她的朱唇红亮；
　她的嘴唇不是很红，肯定不像珊瑚那样红。
雪若算白，她的胸膛便算褐色苍苍；
　她的胸膛斑斑点点，不像雪那样白。
若美发是金丝，她满头黑丝长。
　她的头发是黑色的（不是那种在当时通常被视为美丽典范的金黄色，即诗人用来指称女子头发的“金丝”）。

曾见过似锦玫瑰红白相间，
却见不到她脸上有这样的晕光，
她的脸颊不是玫瑰色的。
有若干种香味叫人闻之欲醉，
我情人的口里却吐不出这样的芬芳。
她的呼吸不像香味那样甜美。

我喜欢聆听她的声音，但我明白
悦耳的音乐比她的更甜美铿锵；
她的声音听起来不像音乐那样悦耳。
我承认我从没有见过仙女的步态，
反正我爱人只能在大地上徜徉。
尽管言者从没见过仙女走路，但他知道他的情人不像
人们想象的仙女走路那样在地上飘浮，而是同所有
凡间女子一样，在地上行走。

老天在上，尽管有所谓美女盖世无双，
可我爱人和她们相比，却也旗鼓相当。
他的情人像任何被虚幻的诗一般比拟赞美的
理想化女子一样，是罕有的珍品。

请记住，分析一首诗时我们要提这样的问题：诗作的主题是什么？诗人的意念是什么？莎士比亚怎样通过具体的比喻来表达他的要旨？从作过注释的诗句来看，叙述者显然是在宣称：他爱的是一位脚踏实地的纯真女子，而不是一个需要远远崇拜的、可望不可即的梦中情人。他对她的感受完全不受一些理想式品质的影响；他所爱的品质正是那些令她显得是一个实实在在的人的东西。

仔细考究每一行诗句有助于看懂诗作的音韵格式（abab cdcd efef gg）和韵律（抑扬格五音步），从而也就可以搞清诗歌的格式（十四行诗）。对诗歌形式要素的阐释还将包括探究其言语运用（例如词汇选择、比喻、排比和隐喻等）、叙述声音的语气等。

为理解诗歌的背景，我们应考虑以下这些东西：时代的文化氛围（“宫廷爱情”是不是流行的文化主题？）；当时通行的写诗习惯（许多其他诗人是不是在宣扬他们对理想化女子的永恒爱情？）；政治、社会和经济状况（伊丽莎白女王时代英格兰的妇女能够发挥什么样的作用，其角色发生什么样的变化？

伊丽莎白女王可能会对诗人的观念产生什么样的影响？莎士比亚对他所处的社会作了什么样的评价？）。

最后，我们可能还需考虑，我们对这首诗作情感内涵的发掘究竟有多可靠和准确、在多大程度上接近真实？莎士比亚所作的评价与当今时代有无关联（在我们这个时代，大众媒体向我们提供的女性美之典范几乎是一种无法企及的标准）？

美术分析

正如作文学评论一样，在作艺术评论时知道一些特殊的术语也有助于我们“说内行话”。我们在这里介绍一些前面已讨论过的术语（如媒介和技巧等）以外的词汇。这些词汇适用于所有的视觉艺术，包括绘画、雕塑（即把诸如树木、石头或大理石等材料塑造成三维立体艺术品的艺术）和建筑（即设计、规划和建造通常为人类居所之结构物的艺术和科学）。对建筑的评论还需注意到艺术手法与实用价值（即结构物如何良好地服务于其建造宗旨）之间的融合。

· **表现性艺术**（representational art）忠实于人类的感知，表现一种与肉眼所见大致相同的世界之景象。

· **透视**（perspective）是表现性艺术的一项重要惯例，也即在二维平面上显现的景深和距离。

· **抽象艺术**（abstract art）表现一种看待世界的主观意念，也即艺术家的情感或思想；一些抽象艺术仅仅为艺术本身而展现色彩、线条或形状。

视觉艺术的形式要素包括：

· **线条**（line）是艺术家用铅笔、钢笔或画笔勾勒的标记，它们或直或弯、或粗或细、或明或暗、或薄或厚。

· **色彩**（color）是自然界中的颜色在艺术作品中的运用；根据它运用的情形，色彩可以加强也可以歪曲表现在视觉形象中的真实感。基本的色彩有红蓝黄三种，辅助的色彩则有橙色（系红色和黄色的混合）、绿色（系黄色和蓝色的混合）和紫色（系绿色和红色的混合）。

· **布局**（composition）是艺术家对其作品内容的安排。艺术家往往通过布局来控制观众视线移动的方向和顺序，他们凭借布局引导我们以特定的方式来观赏其作品。

· 一件艺术品的**场景**（setting）是表现性作品所绘事物的时间和地点，

确定场景的手段是一些视觉暗示——如人物、他们的穿戴、他们正在做什么事情等。

新特色：解读艺术

在本次第七版中，我们引进了一个新的特色栏目“解读艺术”，它将帮助学生理解视觉艺术和建筑物。这个新特色采用了上述这些美术分析术语和类别，可用作使课文进一步融会贯通的工具。为此，我们制作了十二项“解读艺术”单元。我们的“解读艺术”特色遵循一种融形式分析法和背景分析法于一体的理解艺术品或建筑物的综合途径，为学生提供一个分析艺术品的样板，当他们无论是在本教材中还是在参观艺术馆和博物馆时看到任何艺术品，他们都可以

解读艺术

形式：垂直是主要的形式，就像在头骨上的垂直线，即头骨上的垂直裂缝，以及从上到下的黑色条带。头骨上的角呈水平线，因此形成了十字架的形状。

色彩：色彩是中性的——黑色、灰色、米色和白色色调。在头骨内部，更深的色调——棕褐色和赭色——使它从沉默的背景中突出出来。

场景：母牛的头骨唤起了新墨西哥州道师城荒凉沙漠的景观，这幅画是在那里创作的。

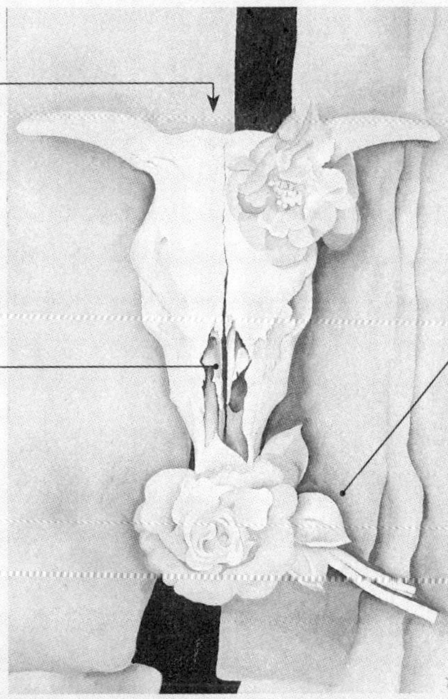

宗教观点：文艺复兴时期艺术家使用人的头骨使观者意识到自己的必死性，在这里，母牛的头骨暗示了沙漠的残酷本性。

心理学观点：整体的氛围是沉思的。不协调的一对物件——母牛的头骨和人造花朵——令观者想起生与死、美与丑、艺术与自然之间的亲密关系。

深度知觉：这幅作品的表面是空洞而单调的，这是现代主义艺术的典型特征。头骨显现为飘浮在前景之中，同时，黑色条带仿佛通往一个远离观者的神秘空间。

奥治亚·奥基夫：《母牛头颅与白绢玫瑰》。帆布油画。92.2×61.3 厘米。1932 年

乔治亚·奥基夫对自然的热情源于她在一个威斯康星农场上度过的童年。她成熟的艺术风格混合了现实主义和抽象概念。她的艺术标志在这里显现为：对来自自然的一件物品进行抽象，然后她通过她的内心视野进行绘画。

运用这种样板。为了展示这个新特色，我们提供了以上范例：乔治亚·奥基夫（Georgia O'Keeffe，1887—1986年）作于1932年的《母牛头颅与白绢玫瑰》（*Cow's Skull with Calico Roses*）。

同学们请注意：上页这幅插图中使用的六个类别仅仅是“有此一说”，而非什么定式。前述列表中的其他一些分析术语也能够（且也应该）被用来分析这幅奥基夫的画作以及学生们在其学习中遇到的任何其他艺术品。

音乐分析

如同文学和艺术一样，音乐也有其自己的术语，我们分析作曲时需要熟悉这些术语。

· **圣乐**（sacred music）是指宗教音乐，如格里高利圣歌（Gregorian chant）、弥撒曲（Masses）、安魂曲（requiem）、清唱套曲（cantata）和赞美诗（hymn）。

· **世俗音乐**（secular music）一词所指的音乐包括交响乐、歌曲、歌剧、舞曲和其他一些非宗教音乐作品。

· **声乐**（vocal music）是可以吟唱且一般有歌词的音乐。

· **合唱音乐**（choral music）是由一群歌唱者演唱的声乐。

· **器乐**（instrumental music）是为乐器创作和用乐器演奏的音乐。

· **形式**（form），在音乐中，形式是指作曲家在音乐创作构建或编排要素的特殊方式。音乐形式包括交响乐、歌曲、协奏曲、弦乐四重奏、奏鸣曲、弥撒曲和歌剧等。

· **音调**（tone）是一个特定音高的音乐声响（音高程度由该声响所产生的波长频率决定）。音调一词也可以指一种声音的质量，也即音质。

· **音阶**（scale）是一组由低到高（或由高到低）排列的音调（或音符）模式。现代的西洋音阶就是人们熟悉的哆、来、咪、发、嗦、啦、西、哆，每个音调之间相差半度。在其他一些文化里，音阶中的音调或多或少，各不相同。

· **节奏**（tempo）是音乐行进的速度快慢，通常由作曲家设定或建议。

· **音色**（texture）是指用来演唱或演奏一件音乐作品的嗓音或乐器之数量和质地，以及这些嗓音和乐器组合的方式。在音乐中，主题是指一个独特的音乐观念，它是一首曲子作曲或演奏的基础。

· **旋律**（melody）是一组音乐调子的连续组合，通常在乐谱线上能体现出自己的特点，构成独特的音乐形态，并且有明确的节拍（即轻重拍子的循环变换）。

· **和声**（harmony）是两个或两个以上音调的同时组合，产生一种和音。和声更多地用来指一件作品的和音特点以及各个和音之间相互作用的方式。

了解了上述这些基本知识之后，我们就来考察一首非常著名的音乐作品，乔治·格什温（George Gershwin，1898—1937年）的《蓝色狂想曲》（*Rhapsody in Blue*）。即使你不知道这首乐曲的名字，你也很可能听过它。它曾用在一些广告里，也曾被用作许多部电影（包括《幻想曲2000》[*Fantasia* 2000]）的背景音乐；它还是纽约市形象的典型伴奏曲。

现在想象一下，你正端坐在一个音乐大厅里倾听一支交响乐队演奏这首乐曲（可能是一支擅长演奏比较流行的古典音乐的流行乐队）。当听一首新乐曲或是一首你不怎么熟悉的乐曲时，最好是专心试着去感觉乐曲总的基调和特征——也即集中精力去体会创作者的意念。作曲者试图表达什么样的情感和思想？作曲者运用什么音乐成分来表达他的意念？

首先，你会注意到，《蓝色狂想曲》是为小型乐队和钢琴独奏谱写的。人们一般会认为，小乐队和钢琴独奏这样的乐器组合将演奏一首古典的钢琴协奏曲（所谓协奏曲是指一种由一件或几件乐器及一个管弦乐队演奏的乐曲，其趣味主要来自独奏与合奏之间的对比）。但是，《蓝色狂想曲》的起始音调表明它超越了古典概念：首先是一个低沉的单簧管独奏音，然后像是一连串声音的"斑点"一样迅速顺音阶上扬，最后到达一个高音调，稍稍延续之后又下降成一段欢快的Z字形旋律，这段旋律成为全曲主旋律之一。接着，乐队其他乐器加入进来，弦乐和管乐重复前面的旋律，随后再插入一段钢琴独奏。在全曲中，钢琴和管弦乐始终交替行进、组合，弹奏出美妙的旋律，产生一种变幻多端、色彩斑斓的音色。乐曲的丰富多彩也来自于用不同的配乐演奏主旋律和曲调：先是用飘忽柔和的小号，接着用甜美的小提琴独奏，随后是弦乐组或是铜管乐组华丽的合奏。

你也会注意到不断的节拍变化，时慢时快，几乎显得这部乐曲是即兴发挥之作。复杂的、时而被切分的、节拍较弱的节奏，使这首曲子有一种爵士乐的感觉，而其曲调的组合则让人想起布鲁斯乐，布鲁斯乐的风格是调子"低沉"，也即音高略低，产生一种独特的音色和基调。这首乐曲的总体感觉是欢快、兴奋而昂扬的，表现一种人来人往的城市繁忙景象。它也许还会让你想起你在午夜电视上看过的弗雷德·阿斯坦（Fred Astair）和琴吉·罗杰斯（Ginger Rogers）的电影——情节曲折、滑稽幽默，有时也很典雅——而事实上，格什温的确为他们的几部电影谱过曲。

从这首乐曲的标题中我们能获知些什么呢？音乐作品往往通过标题来表明自己的形式（如“第五交响曲”、“D大调小提琴协奏曲”等）。狂想曲是一种不规则的作曲形式，具有很强的即兴特点。虽然你可能在《蓝色狂想曲》中听到了主旋律、复奏乐或回声乐，但你或许无法听出像在古典奏鸣曲或交响曲中会显得很清晰的那种正规曲式。狂想曲一词也表示了狂热、欣喜、极乐和癫狂的意思——或许这就是乐曲第一段高昂的小号音要表达的情感。另一方面，蓝色一词则表示了布鲁斯乐的忧郁。这两个术语连在一起产生的不和谐——就像音乐中的融合和反差一样——引发了一种强烈的张力，它引起了我们的好奇心，并增强了我们的兴趣。

在对《蓝色狂想曲》作上述这些评论之时，我们已经在注意音乐作品中的许多形式要素了，而且也回答了可能针对任何乐曲作品都会提出的问题：作品的形式是什么？作曲家选择了什么样的乐器配奏谱？作品的主旋律是什么？运用了什么节奏？乐器或噪音如何协调出音色？作品的总基调是什么——欢快？悲伤？平静？狂放？还是某种融合？

现在，在你想象的音乐会上，或许摆放着节目介绍，上面写有演奏曲目的一些背景资料。你会得知，乔治·格什温是一个才华出众、深受古典音乐熏陶的钢琴师，他15岁时离开学校，前往纽约市锡盘巷（Tin Pan Alley）工作，这个区里有许多艺术家谱写并发表流行歌曲。格什温谱写《蓝色狂想曲》（1924年）的用意是想把古典音乐与流行音乐糅合起来，将激情和爵士乐风格注入一部交响乐曲。许多听众在这首乐曲中“看到”和“听到”了纽约市的景象。格什温创造了他自己特有的风格，即节奏、旋律及和声的快节拍融合，这种融合虽然也遵循某些作曲规则，但却给人以即兴发挥的印象。他以他别具一格的风格继续创作，谱写了一些音乐剧和一些比较严肃的曲子（如歌剧《乞丐与荡妇》[*Porgy and Bess*]），并为一些好莱坞影片作曲。这类信息可以帮助你着手将《蓝色狂想曲》与同时代的其他作品和格什温自己的其他作品进行比较。正如在任何分析中一样，把形式和内容结合起来考察将使你对作品的阐释和理解更加丰满。

结论

以上三项简要的分析将使你了解如何采用建设性的方式接触文学、艺术和音乐。如果我们花时间去作更仔细的考察，我们就能领略我们文化中的诸多伟大作品。这一论断将引导我们面对另一个问题：是什么让一件作品显得“伟大”？为什么一些艺术品过了很长时间还依然受人重视，而另一些作品在竭力博取了“一时轰动”之后很快就被人遗忘？这些问题在历史上一直被人讨论。一个答案是：伟大的艺术反映了人类经验的某些真谛，这些真谛跨越几百年传到我们这里。莎士比亚的言语、乔治亚・奥基夫的绘画、乔治・格什温的音乐具有超越当时风格的普世性。伟大的艺术也丰富我们的心灵，使我们感到我们比以前分享了更多一些的人类经验。

你无论是一位研究西方人文的学者，还是一名普通的观众，都有机会去欣赏和理解艺术。虽然美学分析具有正规的学术研究性质，但它终归是一种个人的努力。当你仔细玩味一件创造性作品，探究创作者的意念并评价该意念的展现情况，你便通过理解丰富了你对作品的鉴赏，并把你最初对作品的情感反应深化为一种完满的理智。就像20世纪的作曲家阿诺德・勋伯格（Arnold Schoenberg）曾写的那样，“你从一件作品中得到的东西，大约就是你自己能够赋予这件作品的东西”。本篇入门旨在帮助你学会如何让你自己尽量融入艺术作品中去，如何用智力上的理解来修缮你主观上的欣赏。掌握了这些工具之后，你就不必说，你对艺术知道得不太多，只知道喜欢些什么；相反，你将能够说，你懂得你所喜欢的东西。

目　录

专栏目录

1 革命、复辟及其文化反应

1760—1830年

◀ 让-奥古斯特-多米尼克·安格尔:《拿破仑一世》。1806年。帆布油画，2.6×1.6米。巴黎，军事博物馆

理性时代是一个坐而论道、言胜于行的时代，但到18世纪结束时，三次革命彻底改变了西方世界，1760—1830年这个阶段现在被认为是历史发展的分水岭。工业革命形成的大工业生产取代农业成为国民经济发展的最坚实的基础。美洲革命表明民治政府可以有效地替代专制统治。而法国革命则导致欧洲政治权力分配发生彻底变革（插图1.1）。

然而并不是所有人都欢迎这些变革，许多集团试图遏制政治革命思想的传播。当然那些中产阶级又称资产阶级（bourgeoisie）民众在这些革命中受益最多。备受鼓舞的中产阶级把自己看作新文化的旗手，他们一开始信奉新古典主义，尔后又转向了这个时代新的精神和文化风尚——浪漫主义。

1.1 工业革命

即使在工业革命以前，英国在农业领域的创

图1.1　让－奥古斯特－多米尼克·安格尔:《拿破仑一世》。1806年。帆布油画,2.6×1.6米。巴黎，军事博物馆

在画中，1804—1815年之间的法兰西帝国皇帝拿破仑坐在宝座上，除了那些与法国专制统治相联系的特征外，他像个古代帝王。他头戴希腊风格象征胜利的花冠，右手拿着一个镶嵌着黄金的鸢尾花——法国国家象征的权杖。左手拿着象征正义的手形象牙雕权杖，这个权杖是法国国王在1314年首先采用的，1804年拿破仑加冕时也使用了。安格尔的画塑造了拿破仑的权威形象。

新为工业化提供了可能。圈地运动（enclosure）使小农的处境变得艰难却提高了农业生产效率，所谓圈地是指富裕的领主用篱笆把公地（common lands）围圈起来合并成一块面积较大的土地。耕作技术的改进提高了作物产量和农业收入。技术进步也促进了农业工具和器械的改良，如铁犁和收割机。

英国的工业化

到18世纪中期，英国国内外的变革为其工业化创造了条件。人口的增长不但为工业化提供了所需劳动力，也创造了一个巨大的消费市场。良好的财政状况提供了投资所需的过剩资本。几十年的和平为经济增长创造了良好环境，而国家政策也促进了经济的进一步扩张。在国内取消关税使商品可以方便地在全英国流通，而英国攫取的殖民地使英国商人可以获得原材料和新的海外市场。

工业主义产生的必要条件还包括三种新出现的经济变革：机器生产取代了手工劳动；新的能源如水力和蒸汽动力取代了畜力和人力（1769年瓦特发明了

图1.2　迈克·安杰洛·鲁克（Michael Angelo Rooker）:《卡尔布鲁克戴尔的铁桥》(*The Cast Iron Bridge at Coalbrookdale*)。1782年。约39.4×62.2厘米。苏格兰，阿伯丁，阿伯丁美术馆

这座最早的铁桥是用新工厂里生产出的最好的铁制造的，模仿的是木桥的造型。这座位于卡尔布鲁克戴尔的最早的铁桥，成为很多美术家喜爱的创作对象。直到1800年代早期以前建筑师还没有在建筑中使用过铁。

蒸汽机，这改变了动力来源）；大量新原材料，如铁矿石和煤，开始应用到工业领域（插图1.2）。

棉纺织工业的变化证明了工业革命的巨大影响。英国本地的羊毛织品生产商遭到棉织品的巨大竞争威胁，他们甚至劝说议会禁止从印度进口廉价的棉织品，但是英国对棉织品的需求不断增长。英国国内纺织业试图通过采用“散工制”（putting-out system）来满足这种需求，这是一种由工人在自己家里加工纺织品的手工生产形式，但这种中世纪的方法早就被证明过时了。因此工厂主开始建立工厂来加快生产，在这种工厂中飞梭和机器织机被安装在厂房里，为了给驱动巨大机器的蒸汽发动机提供水源，这样的厂房一般都坐落于水流湍急的河流旁。

而工人不得不使自己的全部生活符合工厂制需要。大多数农村劳动者再也不能待在家里按照自己的步调进行纺织了。工厂附近的城镇迅速膨胀，在旁

边的乡村也开始兴起新的城镇。在这些城镇中工人们聚居在生活设施或有或无、条件恶劣的生活区。

与工厂相伴而来的是“工人阶级”（working class）。在重新组合的阶级体系中，资本家居于一个极端，而工人居于另一个极端，这一体系变革了社会秩序，催生了财富与成功的新指数，确立了不同阶级的行为模式。以前贵族和小农之间的合作状态被工厂主和工人阶级之间不断加剧的紧张关系所代替。

古典经济学：工业化的基础理论

虽然工业化没有造就一个哲学流派，但它的确引发了对新出现的经济制度的严肃思考。这些思考大多数是为了阐释工业化这个现象并为追逐利润辩护。法国的重农主义者（physiocrats）与苏格兰人亚当·斯密都主张废除为国家服务的重商主义经济制度，并鼓吹以一种为个人企业家服务的经济制度取而代之。在英国，斯密的思想吸引了一批被称作古典经济学家的思想家，其中有马尔萨斯（Thomas Malthus，1766—1834年）和大卫·李嘉图（David Ricardo，1772—1823年）。

斯密对古典经济学的主要贡献是他提出了基于私有财产权的自由市场经济制度，他认为这种制度对价格和价值的自动调节会使所有人受益。他的著作《国富论》（*Wealth of Nations*）虽然也部分涉及制造业，但主要探讨的还是农业和商业领域的问题。然而当制造业在英国经济中占据重要地位后，制造商们却从他的著作中找到了对自己行为的解释。斯密认为，如果政府不干涉他们的活动，接受了利己主义思想启蒙的企业家就不仅仅是为了改善生活水平，而是要发财致富。这种观点深受商人、工厂主和其他资本家欢迎。

马尔萨斯和大卫·李嘉图也支持工业革命带来的变革。马尔萨斯在他的著作《人口论》（*Essay on the Principle of Population*，1788年）中预言，如果人口持续增长，世界面临的困境将更加严峻。由于人口是以几何级数增长，而粮食供应是以算术级数增长，所以人口数量很快会超越粮食的供应能力，这使马尔萨斯认为，饥荒、瘟疫和战争等对于限制人口增长是必需的。马尔萨斯令人沮丧的预言让中产阶级相信，工人是他们自己不理智行为和贪婪的牺牲品，因而他们的悲惨处境无法补救。

大卫·李嘉图在他的著作《政治经济学及赋税原理》（*Principles of Political Economy and Taxation*，1821年）中认为工人工资的增长不会超过维持生活的最低水平，而工人的生活水平也不会改善到这个标准以上——这就是他所谓的“工资铁律”（iron law of wages）。李嘉图将马尔萨斯的结论和自己的观点结合起来，认为工人阶级会不可避免地陷入贫困。因此，古典经济学的目的是为资产阶级进行辩护，试图证明工业化的方法和它造成工人生存状态恶化是正当的。

1.2 政治革命，1760—1815年

欧洲君主政体和陈旧的社会制度在《巴黎条约》（Treaty of Paris，1763年）和滑铁卢战役（Battle of Waterloo，1815年）之间大约50年时间里逐渐衰落下去。到1830年，欧洲政治版图分裂为保守的东欧和包括新世界前殖民地在内的进步的西欧。这种二元结构一直持续到20世纪（历史分期表1.1）。

美国革命

虽然英国开辟了工业化的道路，但它也深受过时的赋税结构和因七年战争所负巨额债务的困扰。英国官员开始尝试各种方法和税收方案使美洲殖民地分担帝国的重负。但殖民地人民认为英国政府新近征收的糖税、印花税和茶税是违反宪法的，他们宣称因为殖民地在英国议会中没有代表，所以帝国不应该向他们征税。

在争取废除议会税法的过程中抗议和暴力活动接踵而至，这同时也使整个殖民地团结起来。1774年殖民地人民在费城召开大陆会议（Continental Congress）为美洲人民申辩，反对英国的"外部强权"。1775年4月，英国军队

历史分期表 1.1 革命、复辟及其文化反应

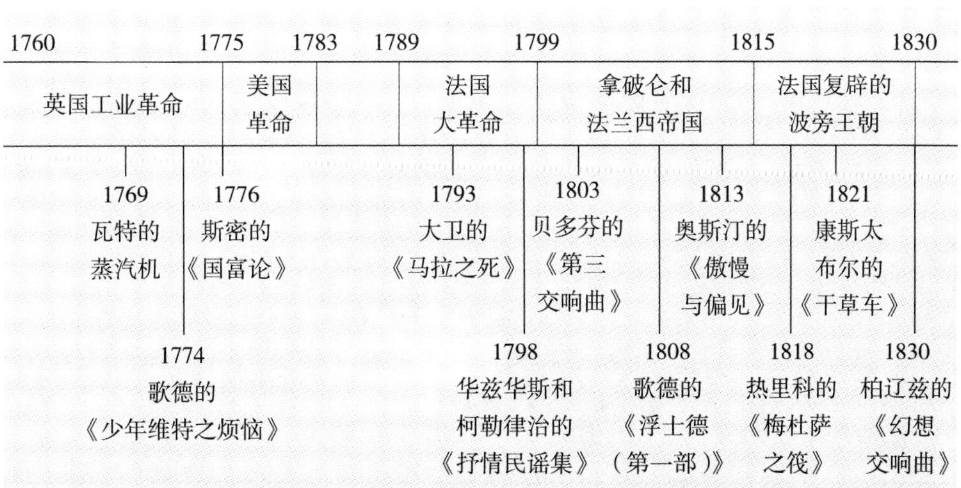

生活片段

在一个“恶魔作坊”内的生活

伊丽莎白・本特利（Elizabeth Bentley）

议会委员会关于规范在作坊和工厂使用童工的法案的报告，1832年

英国诗人威廉・布莱克（William Blake，1757—1827年）真实而非诗意地把英国的工厂描绘成“魔鬼的黑暗作坊”。1832年英国议会下院成立了一个委员会调查工厂的状况，它的调查证实了男女工人和童工所处的地狱般的恶劣环境。前童工伊丽莎白・本特利的证词揭露了1815年的工作条件，这成为议会委员会最终报告的一部分。

你多大了？

23。

你什么时候开始在这家（亚麻布）纺织厂工作的？

6岁那年（1815年）。

你在工厂里做什么？

我是一个小落纱工。

你在工厂里每天工作多长时间？

工厂满负荷（极忙）时从早晨5点到晚上9点。

不忙时你们一般的工作时间是多少？

从早晨6点到晚上7点。

你想过辞职吗？

想过。

解释一下你的工作内容。

当纺机架上的纺锭上的线满时，工人就把纺机停下，取下翼锭，拿下所有的线轴，把它们拿到卷线轴上，再换上空线轴，开动纺机。

这使你一直很忙吗？

是的，机器太多，它们转得那么快。

你的工作超负荷吗？

是的，没时间做别的。

假如你慢了一点或来晚了，他们会怎么做？

用皮带抽我们。

你被抽过吗？

是的。

有没有用皮带逼着你们超负荷工作？

是的……我曾经看到监工来到房间的最里头，那里是小姑娘们抱着罐子去水桶里取水的地方；他拿着一条皮带，嘴里含个哨子，有时他还拿个链子，用链子锁她们，在房间里用皮带打她们。

你们有钟表吗？

没有，我们没有钟表。

你一般会按时到那里吗？

是的，我妈早晨4点起床，有时2点起；煤矿工人3、4点起，她一听到工人的动静，就从热被窝里爬出来……下雨涨水的时候，我有时夜里两点就到了汉斯莱特・卡尔，我们不得不等待工厂开门。

你因为劳动而身体发育严重变形吗？

是的。

什么时候出现的？

我13岁时就开始出现了，之后越发严重，我妈死了5年了，我妈从来没能给我做一副好的胸衣，我妈死后我不得不自己做，我弄了一件。

你在工厂工作以前身材很挺拔也很健康吗?

是的，我身体好极了。

你知道别人也受到类似的健康损伤了吗?

是的，他们的健康受到伤害，但不像我这么身体变形。

你现在住在哪里?

破房子里。

解读本篇生活片段

1. 根据上文描述1830年代工厂改革法案通过前英国工厂的条件。

2. 你认为伊丽莎白·本特利小时候上过学吗?

3. 标注缺少儿童劳工法、工人赔偿金、工厂安全立法和工时规定的地方。比较和对比那时和现在工厂的条件。

和殖民地之间在马萨诸塞的冲突触发了一场战争。1776年7月4日，大陆会议签署《独立宣言》(Declaration of Independence)宣示了美洲殖民地的奋斗目标:建立符合被统治者意愿的政府，保护人民的生命权、自由权和追求幸福的权利。美洲革命一直持续到1783年，最终以殖民地的胜利和独立而告终。

美国人为了实现自己的民主目标进行了两个活动:一是召开制宪会议，二是颁布了一部成文宪法。1787年在费城起草美国宪法的人们对集权十分警惕，他们创立了三个相互协作的政府机构，分别赋予它们立法、司法和行政的具体权力(权力制衡的思想来自英国政治理论家洛克以及法国启蒙思想家孟德斯鸠的著作)。中央政府可以征税、调控商业贸易、制定和执行法律。宪法制定者还通过把尊重人权确定为最高国家目标来限制政府在日常生活中的作用。

立法者们没有把这些权力赋予奴隶，他们的存在很少被注意，同时妇女也不享有选举权。尽管如此，这部宪法依然使美国成为那个时代最民主的国家，也是自公元前5世纪雅典民主政治以后第一个成功的民主国家。作为一个典型的民主国家，美国使受压迫者看到了希望，它争取独立的成功也为未来的革命活动树立了榜样。

法国革命

虽然美国革命十分重要，但其影响与法国革命相比却稍逊一筹。法国革命是与旧制度彻底决裂，因此它在全世界范围内产生了重要影响，成为近代历史上的关键性事件。

当1774年路易十六即位时，法国王权正面临着来自两方面的挑战:路易十五死后重新焕发生机的贵族势力和吵嚷着要求权力的新生资产阶级。富裕的资产阶级在支持自由放任经济问题上和贵族结成同盟，而在要求取消贵族封建特权的问题上则与国王站在同一条战线上。

小农担负着沉重的赋税，还要不断承担各种封建义务。在城市中，由小店主、工薪阶层以及半熟练工匠构成的下层中产阶级前途暗淡。在他们下面是雇佣工人、仆役以及在犯罪集团内外飘荡的社会边缘人。下等阶层的人们遭到高额税收的压榨，他们对上层阶级的敌意显而易见，正在谋划着一场将征税阶层踩在脚下的变革。

1780年代，法国因支持美国革命而大举国债。1789年路易十六最终同意召开三级会议（Estates-General），这是一个类似英国议会的代表大会，三级会议上一次开会还是在17世纪早期。中产阶级的代表在会议召开后避开贵族和教会领袖自己组织了国民制宪会议（National Constituent Assembly）。国民制宪会议后来开始着手讨论结束王权专制、将法国改造成一个类似英国王权受到限制的君主立宪制国家（表1.1）。

法国革命的第一阶段从1789年持续到1792年。富裕中产阶级领导下的制宪会议主张实行自由经济、给财产所有者投票权、建立代议制政府。尤为重要的是，会议通过了《人权宣言》（*The Declaration of the Rights of Man and Citizen*，1789年），这个文件提出不仅要确保人们享有自然权利，还要确保公民享有社会权利，它成为后来法国政体的基础。制宪会议在起草1791年宪法的过程中试图使之体现自由、平等和博爱的革命口号，不过阶级仇恨使博爱的观念显得只是一种镜中之花。但由于路易十六背信弃义，再加上法国国内各种势力逼迫它们的领导人采取日益激进的改革，再加上欧洲国家组成了一个联盟入侵法国以恢复君主专制政体，这个阶段的革命失败了。

从1792年9月到1795年8月，革命进入了第二阶段，也是最激烈的阶段。来自资产阶级下层和工人阶级的人领导了这个阶段的革命，他们处死了国王，建立了法兰西共和国，还采用根据理性思想建立的国教短暂地取代了基督教（插图1.3）。包括黑人和犹太人在内的所有男子被赋予了完整的投票权，国民教育

表1.1　法国政府的更迭，1789—1830

1789年7月到1792年9月	有限君主立宪政体；国民制宪会议
1792年9月到1795年8月	第一共和国；恐怖专政（1793—1794年）
1795年8月到1799年11月	督政府
1799年11月到1804年5月	执政府
1804年5月到1815年6月	第一帝国
1815年6月到1830年7月	波旁王朝复辟统治

图1.3　路易斯·利奥波德·布瓦利（Louis-Leopold Boilly）：《扮成无套裤汉的西蒙·陈纳德》（*Simon Chenard as a Sans-culotte*）。1792年。帆布油画，33.4×22.4厘米。巴黎，卡纳瓦莱博物馆

在法国大革命的第二阶段，工人的力量兴起，他们的服饰也流行起来。图中人穿着短上衣和肥大的裤子，而没有穿贵族的马甲和套裤以及丝质长筒袜。由于穿长裤，这些工人被称作“无套裤汉”。画家布瓦利是大革命的支持者，他试图通过描绘典型的工人形象赞扬无套裤汉，实际上画中人物是他的朋友、演员西蒙·陈纳德。陈纳德穿着工人衣服和木鞋，拿着三色旗，摆出英雄的姿势，好像随时准备为保卫他们新近获得的权利而战斗。布瓦利让陈纳德位于前景中，以使他可以盖过背景，似乎刚刚获得解放的工人统治了政治舞台。

向所有人开放，被征服地区的人们被允许投票决定自己的未来，还废除了奴隶贸易。但妇女还是没有投票权和公民权，不过她们还是获得了一定的民事权利，如在婚姻法中两性平等的权利，男性和女性后代同等的继承权，并且把合法结婚的年龄提高到21岁。（这些进步十分短命，1804年以后它们被《拿破仑法典》取代了。）

这种大刀阔斧的改革让很多人感到恐惧，初生的共和国很快就面临着内战和外敌入侵的威胁，这又引发了更大的政治和财政危机。这些事件最终导致了长达一年的恐怖专政（Reign of Terror，1793—1794年），这一时期一项备受争议的政策就是大批处死被怀疑为革命敌人的人。它的极端行为使共和国的成就蒙上了污点，并使早期支持革命的人对革命思想产生了疑虑。1795年8月，法国建立了一个被称作督政府（Directory）的较温和的共和国，督政府由两个立法院和五个执政共同执掌权力。

督政府只存在了四年。虽然这个政府代表了商业中产阶级的利益，但它依然是一个革命政府。它的领导人面临着几乎是无法克服的困难，如日益增加的反革命势力、货币崩溃、法律和秩序的混乱等。执政们呼吁军方反击敌人，1799年11月，拿破仑·波拿巴（Napoleon Bonaparte，1769—1821年）将军发

动了一场政变，推翻督政府，建立了执政府（Consulate）。

随着拿破仑的崛起，历史绕了个圈，法国最后又回到了专制政体。拿破仑是一位独裁者和军事天才，他是那个时代开明专制的象征，同时也昭示了现代独裁统治的诞生。最重要的是，他是法国大革命的继承人。

虽然1799年到1815年间拿破仑统治的代价是法国失去了政治自由，但作为回报，法国却享受了国内和平，大多数革命政策也得到了落实。拿破仑选贤任能，压制贵族特权，取悦有产者，革新公共教育。他欢迎出逃的革命者回来，只要他们效忠新政权就行。他修复和教廷的关系，尽管他的努力并没有实现宗教和谐。他还结束了持续十多年的内战，并改革了经济。

拿破仑影响最久远的遗产是他推动制定的法典。旨在获得普遍适用价值的《拿破仑法典》引入了理性立法原则，将世俗国家的理念以法律形式确立下来。这部法典还吸收了一些革命成果，如废除农奴制、行会和封建领地。这部法典除了其反动的父权统治和妇女居于从属地位的思想外（这剥夺了革命时期妇女取得的一点点收获），一直是法国和它的前殖民地国家的民法基础。

拿破仑的军事征服和外交成功很快超过了他在国内取得的成就。拿破仑当政以前就是一位战功卓著的军事将领，在1804年他当上皇帝后发动了一系列战争并取得了胜利（参见图1.1）。当无法在战场上取胜之时，他就设法利用敌人相互间根深蒂固的不信任促使反对他的联盟分化。尤其是，他在打垮普鲁士和奥地利并迫使两国求和的同时，努力使英国置身于大陆事务之外。拿破仑一面为法国吞并了不少土地，一面还建立了由他的家庭成员或部将统治的卫星王国。拿破仑以理性时代和法国大革命继承者的名义重组了法国周围新近被征服的国家。许多当地改革者一开始欢迎法国人的到来，但他们很快发现被占领的代价十分高昂，于是就开始反抗自己的“解放者”（地图1.1）。

拿破仑帝国从根本上打破了欧洲的势力均衡，这样，当1812年他入侵俄国失败从而显得力量虚弱之时，其他欧洲国家就联合起来打败了他。1815年6月，由英国和欧洲大陆国家联合组成的盟军在滑铁卢（Waterloo，现在的比利时境内）打败了拿破仑。他被流放到南大西洋的一个小岛上，直到1821年在那里去世，不过，对许多19世纪的人来说，拿破仑的幽灵一直在法国和欧洲上空徘徊。

技术

美国独立战争、法国大革命战争和拿破仑战争是新旧战争形式的混合体。这些使用新旧武器和传统及创新战略战术的战争的影响远远超过了战局胜负的层面。到大约1750年，欧洲大国（英国、法国、奥地利和普鲁士）大部分都建立了军事工业综合体。虽然这些体系各国不同，但其基本结构相同：为陆海

地图1.1 拿破仑处于权力巅峰时期的欧洲地图，1810—1811年

这幅地图表明了拿破仑的权力在欧洲版图上扩张的极限。1.比较法兰西帝国的边界和1763—1789年时期的欧洲中的法国边界。2.找出此时被法国控制或与之结盟的国家。3.注意那些在原来的地图中存在而在这幅地图中不再存在的国家。4.思考地理位置对于英国和俄国与法国相抗衡的影响。

军支付军费的征税体系，供应武器和物资的合同，监督资金、货物和服务的官僚体系。官员依旧来自上层，普通士兵和水手来自下层。由于大部分国家军力相当，随着战争的规模和复杂性增长，胜利常常依赖于技术、创新的战争思想和资源。

武器系统的变革 火炮是这一时期武器变革的典型例子：

·1730年代法国改进了大炮的制作工艺，把它铸造成实心的，然后从中掏出炮管；他们还将火炮的各部件标准化，这使得损坏的部分容易替换。大部分国家采用了法国式的大炮，不过老式的滑膛炮仍然在使用。

·到1770年代，火炮变得更精确，火力更猛，更容易移动也更安全了。

虽然火炮得到改进，但战场胜负仍然依赖于将军们如何部署他们的部队，以及如何使用火力，就像拿破仑在战争胜利中所做的那样。

陆军的组成 欧洲陆军的结构因法国大革命而发生变化：

·1793年，法国通过全民总动员组成了第一支平民军队。

·从1793—1815年其他国家继续使用雇佣军与或强迫或欺骗征来的军队。

·到1914年，大部分西方国家采用了法国的形式，征召适龄男性公民组建庞大的常备军。

海战的变革 法国和英国的竞争改变了海战在实现帝国野心中的作用。

·1793年，在七年战争中被打败以后，法国开始与英国进行海军竞赛。不过在这一时期的其他时间里，法国一直重视陆军超过海军，而且没有组建舰队。

·相反，在议会和国家的大力支持下，英国组建了第一支皇家海军，这提高了英国的国家地位（插图1.4）。

·英国的海军优势体现在它更好的军官训练和更强大的战船。

·英国皇家海军击败了拿破仑的海军，从那以后一直到第一次世界大战，英国一直是“海上霸主”。

图1.4 詹姆斯·吉尔瑞（James GIllray）：《约翰牛有麻烦》又名《大雁震惊议会》（*John Bull Bother'd:-or-the Geese Alarming the Capitol*）。1792年。手工上色蚀刻版画，31.1×38.7厘米。伦敦，大英博物馆

随着法国大革命越来越激进，英国观察家越来越紧张。英国“讽刺画黄金时代”的著名讽刺画家詹姆斯·吉尔瑞（1756—1815年）画了英国首相威廉·皮特（William Pitt）正在和英国的象征约翰牛一起，皮特在通过一个望远镜观察。这时西方很多国家都有了象征。在这幅讽刺画中，皮特以为大雁是将要来到英国的法国无套裤汉。普通人形象的约翰牛看到的只是大雁，因此和大部分1792年的英国人一样不知该听谁的，无所适从。为了强调这种两难，约翰牛的帽子上写着“天佑我王”，而他的法国式背心上写的是“自由万岁”。两个人物上面的对话栏里的内容——这是这种讽刺画的典型特征——表达了皮特的恐惧和约翰牛的困惑。吉尔瑞的这幅画有多重意思，还曲折地表达了对英国政府制造反法舆论的不满。类似的印刷画被喜爱者收集起来，并成为所谓英国公共生活领域的一部分，这些画贴在咖啡屋或书店里，使得政治意识中出现了公共话语。这幅画还表明吉尔瑞是凹版蚀刻画大师。

遭　遇

奴隶制和法国大革命

奴隶制和人类文明一样古老。在古代的美索不达米亚、埃及、以色列、希腊和罗马，男人女人和孩子可能通过几种不同的途径成为奴隶：征服（征服者把战俘变成奴隶）、买卖（父母可能卖孩子以获得经济收入）、负债（卖身还债）、法庭判决（司法惩罚）以及拐卖（奴隶贸易黑帮掠夺弱者）。奴隶承担最繁重、最危险的工作，没有权利，被禁锢在社会最底层。直到1750年以前奴隶制和奴隶贸易在西方世界并没有遭到质疑。

当非洲的奴隶被引入西印度群岛和北美时，大多数白人接受奴隶制，认为它在历史上就存在，是被圣经认可的，也是大规模农业生产所必需的。1750年后，随着一些思想家和宗教团体、尤其是贵格派（Quakers）开始对它的合法性进行质疑，这种看法遭到了挑战。后来，在法国大革命中，转折点出现了，白人起而推翻法国专制压迫制度的行动激励了法属西印度群岛的奴隶们为自己的自由和法国大革命的理想——自由、平等和博爱——而战。

到18世纪80年代，新世界的奴隶主们每年输入接近75000名奴隶，他们中的许多人被安排在法属圣多明各（St. Domingue，即现代的海地）殖民地从事甘蔗种植园的劳动。那时的圣多明各占据了

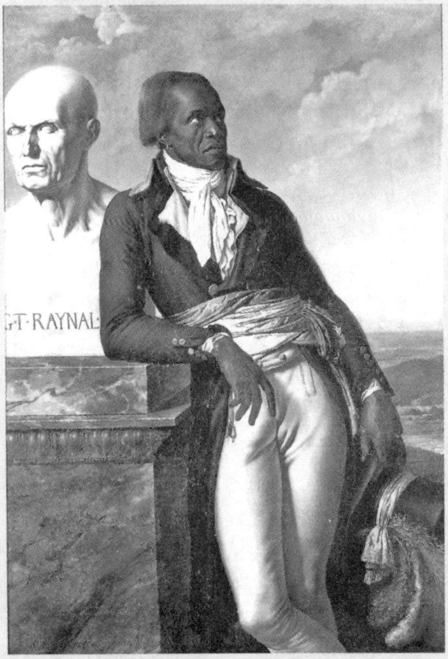

让－巴蒂斯特·贝莱（Jean-Baptiste Bellay）在1793年选为制宪会议的第三等级代表之前，参加了杜桑·卢维杜尔领导的奴隶起义。1797年他失去了席位，回到海地，并淡出历史。图中的贝莱的腰带和帽子上装饰着象征法国的红白蓝三色，倚靠在法国哲学家阿贝·雷纳尔（Abbé Raynal）的雕塑上，雷纳尔的反奴隶制度著作启发了杜桑可能还有贝莱。在肖像画中加入和关联一个死去的人是18世纪绘画中常用的方法。右边的背景代表了海地的乡村。

伊斯帕尼奥拉岛（Hispaniola）的西半部，东半部是西班牙圣多明各（Santo Domingo）殖民地。没有权利的法属圣多明各的奴隶处在严格的社会和种族等级体系的最低层。在他们之上是自由有色人种——这些混血人有一些权利，但仍然遭受歧视。接下来，构成第二等级的人是那些影响较小的白人，他们充当种植园的监工或是经营一些生活必需品的店铺。最上层是种植园主、富裕商人、法国贵族、教士以及政府官员。当1789年法国大革命爆发的消息传到圣多明各以后，殖民地旧的社会和种族制度开始崩溃了。

在法国大革命的开始阶段，圣多明各的上层阶级建立了自己的政府，向三级会议派出代表，要求经济自由。从1790年到1794年间法属圣多明各的自由有色人种、较贫穷的白人和奴隶举行了一连串的起义，起义还扩展到这个岛屿的西班牙一侧。1793年岛上的革命政府废除了奴隶制，1794年法国政府也废除了奴隶制。此时，一个有文化、熟悉启蒙思想家著作的前奴隶杜桑·卢维杜尔（Toussaint L'Ouverture，1743—1803年）成为殖民地的军事和政治领导人。1801年，在打败英国和法国军队后，他成为统治这个岛屿的军事独裁者——这是新世界第一个黑人领导的政府。一年后杜桑被逮捕送往法国，在那里他死于狱中。

其时，存在着一种为欧洲人不断扩大的种植园提供奴隶劳工的经济产业，同时，欧洲知识分子展开了关于人权和自由的辩论，而法国则爆发了一系列的革命，欧洲也发生了一系列的战争。在这样的背景下，1803年，在海地岛上建立了一个独立的共和国。它是历史上第一个黑人共和国，也是新世界的第二个共和国。一个新的社会诞生了，它的未来掌握在自由和自治的人民手中。

读“遭遇”，学知识：

1. 18世纪末法属西印度群岛的社会经济体系是怎样的？

2. 法国大革命中的思想和事件如何影响了法属西印度群岛？

3. 海地革命的后果是什么？

4. 讨论海地革命及其后果带来的问题。奴隶制和贸易在今天的世界上被完全消灭了吗？

复辟，1815—1830年

在反法战争中获得胜利的国家试图将欧洲恢复到革命以前的状态，但变革的力量已经改变了西方和世界历史发展的方向。作为启蒙运动世界公民观念的继承人，法国人在很大程度上忽视了被他们征服地区人们的传统，认为自己的革命国家代表了人类发展的最好方向。不过最后法国在输出革命时没有像他们希望的那样成功。欧洲国家和英国共同谋划抵制自由思想传播。在1815年的维也纳会议（Congress of Vienna）上，胜利者剥夺了法国大部分靠扩张得到的领土，在欧洲恢复了势力均衡状态，取消或削弱了一些改革政策，同时还开始了一个旧王朝复辟的时代。

虽然拿破仑战争后胜利者重画了欧洲政治地图，但拿破仑的许多改革直到1830年及以后时期都依然有效。甚至在依靠盟军恢复了波旁王朝统治的法国，路易十八（Louis XVIII，1815—1824年在位）也颁布宪章实行了一种类似1791年有限专制的立宪政体。此时大多数欧洲国家都拥有了民选政府以及以《拿破仑法典》为基础的民法体系。不过，与此相反的是，在普鲁士、俄罗斯和奥地利则基本上没有出现民主和代议制政府。

1815到1830年间欧洲国家对改革态度迥然不同，英国开始进行适度改变而俄罗斯则对此进行强力镇压。拿破仑战争刚刚结束时，英国政府反对实行议会改革或自由贸易，但英国在1820年代开始了近代化的过程。法国恢复了专制制度，复辟的波旁王朝开始一点点剥夺革命成果。到1830年法国人民反对国王的情绪越来越高涨，终于在七月革命（July Revolution）中推翻了复辟政权，奥尔良公爵（Duke of Orléans）路易·菲力浦（Louis Philippe，1830—1848年在位）取代了波旁王朝的统治。立宪政府开始把资产阶级推上了权力舞台。

在中欧，奥地利牢牢控制了自己国内和这个地区的自由主义思想。虽然普鲁士在拿破仑时代就已经进行了重要的自由改革，但此时它更感兴趣的似乎是提高国家的效率而不是国家的现代化。俄罗斯变得越来越反动，越来越采取高压政策。到1860年代，俄罗斯的专制政体和奥地利对中欧的控制加深了东、西欧之间的鸿沟。

1.3 艺术和思想革命：从新古典主义到浪漫主义

法国大革命的发动者们手头有一种非常适合其革命目标的流行艺术风格——新古典主义。新古典主义与轻浮的巴洛克风格不同，它思想高雅、合乎道德、主题严肃。新古典主义美术家和建筑师遵循了古代希腊罗马艺术均衡、简约和内敛的理念，这些理念被认为体现了宇宙的基本原理。真理被看作是永恒的，不可变更的，且对所有人来说都是完全一样的。根据古典主义原则创作的美术和文学作品被认为既可以提升道德水准，也可以满足审美需要。

在英国，古典主义精神在简·奥斯汀（Jane Austen，1775—1817年）的小说中延续下来。奥斯汀没有受那个时代风行的革命运动的影响，她创作的小说以英格兰偏远的乡村为背景，关注的是那些并不富裕的人们，她刻画的这个从本质上来说属于中产阶级的世界深深吸引了读者。

法国进步思想家力图为世界确立新的理性秩序，他们把大卫的绘画当作这种秩序的象征。革命激发了推崇古典主义理念的热潮，而大卫则成为象征革命的艺术家。当革命迷失方向后，法国人开始把自己的国家看成是新罗马帝国，大卫成为拿破仑的宫廷画家。大卫在1800年后把新古典主义改造成法兰西帝国风格，1815年法兰西皇帝被流放出欧洲后这种风格仍然在法国和欧洲大陆上风行了很长时间。

在更早以前，大约从1770年开始，浪漫主义作为一种未来对西方意识产生了持久影响的艺术运动逐步在全欧洲出现。**浪漫主义**（romanticism）是一种全新的思维方式，它主导了19世纪整个欧洲的艺术和文学领域。浪漫主义反对新古典主义的冷酷和虚伪，它积极提倡表现不受约束的自然风景、不加控制的情感和人类精神的秘密。浪漫主义者认为，他们的理念比古典主义的秩序、理性与和谐更符合人类的本性。浪漫主义的某些思想和因素渗透到西方人的思维方式中，成为现代世界的信念要素。

1789年以后的新古典主义文学

简·奥斯汀在她短暂的一生中共创作了六部小说，它们都是那个时代最优秀的作品。奥斯汀的小说饱含古典主义精神，她笔下的人物都生活在一个安详宁静的环境中，这让人们回忆起17世纪荷兰画家维米尔作品中恬静的家庭氛围。她称自己为微图画家(miniaturist),呈现给读者的是一个即将消失的世界，在那里，家庭是最小的重要社会单元，而人们面临的最重要问题就是调节社会关系。

这些文学题材在普通作家笔下可能会因过于狭窄而创作失败，但奥斯汀通过清晰的语言、不经意的嘲讽等独特的写作手法超越了故事结构的局限。另外最重要的是她优美地展现了乡村生活的风俗和琐碎礼仪，包括参加舞会、写字和说话、走亲访友以及某些不寻常的社会变故等，这些变故有私奔、泄密或是悔婚。她对于当时社会强加给妇女的束缚十分敏感，以高超的手法描绘了妇女的天地，在这块天地里妇女很少能接受正式教育，被限制在家庭生活中，经济上依附于男人，并且被定位为软弱和多愁善感的社会角色。奥斯汀最著名的小说《傲慢与偏见》(*Pride and Prejudice*,1813年）是一部文雅的讽刺作品，讲述了一个没落的上流社会家庭本尼特家（the Bennets）为五个女儿挑选合适配偶的故事。

1789年以后的新古典主义绘画和建筑

大卫在1780年代奠定了新古典主义绘画的基础，他一直到1825年去世都是古典主义绘画的杰出大师。大卫是法国大革命的官方画家，他善于用古典主

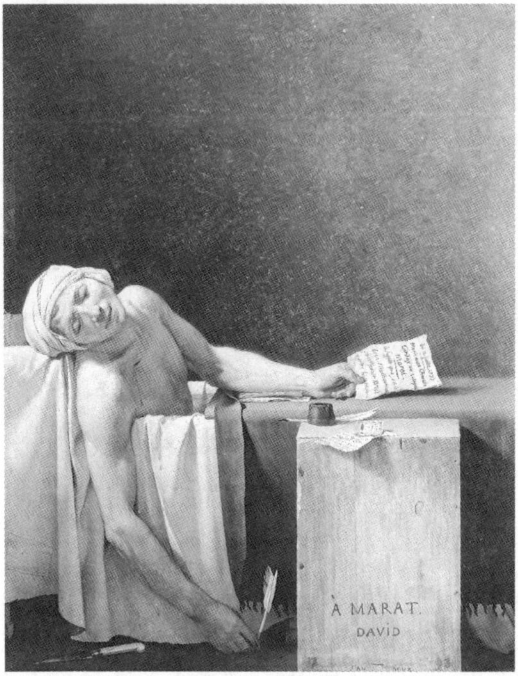

图1.5　大卫：《马拉之死》。1793年。帆布油画，1.65×1.28米。布鲁塞尔，比利时皇家美术博物馆

大卫的新古典主义历史画中的人物常常是裸体的，有些较真的人就批评说它不符合历史事实，不过大卫称他这样做是为了呼应"古典主义的习惯"。大卫对马拉被谋杀场景的描绘没有遭到这种批评，因为在真实的事件中马拉死时的确没穿衣服。在这幅画中，大卫把古典主义的原则和写实主义结合起来，创造了一个永恒的形象。

义手法展现当代事件。大卫最著名的绘画描绘了大革命最著名的烈士——在浴缸中被刺杀的马拉（Jean-Paul Marat，插图1.5）。大卫本人就是大革命的热情支持者，所以他细致地设计这幅作品，以图使这个法国历史上的特殊一幕具有普遍意义。这幅画的背景从历史的角度说是准确的，因为马拉患有某种皮肤病，所以他经常泡在浴缸中办公。大卫仅仅为绘画设定了背景，而简化了一切无助于表现悲剧意象的细节，因此画面上几乎没有渲染事件本身的紧张感。马拉的造型在不加修饰的单调背景反衬下酷似一尊古代雕塑。他的身体蜷曲着，流血的伤口和平静的脸庞清晰可见。笔和墨水恰如其分地提醒观众，马拉是在为革命工作时被杀害的。大卫实际上把马拉刻画成了一位俗世的圣徒。

大卫在革命最猛烈的阶段险些丢了性命，他活下来后成了拿破仑的宫廷画师。他的美术作品开始出现政治宣传化的倾向。为了提高自己作为开国之君的形象，拿破仑鼓励大卫在绘画中表现伟大辉煌的拿破仑王朝。《拿破仑和约瑟芬加冕》（*The Coronation of Napoleon and Josephine*）是大卫典型的帝国绘画作品（插图1.6）。这幅画描绘了拿破仑夸张的盛大加冕仪式，拿破仑举行这个仪式是为了向欧洲的旧君主们表明自己建立的帝国的合法性，因为在他们眼里拿破仑不过是个暴发户。拿破仑的家人穿着华美的宫廷礼服，被封为国王、王子和公主

图1.6　大卫:《拿破仑和约瑟芬加冕》。1805—1808年。帆布油画，6.1×9.3米。罗浮宫藏

拿破仑精心安排了自己的加冕仪式，然后亲自指导大卫把它画下来。例如拿破仑的妈妈没有参加加冕，可能是她不赞成自己儿子的夸张的雄心，但拿破仑坚持让大卫把她画上去，坐在画面中间。大卫的画中教皇举手祝福，也与实际不符，据目击者说当时教皇双手放在膝盖上。

等头衔。另外，大卫对加冕仪式的处理也表达了近代政治权力观念。拿破仑不是由教皇加冕，而是自己为自己戴上了皇冠。这幅画表现的是拿破仑正准备为跪在他面前的皇后加冕。在大卫的画中坐在拿破仑后面的教皇不过是个看客。

唯一可以和大卫比肩的新古典主义画家是他的学生安格尔（Jean-Auguste-Dominique Ingres，1780—1867年）。安格尔从大卫那里继承了新古典主义衣钵，但他没有其师狂热的道德诉求。因此，安格尔古典主义作品中的简单人物形象几乎可以说是冷漠刻板。安格尔最优秀的作品是他的人物肖像画。安格尔以准确娴熟的手法为他的绘画对象描绘出了照片一般的肖像画。在安格尔众多的作品中，他为拿破仑法国新贵里维耶夫人（Madame Rivière）创作的《里维耶夫人像》（*Madame Rivière*，插图1.7）是最优秀的一幅画。安格尔的肖像画或许没有深入探究人物的内心世界，但他的确通过画中端坐者的姿势和其他大量细节暗示出她的富有和尊贵，这些细节包括大理石镶嵌桌面的桌子以及令人羡慕

图1.7 安格尔:《里维耶夫人像》(*Madame Rivière*)。1805年。帆布油画，椭圆形，1.14×0.91米。卢浮宫藏

安格尔是最后一位伟大的肖像画家，1840年之后这一领域就被照相机所取代了。就像这幅里维耶夫人像所体现出来的，安格尔对于人物的面部和姿态观察细致，所画的人像画精细、优美但真实。安格尔把人物置于前景中，着力描绘她的身体、肤色以及她的衣服和所倚靠的枕头闪光的表面。绣花的披巾——可能是一件昂贵的饰品——强化了这幅肖像画的椭圆形状，它盖住了人物的右臂，绕过她的肩膀，从椅子上垂落下来。

的精美钟表和项链。安格尔通过自己的方式给予这位新资产阶级贵族的成员以极其尊贵的待遇，这种待遇与革命前洛可可绘画中贵族享有的待遇一样崇高。

1789年后，新古典主义建筑风格扩展到了在欧洲的殖民地尤其是英国的前北美殖民地。在美国，新共和国的中产阶级创建者们把新古典主义当成了他们那个时代的代名词，这个时代又被称作“联邦时期”(federal period)。他们用象征共和主义信念和民主情感的古典主义建筑装点首都华盛顿。

《独立宣言》的起草者之一、美国第三任总统托马斯·杰弗逊(Thomas Jefferson，1743—1826年)对美国古典主义传统的影响最为深刻。杰弗逊也是一位杰出的建筑大师。他和那时候的其他建筑师一样，深受意大利人帕拉第奥(Andrea Palladio，1508—1580年)建筑理论的影响，杰弗逊阅读过他的著作。帕拉第奥在维琴察附近修建的圆厅别墅(Villa Rotonda)成为杰弗逊在弗吉尼亚州夏洛茨维尔(Charlottesville)附近蒙蒂塞洛(Monticello)住宅(插图1.8)的样板。虽然蒙蒂塞洛住宅只有两排对称的厢房，但它同圆厅别墅一样也是一座围绕圆顶房子修建的乡村别墅。以砖块和木料建造的蒙蒂塞洛住宅使人们争相模仿，以至于它成了美国人体面住宅梦想的象征。

杰弗逊为自己设计的住所影响了美国的民居建筑，而他在里士满

图1.8 托马斯·杰弗逊：蒙蒂赛洛住宅。1770—1784年，1796—1806年重建。弗吉尼亚，夏洛茨威尔

这座受帕拉第奥的作品启发的建筑反映了杰弗逊的道德理想。他设计的这个罗马神庙风格的圆柱门廊反映出他热爱罗马共和制及其简约、规整的理念。这座建筑遵循数学规律，细节不繁复，体现了杰弗逊简约的生活理念。虽然这座建筑是为一个美国精英人物设计的，但它被认为是杰弗逊在用一种温和的方式批评欧洲贵族建设奢华官殿。

（Richmond）设计建造的弗吉尼亚州议会大厦也同样深刻影响了美国的公共建筑（插图1.9）。由于他为弗吉尼亚州政府官邸设计的方案，按古代神殿形式修建公共建筑便成了美国的传统。他设计州议会大厦时参照的样板是公元1世纪开始建造的罗马神庙罗马方堂（Maison Carrée）。虽然按照今天衡量公共建筑的标准来说杰弗逊设计的议会大厦比较小，但它风采非凡，是一个精致优雅、富有简约之美的建筑奇观。杰弗逊最初的设计中最令人满意的部分是它的中心主楼，主楼的各部分如立柱、山墙和窗户都体现了完美的比例。虽然后来两旁又增加了两排较小的侧厅，但这也只是增强而非减弱了杰弗逊的对称和谐设计。

浪漫主义：内在精神和外在表达

与古典主义形成鲜明对照的是，浪漫主义崇尚一切狂放不羁的事物。浪

图1.9 托马斯·杰弗逊：弗吉尼亚议会大厦。1785—1796年。弗吉尼亚，里士满

杰弗逊这么描述这座建筑模仿的源头罗马方堂："这是现存最完美珍贵的古典建筑遗存。"政治考虑也反映了杰弗逊的选择，因为他把罗马神庙看做是罗马共和制价值观的象征。像蒙蒂赛洛住宅一样，杰弗逊的议会建筑设计也反映了他的伦理观念。

漫主义的庇护神是卢梭，卢梭的感伤主义和对自然状态的热爱令他与自己所处的时代格格不入。与卢梭一样，浪漫主义也倾向于受感情和知觉的引导。在这些因素引导下，浪漫主义者描绘了一幅极具个人色彩和充满深刻意蕴的世界图景。许多浪漫主义者认为自然本身就是至高无上的，他们赋予自然以精神的气质，这样自然的神性就通过田园牧歌般的场景和可怕的自然力量展现了出来。为了描述自然威严的一面，他们发明了一个名词**"崇高"**（sublime）来表达对诸如地震、洪水和风暴等可怕自然力量的态度。

浪漫主义者对自然的敬畏部分来自他们希望逃避使乡村状况愈益恶化的工业革命之影响（插图1.10）。因此，毫不奇怪，工业化的故乡英国成了一场赞美中世纪文化运动之中心，这场运动努力塑造一个只能存在于想象之中的自然情感世界。浪漫主义对工业化世界的排斥还产生了其他一些后果，例如，对异国情调的东方世界之入迷，还有想象、梦想、麻醉品和非理性心态大行其道。

许多早期的浪漫主义者在这场急剧动荡中欣然看到了欧洲更好的未来。"自由"、"人权"、"个体"和"平等"等革命口号成为最重要的道德和人道主

图1.10　菲利普·雅克·德·卢泰尔堡（Philippe Jacques de Loutherbourg）:《夜晚的卡尔布鲁克戴尔》（*Coalbrookdale by Night*）。1801年。帆布油画，67.9×106.7厘米。伦敦，科学与社会图片图书馆

乍一看，这幅画好像是描绘了一个地狱火海中的场景。慢慢才能品味出它的意味——它描绘的是一个新兴的英格兰工业城镇。这幅画把工业主义描绘成如此可怕的场景，可以帮助我们理解浪漫主义绘画在反对什么。

义观念，这些观念适用的范围已经超越了法国大革命本身。当1820年代希腊宣布脱离衰败的奥斯曼帝国独立时，许多深受革命思想影响的欧洲人纷纷支持希腊人的行动。其中就有英国浪漫主义诗人拜伦爵士，他曾经援助希腊独立运动，最后也在希腊去世。

法国大革命也在一些浪漫主义者中引发了一种强烈的负面反应，他们批评大革命显得不受制约的暴力。他们也谴责拿破仑帝国主义，它征服其他文化，然后强行实行法国的风俗习惯。这些保守的浪漫主义者斥责法国大革命强调抽象观念和自然权力的做法，他们全心关注各国本身的历史、权利和传统。他们特别反对革命中的国际主义精神，相反提倡民族主义观念。

浪漫主义的民族主义一开始不过是对外国影响的抵制和对普通大众创造的独特文化成分的尊重，这些成分有民间舞蹈、俗语、传说、音乐和风俗等等。这种温和的民族主义后来产生了一种好斗的倾向，它认为某个民族在品格上比其他民族优越，同时对外来者表现出持续的敌意。它的极端形式军国主义鼓吹

清除那些被认为不是一个国家正统继承者的“异类”群体。从1848年到1945年，激进民族主义几乎持续了长达一个世纪之久，其顶峰是纳粹德国，而且至今也仍然是一种潜在的政治势力。

浪漫主义还催生出一种异类崇拜，它高度评价罪犯、吉卜赛人以及其他生活在中产阶级社会之外的群体。这种对中产阶级生活的愤恨之情有着具有讽刺意味的错位，因为鼓吹这种思想的人大多来自中产阶级并且需要它的庇护。这种桀骜不驯的浪漫主义之显现与中产阶级开始在政治上占据统治地位相一致。从浪漫主义者和中产阶级之间爱恨交织的关系中诞生出现代生活的另一个为人们熟悉的标志物——反对资产阶级的资产阶级，即鄙视门第的中产阶级人物。从浪漫主义初生之时直到今天，现代文化中充满了资产阶级分子反叛自己阶级的事例。

法国因其在文化上的突出地位而在浪漫主义运动中发挥了主要作用，而英国也诞生了许多重要的浪漫主义代表人物，尤其是在诗歌和绘画领域。不过浪漫主义文化运动的中心出现在说德语的欧洲地区。法国作家斯达尔夫人（Madame de Staël，1766—1817年）以其所著《德意志论》（*On German*）一书为德意志文化和德语作家扬了名。德国文化引起的反响如此强烈，以至于浪漫主义常常被说成是德国人的创造发明。

文学领域的浪漫主义运动

文学领域的浪漫主义最初发端于被称作“**狂飙突进**”（Sturm und Drang）的德国文学运动。这场运动从卢梭的感伤主义获得灵感，反对古典主义约束，它在1770年代到1780年代初期之间迅猛发展。从积极的层面看，这场文学运动美化了农民的生活和特立独行的自由。“狂飙突进”运动中的作家们攻击有组织宗教的伪善，他们像卢梭一样信奉自然神。这些中产阶级作家反对18世纪生活和写作中的拘谨与沉闷，在语言、衣着、行为和爱情方面推崇自由表达自己的思想和情感。到1780年代中期，这场运动随着其反叛精神的削弱而衰落下去。其中最有影响的成员渐渐汇聚成一个德意志文学流派。

“狂飙突进”运动中最杰出的作家是歌德（Johann Wolfgang von Goethe，1749—1832年），他也是最伟大的德语作家。1774年他二十多岁时就以一本小说《少年维特之烦恼》（*The Sorrows of Young Werther*）而驰名欧洲，这本小说描写了一位因对爱情失望而自杀的年轻男主人公。这部小说如此成功，以致出现了一种被称作少年维特式性格（Wertherism）的社会现象，年轻人效仿维特的多愁善感有时甚至也到了自杀的程度。维特是个复杂的人物，他热情而敏感，常常不合时宜地爆发感情，他在自己孩童般纯真本性的驱使下，追求离经叛道的社会目标，并且深受自然神论的影响。这个人物体现了许多浪漫主义的特征。

华兹华斯（William Wordsworth，1770—1850年）和柯勒律治（Samuel Taylor Coleridge，1772—1834年）的作品《抒情民谣集》（*Lyrical Ballads*）在1798年的出版标志着文学史到了一个转折点，浪漫主义文学真正开始出现了。这两位诗人抛弃了他们认为是矫揉造作的新古典主义风格，开始采用更自然的手法创作诗歌，柯勒律治采用民谣诗体，而华兹华斯则使用以“中下层社会”普通语言为主的朴素民间抒情诗体。从此许多浪漫主义诗歌和散文作家开始模仿通俗语言写作，这是一场和民主制度出现相媲美的文学革命。

华兹华斯《抒情民谣集》的目标是谱写展现日常生活快乐的诗歌。华兹华斯实现了自己的目标，他的诗歌十分善于从简单事物中发掘出深刻的思想感悟。这本诗集中的一首名诗《丁登寺赋》（*Lines Composed a Few Miles Above Tintern Abbey*）体现了华兹华斯泛神论或认为上帝存在于自然界的观点。在这首诗中，他提到自己的姐姐多萝西（Dorothy），他回忆起早年当自己“在河边的山丘上跳跃，在孤独的溪水中跳跃，在所有亲近自然的地方跳跃”时所感受到的激动心情。他认为自己在写诗时本性已受到了压抑，但依然是“一个自然的崇拜者”。华兹华斯笔下的自然是一个由丛生的灌木篱墙、草地、果园和农舍构成的世外桃源般的世界。华兹华斯毕生专注的是展现平凡之美，他被认为是描写自然最动人的英语诗人。

《抒情民谣集》出现后不久，歌德就发表了他的诗剧《浮士德》（*Faust*，第一部分，1808年）。歌德笔下的维特是一位社会叛逆者，是反对资产阶级的资产阶级的原型。但是他笔下的浮士德则是一位反叛一切的人物，他在探究生命真谛时在道德上没有任何顾忌。浮士德有两个突出的特点，一是他不断追求知识，二是他一刻不得安宁。浮士德学完了书本知识后，希望通过亲身体验来满足自己在精神上的饥渴，因此他找到了魔鬼靡菲斯特（Mephistopheles），魔鬼答应给浮士德所有他未曾经历过的激动人心的体验。如果浮士德得到满足，那么他不死的灵魂将被永远打入地狱。浮士德在这样的条件下用自己的血和靡菲斯特订立了契约。

靡菲斯特帮助浮士德恢复了青春，带他经历了许多冒险奇遇，如狂饮、纵欲无度、诱骗良家妇女、谋杀等。他的情妇杀死了他们的私生子后在绝望中死去。《浮士德》第一部结束时浮士德比开始时更加不满足、更远离自己的目标。歌德后来又续写了第二部（1832年），在其中，由于浮士德愿意为了他人而牺牲自己，上帝救赎了浮士德，但是，第二部没有第一部那样扣人心弦，因此它的读者并不太多。

歌德的《浮士德（第一部）》的艺术魅力被证明是无法抗拒的。这部作品

图 1.11 理查德·韦斯托尔（Richard Westall）:《乔治·戈登，拜伦爵士》（*George Gordon, Lord Byron*）。1813年。帆布油画，91.4×71.1厘米。伦敦，国家肖像画美术馆

维斯托尔笔下的拜伦在沉思，容貌英俊，这使他成为浪漫主义的英雄。拜伦目视远方，以手支颐，陷入遐想。他周围的背景很暗，只有他的脸、手和衬衫领子突出出来。就是这幅拜伦的肖像画——一个青春绽放的人物——让一位女性仰慕者这样描述他："他是所有人中最疯狂、最出色、最危险的。"

成为世界上最经常演出的德语戏剧。在它影响下产生了许多绘画和几部音乐作品。**"浮士德式人物"**（Faustian）一词被用来形容那些宁愿以牺牲灵魂为代价换取知识、体验或占据优势的人。

另一个著名的浪漫主义文学家是英国诗人拜伦爵士（George Gordon, Lord Byron, 1788—1824年）。拜伦在欧洲大陆比他的同胞华兹华斯和柯勒律治有名得多，他被歌德称为"世界文学的先驱"。拜伦的人格魅力令其后数代西方艺术家和思想家着迷。在一个中产阶级被各种条条框框约束的时代，拜伦以其飘逸的头发、敞开的领口和放荡不羁的个性成了叛逆青年的榜样（图1.11）。他最大的浪漫主义文化成果可能就是他自己——一个忧郁、富有激情、沉醉于探究和表达内在自我的"拜伦式主人公"。

然而英国人自己却视拜伦为无赖，并因他惊世骇俗的所作所为而将他流放到国外。或许是为了报复，拜伦在他最著名的诗歌《唐璜》（*Don Juan*, 1819—1824年）中把一个臭名昭著的骗子描绘成了品行高洁的英雄，借此来揭露社会的虚伪。拜伦的《唐璜》和歌德的《浮士德》一样，也是一部探究人的道德两面性的作品，这部作品说明作者沉醉于洞察人类本性中隐秘的行为动机。

拜伦是三位浪漫派诗人中最有名的一位，这三位诗人不朽的抒情诗篇使1810到1824年这段时期成为英国伟大“诗歌时代（Age of Poetry）”。另外两位诗人，一位是拜伦的朋友雪莱（Percy Bysshe Shelley，1792—1822年），他因诗歌中充满激进的政治观点而闻名，另一位是济慈（John Keats，1795—1820年），他从自己悲惨的经历中创作了许多带有沉静之美、隐忍平和的诗歌。这三位诗人都命运多舛且都短命——拜伦去世时36岁，雪莱29岁，而济慈只有25岁——这在后世更增强了他们作为凄惨诗人的浪漫主义形象。

英国浪漫主义文学还创造了西方文化中两个最家喻户晓的文学形象：弗兰肯斯坦（Frankenstein）和他亲手制造的怪物。这两个人们通过无数的电影和卡通已十分熟悉的虚构人物最早出现在玛丽·沃尔斯通克拉夫特·雪莱（Mary Wollstonecraft Shelley，1797—1851年）的小说《弗兰肯斯坦》（*Frankenstein*）中。玛丽·沃尔斯通克拉夫特·雪莱与当时两个非同寻常的书香门第有着密切的关系，她是近代女性主义奠基人玛丽·沃尔斯通克拉夫特的女儿，也是浪漫主义诗人雪莱的妻子。在玛丽·沃尔斯通克拉夫特·雪莱的小说中，弗兰肯斯坦博士不经意地制造了一个全然不懂个人幸福的人形生物，他最后被这个绝望的生物抓住杀死。雪莱的小说在某种程度上是浪漫主义对启蒙运动理想主义的反思，这种反思从卢梭就开始了。小说把弗兰肯斯坦描绘成了一个受过度的求知好奇心驱使的人，而怪物则被塑造成失控科学的悲剧象征。雪莱的《弗兰肯斯坦》发表于充满乐观主义的工业化时代早期，那时人文主义正在被征服自然界的活动边缘化。这部小说是人们最早发出的下列警示：背离了伦理道德的科学研究将会导致个人和社会灾难。

浪漫主义绘画

浪漫主义绘画是全欧洲范围内的艺术形式，各国的画家都分享共同的题材（风景和文学题材）和主题（异国情调的爱情和对英雄的崇拜）。不过在国际风格之中也有各国不同的差异，这在英国、德国、西班牙和法国等几个国家著名的画家创作的作品中体现得十分明显。

英国　浪漫主义绘画最早出现在英国，它表现为对自然的崇拜，分成两个各不相同的分支：田园画派（the pastoral）和崇高画派（the sublime）。田园风情画家主要描绘自然风景，他们把其中的乡村生活等同于事物的天然秩序，从而构成了人与自然环境之间的一种精神联系。约翰·康斯太布尔（John Constable，1776—1837年）是田园绘画的主要代表人物。与之相对，崇高派画家关注破坏力巨大的自然或人为灾难，认为它们体现了人类无力控制或认识的

图1.12　康斯太布尔:《干草车》。1821年。帆布油画，1.3×1.85米。伦敦国家美术馆特许复制

虽然田园生活的主题对那个时代的法国浪漫主义画家来说很陌生，但当《干草车》在1824年的巴黎画展展出时，他们对它的风格却感到很亲切。画面的随意、浓烈的色彩和自然光线打动了他们，后来的一个法国风景画派也深受康斯太布尔的影响。

世界秩序。崇高派画家的杰出代表是透纳（J. M.W Turner，1775—1851年）。

康斯太布尔和17世纪的荷兰画家一样热衷于表现平凡简单的乡村生活。但浪漫主义的“自然崇拜”对康斯太布尔艺术风格的影响比荷兰画家要大得多。康斯太布尔的风景画和华斯华兹的诗歌一样体现了自然泛神论思想。华兹华斯认为大自然唤起了人们把美丽风景和宁静天国联系起来的情感。在康斯太布尔的油画作品中，他通过重点描绘一般风景，例如人们在乡间小道上就可以看到的景象,来唤起观众对自然的神性意识。康斯太布尔怀有一种近乎神圣的观念，认为自然界的身形无需使用他所谓的情感渲染和技巧就能向人们展现出来。

康斯太布尔的风景画常常给人以身临其境的感觉。确切地说，他就像是在某个地方作速写，把自己的印象转化成带有直接感受的精美作品。这个两步法发展成一种虚实结合描绘自然世界的特殊手法。康斯太布尔率真诚恳的风格给人这样一种感觉，即他作品中的景象来自他自己和大自然神秘的交流沟通，而不是来自画室内的闭门造车。

图1.13　康斯太布尔:《云之研究》(*Cloud Study*)。1821年。板上纸面油画，0.21×0.29米。纽黑文，耶鲁英国美术中心。保罗·梅隆收藏品

当康斯太布尔画云时，他精确记录了当时的天气状况。例如，在这幅《云之研究》中，他记录的日期和时间为1821年9月21日，下午2至3点，他还写道："强西风，光线从堆叠的云中透射下来。"因此，这些画结合了科学家对自然的严谨观察和美术家对自然的敏锐感觉。

虽然康斯太布尔的艺术并没有完全得到他同时代人的欣赏，但他的一些作品还是赢得了赞誉，同时帮助他重塑了公众看待自然的方法。他最著名的作品是《干草车》(*The Hay Wain*，参见插图1.12)。多年来这幅画如此频繁地被复制，以至于有时它被贬称为"日历画"(calendar art)，但它首次出现时在英国国内和巴黎都大受赞誉。这幅简单的画以其清新之美吸引了读者。《干草车》将许多乡村日常生活的特征融入了浪漫主义的基调，例如茅草覆盖的农舍、静静流淌的小溪、沿着河边奔跑的狗、背景中正在吃草的奶牛，还有头顶上变幻不定的英格兰天空。

对康斯太布尔来说，天空是一个独特的光源。在1821到1822年间，他进行了一项名为"天空变幻"(skying)的研究活动，在画布上记录天气阴晴变幻不定时英格兰乱云堆积的天空（插图1.13）。康斯太布尔对以往画家使用主观

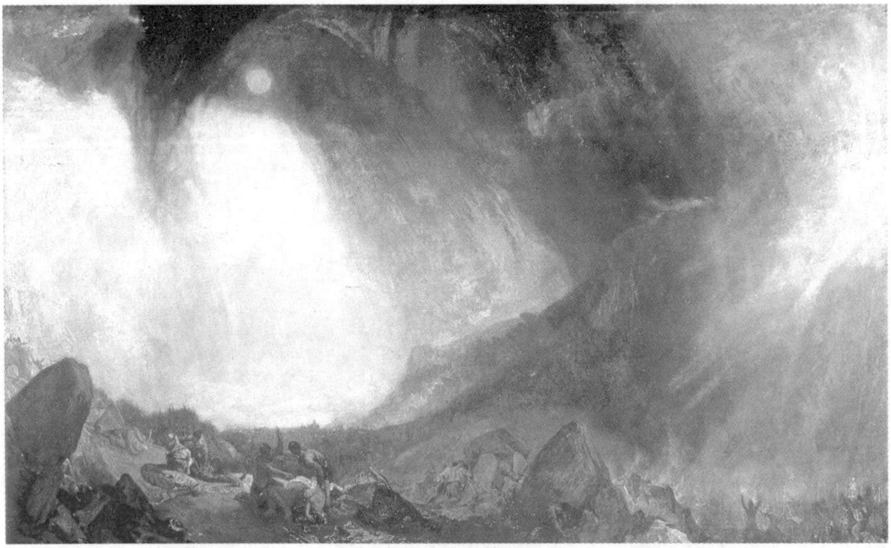

图1.14 透纳:《暴风雪:汉尼拔和他的部队翻越阿尔卑斯山》。1810—1812年。帆布油画,1.46×2.37米。泰特美术馆

汉尼拔和他的部队在画面底部三分之一处从左到右延伸,几乎看不清楚,上面是占据了整个画面大部分的暴风雪,透过暴风雪能看到一个幽灵般的太阳。这幅根据那个时代的哥特小说创作的画,与其说表现的是古代迦太基将领汉尼拔和罗马人之间的斗争,还不如说表现的是法国将领拿破仑和英国之间在1800年代的斗争。因此这幅画清楚地反映了那个时代的政治气候——这在透纳的画中并不常见。

方式表现自然的方法大为不满,他作画就像一位博物学家在记录自然界的真实状态。康斯太布尔对云彩的探索与歌德和华兹华斯等浪漫主义诗人相呼应,他们把云当作许多主题——如孤独和韶华易逝——的象征。康斯太布尔善于使用生动的色彩和变幻不定的光线描绘室外景物,他因此对19世纪的印象派画家产生了重要影响。

透纳还创造了一种新的主题形式——“崇高灾难”(the sublime catastrophe),他在1800到1830年间专注于这类题材的创作。透纳是那个时代最富有原创精神的画家,他运用色彩的高超手法预示了印象派的产生,他对狂暴自然力的描绘则促进了现代抽象绘画的出现。透纳崇高灾难题材的一幅代表作是《暴风雪:汉尼拔和他的部队翻越阿尔卑斯山》(*Snowstorm: Hannibal and His Army Crossing the Alpes*,插图1.14)。虽然这幅画的创作灵感来自罗马历史,但它更多地表现的是狂暴的大自然而不是迦太基将军汉尼拔。这幅画的主题实际上是暴风雪,它扫荡一切的野性几乎要吞噬包括士兵和马匹在内的所有

图1.15　透纳·《有阿波罗和女先知的巴亚湾》。1823年。帆布油画，1.45×2.39米。泰特美术馆

透纳通过环形构图（船、遗迹和岩石）和光影的使用，巧妙地把观察者的目光吸引到画面中央。画面上，阿波罗正在向女先知示意，这个动作的后果通过兔子和蛇表达出来。兔子（中间）代表了爱情，知道是阿波罗追求女先知，蛇（右下）暗示了隐藏的罪恶，可能指的是女先知拒绝了阿波罗。上帝因此降罪于她，令她逐渐老去，但永远不死——就像巴亚湾的遗迹让人想起罗马帝国的荣光。

东西。以前没有画家像透纳作这幅画那样处理绘画。他把占画布3/4的天空处理成了一幅由一些不同色彩和光块交织而成的抽象构图。

透纳还在《有阿波罗和女先知的巴亚湾》（*The Bay of Baiae，with Apollo and the Sibyl*，插图1.15）一画中展现了崇高主题的另一个方面，即认为人类的努力最终将逃脱不了毁灭的命运。透纳受他的第一次意大利之旅启发，在浪漫主义风景画中融入了古典主义格调。在古罗马时代，帝国当局曾经在巴亚湾（那不勒斯附近）修建了很多壮观的别墅和浴室，但到透纳那时这些都已经化为废墟。画家大胆地对真正的巴亚湾风景进行重新安排以使画面更富有感染力。透纳把阿波罗和女先知放在前景，意在暗示一个与库玛女先知（Cumaean Sibyl）家乡库玛（Cumae）港相关的希腊神话。

德国　当崇高派绘画在英国发展的时候，卡斯帕尔·大卫·弗里德里希

图1.16 卡斯帕尔·大卫·弗里德里希:《海边的僧侣》。1808—1810年。帆布油画，1.1×1.7米。柏林，夏洛滕堡宫，普鲁士文化遗产基金会

这幅画从形式到内容都是革命性的。在形式上，它违背古典主义的原则，将地平线画得很低，使得天空看起来无比辽阔；它简化人物并将他放在很不显眼的画面位置上也颠覆了传统。在内容上，这幅画表达的意思并不清楚。这些简化使得这幅画看起来像一幅抽象画，从而为现代美术的发展指明了方向（参见第3讲）。

（Caspar David Friedrich，1774—1840年）也在德国开始了同类题材的绘画创作，他擅长绘制引人沉思的风景画，这些画中常常有一些被赋予了精神内涵的人物形象。弗里德里希一生都居住在北欧波罗的海的波美拉尼亚（Pomerania），他从自己家乡荒凉的海滩、茂密的森林和白垩色的悬崖中寻找灵感。弗里德里希的风景画和以前的画家在类似题材上处理手法有所不同，区别在于他希望把自然风景变成一种神秘美妙的瞬间感觉。弗里德里希没有使用传统基督教题材的表达方式，而是自己创造了象征上帝在世上存在的符号。

在《海边的僧侣》（*Monk by the Sea*，插图1.16）中，背景是荒凉的波罗的海岸，一个头戴兜帽的人站在一堵由天空构成的巨墙前的沙丘上。画面上的人物——小小的“僧侣”——成了这个几乎完全水平的画面上唯一垂直的线条。下面是波涛汹涌的大海，不过除了被月光或是晨曦照亮的云团以外，天空十分沉静。弗里德里希很少画人物的脸，他从背面表现僧侣，目的是让观众看到僧

侣所看到的一切，感受僧侣所感受到的一切。或许他是在充满乐观地期待新的一天到来，又或者他在绝望地看着夜晚的降临。又或者当他面对无尽的天空和大海时他感受到了人类的渺小。红外线照片还表明，弗里德里希一开始还在画面上画了两条与风浪搏斗的船。船的意象常常在弗里德里希的画中出现，象征着上帝派往人间的使者。弗里德里希之所以去掉它们，目的是避免观众对这幅画进行乐观主义的解读。不过最终完成的画表达了两个相辅相成的浪漫主义主题和弗里德里希的偏好，即对孤独的钟爱和对无限时空的迷恋。

西班牙 在西班牙，浪漫主义绘画通过弗朗西斯科·戈雅（Francisco Goya，1746—1828年）的反古典主义作品发展起来，戈雅是西班牙文化史上的重要人物。戈雅的作品反映世界的噩梦般景象，涉及面很广，从洛可可式的幻想到性感的肖像画，到对人类愚笨行为的无情揭露，到灵魂上的邪恶，一直到绝望无助的场景。戈雅陷入绝望有不少原因，但对西班牙政治和社会秩序重新焕发生机之希望的破灭是导致他极端悲观主义的主要原因，也是他慢慢变聋的主要原因。

1790年代戈雅是西班牙国王查理四世（Charles IV）的宫廷画师，画家对政治的不满可以从他为皇室家庭绘制的令人玩味的肖像画中露出些许端倪（插图1.17）。他把王后（画面居中者）描绘成一个虚荣蠢笨的女人，把国王（右前方）刻画成一个皇家白痴。历史证明戈雅的判断是正确的，这的确是一个腐败愚蠢的王朝。或许是由于那些布满蕾丝的长袍、闪闪发光的金属饰物和画面总体的华美格调使他画出这种逼真的肖像画而没有遭到处罚，并且在这种危险的环境中生存下来。

1799年戈雅出版了一部铜版蚀刻画作品集，开始对他这个时代的社会罪恶进行猛烈控诉，从而成为一名杰出的人文主义画家。这个系列作品的题目是《幻想》（*Caprichos*或*Caprices*），这种浪漫主义创作手法使画家可以针对任何主题抒发自己的个人情感，可以利用非理性或想象的场景来呼吁人们使用理性。在80幅《幻想》画中有一幅名为《至死方休》（*Hasta la Muerte*，插图1.18），画面上一个老女人羡慕地盯着镜子正在调整帽子，边上有一个年轻女性，可能是她的仆人，还有两个年轻男子正在看。那个年轻妇女和一个男子正掩口而笑，表明他们正在嘲笑这个荒谬的场景，其他人怀疑地盯着看。在《幻想》的大部分画中，戈雅探究了生命更深层的意义，但在这里他借着这个愚笨的老妇，以幽默的笔触表现了这个空虚的主题。

戈雅的杰作《1808年5月3日的行刑》（*The Execution of the Third of May*，1808年，插图1.19）的时代背景是拿破仑对西班牙的征服和此后的西班牙解放

图1.17 戈雅:《查理四世家族》。1800年。帆布油画，2.79×3.35米。马德里，普拉多美术馆

遵循一个久远的西班牙传统，戈雅把自己画在左边画面中，他在阴影中的高处观察皇室家族。150年前委拉斯奎兹就这么做过，这幅画与之遥相呼应。在左边戈雅画了国王姐姐被岁月摧毁的脸，提醒人们青春不常在。

图1.18 戈雅:《至死方休》。1797—1798年。蚀刻版画，约19.1×13.3厘米。巴黎，加雷·普鲁特美术馆。纽约，布里奇曼–吉拉顿/美术资源美术图书馆

戈雅在《幻想》系列中使用了蚀刻技法，即将金属板放在酸液中腐蚀以制造出细密的明暗纹理。作品没有上色强化了这些作品的道德意蕴。在这幅蚀刻画中，梳妆台上的镜子和瓶瓶罐罐直观地表达了戈雅关于空虚和衰老的观点。

图1.19　戈雅:《1808年5月3日的行刑》。1814—1815年。帆布油画，2.67×4.06米。马德里，普拉多美术馆

将这幅画和大卫的《马拉之死》（参见图1.5）进行比较，可以看出浪漫主义和新古典主义美术风格的不同。大卫笔下的马拉除了周围的悲惨环境以外，像一个就义的英雄人物。而戈雅画中的西班牙烈士的死则毫无英雄主义的感觉；他们赴死的理由可能是正义的，但他们死亡的方式是冷酷无情的。

战争。这幅抗议法国帝国主义的作品是世界上最震撼人心的描绘战争恐怖场面的绘画。它表现了西班牙战俘被法国行刑队处死的场面。画面上法国士兵看不见脸，整齐划一机器人般排成一行，而西班牙士兵则是一批与之不相匹配的非正规军。西班牙爱国者在画面上分三组排列，那些浑身是血躺在地上的人已经死去，那些面对行刑队的人马上就会死去，被蒙住脸往前走的那些人将在下一轮被处死。这幅几乎完全是阴郁色调的绘画之情感中心是那位沐浴在耀眼的光芒中、身着白衬衫的青年人。他张开双臂就像耶稣基督的造型，这个造型象征了戈雅对所有为正义而牺牲的人们表示痛惜。

法国　随着1818年热里科（Théodore Géricault，1791—1824年）根据一

图1.20 热里科:《梅杜萨之筏》。1818年。帆布油画，4.9×7.16米。卢浮宫藏

虽然其他画家如透纳和弗里德里希也画过海难及其受害者（参见图2.3），但可能热里科的这幅巨大的画是最有名的。他生动地描绘了画中人们的绝望和希望，这幅画很快就获得了好评，虽然那时对这些人以及这件事和社会与政治的关系的争论仍在继续。为了画这幅画，热里科对这次灾难进行了50次调研，最终采用金字塔形排列人物，从左下角往中间和右上角延伸。

次真实海难创作的绘画作品《梅杜萨之筏》（*The Raft of the* "*Medusa*"，插图1.20）问世，法国绘画的浪漫主义时代来临了。"梅杜萨"是一艘航海船，它在南大西洋沉没后人们以为船上所有的人都失踪了。然而几个月后，几个生还者从一个拼凑的木筏上被救了回来。通过他们的故事人们了解到许多关于船上叛乱、高级船员犯罪、谋杀、自相残杀以及政府掩盖事实等令人震惊的细节。

热里科被这个有人从中千方百计活下来的海难所吸引。这幅画集中描绘了营救幸存船员的关键时刻，热里科把这些普通人刻画成了几乎被恐怖的自然力压垮的高贵人物。前景中全裸和仅遮盖少许衣物的躯体营造出一种强烈的庄重和受难氛围。画中人物由前景处向上方挣扎，涌向一个黑人青年，他向没有露出画面的营救船挥动着一面旗子。热里科希望通过他的画向政府表达某种政治观点，并使画面尽可能真实，为此他访问了幸存者，还复制了一个木筏，但同时他又在这幅画中倾注了自己的深情和悲悯之心。如此便造就了这幅体现浪

图1.21 德拉克洛瓦:《希阿岛的屠杀》。1824年。帆布油画，4.17×3.54米。卢浮宫藏

德拉克洛瓦用生动的色彩和脆弱的躯体来表现历史事件的恐怖——这是他的典型技法。在前景中，已死去和垂死的希腊人充斥画面，两个土耳其士兵（戴着头巾）正在继续屠杀无辜的人们。在中景中，另一组希腊人正在被屠杀，在左边远处浓烟正从燃烧的村庄上冒出来。背景中黑蓝色的海面和蓝中泛黄的天空增加了这个大屠杀场景的恐怖氛围。天空中诡异的黄色和前景中受害者的肤色相呼应。这幅画在1824年的巴黎画展中大获成功。法国政府出六千法郎买下了它——这在那个时代很平常，这把美术界和国家联系起来了，创造了一种“官方美术”。当1870年代印象主义兴起的时候，它就是为了反对“官方美术”的。

漫主义精神、充满感情的作品。

热里科的《梅杜萨之筏》也表现了浪漫主义与自由政治思想之间的联系。在木筏上人性荡然无存这一事实强化了整个梅杜萨事件所体现出来的文明崩溃现象。这幅画本身也成为批评复辟波旁王朝的集结点，波旁王朝把这幅描绘船员随木筏漂流的画看作是法兰西民族的隐喻。德拉克洛瓦（Eugèn Delacroix，1798—1863年）继承了热里科的诸多理念，成为公开与安格尔和新古典主义画家相抗衡的浪漫主义画派的领袖。德拉克洛瓦和热里科一样是一个人道主义者，他从自己那个动荡不定的时代汲取创作灵感。1820年代，他创作了绘画《希阿岛的屠杀》（*Massacre at Chios*，插图1.21），借以表达自己支持希腊自由战士为争取独立与土耳其人的战争。德拉克洛瓦在1822年土耳其人在爱琴海希阿岛屠杀了2万希腊人后立刻创作了这幅作品。希阿岛被认为是荷马的故乡，在欧洲文明中一直与古典主义文化的荣耀相连。德拉克洛瓦的这幅描绘恐怖场景的画在西方美术史上是少有的:它既是一幅伟大的美术作品，同时又是一件政治宣传品。

德拉克洛瓦的《自由引导人民》（*Liberty Leading the People*）的创作灵感也是来自一个政治事件，那就是1830年的法国七月革命，它最后导致法国建立了立宪政府（插图1.22）。这幅画把写实主义和象征手法结合起来，描绘了街

图1.22　德拉克洛瓦:《自由引导人民》。1831年。帆布油画，2.59×3.25米。卢浮宫藏

德拉克洛瓦的这幅画有些地方模仿了热里科的《梅杜萨之筏》。这两幅画都是描绘的当代时间，并把它们变成了法国的象征。此外，本画中的两个死去的男子，一个半裸体一个穿衣，也与热里科作品中的人物很类似。德拉克洛瓦描绘的人民胜利的场面似乎是对热里科笔下漂泊不定的法国的乐观回应。

垒上由一位袒露胸部偶像般的自由女神引导的革命者。围绕在自由女神身边的三个人物分别象征着构成“人民”的三个阶级：头戴高礼帽的象征资产阶级，他们是革命主要的受益者，头戴便帽跪着的人物代表了工人阶级反抗者，而挥舞着两把手枪的男青年是社会最底层群体中街头混混的形象。这幅画的焦点是一面三色旗，1789年大革命中它被当作革命的象征，1815到1830年间被宣布为违禁物品，此时又成了法兰西团结的标志。旗子的红、白、蓝三色也使得画面其余部分的色彩十分和谐。1830年革命后不久，这幅画就完成了，被新国王买去赞美那场使自己登上王位的革命斗争。但它很快被藏匿起来，因为掌权的资产阶级政府发现革命的遗产令他们十分头疼。只是到了后来，在1848年法兰西第二共和国建立后，法国民众才看到了这幅画。

科学和哲学

科学自古希腊时代开始就是自然哲学的一部分，随着各个研究领域的日益分离，科学越来越成为一门独立的学问。基于经验主义、实验和理性的科学在法国和英国思想家的心目中的地位越来越突出。不过莱茵河东部的德国思想家拒绝被他们认为是唯物主义和无神论的新科学，而发展了另外一种获得真理的路径——德国唯心主义，它强调精神的作用。不过当时的大部分西方人都没有重视这种在科学和思想领域的转变。他们从18世纪早期兴起的大众宗教中获得安慰和自信。

科学　1760—1830年间欧洲文化阶层推动科学革命，其发现也成为西方思想的基石。虽然这一时期没有出现像科学革命和牛顿理论那么重大的科学突破，但科学界在不少方面发生了改变：更好的组织性及多样性，致力于研究的新杂志以及公众对科学进步的认可。

科学不再是单一的学科，而是有了各个科学门类。这些门类包括生物学、物理学以及自然科学等。科学研究的各个领域开始分成不同的学科，如植物学、动物学、化学和电学等。随着科学发现越来越多，这些发现很快就融入到主流的西方思想文化当中去，并且传播到世界各地（插图1.23）——这一趋势持续至今。

近代化学是18世纪诞生的新型学科之一，它基本是化学家拉瓦锡（Antoine-Laurent Lavoisier，1743—1794年）一手创立的。拉瓦锡是一名训练有素的化学家，他进行了许多关于空气、气体和热的实验，也有许多发现，包括解释了燃烧现象。大约在同一时期，英国科学家和神学家约瑟夫·普利斯特列（Joseph Priestly，1733—1804年）确定了第一个化学元素——氧。后来，拉瓦锡通过实验发现氧气具有维持人和动物生命的作用。拉瓦锡还把水分解成了氧气和氢气，虽然他并没有命名氢气。对于化学这门学科来说，他还和别人一起完成了元素的分类体系以及基本实验规则。拉瓦锡还积极参与政治活动，致力于改进法国的经济和社会状况。但是由于他为法国王室服务，他成为恐怖统治的牺牲品，被送上了断头台。

对电的研究始于17世纪中期，在英国物理学家波义耳的推动下获得发展。波义耳是最早确认电有两极相吸和相斥作用的科学家之一。1740年代美国的富兰克林（1706—1790年）进行了电的实验，检验他所称的“电流”的属性。很快他就可以区分正负极电荷以及导体和绝缘体。1752年他通过著名的危险的风筝实验，证明闪电和电是同一现象。后来，他还发明了避雷针，通过用导线把电荷导入大地以使建筑物免遭雷击。富兰克林写了几篇论文解释他的实验，

图1.23　插图，《钦定向赤道航海杂志》（*Journal of the Voyage to the Equator, by Order of the King*）。1751年

这幅插图来自一篇论文答辩，在这篇论文中三位法国学者在1742年开始测量赤道。这些活动推动了18世纪欧洲南美殖民地大学和学院的建立。这幅图中混合了古典主义和新科学的内容。图中，罗马智慧女神密涅瓦被普蒂（Putti）围绕着，普蒂是和罗马女神维纳斯联系在一起的天使般的人物。普蒂们在使用科学仪器——显微镜和放大镜来观察植物、研究地球仪、计算距离，并用火做实验。在左后方有一架望远镜，在左前方有一座挂钟。这幅插图的意思很明显：科学知识正在传遍世界。

为他在欧洲赢得了自然科学家的声誉，他对于理解电的贡献使他成为这一领域的巨擘。

瑞典植物学家、探险家和收藏家林奈（Carl Linnaeus，1707—1778年）在其著作《自然系统》（*Systema Naturae*，1753年）创立了近代植物、动物和矿物分类体系。分类学是划分现存和已灭绝的生物种类的科学。林奈还创立了生物命名法及其使用规则。在他的体系中，植物和动物被分成不同等级：从上到下有纲、目、属、种等。他的命名体系使用双名法（含有两个拉丁文构成名字，前为属，后为种——例如，Equus caballus指的是家马）。尽管有些部分经过了更新、增加和修改，但他的分类体系已经成为现代科学的一部分。

哲学　同英国—法国的启蒙运动相比，德国的思想界显得很突兀。浪漫主义精神在哲学领域导致了德国唯心主义的出现，这种思想从精神角度认识生命。从康德到黑格尔的德国哲学家建构了这个不同于传统宗教思想的唯心主义哲学。1790年代康德（Immanuel Kant，1724—1804年）把现象世界（world of phenomena，外在表象）和本体世界（world of noumena，物自体［things-inthemselves],或是精神)区分开来,从而开始了这场思想革命。按照康德的看法,现象世界是可以通过科学手段加以认识的,而本体世界如果可以认识的话也只能通过直觉去探索。

不过康德的后继者们开始描绘精神世界的图景,试图完成这个不可能的任务。费希特(Johann Gottlieb Fichte,1762—1814年)发现了"宇宙精神"(World Spirit)的实在性,认为这是一种主动探寻自我意识的力量。谢林(Friedrich Wilhelm Joseph von Schelling,1775—1854年)把自然等同于"绝对"(Absolute),他用这个名词来指代终极实在性。谢林还是第一个赞成在艺术活动中贯彻浪漫主义思想的人,他认为艺术家受到神的启示创作的作品可以揭示符合神意的真理。谢林关于艺术创作的思想影响了英国诗人柯勒律治,并通过他更加广泛地影响了英国浪漫主义文化运动。

黑格尔(Georg Wilhelm Friedrich Hegel,1770—1831年)把唯心主义推向了高峰,他将人类历史解读为宇宙精神的记录,试图去理解它的真正本质。他认为宇宙精神的自我觉悟只能通过辩证的矛盾斗争才能实现。在第一阶段这种精神先产生一个正题(thesis),然后产生一个反题(antithesis),在第二阶段通过两种思想的斗争形成一个合题(synthesis),或者说是一个新的正题,它又不断引起新的矛盾斗争,这就是第三阶段,如此以至无穷。然而黑格尔的历史观忽视了个人的存在,因为他认为群体中的人是宇宙精神追求自由的工具。根据这个观点,战争、暴乱和起义只不过是这种精神成长的证据。正由于这个原因,黑格尔把拿破仑和他发动的战争看作是宇宙精神的化身。

黑格尔主义对于后来的西方思想产生了巨大的影响。卡尔·马克思等革命主义者吸取了他的辩证历史观。保守主义者尤其是德国保守主义者利用黑格尔的思想为中央集权的强力国家辩护,而无处不在的民族主义者也从他的思想中得到启示。其他一些思想家反对他否定个人作用的观念,创立了赞美个人的存在主义哲学(参见第4讲)。

浪漫主义音乐的出现

随着中产阶级在1789到1830年间登上政治舞台,他们将音乐引入了市场,即自由放任的经济和音乐相互结合起来。此时的演出与赞助制度下的小圈子演出形式不同,此时观看演出的资产阶级需要买票并向演员支付报酬。薪水和演出需求使音乐家从赞助制度中解放出来。随着这些音乐家被解放,他们变得越来越特立独行并推崇个人主义,这正是浪漫主义艺术家所倡导的人生态度。随着民主的进步,音乐也更加明白晓畅,而乐器制造新工艺的出现和产量增加也使更多的人可以拥有不太昂贵的乐器。

图1.24　费迪南·乔治·瓦尔德缪勒（Ferdinand Georg Waldmüller）：《贝多芬像》。1823年。帆布油画，约72×58厘米。德国，莱比锡，布雷特科普夫与哈特尔档案馆。原作毁于二战

晚年贝多芬是浪漫主义天才的代表，当他在维也纳大街上散步时衣冠不整，唱歌给自己听，遭到顽童的嘲笑；有一次他甚至被当做流浪汉逮捕了。在这幅1823年的肖像画中，瓦尔德缪勒的画暗示了贝多芬的不羁的外表，不过通过他坚毅的表情、紧绷的下巴和宽阔的额头表达了这位伟大作曲家的不凡决心和智慧。

贝多芬（Ludwig van Beethoven，1770—1827年）是这个阶段最有才华的作曲家同时也是历史上最伟大的音乐天才之一，他虽然是德国人却在维也纳度过了大半生。贝多芬是新型音乐家的代表，这些音乐家靠在音乐会上演奏、授课和出售自己创作的音乐作品等手段来养家糊口（插图1.24）。贝多芬的作品既代表了古典主义音乐的巅峰，又是浪漫主义音乐的先锋。贝多芬使用古典主义音乐的奏鸣曲、交响曲、弦乐四重奏曲等标准形式创作较长的作品，往往会两倍、甚至三倍于他们原来的标准长度。他还谱写了更富有表现力、表达更热烈更复杂感情的乐曲，尤其是他的标题音乐——标题音乐就是描绘一个特定的场景或讲述一个故事的音乐。他还有其他几项意义重大的音乐创新，如在交响乐中使用合唱、谱写表达人类意志力的乐曲等。

贝多芬的音乐生涯可以分为三个阶段，但他的极端个人主义使他谱写的每件音乐作品都具有独特的印记。1790年代到1803年是第一阶段，贝多芬的光芒被他在维也纳学习音乐的老师海顿所掩盖。他的《第一交响曲》（*First Symphony*，1800年）可以看作是一部古典主义作品，但他在其中通过延长了第一和第三乐章，并使中间的乐章比通常更加生动，从而展现了一种新的创作倾向。

1803到1816年是第二个阶段，在这一时期贝多芬天才地创造了浪漫主义音乐。他在丰富和深化旧的音乐形式时崭露头角。被贝多芬叫做《英雄交响曲》（*Eroica*）的《第三交响曲》（*Third Symphony*，1803年）是第二阶段最典型的一部作品。贝多芬本来想把这部交响曲献给自己钦佩的民主英雄拿破仑，但当这位法国统治者于1804年宣布自己为皇帝后，贝多芬愤怒地撕毁了乐谱，转而把它变成"对一位伟人的回忆"。贝多芬在《第三交响曲》中大大扩展了音乐素材，超越了以往交响乐的局限性，使乐曲更长、更复杂。这部乐曲辉煌、严肃、高贵，是一部真正的英雄史诗作品。

第二阶段诞生了贝多芬最著名的作品《C小调第五交响曲》（*Symphony no. 5 in C minor*，op.67）。激情澎湃的第五交响曲充满了大胆的和声和丰富的音色对比，以充满冲突的乐章开始，以欢欣愉快的乐章结束。第一乐章以四分音符开始，三短一长，这被认为是历史上最令人印象深刻的音乐片段。第二次世界大战期间，由于这些音符和莫尔斯代码中"胜利"一词的首字母"V"的节奏类似，因此被当做胜利的标志，第五交响曲在音乐会上常被演奏用于鼓舞盟军的士气。在第一乐章，乐曲不断重复，在不同的乐器中前后往复，有时以单个乐器演奏，有时以一组乐器演奏，有时是全乐队齐奏。这一部分音色也不断转换，有时尖利有时舒缓，有时高亢有时柔和，节奏也不断变化。三长一短的四分音符成为统领第一乐章的主旋律，也在其余乐章中不断再现。

贝多芬音乐创作第三阶段从1816年持续到1827年，在这一阶段，他的音乐作品更加自由洒脱，也更加深邃，其艺术成就在他最后一部长篇作品《第九交响曲》（*The Ninth Symphony*，1822—1824年）中达到了顶峰。贝多芬在这部作品的最后一个乐章采用了合唱的形式，他为这部分乐曲配上了德国浪漫主义诗人席勒（Friedrich von Schiller，1759—1805年）的诗歌《欢乐颂》（*Ode to Joy*）的歌词。虽然贝多芬一生遭遇诸多人生的不幸，比如他从30岁就开始耳聋，但他在这首乐曲中表现了自己对人性和上帝的坚定信仰——"亿万生民，互相拥抱吧！把这一吻送给全世界！"华美的乐曲和理想主义的歌词使这首充满灵性的作品成为经典之作。

在上述三个阶段，贝多芬在各种音乐体裁上都是多产作曲家。他创作的许多作品在其表现力和原创性上是独一无二的。除了9首交响曲外，他还创作了2首弥撒曲、2部芭蕾舞曲、1部歌剧（《费德里奥》[*Fidelio*]）、16首弦乐四重奏、32部钢琴奏鸣曲（最著名的是《悲怆》[*Pathétique*]和《月光奏鸣曲》[*Moonlight*]）、5首钢琴协奏曲、1首小提琴协奏曲，还有大量的室内乐与合唱曲。

维也纳还出现了另一位杰出的作曲家舒伯特（Franz Schubert，1797—1828年），他的乐曲以曲调优美、简洁雅致而著称。舒伯特生活十分放荡不羁，他像贝多芬一样靠教音乐课和在音乐会上演奏养活自己。但舒伯特和贝多芬不同的是他谱写的乐曲适合在维也纳的内室而不是音乐大厅演出，他还因完善了在德语中被称作lied（复数形式是lieder）的**艺术歌曲**（art song）而闻名。浪漫主义时期出现这种音乐形式是和抒情诗歌的复兴紧密相联的。舒伯特为歌德(《纺车旁的格丽卿》[*Gretchen at the Spinning Wheel*])、莎士比亚（《谁是希尔维亚》[*Who is Sylvia？*]）等诗人的诗谱写了600多首歌曲。舒伯特将歌曲演唱提升到了高雅艺术的层次。

舒伯特最著名的歌曲之一是为歌德的叙事民谣谱写的《魔王》(*Erlkönig*)。这首充满浪漫主义意象的诗歌描述了一位忧心如焚的父亲怀抱自己垂死的儿子，骑马穿过暴风雨之夜。在这狂暴的骑行中，孩子面前出现了德国传说中魔王的形象，在歌德的诗中，指的是死神。舒伯特为这首歌设定了一个代表飞奔的马蹄声的背景声音：急促的三拍子节奏。这首歌要求独唱演员演唱四个角色：叙述者、爸爸、儿子和魔王。舒伯特为每个人物都谱写了恰当的音乐，例如儿子是刺耳的高音，而魔王则是以甜言蜜语诱骗。孩子三次高叫："我的爸爸！我的爸爸！"歌曲最后以叙述的语调念到："孩子在他怀中死去。"

浪漫主义早期最后一位重要作曲家是柏辽兹（Hector Berlioz，1803—1869年）。他最著名的作品是《梦幻交响曲》(*Symphonie fantastique*，1830年)，它是标题音乐的典范。《梦幻交响曲》的副标题是"一位画家的生活情景"，它通过音乐表现了一个辅以文字说明的故事。这个故事通过一个自我陶醉式的梦境展开，一位画家主人公无望地爱着一个不忠的妇女，最后为她而死。这部交响乐在形式上相对平淡，它最具有创新性的地方是它使用了不断重现的乐曲主题（称作"固定乐思"[idée fixe]），它成为画家心上人的象征。这部作品的每一节都含有形式改进的固定乐思，因此，它以这种新颖的手法将整部作品融会成一部交响乐。例如在标题为《巫妖夜宴之梦》(*Dream of a Witches' Sabbath*）的第五乐章，他使用固定乐思来介绍巫妖的舞会，这是浪漫主义作曲家和画家常用的假装粗野的主题。柏辽兹的这个描述舞会的音乐来源于天主教弥撒的"天谴之日"（Days of Wrath)，在这里就是一场黑弥撒，或者说是恶魔崇拜仪式。由很长的舒缓绵延的音调构成了"最后审判"的主题，这个主题一开始由木管乐器、号以及管钟来演奏。这个主题成了乐曲对话的一部分，由木管乐器演奏快速的断奏成了它的模拟音。这个主题的变奏包括了不同乐器组，有时交叠，有时变换节奏和音色。柏辽兹交响乐的成功帮助强化了标题音乐在浪漫主义时代的流行。

革命和复辟时代的遗产

在这个革命和复辟的时代，西方社会和以往彻底决裂了，随之消亡的是君主政体、由地主统治的等级社会、社会发展的停滞不前以及由社会、教会和政治精英把持的艺术赞助制度。特别是工业革命、美洲革命和法国大革命这三个事件为近代世界打上了无法磨灭的烙印。至今仍在继续的工业革命使人类逐渐主宰了地球及其资源，与此同时它加快了生活节奏，创造出了两个主要的现代社会群体——资产阶级和劳动阶级。工业革命还造就了古典经济学，它为至今仍被奉为最佳资本主义模式的自由放任经济和持续工业增长进行辩护。这条经济原则也改变了艺术赞助制度，使近代画家、作家、音乐家和人文主义者的创作必须遵循市场法则。

美洲革命缔造了第一个成功的现代民主国家，它至今仍然是那些威权体制下被压迫者充满希望的灯塔。法国大革命带来了思想的大动荡，也创造了以社会公平与正义为特点、摆脱了宗教影响的新秩序。虽然有些人以悲观的态度看待法国大革命，但对大多数人来说，这场革命的指导思想成了一种源远流长的信念。法国大革命还催生了不应以种族和宗教为理由剥夺人们选举权的思想，这反映了它强调“四海之内皆兄弟”的思想。法国大革命的另外一个成果是至今仍在法语国家使用的《拿破仑法典》。

法国革命和美国革命共同造就了某些现在已成为西方政治生活中基本信条的理念，如宪法必须以成文的形式公布，必须表明基本人权等。的确，将自然权利和公民权利扩展到全社会是这两大革命的一大成果。

18世纪末19世纪初的其他不朽遗产还有，美国华盛顿特区和大多数州首府的新古典主义建筑、浪漫主义作曲家的音乐作品以及新古典主义和早期古典主义画派的绘画作品。还有一个遗产的作用模棱两可，那就是唯自己的国家和人民独尊的民族主义。从它最好的方面说，民族主义是一个崇高的概念，因为它鼓励人民探究自己的根源并且保护他们的集体身份与遗产。从它最坏的方面说，民族主义引发了一些暴行，它使一个国家的人民分裂成了彼此相斗的集团，造成许多国家解体。民族主义的这两个方面在当今世界上仍然有巨大影响力。

从一个更为个人化的层面讲，这个阶段还产生了浪漫主义的生活观，这是一种强调随心适意、认同普通大众、重视感觉和想象、享受简单快乐的人生态度。与这一时期的其他各种遗产相比，浪漫主义的生活观也许最强烈地帮助塑造了当代大多数西方人的生活方式。

文化关键词

浪漫主义（Romanticism） 崇高（sublime）
狂飙突进（Sturm und Drang） 浮士德式人物（Faustian）
艺术歌曲（art song，lied） 固定乐思（idée fixe）

批判性思考提问

1. 讨论工业革命首先在英国出现的原因。描述它对英国社会的影响。

2. 美国革命的原因是什么？其目标是什么？美洲殖民地人民在实现这些目标方面取得了何种程度的成功？

3. 一些历史学家宣称法国大革命是近代史上最重要的政治事件。这场革命“好的”和“坏的”方面是什么？

4. 新古典主义的根源是什么？比较和对比作为新古典主义代表大卫和安格尔的作品。

5. 浪漫主义的起源是什么？以歌德、黑格尔和贝多芬的作品为依据，解释它作为一场文化运动的情况。

2　资产阶级的胜利

1830—1871年

法国革命和美国革命使所有无权无势的社会集团看到了获得政治权力的希望，而工业革命则使穷人看到了发财致富的希望。但在19世纪欧洲历史的发展过程中，这些希望大多没有变为现实。只有一个群体获得了这些好处，这就是资产阶级，尤其是其中最富裕的那部分人。

工业化造就的另一个新社会群体——无产阶级或者说是工人阶级却被社会发展抛在后面。这些城市工人通过政治暴动和社会运动来表达自己的失望，那些要求普遍选举和更公平地分配权力与财富的中产阶级下层也常常和他们并肩作战。一些工人建立了空想社会主义组织来对抗资产阶级的自由主义。但这些改革大多是有限的，而且随之而来的革命斗争浪潮也没有带来显著的进步（图2.1）。

◀ 弗朗索瓦·吕德（François Rude）:《志愿者出发》（*The Departure of the Volunteers*）。1833—1836年。约12.8×14米。巴黎

这些变迁也反映在文化领域。浪漫主义在1820年代达到巅峰后开始衰落，最后逐渐退出历史舞台。浪漫主义被资产阶级接受后大行其道，却逐渐失去了创意激情。到19世纪中叶，一种新

历史分期表2.1 资产阶级的时代

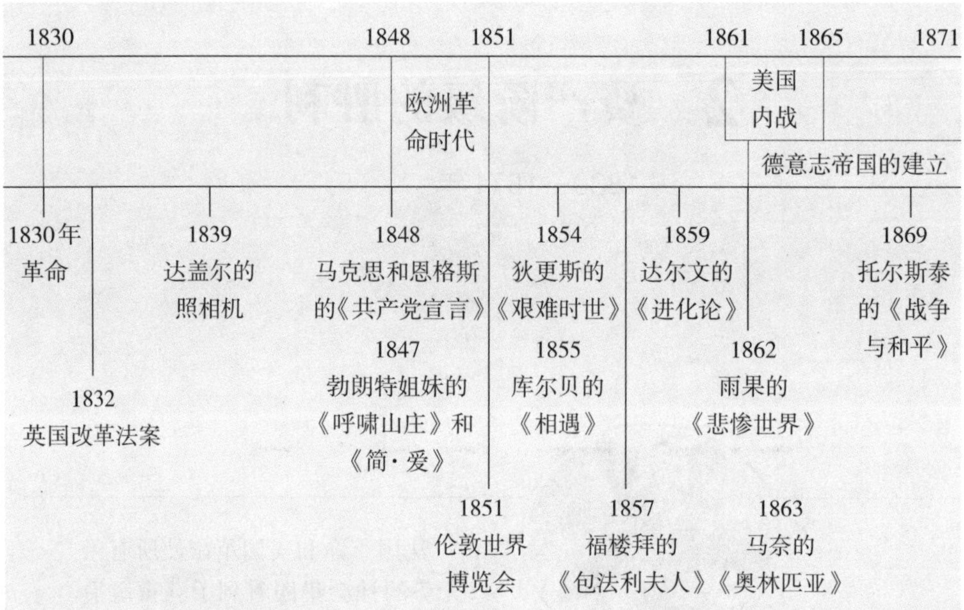

的风格逐渐呈现，它反映了变化中的政治和社会状态。现实主义关注普通人物，它试图通过展现“生活中的英雄主义”的真实方式描绘作品主题。与此同时，工业化继续推进，从达尔文的进化论到照相机的发明等所有事物都挑战着人们关于自身和世界的观念（历史分期表2.1）。

图2.1 弗朗索瓦·吕德:《志愿者出发》。1833—1836年。约12.8×14米。巴黎

这组群雕表现的是一群战士在长着翅膀的自由女神的鼓动下奔赴战场，象征着1830年革命中的法国人民，1830年革命是19世纪一些列革命当中的第一场革命。这件作品是为巴黎的凯旋门而设计的，又被激动人心地以法国国歌《马赛曲》（*La Marseillaise*）命名。

2.1　政治和经济背景：自由主义和民族主义

自由主义和民族主义的强大力量推动了许多19世纪历史事件的发展。自由主义的基本观念是认为个人不应该受外部约束，这一观点是和美国、法国革命以及资产阶级从贵族社会中解放自己的要求相一致的。自由主义政治进程主要指通过立宪保证资产拥有者包括言论自由、宗教宽容以及选举权等政治和公民权利。也许最重要的是，可能自由主义吸纳了自由放任的市场经济理念，它使富裕资产阶级得以在工商业领域追求利润最大化。自由主义思想在英国、法国和比利时最成功，但却没有在意大利、中欧和东欧生根发芽，而俄罗斯则依然极端保守。

这个时代的另一个推动力是民族主义，它强调在具有共同语言和传统的一个国家内部所有人民之间彼此合作。民族主义者忽略阶级界限，鼓吹人道主义价值观，强调一个国家内的所有成员都是兄弟姐妹。随着民族主义的扩展，自由理念、共和原则甚至是民主思想又渗透其中。民族主义成了推动中欧、南欧和东欧历史发展的核心力量，在那里，日后将凝合成德国和意大利的国家不过是“地理概念”（地图2.1）。1848年后，民族主义变得越来越好战。

1830年革命和1848年革命

1830年法国七月革命爆发，波旁王朝被推翻，路易·菲利普（Louis Philippe，1830—1848年在位）上台，他承诺要实行自由宪法。随后的一系列起义对1815年维也纳会议强加给法国的压制政策构成了挑战。但是路易·菲利普的政权逐渐变成了富裕资产阶级牺牲工人利益的工具。选举权仅限于富裕的男性有产者，不受约束的经济扩张受到法律保护。资产阶级获得政治统治地位后企图在政治自由进程中为自己攫取经济利益。

欧洲其他地方如比利时和中南欧地区随后也爆发了自由革命，但都没有成功。在中欧，当地保守势力在奥地利部队支持下很快扑灭了1830年的自由主义起义，严厉惩处起义者，强行颁布了戒严令，重新确立了书报检查制度，并控制了学校教育。虽然自由主义者不断期望进行温和改革，但保守势力使之举步维艰。在整个中东欧，强调民族身份和共同文化传承的民族主义成了唯一号召。

以1848年2月巴黎的示威和暴乱为起点，日益积累起来的失望和挫折情绪终于在1848年爆发成一系列席卷欧洲的起义（表2.1）。虽然起义是在自由主义思想和民族主义目标推动下发生的，但其爆发的直接原因是生产衰退、失业率上升和农产品价格不断下跌。1848年春，革命运动从巴黎开始，经柏林

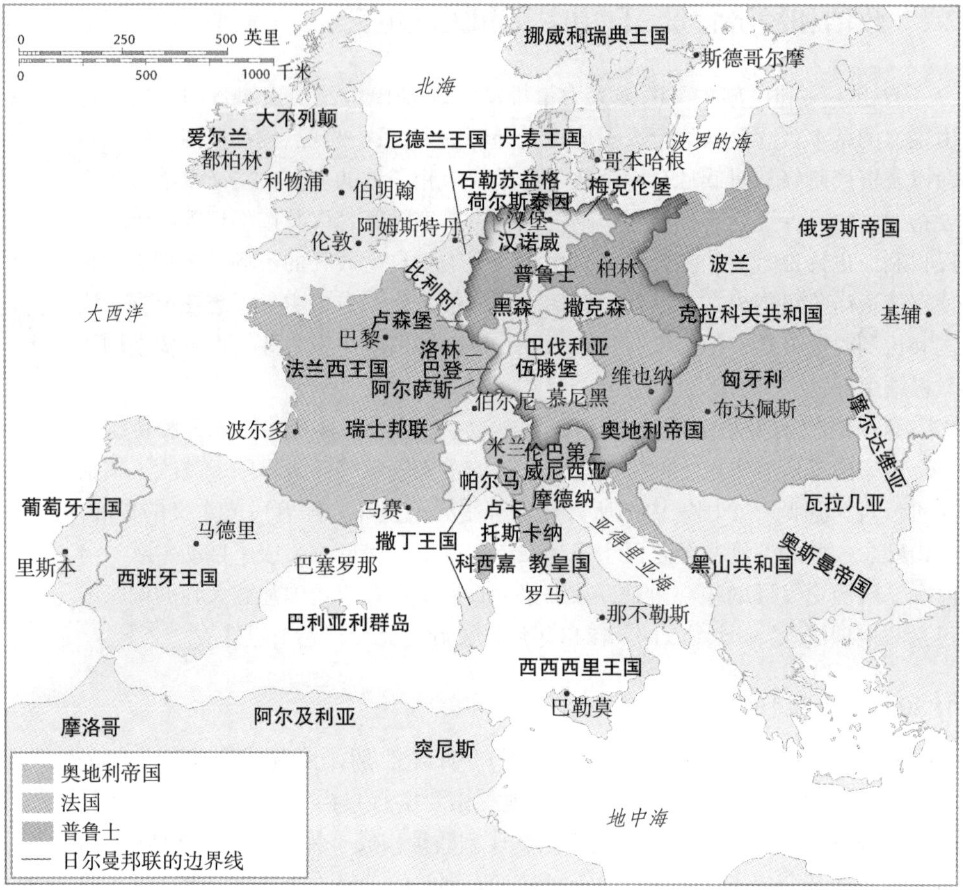

地图2.1 1815年维也纳会议以后的欧洲

这幅地图反映了拿破仑被打败后的欧洲政治版图。1.比较这幅地图和拿破仑的势力达到最高峰时期的地图1.1。2.注意一些极少数版图扩大的国家。3.在维也纳会议上哪个国家的领土增加了？4.在此次会议上哪些国家的领土减少了？5.奥地利和普鲁士哪个国家在地理位置上更可以成为德意志邦联的领导者？

一直蔓延到维也纳，运动中资产阶级、知识分子、工人、学生和民族主义者们推翻了王侯们的统治。由自由主义者和改革者领导的临时政府赶走了外国部队，建立了立宪君主制、共和制或是民主制国家，在这些政权中所有成年男性都拥有选举权。在新社会主义运动影响下，有些政府还制定各种法律来刺激生产、改善劳动条件以及通过救济或就业计划来帮助穷人。

到1848年秋，由军队、贵族和教会组成的保守派联合起来打败了往往组

表2.1　1815—1871年的重大政治事件

事件和日期	后果
1815年　维也纳会议	标志着压迫时代的来临
1830年　法国七月革命	波旁王朝覆灭，资产阶级专制政府建立
1832年　第一次英国改革法案	将选举权扩大到富裕中产阶级男性
1848年　法国革命	资产阶级专制统治结束，路易·拿破仑任总统的第二共和国成立
1848—1851年　欧洲革命	革命失败导致了现实政治时代的到来
1851年　法兰西第二帝国建立	路易·拿破仑称为拿破仑三世并领导帝国直到1870年
1860年　意大利王国	西西里与皮埃蒙特合并
1862—1871年　德意志帝国建立	在俾斯麦铁血政策的推动下，德意志诸邦以普鲁士为中心联合起来
1861—1865　美国内战	维护了国家统一，废除了奴隶制
1867年　第二次英国改革法案	将选举权扩大到工人阶级男性
1871年　普法战争	摧毁了法兰西第二帝国，使法国对德国怀恨在心

织松散的革命运动，1849年1月，许多以前的统治者重新上台执政。1848年后一种以积极使用武力为手段、不带感情色彩的政治和外交观念取代了自由主义者、改革派和民族主义者的理想主义思维。这种思想被称作“realpolitik”，是德语“现实政治”之意，它又被委婉地叫做是“权力政治”（power politics）。

现实政治主导下的欧洲事务

从1850到1871年，这些保守政权开始转而依靠强大高效的军队、短暂猛烈的战争以及模棱两可的成文条约来解决1848年起义中出现的各种问题，现实政治主导了欧洲国家的政策。普鲁士首相、未来德国统一的设计师俾斯麦（Otto von Bismarck，1815—1898年）嘲笑自由主义议会改革的失败，认为普鲁士的命运不能靠演讲，而只能依靠“铁和血”来决定。被奥地利占领后意大利民族主义者认识到，意大利的统一只能依靠军队和灵活的外交。俄国沙皇是比较少见的支持所有改革的人，但他也越来越意识到，任何改革都应该从社会上层而不是底层开始。

图2.2　查尔斯·巴里（Charles Barry）和普金（A.W. N. Pugin）：英国议会大厦。1836—1860年。大本钟（右）97.5米高；维多利亚塔102.4米高；河滨建筑区243.8米宽。伦敦

与欧洲大陆的革命传统不同，英国努力通过议会辩论和改革来更新政治和社会事务。对很多英国内外的人来说，议会大厦象征着自由主义和代议制立法体系的胜利。在老建筑被烧毁后，新的议会大厦代表了19世纪中期哥特式风格的兴起。大厦旁边的大本钟楼（最初"大本"指的只是钟表）今天仍然是现代伦敦的标志。

法国和英国的有限改革　前法国皇帝拿破仑的侄子路易-拿破仑·波拿巴（Louis-Napoleon Bonaparte）是1848年革命最敏锐的观察者。他由于同时获得了资产阶级和工人阶级的支持而成为法兰西第二帝国（Second Empire of France）皇帝拿破仑三世（Napoleon III，1852—1870年在位）。他是一位仁慈的君主，依靠名义上的代议政府进行统治，这个政府获得了日益壮大的资产阶级的支持。他壮大工业基础来繁荣国家经济，还为穷人提供社会服务，通过经济计划和补贴使城市工人和农民维持较高的生活水平。

1832年，英国地主和工商业资本家的自由主义联盟排除保守派的阻挠，推动议会通过了一项改革法案。这项新法律重新描绘了英国政治地图，反映了

工业革命带来的人口结构变迁，它通过降低选举权的财产界限使成千上万刚刚成年的男子获得了公民权利，尽管此时仍然有几百万英国公民没有投票权。1867年通过的第二个改革法案使工人阶级成年男子获得了选举权。随着维多利亚女王（Queen Victoria，1837—1901年在位）登基和自由派与保守派势力最终得到平衡，英国的经济实力和国家声望达到了顶峰。

中欧的战争和统一 在德意志各邦中，小诸侯国纷纷抛弃自由主义转而推行军国主义。但他们的重要性与普鲁士和奥地利争夺中欧霸权的斗争相比相形见绌。1861年威廉一世（William I）即位普鲁士国王后任命俾斯麦为首相。在此后若干年里，俾斯麦把普鲁士军队打造成一架残酷的战争机器，同时他根本不理睬自由主义异议者、普鲁士议会以及它通过的法律。民族主义取代自由主义成为普鲁士的号召，俾斯麦利用这一时机将德意志人团结到普鲁士周围来对付法国和奥地利（参见地图2.1）。

俾斯麦通过灵活的外交手腕和武力征服使普鲁士的潜在敌人保持中立，借此实现了自己的目标。1866年，他把德意志诸邦联合成了一个把奥地利排除在外的联盟——北德意志邦联（North German Confederation）。1870年他制造了

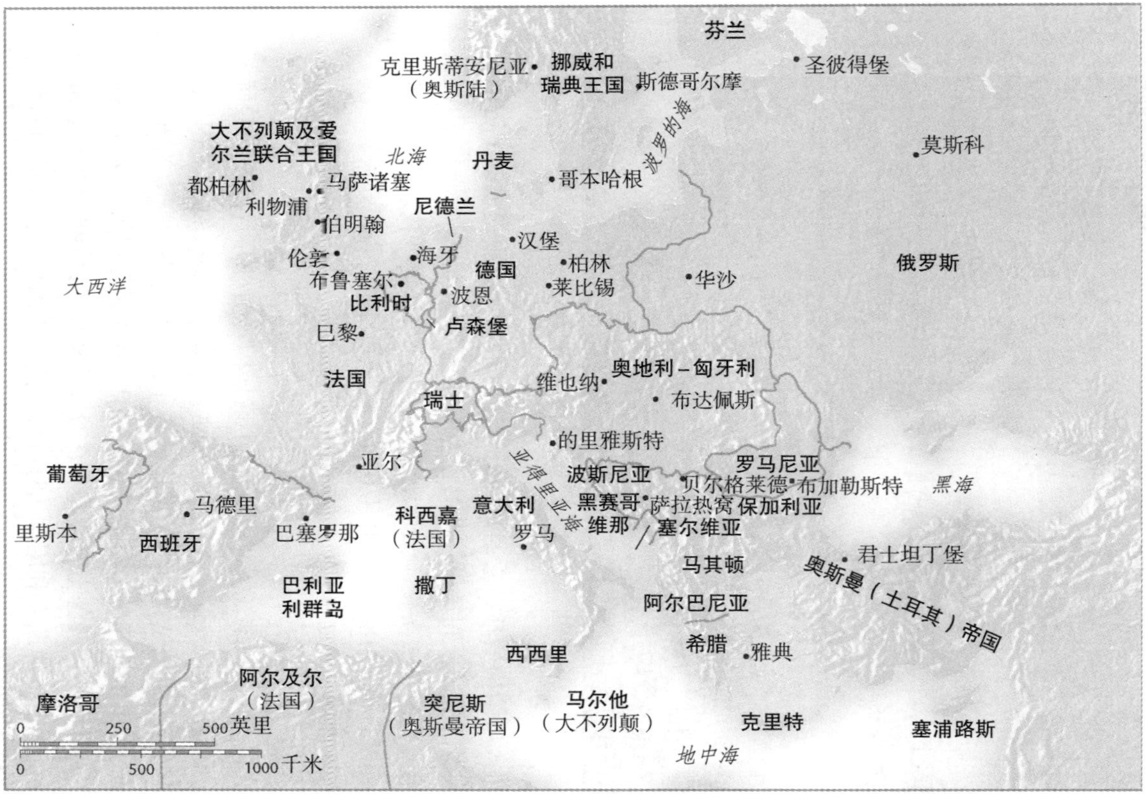

地图2.2　1871年的欧洲

这幅地图展现了19世纪后半段的欧洲版图。1.将它与图2.1，维也纳会议以后的欧洲进行比较。2注意德国和意大利统一前德意志联邦和意大利半岛小邦国的减少。3.观察奥斯曼土耳其帝国欧洲部分领土的变化。4.思考德国的统一如何威胁到了法国在欧洲的主导地位。5.哪些国家瓜分了波兰？

一场外交危机，迫使法国向普鲁士宣战。战争中法国惨败使普法战争在1870年末突然结束，这也导致了拿破仑三世的法兰西第二帝国最后覆灭，并使法国在1871年于凡尔赛签订的和约中倍受屈辱，这个合约还宣告德意志帝国成立。这个重要的历史转折点为第一次世界大战爆发埋下了种子（地图2.2）。

意大利半岛大部分为奥地利君主统治着，那里的自由主义和民族主义也是动荡之源。在1830年代，受到朱塞佩·马志尼（Giuseppe Mazzini，1805—1872年）著作的影响，意大利自由主义者联合起来，形成了民族主义的“青年意大利运动”（Young Italy），而自由主义者的目标则是建立由独立的皮埃蒙特—撒丁王国（Piedmont-Sardinia）领导下的意大利国家。撒丁王国是一个君主立宪国家，它以国民享有充分的公民权和政治权利而闻名。撒丁王国在经济上平衡发展农业和贸易，在首相加富尔（Count Camillo Benso di Cavour）领导下，大多数撒丁王国人民尤其是中产阶级商人和手工业者的生活水平得到了提高。

1859到1871年之间，撒丁王国赶走了意大利半岛的大部分奥地利人。在法国拿破仑三世的鼓励下，撒丁王国吞并了意大利半岛中南部地区，这成为加富尔宏大的意大利统一战略中的一个重要部分。勇敢的意大利爱国者加里波第（Giuseppe Garibaldi，1807—1882年）率领一千名“红衫军”（Red Shirts）突入两西西里王国（Kingdom of the Two Sicilies）并把它从西班牙波旁王室统治者手中解放出来。1860年西西里经投票表决以压倒性多数同意与皮埃蒙特一道组成意大利王国（Kingdom of Italy），此后不久四分五裂的意大利终于完成了统一。1866年奥地利放弃对威尼斯的统治，1870年罗马被民族主义部队攻破并成为意大利的首都。

美国内战

与意大利和德国疾风暴雨式的统一活动同时，美国也经历了一个领土扩张和中央集权的过程，不过这个过程也埋下了冲突的种子。所谓美国经济不过是一个地域上分裂的经济混合体。一方面是商业、贸易和金融领袖聚集、工厂制度兴起的东北部经济区，另一方面是有着许多由黑奴耕种的巨大棉花种植园的南部经济区。未开发的西部是第三个经济区。

1830年后，奴隶制问题使北部和南部间的经济矛盾不断激化（图2.3）。随着垦殖者向西进发，奴隶制是否向西部地区和西部州扩展的问题触及各方切身利益，1861年，南部各州决定脱离联邦终于引发了内战。

同时代的欧洲战争时间短暂、伤亡较小，而美国内战则持续四年，交战双方伤亡惨重（图2.4）。1865年，北方在林肯总统（Abraham Lincoln，1861—1865年）的领导下取得胜利，挽救了联邦，并且保证给奴隶自由。不过在被

图2.3　特纳:《运奴船》(奴隶们在台风来临时向船外扔死去和垂死的人)。约1840年。帆布油画，90.8×122.6厘米。波士顿美术馆藏。亨利·李雷·皮尔斯基金会

特纳部分是受了1783年的“宗号”运奴船事件审判的触动才画这幅画的。为了骗取他的“财产”的保险金，一艘英国运奴船“宗号”的船长宣称，由于船上的淡水即将用尽,他下令将生病的奴隶扔到海里。审判时的证词表明船上并没有淡水短缺的问题。不过法庭将这个案件看成是一宗民事保险案件，而不是一宗刑事案件，最终保险公司不得不赔偿“财产损失”，即死去的奴隶的价值。在1830年代特纳画《运奴船》时，英国议会已经在英国殖民地废除了奴隶制。特纳所描绘的大自然的狂暴和人性的残酷反映了议会和国民关于奴隶制争论中所体现出的人道主义价值。在特纳用浪漫主义的手法描绘了被抛弃的尸体沉入狂暴的大海时，旁边围满了饥饿的海鱼。

称为“重建时期”(Reconstruction，1865—1876年)的战后阶段，北方和南方间的敌意依然不断表现出来，尤其在种族问题上，双方的紧张关系竟然持续了一个多世纪之久。

工业化、技术和战争

在19世纪政治动荡的表象之下，是工业化、技术和战争方式的迅速变革。这三个方面在欧洲和大西洋两岸扩展时相互交织，影响到每个社会阶层的日常生活。

图2.4　马奈:《北方的基萨奇山号战舰和南方的阿拉巴马号战舰的战斗》(*The Battle of the U.S.S. Kearsarge and the C.S.S. Alabama*)。1864年。帆布油画，1.38×1.29米。费城美术馆。1917年由约翰·G·约翰逊收藏

美国内战也在远海上发生了战斗。南方的阿拉巴马号战舰1862年造于英格兰，在22个月的时间里它捕获了大量北方的商船，直到1864年在法国外海它被北方战舰基萨奇山号击沉。许多人站在海岸上围观这场战斗，消息很快传到巴黎，马奈画了这幅想象的战斗场景。他不仅记录了一场惊人的海战，还与技术变革联系起来，这是一场蒸汽船与帆船的战斗。他的这幅画推动了一股法国画家到海边画海景的潮流。在1870年代，印象派（参见第3讲）画了很多海景，这奠定了他们的地位。

工业化：正在变小的地球

18世纪工业化首先在英国出现后，1830年代开始在法国兴起，很快比利时又进入了工业化时代。在接下来的40年里，比利时和法国是欧洲大陆主要的经济强国，到1871年工厂和铁路网开始从巴黎和布鲁塞尔向维也纳和米兰辐射。铁路线的扩展意味着工厂不必靠近煤矿或拥挤的市区。电报等通讯技术的发明使工厂主可以更容易地利用遥远地区的资源和市场，1866年工程师们铺设了一条跨大西洋的电报电缆，将欧洲和美洲联结起来。国家邮政系统的建立令全球联系更加紧密。英国首开先河（1839年）建立了世界上第一个收取标准邮资的邮政服务系统。瑞士和巴西很快也建立了他们的邮政体系（1843年）。到1878年各种各样相互竞争的邮费导致了万国邮政联盟（Universal Postal Union）的形成，不到10年，万国邮联就有了55个会员。

新技术　技术的飞快进步证明工业化时代是一个革命时代。1769年发明的蒸汽机被运用到如下交通和制造业中：

· 使用桨轮推进器的汽船（1807年）；1816—1870年汽船的使用在俄亥俄河和密西西比河上达到全盛。

图2.5　弗里斯(W. P. Frith):《火车站》(*The Railway Station*)。约1862年。帆布油画，1.17×2.57米。英国，萨里，皇家豪洛威学院和贝特福德新学院

在工业革命很早以前伦敦就是英格兰的经济中心，随着铁路的开通，其地位进一步上升。大量用玻璃和钢铁建造的新火车站的出现，标志着商业和休闲生活模式正在发生改变。在弗里斯的这幅描绘一座伦敦新建的火车站的画中，衣着光鲜的中产阶级对于新奇的旅行充满兴奋之情。

· 蒸汽机车（1830年）；铁路时代是1830—1945年。

· 水轮机（1820年代）被用于锯木厂和纺织厂，1882年后还用于建造水电站。

19世纪早期使用煤气的瓦斯灯开始在英国使用，它被用于街道和家庭照明。到1870年，大部分欧洲城市都安装了瓦斯路灯。1859年在宾夕法尼亚发现了石油，主要用来制作点灯用的煤油，而作为副产品的汽油则被认为是无用的废品。

新的军事技术包括可以用来运输部队、马匹和辎重的蒸汽船和火车以及“撞针枪（needle gun）”，这是一种后膛装填、发射子弹的步枪，而不是以前那种前膛装药、发射弹丸的滑膛枪。包括武器制作和政府订货监督在内的军工综合体继续发展。到1870年，围绕普鲁士统一起来的德国在军事战略和武器系统上开始在欧洲大陆国家中占据领先地位。

工业化的扩展　1830年，英国进入了工业革命的第二阶段。英国不断造船、建工厂、铺设铁路，到1850年英国的铁路网把所有的大城市都彼此连接起来

图2.6 约瑟夫·帕克斯顿(Joseph Paxton):水晶宫，伦敦海德公园。1851年。铸铁、熟铁和玻璃。石板水彩画，约瑟夫·纳什(Joseph Nash)创作。0.55×0.75米。伦敦，吉尔德霍尔图书馆

这幅画表现了伦敦世博会的辉煌，它让参观者印象深刻。当展览结束后，水晶宫被拆除，又在伦敦南部重建，成为艺术和娱乐中心，直到1936年因火灾被烧毁。水晶宫的“预制件”建筑原则开创了现代建筑方法的潮流。

了(插图2.5)。在英国和欧洲大陆，新的煤矿和铁矿的开采以及纺织品和其他原料进口的增加使工厂里的机器日夜不停运转。英国金融家和大陆银行家贷款给新兴公司去建造新的工厂、货栈、船只和铁路，从而为那些有剩余资金投资的资本家创造了更多财富。

资本主义时代的标志：水晶宫和苏伊士运河 欧洲经济发展造就的工业化时代两大奇观——伦敦的水晶宫(Crystal Palace)和埃及的苏伊士运河(Suez Canal)令世人叹为观止。钢铁和玻璃结构的水晶宫完全把1851年的伦敦世界博览会(Great Exhibition)容纳其中，这也是第一次世界性博览会。在这座用先进建筑方法和材料建造的建筑里，最新发明和工业品展览在不分贫富的所有人面前。虽然其他国家也展出一些产品和发明，但英国的展品给人的印象最为深刻，这证明当时的英国是世界领先的工农业强国(插图2.6)。

工业化时代的第二大奇迹是挖掘了将苏伊士湾和红海与地中海连接起来的苏伊士运河。在法国公司的资金支持下，运河于1869年开始挖掘，它缩短

图2.7 一艘苏伊士运河中的法国驱逐舰。1869年。英国霍尔顿图片公司版权所有

如同英国通过工农业向世界展示了自己的成就，法国人通过挖掘运河展示了自己的技术和机械天才。法国企业家费迪南·德·里塞普斯（Ferdinand de Lesseps，1805—1894年）领导苏伊士运河公司从1859年开始开挖运河，10年后完工。这艘法国战舰是最早在这条连接地中海和东方的水道上航行的船只之一。

了欧洲和印度的距离，使汽船可以更快捷更舒适地把货物和乘客运送到世界各地（插图2.7）。

靠着千百万工人——包括男人、妇女和儿童在内——的辛勤劳动，水晶宫、苏伊士运河和这个时代的其他奇迹才可能实现。在欧洲大陆，工人的工作生活条件几乎和英国工业革命第一阶段时一样恶劣。工业化的社会代价是它消极的一面，尤其是城市的迅速扩张将贫穷和无一技之长的人抛进了贫民窟和集中居住区。贫民窟孕育了阶级仇恨，为革命提供了现成的追随者，这里还是社会主义者宣扬反抗和社会变革的场所。1848年迅速传遍全欧洲的反叛运动一部分就是由工人阶级中日益积累的不满情绪引起的。

这个时代的欧洲大部分中产阶级仍然被排除在经济和政治权力之外。而在美国，1820年代所有白人成年男子都已经获得了选举权，而在英国直到1867年改革法案通过后才给工人阶级的成年男子选举权。1830年和1848年革命扩大了法国人、意大利人、德国人和奥地利人的公民权，虽然在这些国家一些重要的政府职位一直是为贵族所独享。1871年的西方妇女没有选举权，雇佣劳动者（除了英国和美国的工人）和中产阶级下层也没有投票权。普遍选举仍然没有实现。

2.2　19世纪的思想：哲学、宗教和科学

1830—1870年是知识繁荣的时代。由洛克、孟德斯鸠、卢梭和伏尔泰建立，并经过美国和法国革命检验的自由主义这时被重新解释。诞生于对工业化和自由经济理论反思基础上的社会主义在工人阶级中激起了变革的力量。在反抗初生的世俗国家的过程中，大众宗教发展成福音主义，这是一种维护圣经权威的保守运动。科学和思想上的突破挑战了人们理解世界和历史的传统方式。

重新定义自由主义

自由主义之争的核心问题是个人和集体哪个更重要。自由主义者推崇个人自由表达的思想，而资产阶级则用自由主义观点为他们的经济政策辩护。但这些政策随之而来的后果似乎是工人遭受贫困、没落和不公正的待遇，一些力图矫治工业资本主义造成的社会不公现象的新思想开始涌现出来。其中最重要的是各种社会主义，它是一种由集体或政府控制物质生产和分配的政治和社会组织形式。

18世纪晚期，英国哲学家和社会理论家边沁（Jeremy Bentham，1748—1832年）创立了一种被称作**功利主义**（utilitarianism）的自由主义哲学思想。边沁把“有用”当作自己的终极道德目标，即能够给个人和社会带来快乐的东西就是善的，带来痛苦的就是恶的。对整个社会有用就是能够“为最大多数人带来最大幸福”，这个观点表明边沁信奉民主制度。边沁接受了自由主义的自由放任理念，同时又利用“有用”的原则对它加以调整，他倡导对那个时代压抑性的、过时的政府体制进行革新，包括改革法律体系、监狱和教育。

1830年后，资产阶级自由主义最坚决的捍卫者、英国哲学家穆勒（John Stuart Mill，1806—1873年）对边沁的思想进行了富有说服力的重新诠释。穆勒的思想形成于工业革命的第二阶段，他越来越害怕民众和强有力的国家将最终破坏个人权利和尊严。穆勒在他的札记《论自由》（*On Liberty*，1859年）中认为“文明社会”的长期存在有赖于言论、辩论和行动的充分自由，而只要没有一个公民为此在肉体上受到伤害，这是可以实现的。穆勒的这本书代表了英国自由主义的最高境界。

穆勒在其1848年版的《政治经济学原理》（*Principles of Political Economy*）中提倡自由放任经济，但在该书后来的版本中他支持温和的社会主义。穆勒谴责不受约束的经济竞争，他认为虽然生产受经济学原理制约，但却未必一切都要遵循经济原理，因此人类应该依照理性原则分配工业化带来的利益。穆勒还

为宗教宽容和少数民族的权利奔走,他也是妇女选举权和财产权的坚定支持者。穆勒的许多作品都是和他妻子哈里特・泰勒（Harriet Taylor）合作完成的。

社会主义

虽然自由主义支持资本主义价值观念，但对许多欧洲工人和知识分子来说，社会主义似乎是未来不可抗拒的社会潮流。社会主义最初是在工业化的反作用之下出现的，进而开始对工业制度进行了严厉的批判，最后描绘了一幅未来理想社会图景，社会主义者认为如果进行某些根本性变革这种理想社会就会出现。19世纪出现了两派鼓吹社会主义的人:空想社会主义者和马克思主义者。空想社会主义在1848年前达到顶峰，其鼓吹者认为工业社会的弊病可以通过工人与资本家的合作得到解决。相反，1848年后兴起的马克思主义者嘲笑这些乌托邦分子是幼稚的理想主义者，呼吁进行暴力革命，并且认为科学社会主义最终将获得胜利，科学社会主义是马克思发明的通过历史规律反映其信仰的名词。

主要的空想社会主义者有罗伯特・欧文（Robert Owen，1771—1858年，他自己就是一个富裕的工厂主）、圣西门（Comte de Saint-Simon，1760—1825年）和傅立叶（Charles Fourier,1772—1837年),他们都认为,通过在公社（communal association）中获取的经验可以建立一个公正的社会，他们把这些公社当作检验自己哲学思想的实验室。三位思想家都更加关心工业化成果的消费，而不是它的创造。对他们来说工人的悲惨境况仅仅是因为没有公平地享用到他们的劳动果实，是无情竞争体制的受害者。为了解决这些问题，空想社会主义者提出了许多方案，但这些方案一般没有可行性，在一个日益技术化和现实化的时代几乎不可能成功。

卡尔・马克思（Karl Marx，1818—1883年）登上历史舞台后空想社会主义及其支持者很快就从人们的视野中消失了。马克思在柏林大学学习时研究了黑格尔对历史的辩证解释，但作为一名无神论者，马克思抛弃了黑格尔强调的超验存在。由于马克思激进的政治观点使他在反动的普鲁士无法获得长期教职，因此他到科隆一家报纸担任编辑。警察查封了这家报纸后，马克思开始流亡海外避难。在布鲁塞尔，马克思和他毕生的朋友与合作者恩格斯（Friedrich Engels，1820—1895年）被邀请为德国工人组织制定一个章程。最后两人合写了一本小册子《共产党宣言》(*The Communist Manifesto*，1848年），它后来成了社会主义的圣经。两人在被他们视为无产阶级革命第一阶段的1848年革命中作用平平。马克思在伦敦度过了最后的岁月,写下了他的主要著作《资本论》(*Capital*，1867年完成第一卷，1885到1894年间恩格斯整理出版了第二和第三卷），同时还建立了一个国际工人组织来实践他的思想。

马克思推动历史变革的方法与空想社会主义的观点大不相同。根据马克思的说法，历史是像黑格尔所认为的那样以辩证的方式发展的，但其发展规律却不是与抽象精神或宇宙意志相一致的。相反，马克思认为客观现实为历史发展提供了条件，阶级斗争推动了历史发展，历史发展的不同阶段就是一个经济集团取代另一个经济集团的过程。例如，资产阶级是随着封建制度的垮台而出现，而根据辩证法，资本主义又孕育了自己的掘墓人——无产阶级或者说是城市工人阶级。此外，社会制度和观念在经济基础之上形成了上层建筑，政体、法律、艺术和人文只是反映了特定统治阶级的价值观。

马克思随即预言会出现一场将建立无阶级社会的无产阶级革命。马克思认为工人革命的范围将是国际性的，具有共产主义思想的知识分子将协助他们推翻资产阶级统治。马克思的追随者进一步深化了他的政治、经济和社会理论，创造了马克思主义（Marxism），在马克思理想社会思想的激励下，他们组织起来去推翻资本主义制度，尽管1871年以前这些活动的影响并不大。

由于社会主义思想谴责现存的社会制度，呼吁全面解放，它从诞生之初就对妇女特别有吸引力。理想的无阶级社会消除了包括性别不平等在内的一切不平等。空想社会主义对女权支持者来说最受欢迎。例如，傅立叶认为妇女的自由是衡量一切地区人的解放的试金石；欧文倡导一个新的道德秩序，在其中，性别和阶级差异将被合作友爱的社会消除；虽然相对性别平等来说圣西门更倾向于性别互补，但他认为妇女在道德上更加优越。

马克思和恩格斯对妇女的看法是模棱两可的。他们认为妇女参加生产劳动是女性解放的一个条件，但他们也认为男性工人的解放是实现激进社会变革的关键因素。因此他们以追求“更大的善”（即理想的马克思主义工人社会）的名义，规劝妇女收敛自己的雄心。

宗教和科学的挑战

福音派（evangelicalism）的出现是资产阶级时代最主要的宗教成就。福音派是一种源于卫理公会的特殊新教教派，他重视个人的救赎（信仰“重生”）和圣灵净化（认为圣灵可以解救罪人并且创造新生）。在美国除了路德派和圣公会派，所有新教信仰者都信奉福音派，而在英国卫理公会和圣公会成为主流。福音派希望通过改变每个人来改造社会，他们的方法有信仰复兴和**圣洁**（holiness）运动——强调在“重生”后过圣灵净化的生活。他们还建立了宗教的自助和个人进步组织，这些组织都出现在英国：基督教青年会（Young Men's Christian Association，1844年）、基督教女青年会（Young Women's Christian

遭　遇

切诺基（Cherokee）部落联盟的悲剧

亨利·因曼（Henry Inman），临摹自查尔斯·伯德·金（Charles Bird King）作品:《希科雅》。约1830年。帆布油画，89.5×77.5厘米。史密森学会，国家肖像画美术馆。藏品编号NPG.79.174

除了奇异的头巾之外，希科雅穿的都是白人的衣服。他抽着烟斗，戴着一枚和平奖章，拿着一个书写板，板上是他发明的切诺基字母表，这是他希望把自己的人民融入主流社会的象征。亨利·因曼（1801—1846年）的这幅画临摹的是查尔斯·伯德·金（1785—1862年）的作品，金在1828年为华盛顿的印第安人事务专员创作的这幅画，以记录著名的印第安人。作为美国历史上的著名人物，希科雅这个名字因为作为加利福尼亚巨杉的分类名而流传至今。

文化遭遇是不可预测的，遭遇的双方都无法预见这种交汇的长期影响。一个土著美洲人切诺基部落就是一个例子，切诺基人准备将他们的领地和人民团结起来，通过请愿在美国建立一个国家。当他们神奇地成功吸收了美国价值观和传统的时候，他们的最终目标却失败了。

当第一批欧洲殖民者在大西洋沿岸建立殖民地的时候，切诺基人还生活在遥远的内陆地区，他们生活在从事农业的村落里，周围是渔猎区，这些村落多位于弗吉尼亚和卡罗莱纳西部、肯塔基和田纳西西部、阿拉巴马和佐治亚北部地区。他们的每个村落有五百至两千人不等，由首领和巫师统治，这些村庄虽然松散地联结成地区部落联盟，但相互间都很独立。尽管切诺基人和殖民者也有一些联系，但他们还是沿袭祖辈的传统生活。

然而，1700年以后白人的涌入给切诺基人带来了灾难性的影响。在独立战争时期，切诺基人支持英国人，他们被美国部队击败后被迫割让了大量土地。另外切诺基人还在佐治亚殖民地失去了大片土地，他们被迫向白人贸易者交出了两百万英亩土地来还债。到1800年，他们仅局限在卡罗莱纳西部和田纳西东部的部分地区。但切诺基人口还和1650年时一样，约有22000人。

切诺基首领认识到他们无法阻止白人的殖民潮流，想出了一个生存策略：放弃旧的生活方式而将自己的文化西化。切诺基首领和他们的人民开始使用白人的方法从事农业生产、建造房屋，而且开始追求财产。他们和美国人一起并肩作战，对付其他美洲土著人和英国人。最重要的是，一个切诺基人希科雅（Sequoyah，1760到1770年间出生，1843年去世）为他们的方言发明了一套被称作希科雅音节文字的书写体系。音节文字很快使许多切诺基人可以读写。1827年部落首领们建立了（佐治亚北部）切诺基部落联盟（Cherokee Nation），联盟有彼此分离的立法、行政和司法体系，有权利法案，还有一部以美国宪法为蓝本的成文宪法。1828年出版了一份双语报纸《切诺基凤凰报》（*The Cherokee Phoenix*）。

虽然他们作出了很多努力以图西化，但切诺基人很快认识到这是不够的。1830年切诺基人和其他部落一起被强制迁移到俄克拉荷马印第安人保留地（Oklahoma Indian Territory）。虽然切诺基人提起诉讼要求保护他们的土地，而美国最高等法院也支持他们，但安德鲁·杰克逊（Andrew Jackson）总统（1828—1836年在位）拒绝执行法院裁决。杰克逊拒绝的理由具有辛辣的讽刺意味，他认为自己的目的是"使（美洲土著人）放弃漂泊流浪的习惯，成为幸福繁荣的人民"，而这和切诺基人自己的目标是一致的。1838到1839年间，美国士兵将切诺基人赶出了自己的土地和家园，在前往俄克拉荷马保留地长达116天旅程中有4000多人死去，这个艰难跋涉的线路后来被称作"泪水小径"（Trail of Tears）。在俄克拉荷马，他们加入了先前被强制迁移来的东南部印第安人部落行列，包括克里克部落（Creek）、契卡索部落（Chickasaw）、乔克托部落（Choctaw）和西米诺尔部落（Seminole）。

读"遭遇"，学知识

1. 比较和对比美国革命前后切诺基人的生活。

2. 找出切诺基人采取什么措施模仿白人殖民者。

3. 解释希科雅的作用。

4. 切诺基部落联盟发生了什么？

5. 为什么切诺基人的计划失败了？

6. 你可以把印第安人的强制迁徙和今天移民的经历联系起来吗？

Association，1855年）和救世军（Salvation Army，1865年）。

福音派被认为是保守派，因为他们信奉《圣经》的无上权威，这使他们和信奉自然神论的自由派新教徒以及强调祭祀和圣礼的路德派和圣公会派不同。由于信奉圣经权威，因此他们反对与其信仰和价值观相抵触的科学和思想成果。

当福音派努力抵御席卷西方的世俗化大潮时，罗马天主教会自己发动了对现代性的战争。曾经有自由思想的教皇庇护九世（Pius IX，1846—1878年任教皇）在1848年的罗马暴动中短暂地被俘虏，后来他成了历史上最反动的教皇。1864年他颁布教皇通谕《邪说汇编》（*Syllabus of Errors*），宣称诸如公共学校教育、自由主义、民主、社会主义、宗教宽容和民事婚姻等现代思想都是与基督教信仰相悖的。接着在1870年，他颁布教皇永无错误信条，即教皇在自己的位置上代表官方说话时永远不会错。这个倒行逆施的信条在尼德兰、德国和瑞士许多对此不满的信徒中导致分裂。一直到1963年，天主教会都是故步自封，同所有进步思想作对。

与此同时，出现了一些使部分基督徒感到震惊的学术探讨，一些德国新教学者开始对《圣经》进行新研究，不是把它当作一部永远正确的神启之书，而是视其为一部容易产生歧义的世俗之作。德国这些把《圣经》和其他书籍同等对待的活动被称作**高等批判**（higher criticism）。学者们开始试图确定《圣经》每一章节的作者，而不再信赖关于它们来源的古老记载，试图研究《启示录》的每部分内容以确定它的来源，而不是将它们都当作上帝的启示，最重要的是，试图检验所有记述的准确性，而不认为它们是上帝的最后教诲。1871年东正教基督徒参与了和高级批评者的论战，有些高级批评者不是把耶稣描绘成上帝的儿子，而认为他只是一个虚构的人物或仅仅是一名精神导师。

当高级批评者们从内部瓦解基督教信仰时，自然科学开始从外部攻击它。首先是地质学家怀疑《圣经》中神造天地的故事，继而是生物学家质疑上帝造人的思想。地质学的挑战主要来自英国人赖尔（Charles Lyell，1797—1875年），他对化石的研究表明地球的年龄比基督教宣称的要老得多。而新教基督徒认为《圣经》中上帝创造世界的六天都象征了上帝活动的千百万年，以之来勉强抵抗这场特殊的思想风暴。但来自生物学对圣经权威的威胁却没有这么容易摆脱。

根据《圣经》，教会在人类起源问题上的观点是明确的：亚当和夏娃是人类的始祖，上帝在创造了所有其他生物后创造了他们。此外历史上还存在一种与宗教观点不同的进化思想。不过这个基于古希腊思想的观点却没有什么实在证据，几个世纪以来不过是一个没有什么影响的理论。但1859年英国人达尔文（Charles Darwin，1809—1882年）发表《物种起源》（*On the Origin of Species*）后，“进化”（evolution）理论获得了大量支持。达尔文通过自己整理的数据表明进化是生物发展的原则，而不仅仅是一种假说，他认为几百万种现代动植物是通过自然选择从比较低等的生物形式进化而来的。

1871年达尔文在《人类的由来》（*The Descent of Man*）中把自己的发现应用于人类，认为人类出现是几百万年进化的结果。愤怒的教士攻击达尔文的无神论，同样狂热的达尔文主义者嘲讽神造论者的轻信。虽然今天仍然有批评进化论的声音，但它已经成了生物科学的基石。

另外一些科学进步也为现代世界奠定了基础。1850年代，法国科学家巴斯德（Louis Pasteur，1822—1895年）提出了细菌致病说，认为许多疾病是由微生物引起的。这个开创性的思想使他取得了重大发现并提出了相应对策。由于认为细菌导致了疾病传播，他积极倡导卫生和消毒，从而为灭菌外科手术的出现铺平了道路。他发现通过加热杀灭微生物可以防止食物变质，这一发现推动了消毒牛奶的出现。他对狂犬病和炭疽热的研究使他成为第一个提出通过接种疫苗防御疾病的人。巴斯德是细菌学的奠基人和现代医学的重要人物，他体现了培根在17世纪的论断："知识就是力量。"

在化学领域最终形成了成熟的原子思想，它超越了从公元前5世纪在希腊开始流行的简单化的原子思想。英国人道尔顿（John Dalton，1766—1844年）大约在1808年创立了真正的原子理论，1869年俄国人门捷列夫（Dmitri Mendeleev，1834—1907年）根据原子重量绘制出了第一张元素周期表，这张表经过修改至今仍在使用。1871年时，其他化学家开始抛弃认为分子是一簇原子的观念，转向认为这些原子簇是有结构、有固定模型的。但由于没有研究方法和设备，原子论直到20世纪仍然不过是一个有用的理论而已。

化学领域的进步还推进了麻醉学和外科学的变革。19世纪40年代，化学家发现一氧化氮、氯仿和其他成分可以抑制人类痛觉。1853年维多利亚女王借助氯仿生产，此后产科开始越来越多地使用各种新镇痛剂。这些麻醉剂带来了对许多疾病和外伤治疗的革命，也使现代外科学的出现成为可能。

2.3　文化发展趋势：从浪漫主义到现实主义

资产阶级大获全胜之时，同时推崇新古典主义和浪漫主义这两种艺术风格。资产阶级发现，新古典主义对秩序的推崇可以印证他们的以下信念：表面上嘈杂的市场实际上是受经济规律制约的。他们也发现，浪漫主义可以用来躲避工业化肮脏丑陋的一面。

但是，这两种风格在获得资产阶级支持后却逐渐都变得陈腐而做作了，部分是因为任何艺术形式走向成熟后不可避免地丧失创造性，部分是由于艺术界的市场化。由于新兴资产阶级缺乏过去艺术赞助者的深厚修养，他们要求美术和文学反映自己不太讲究的价值取向。画家和作家们为满足这种需要而创作了场面壮观、感情丰富和富有道德说教意味的作品。简言之，成功的艺术作品不能有悖大多数公众的口味。

除了资产阶级的影响以外，国家机构对文艺表达内容的控制能力也越来越强。其中势力最强大的是1648年为褒扬法国艺术家而建立的法兰西皇家绘画与雕塑学院（France's Royal Academy of Painting and Sculpture）。1830年后该

生活片段

观察人类生活：阶级与大众

生活片段讲述了“两个英国”的故事：小说家夏洛蒂·勃朗特写的参观1851年博览会情况的富人的世界，和法国哲学家、历史学家和评论家希波利特·泰纳写的他看到的1861年赛马会上大众、下层人民和工人的世界。

夏洛蒂·勃朗特（Charlotte Brontë）
第一届世界博览会，1851年

昨天我又去了一次水晶宫。我们在那里待了三个小时，但我必须说这次比上次更加令我惊讶。这是个神奇的地方——庞大、奇特、新颖，还有许多无法言状的妙处。它的壮观不是在于一件东西，而是在于所有东西的神奇汇合。在这里你可以看到人类工业生产的各种物件，这里有摆满火车头和锅炉的巨大展室，这些由各种动力驱动、内部机械部件正在运转的机器被安放在华丽的展台上，玻璃覆顶、天鹅绒铺衬的展柜中摆满了美轮美奂的金银器和盛放在采取严格保安措施的盒子中、价值连城的钻石与珍珠。它可以被称作一个集市，但这个集市只有东方的神怪才能创造出来。似乎只有魔法才可以把这么多财富从天涯海角汇集到一起，唯有神力才可以创造出这种光彩夺目、震人心魄的效果。似乎有一个看不见的人在操纵着展室中千奇百怪的事物。每天有三万人聚集在这里，我却没有听到一个人大声喧哗，也没有看到一个人举止失仪。人潮伴随着低沉的嗡嗡声平静地涌动，似乎是远处传来的大海的声音。

希波利特·泰纳（Hippolyte Taine）
赛马会一日，1861年5月28日

比赛在埃普瑟姆（Epsom）进行：今天是赛马日，一个欢庆的日子；在此期间议会都休会，整整三天人们谈论的都是赛马和驯马师……

埃普瑟姆赛马场是一片大草地，微带波浪形的起伏，场地一侧有三个首尾相连的公共看台和几个较小的其他看台。赛场门前是帐篷、数百家店铺、用帆布搭成的临时马厩，还混杂了数量惊人的四轮马车、马匹、驯马人以及专用公共马车，这里可能有20万人之多。但赛会上没有什么美丽甚至精细的事物，马车也是普通的那种，几乎没有什么装饰。人们到这里来不是要炫耀自己，而是要观看一场壮观的表演：这个演出之所以引人入胜就是因为它场面宏大。看台上面人群密集，喧闹扰攘。但是右后方的一排大树把它后面蜿蜒起伏的浅黛色青翠乡野掩映起来，从而使一幅优美画卷变成了寻常图景。几片天鹅般洁白的云飘浮在空中，它们的影子掠过草地，阳光透射下，远处轻淡的雾霭很快就消失了。明亮的空气像圣洁的光晕包围着草原、高阜、平地和人们狂欢中所有嘈杂的一切。

事实上，这是一个狂欢节，人们通过这种喧闹的时尚为自己找乐子。到处都是吉卜塞人、装扮成黑人的滑稽歌者和舞者、使用弓箭或枪支的射击场、巧舌如簧地推销手表带的江湖骗子、投掷游戏、演奏各种乐器的人，还有最令人惊讶的是一长排载着馅饼、冷熟肉、甜瓜、水果和葡萄酒，尤其是香槟酒的各式马车，有出租马车（cab）、四轮双座大马车（barouche）、俄式无顶四轮马车（drosky）和一缰四轮马车（four-in-hand）等等。人们首先放下行李，然后开始吃喝，这令人们活力倍增、兴奋异常，酒足饭饱之后就开始开起粗俗的玩笑并放声大笑。在这个预备的欢庆节日里，穷人们却十分可怜：他们竭力想卖给你一便士一个的赛马会纪念玩偶，想劝诱你玩“萨丽大婶”（Aunt Sally）游戏①，想为你擦靴子。他们几乎都像一群精疲力竭、饥肠辘辘的可怜的癞皮狗一样在盼望能有一块骨头，而大多数人还是以失望而告终。他们在夜里步行赶来，指望在这个盛会上分得一点残羹冷炙。许多人在来来往往行人的脚步中仰面朝天躺在地上大张着嘴巴睡觉。他们中的大多数人都光着脚，身上污秽不堪，衣着荒唐可笑。原因是他们穿的都是体面人的旧衣服、穿旧的时髦服装、已经被年轻妇女戴旧了的无边帽子。被几个人穿戴过的服饰因为多次转手而更加破旧，这些被别人抛弃的东西常常使我感到不舒服。穿着这些旧衣物是不体面的，因为这样做就意味着表明或承认自己是社会上的下等人。在我们（法国人）这里农民、工人和体力劳动者是不同的人，但却不是低等的人。他有罩衫，就像我有外套一样——这件衣服只适合他来穿。穿褴褛的旧衣服不仅仅是怪异，还说明这里的穷人听任自己被其他人踩在脚下。

有一个妇女，身上的旧披肩似乎是从下水道里捡来的，头上的旧帽子以前是一顶无边帽，现在被雨水弄得软塌塌的，怀里抱着一个可怜的肮脏而苍白的小孩，她走过来在我们的公共马车附近徘徊，捡起一个被丢弃的瓶子，喝干了里面的残液。她另一个已经会走路的女儿也捡起一块西瓜皮高兴地啃着。我们给了他们一个先令和一些饼。她们回以难以形容的感激而卑贱的一笑。她们似乎像斯特恩②笔下可怜的驴子一样在说：“恳求你不要打我——但如果你想打，你就打吧。”她们面容疲倦，被太阳晒得黝黑。妈妈的右脸上有一道伤疤，似乎是被人踢的。她们两人，尤其是孩子，呆滞而发育不良。在这里，伟大的社会工厂摧垮碾碎了它钢铁齿轮下最底层的人们。

解读本篇生活片段

1. 比较和对比勃朗特和泰纳对他们遇到的两群人的描述。为什么他们的描述如此不同？

2. 他们的观察揭示了19世纪中期英格兰生活的什么样的情况以及他们什么样的态度。

3. 你如何描述美国的公众活动，对于我们的社会它揭示出了什么？

① 一个在赛会上演出的游戏，展示的是一个抽着烟斗的老女人的形象，赶会的人向它投掷东西来赢得彩头。

② 劳伦斯·斯特恩（Laurence Sterne，1713—1768年），英国小说家。

学院领导人热衷于制定严格的创作规范，从而产生了所谓的“官方艺术”作品。如果艺术家得不到学院批准在一年一度的官方沙龙或美术展上展出自己的作品，他们注定要陷入贫困，除非他们有其他的资金支持渠道。遭到拒绝的艺术家很快把皇家学院当作现状维护者和艺术创新的敌人。虽然其他欧洲国家也有类似的组织试图规范美术和文学创作，但却没有一个西方国家拥有像法兰西皇家学院这样势力如此强大的国家研究机构。

作为对这种空洞矫情的官方艺术的回应，1840年代开始出现了一种新的艺术风格。这种被称作**现实主义**（realism）的艺术关注中下层人民的日常生活。虽然现实主义艺术作品常常会暗示出某种道德观念，但艺术家们却是不加美化地描绘普通人。现实主义者批评新古典主义冷酷、抨击浪漫主义夸张，他们试图严肃、准确、不带感情色彩地表达他们所看到的周围事物。商人、家庭妇女、工人、农民甚至是妓女取代国王、贵族、女神、圣徒和英雄成了绘画和小说表现的主题。

许多因素促使了现实主义的兴起。在外交上，这是俾斯麦式现实政治的时代，精明强悍的外交风格取代了比较谨慎而文雅的谈判。在科学领域，达尔文否定了《圣经》的创世说并断言包括人类在内的所有物种都是从更低等生物进化而来，从而剥下了地球生命的神秘外衣。民主制度的扩展激励着现实主义者对普通民众感兴趣，而1830年代照相机的发明可能激发了他们追求精确地再现创作对象。所有这些因素共同促使现实主义旨在科学客观地描绘世界本来面目的风格。

文学

在文学领域，浪漫主义风格仍然在诗歌、散文和小说领域占统治地位，直到19世纪中期，逐渐为现实主义代替。浪漫主义作家关注的是作品中人物的深刻情感，他们深信个人力量可以改变他或她以及其他人的人生境遇。而现实主义作家则相反，他们更像是宁愿让事实说话的决定论者。他们批评资本主义世界的伪善和物质主义，谴责机器时代使得人与人的关系也机械化了。1848至1871年间，现实主义文学主要在法国、英国和俄罗斯获得了繁荣发展。美国黑人作家为现实主义文学作出了特殊贡献，他们在引发内战的关于奴隶制的争论中发出了自己的声音。

法国浪漫主义的高峰　在法国，浪漫主义文学最杰出的代表人物是诗人、剧作家和小说家维克多·雨果（Victor Hugo，1802—1885年）。他因诗歌出名，而1830年2月上演的悲剧《艾那尼》（*Hernani*）则奠定了他浪漫主义运动领袖的地位。令人振奋的剧情和雄心勃勃的人物使这部戏剧十分生动，它似乎一举扫除了古典主义的矫揉造作。不过它的首次公演惹得流言四起。那时1830年7月的革命刚刚爆发，许多法国人认为雨果的《艾那尼》通过文学预言了政治动荡。

雨果的人道主义价值观和他的著作一样出名，他似乎成了某种法国行为方式的代表。由于他反对拿破仑三世的统治而被迫从1851年开始流亡国外18年，在流亡期间，他创作了最著名的小说《悲惨世界》（*Les Misérables*，1862年），通过这部小说他表达了自己对拿破仑一世以后法国社会道德没落的强烈憎恶之情。这部小说的主人公和道德中心人物是一个乞丐冉阿让（Jean Valjean），他因偷了一条面包而被判刑入狱17年。后来他从监狱里逃了出来，还成了一名受人尊敬的富裕商人，但是追捕他的法令仍然有效，他不得不躲藏和欺瞒。雨果把冉阿让当作当时正在兴起的大众追求自由意志的象征，资产阶级读者被这个形象深深吸引，却对冉阿让最后取得成功感到恐惧。

另外一个著名的浪漫主义文学人物是因生活需要而成为作家的法国小说家、剧作家乔治·桑（George Sand，1804—1876年）。阿曼蒂娜-欧萝尔-露茜·杜班（Amandine-Aurore-Lucie Dupin）取名乔治·桑一方面是为了使自己和丈夫的家族免遭尴尬，一方面是想把自己融入到男性占主导的文学世界里，她的朋友们都叫她乔治·桑夫人。桑被称为“第一位解放了的现代妇女”。她因为和当时名流男子公开的风流韵事而大受争议，这些人中就包括浪漫主义作曲家和钢琴演奏家肖邦（Frédéric Chopin，1810—1849年）。她的穿着打扮常常像一个典型的资产阶级绅士：外套和马甲、领结、长裤、尖头硬皮鞋和礼帽。桑是第一个积极参与革命政府活动的西方妇女。在1848年的巴黎起义中，她是革命委员会的一员，还通过写作来支持这个短命的激进社会主义政权。

由于她父亲是波兰皇室的后裔，而母亲则是巴黎鸟类商人的女儿，桑发现在充满阶级意识的法国自己的社会地位并不明确。因此，她倾向于将自己的创作对象集中在那些没有权力的人们，如妇女、画家和劳工。她的小说和戏剧具有强烈政治底色，展现了雨果所称浪漫主义是“文学中的自由主义”的风采。对桑来说，理想主义仅仅意味着另外一种号召社会改革的方式。

桑的第一部小说《印第安娜》（*Indiana*，1832年）通常被认为是她最好的小说作品，它因其人物的多面性和对那个时代强加给已婚妇女约束的准确描写而受到好评。19岁的女主人公印第安娜不幸地嫁给了一个老男人，为寻找真正的爱情，她同自己的丈夫决裂而追求更相配的感情关系。不幸的是，由于她情人的背叛和僵化的婚姻法，印第安娜被迫为躲避这场丑闻而逃出法国，来到了当时法国在印度洋上的一个殖民地波旁岛（Bourbon Island，现在的留尼汪岛

解读艺术

构图：五个垂直的物体（人物和柱子）和两个水平物体（吧台和后面的平板）是画面的主要构成元素。马奈用背景上的镜子创造了一个光影幻景，镜子中充满了顾客的头像和迷离的光线。

色彩：画的色彩创造了丰富的光学效果。画面由马奈喜欢的黑色主导（女招待的裙子和男子的衣服）。阴郁的氛围因点缀其中的金、橙、红、蓝、绿等色彩而减淡。白色色块（灯光，女招待上半身身体）让人眼前一亮。

基调：女招待干着单调乏味的工作，在寻欢作乐的人当中孤独地站着，不合群，可能还有点厌烦。从她空洞的眼神和僵硬的姿势中可以看出，马奈捕捉到了工业化时代籍籍无名的普通人的心情。

马奈：《女神游乐厅的吧台》（*A Bar at the Folies-Bergère*）。1882 年，帆布油画，95.3×132.1 厘米。伦敦，考特奥德艺术学院美术馆

这幅画的背景所在地——女神游乐厅，1869年开业——是一处咖啡厅或啤酒馆，人们在那里可以喝酒和看喧闹的舞台演出。从1850年代开始，这类场所最初是为了迎合下层阶级的需要，不过很快巴黎的各社会阶层的人都来这里消遣。这个在马奈画室里做模特的女招待实际上在女神游乐厅工作。马奈从库尔贝和写实主义画家那里寻找创作主题灵感并学会绘画方法。反过来，他对城市生活的关注、新的绘画方法以及他为艺术而艺术的审美理念又影响到了印象派和后期印象派画家（参见第3讲）。

画家的视角：马奈通过如下方法把观察者直接带入画面的场景中：（1）以特写的形式描绘女招待，让她以与观察者直接相对的姿势站着——这是一种来自新的摄影艺术的手法；（2）裁切画面，例如画中的男子（右边）和吊灯（上面）——这种方法吸收自日本的版画。

场景：马奈描绘了新娱乐形式的场景：苍白的灯光、拥挤的顾客、坚忍的女招待、或许正在调情的男顾客、正在荡秋千的杂技演员，在左上角可以看见他的穿着绿色鞋子的脚。

透视：镜子扭曲了传统的透视方法的使用，使观察者对人物和物体的位置感到困惑。女招待看起来似乎是在往外看，但也好像是站在镜子中戴礼帽的男子的对面。

[Réunion])。她在那里找到了与自己心心相印的人，和他一起在这个卢梭式的世外桃源定居下来。批评者把这本书看成是抨击把妻子置于丈夫控制之下的法国拿破仑法典（参见第1讲）。《印第安娜》让乔治·桑声名鹊起，此后她又创作了80多部小说和20部戏剧。

英国浪漫主义小说　在英国，最富有表现力的浪漫主义作品是夏洛蒂·勃朗特（Charlotte Brontë，1816—1855年）和艾米丽·勃朗特（Emily Brontë，1818—1848年）姐妹的小说。两人在远离文明生活的约克郡（Yorkshire）乡村长大，她们创作了两部最受人喜爱的英语小说。她们封闭的生活似乎验证了浪漫主义的一句名言，真正的艺术天才都是从想象中产生的。

艾米丽·勃朗特的《呼啸山庄》(*Wuthering Heights*,1847年)通过神秘事件、幽灵幻影和墓地景象营造了一种惊险氛围,但它超越了典型的哥特式冒险故事。这部作品的人物和自然世界充满了具有隐秘精神意义的神秘色彩。这部小说描绘了一个关于爱与救赎的故事，故事中上流社会的凯瑟琳（Catherine）和流浪弃儿希斯克利夫（Heathcliff）虽然并非门当户对，但却心心相印。作者把希斯克列夫塑造成了一个生活在传统道德规范之外、粗野的拜伦式男主人公。她描绘的这个在严酷环境下形成复仇心理的人物使不少人把这部作品称为第一部社会革命（sociorevolutionary）小说。

在《呼啸山庄》面世的同一年，夏洛蒂·勃朗特发表了《简·爱》(*Jane Eyre*)。这部风格忧郁哀伤的小说讲述了一个女家庭教师对深沉神秘的男主人公的爱恋。女主角对幸福的憧憬被自己的一个发现击得粉碎，她发现男主人绝望的原因是他有一个被隐藏在阁楼里、精神错乱的妻子。小说以第一人称的手法揭示了女主人公内心深深的渴望、激情以及她最后情愿为道德观念牺牲自己的感情。《简·爱》没有落入那个时代情感小说的俗套，它被认为是一部革命性作品，它遭到了批评者的攻击，却得到了读者公众的欢迎，这使它成为一部畅销小说。

美国文学中的浪漫主义　随着被称作**超验主义**（transcendentalism）的美国文学和哲学运动兴起，浪漫主义到了一个重要的转折点。18世纪前半期这场运动在新英格兰（New England）兴起，它对正统宗教观念进行批判，从以下四种信念中获取灵感：人们不一定要借助中介才能接近上帝的思想并从中获得灵感。同传统宗教的上帝观念不同，它认为上帝精神（transcendence，意即超验存在）会通过不同形式展现出来，包括物质世界、所有建设性的实践活动、所有伟大的文化成果以及各种精神现象的表达形式等。在追求与世界内在的形而上秩序相统一的过程中，超验主义者遵循德国唯心主义者的方法（参见第1讲）。亨利·大卫·梭罗（Henry David Thoreau，1817—1862年）可能是超验主义者中影响最大的。他最著名的作品《瓦尔登湖》（*Walden*，1854）是他在瓦尔登湖畔度过的几个月的抒情日记，它实际上成了今天环境运动的圣经。梭罗的论著《论公民的不服从》（*On the Duty of Civil Disobedience*，1849年）论述了违抗不正义法律的必要性，它是启迪马丁·路德·金（Martin Luther King）在20世纪50、60年代抗议美国种族隔离制度的文献之一。

随着艾米莉·狄金森（Emily Dickinson）和沃尔特·惠特曼（Walt Whiteman）作品的问世，美国诗歌开始在西方文学中占据了一席之地。这两位诗人都是浪漫主义风格的，使用和其他浪漫主义诗人一样的方式描绘自己的心路历程。他们也在诗句的韵脚和标点断句等方面采用一些非传统方式，这对20世纪的诗人产生了很大影响。在今天，狄金森和惠特曼被认为是19世纪美国文学中最富创新性的两位作家。狄金森在她那个时代实质上是个隐士，她在世时只发表了7首诗。但她去世后近1800首诗作组成的完整文集让她的名声大涨。惠特曼一开始被当时的权威人士瞧不起，但他活着看到自己成了美国人的偶像——一个白发老诗人的典范。惠特曼在他的职业生涯中以自己大量的作品掀起了一场美国诗歌革命，他的这些作品用独特的美国式语言抒发了他作为一个美国人的经历和感受。

法国和英国的现实主义小说 1830年代，法国现实主义文学随着巴尔扎克小说的出现开始兴起。巴尔扎克在他创作的由100多部小说组成的《人间喜剧》（*Human Comedy*）中展示了现实主义作品的主要特点。这部卷帙浩繁的作品之背景是拿破仑时代和工业革命早期的法国，它描述了巴黎和外省2000多个人物的生活。巴尔扎克谴责中产阶级社会的空虚，虽然他的作品中有一些善良而有同情心的人物,但他仍然指明工业化使许多人重视物质而不重视友情和家庭。

法国最杰出的现实主义作家是福楼拜（Gustave Flaubert，1821—1880年），他提出小说应该从公认的普通道德和哲学观念中解脱出来。他最著名作品是《包法利夫人》（*Madame Bovary*，1875年），这部小说因其不加掩饰的私通故事而引起不少流言蜚语。福楼拜与巴尔扎克包罗万象式的叙述不同，他集中描绘了一个人物——误入歧途的不幸女子艾玛·包法利（Emma Bovary）。福楼拜详细刻画了这个沮丧的资产阶级妇女，她被自己乏味的婚姻和社会地位所困扰，内心十分苦闷。福楼拜排除主观判断而强调客观性，认为自己是在遵循现代科学的方法进行创作。作为一名社会批判家，福楼拜还表现了这个小镇颇为自得的资产阶级社会成员的日常生活。虽然《包法利夫人》引起了一些非议，但它很快获得成功，并创立了一种新的现实主义风格。对大多数读者来说，艾玛·包法利象征着那些因不实际的梦想与渴望而导致失败的人。

英国小说家也以新现实主义风格创作。他们和法国同行一样也抨击资产阶级的庸俗、自私和伪善，但和法国人着意塑造个别人物形象不同，他们大胆地提出了社会正义问题。英国最著名的现实主义小说家是查尔斯·狄更斯(Charles Dickens，1812—1870年)，他的作品喜欢描绘工业时代城市生活的冷酷无情。为了能满足杂志连载的需要，狄更斯从20岁开始就一发不可收拾地创作了大量作品。

在他早期的作品如《雾都孤儿》(*Oliver Twist*,1837—1839年)和《大卫·科波菲尔》(*David Copperfield*，1849—1850年)中，狄更斯是乐观主义的，为他笔下的人物指明了希望，从而也间接地为整个社会指明了希望。但在后来的作品如1851到1854年间创作的《荒凉山庄》(*Bleak House*)和《艰难时世》(*Hard Times*)中，他对社会改革和纠正无节制工业化思想的前途感到悲观。狄更斯生动的描写、充满巧合的复杂情节以及讽刺性的主题深受维多利亚时代读者的欢迎，而他精心刻画的地道英国式的人物，如匹克威克先生(Mr. Pickwick)、奥利弗·退斯特(Oliver Twist)和艾柏纳泽·斯克鲁奇(Ebenezer Scrooge)，成了令人难忘的文学形象流传至今。

说到英国的现实主义小说还必须提及一些重要的女作家。两位最成功的女作家分别是伊莉莎白·盖斯凯尔(Elizabeth Gaskell，1810—1865年)和玛丽·安·伊文思(Mary Ann Evans，1819—1880年)，后者更广为人知的是其笔名乔治·艾略特(George Eliot)。两人都创作了关于英国工业经济给穷人带来艰难生活的作品。盖斯凯尔的作品《北方与南方》(*North and South*，1855年)批评随着工会兴起的背景下富人与穷人之间日益拉大的差距，富人主要生活在英格兰北部城市，而穷人主要集中在南部乡村。她的作品主题充满了独特的对比、矛盾和冲突，例如当个人面对非人力威胁时的无助，其作品同时还提出要使用个人意志来对抗不公平的社会制度。在《米德尔马契》(*Middlemarch*，1872年)和其他小说中，乔治·艾略特探索了人类所受到的社会制度的羁绊，而正是这些制度塑造了他们或好或坏的生活。虽然艾略特的观点带有少许宿命论的色彩，但她强调，虽然存在社会约束，个人依然可以自我实现和自由地作出道德选择。

俄国现实主义文学 在现实主义时代，俄国首次出现了具有国际影响的作家：列夫·托尔斯泰(Leo Tolstoy，1828—1910年)和陀思妥耶夫斯基(Fyodor Dostoevsky，1821—1881年)。与英国和法国的现实主义作家一样，他们也描绘了早期工业主义缺少人情味的一面，并关注社会问题，尤其是刚刚获得解放的农奴的境况。但他们的现实主义还带有典型的俄罗斯式思考：俄国应该接受西方的价值观还是遵循它自己的斯拉夫和东方传统？尤其突出的是托尔斯泰和陀思妥耶夫斯基对宗教和精神主题的关注使他们超越了西方的现实主义。

托尔斯泰在早期作品中采用客观的、不带道德倾向的方式进行创作。《安娜·卡列尼娜》（*Anna Karenina*，1875—1877年）描写了在不宽容的复杂社会里男女私情的不幸后果。《战争与和平》（*War and Peace*，1865—1869年）是托尔斯泰最伟大的作品，它对拿破仑时代的俄国进行了全面考察，具有十分重要的时代意义，它描写了被卷入这个历史大潮中的众多人物形象。虽然托尔斯泰主要描述的是这个俄罗斯大时代的上层阶级，但他把他们置于现实的环境中进行刻画，而没有把他们浪漫化。托尔斯泰在早期的作品中是一个宿命论者，认为人类是受超人力量控制的。但在1876年他转而信仰一种形式简单的基督教派，这个教派推崇和平主义、朴素生活和激进社会改革，此后他开始批判缺少道德观的文艺作品，包括他自己的作品。托尔斯泰的余生都致力于这种朴素信仰，遵循自己心目中的耶稣教诲，为建立一个基督教的无政府社会而努力。

陀思妥耶夫斯基是一个伟大的创新者，他开创的文学创作方法后来成为西方文学的规范。例如，他在弗洛伊德（Sigmund Freud）创立心理分析学以前很早就写出了《罪与罚》（*Crime and Punishment*，1866年），在这部小说中，陀思妥耶夫斯基分析了一个严重心理失常者的内心世界。在他的《地下室手记》（*Notes from Underground*，1864年）中，那位无名的叙述者是现代文学中的第一个反英雄（antihero），这类人物缺少文学作品主角通常所具备的英雄主义品质，但也不是坏人。

《卡拉马佐夫兄弟》（*The Brothers Karamazov*，1879—1880年）是陀思妥耶夫斯基文学创作的顶峰。像福楼拜的《包法利夫人》一样，这部作品的故事也发生在一个小镇上，故事情节围绕一个家庭展开。虽然卡拉马佐夫兄弟都不是刻板的单面形象，但他们中的每个人都代表了人类行为的一种特点。作者通过这部小说提出了一个使人困惑的问题——如果存在上帝，那么为什么世界上还有苦难和邪恶？陀思妥耶夫斯基对此没有给出简单的答案。事实上，他最后的结论是：这个问题是无法解决的，苦难是人间必不可少的一部分，没有它人类就不可能有精神生活。

美国黑人作家中的现实主义文学 1840年代美国公众舆论的焦点集中到奴隶制上面，此时一种被称作**奴隶叙事**（slave narrative）的新文学体裁出现了。这些叙事无论是奴隶写的还是由奴隶口述给笔者的，都充满了关于奴隶制不正义的心酸细节。这些故事进而影响到现实主义小说创作，也点燃了反奴隶制文学的熊熊火焰。虽然许多奴隶叙事后来都出版了，但其中最有影响的可能是道格拉斯（Frederick Douglass，1817—1895年）撰的《一个美国黑奴的自传》（*Narrative of the Life of Frederick Douglass*，1845年），这部著作是这种文学传统的开山之作。道格拉斯描述了男主人公的奋斗历程，从他早年意识到身为一名奴隶的压抑开始，到他不断成功自学，最后到出逃获得自由充当废奴主义代言人的新生活。这个动人的叙事是西方第一本由非白人写作的现代作品。道格拉斯除开创了一个新文学体裁以外，还为古老的自传体文学添加了新内容，并且打开了一扇通向不受种族分离影响、更具包容性的世界文学之门，而种族彼此隔离一直是自罗马帝国崩溃以来世界各地文学的一个特点。

另外一个对现实主义文学传统产生影响的非洲裔美国人是索杰娜·特鲁斯（Sojourner Truth，1795—1883年）。她作为奴隶出生时的名字是伊莎贝尔·哈登博格（Isabell Hardenberg），后来她获得了自由并取了这个新名字，新名字象征着她发誓做美国的“寄居者”（Sojourner），并且永远说真话（Truth）。特鲁斯的口述由她的笔录者奥利弗·吉尔伯特（Oliver Gilbert）记录下来，她的言语通俗而雄辩、幽默而诚恳、朴素而饱含圣经智慧。特鲁斯那实在的语言令听众大为动情，她被认为是19世纪美国最纯真的口述者之一。1851年索杰娜·特鲁斯在俄亥俄州阿克伦城（Acron）举行的妇女权利大会上发表演讲《难道我不是女人？》（*Ain't I a Women？*），这个演讲展现了她朴实无华的辩才，使她成为那个时代的一个传奇人物。

绘画和建筑

一种夸张的浪漫主义风格延续到19世纪中叶以后很久，伴随着这种风格成长起来的是现实主义艺术。在整个这个时期，即使是新古典主义也始终以法国官方美术为代表。这两种风格都受到了富裕的资产阶级的青睐。

1830年后的新古典主义和浪漫主义绘画 安格尔从大卫那里继承了新古典主义画派领袖的地位，完全控制了法国学院派绘画直到他1867年去世。他了解沙龙观众的心理，努力使自己的作品迎合他们的口味。这类几乎全由富裕又有文化的资产阶级构成的观众群对纯洁的裸体或是香艳场景特别感兴趣——就像《土耳其浴女》（*The Turkish Bath*，插图2.8）中所表现的那样。虽然这幅画场景华美，但画中女人丰满的身体和放荡的姿势却是以冷漠的古典主义方式展现出来的，缺少了安格尔伟大肖像画作品的亲近感。

随着浪漫主义的兴起，安格尔的主要竞争对手德拉克洛瓦（Eugène

图2.8　安格尔:《土耳其浴女》。约1852—1863年。帆布油画，直径1.08米，卢浮宫藏

在19世纪的资产阶级文化中，热衷东方主题是一个潮流。安格尔把画安排在一个伊斯兰后宫的场景中，画中有二十多个姿势或色情或不色情的裸体人物。这些裸体人物不是按照典型的技法绘制，表明画的不是画室中的模特，而是充满肉感的普通人。

Delacroix）也在法国文化舞台上发挥了重要作用。德拉克洛瓦对色彩和人物的高超把握使浪漫主义绘画登峰造极。这一时期他最优秀的作品是根据莎士比亚剧作《哈姆雷特》第1场第5幕创作的《哈姆雷特和霍拉旭在墓地》（*Hamlet and Horatio in the Graveyard*，插图2.9）。画中一个掘墓者正把一个头骨拿给哈姆雷特和霍拉旭。德拉克洛瓦忠实于莎士比亚原著，细致入微地捕捉了人物的不同反应：右边的哈姆雷特似乎有点想往后缩，而霍拉旭则表现得更加好奇和疑惑。在这幅画以及后来的作品中，德拉克洛瓦试图把握运用色彩的规律，尤其是何种色彩会对观众产生何种影响的规律。这幅画阴郁的色调强化了其中哀伤的氛围。后来印象派画家的部分色彩理论就是来自德拉克洛瓦的实践（参见第3讲）。

随着美国人不断向西开拓，浪漫主义绘画尤其是风景画开始在美国流行起来。新国土的壮观、辽阔和美丽以及超验主义诗人、散文家爱默生（Ralph Waldo Emerson，1803—1882年）所说的“上帝存在于自然中”的理念使风景画家获得了赞美自然的灵感，他们笔下的自然是令人敬畏的，同时他们还常常把个人和自然世界联系起来共同描绘。一群被称作“哈得逊河画派”（Hudson River School，约1825—1870年）的画家专门描绘新英格兰和纽约地区高山与峡谷的风景。他们遵照爱默生的教诲，认为上帝和自然是统一的，同时也力图表明个人在理解和影响自然时发挥着作用。第二代哈得逊河画派引入了**光色主义**（luminism），这是一场强调自然更甚于人的艺术运动。一些光色主义者跟随美国向西部拓荒的先锋，寻找壮观的景色（图2.10）。

就像浪漫主义绘画一样，19世纪的建筑艺术也出现了浪漫主义的怀旧倾向，浪漫主义建筑师开始对远离工业化的时代和地点发生浓厚的兴趣。中世纪对他们的吸引力特别大，他们认为那是一个别具风情甚至在道德上比现时更优越的时代。爱国主义情绪使浪漫主义建筑师常常把哥特式风格等中世纪建筑形式与19世纪的环境结合起来，因为正是在中世纪，许多国家形成了自己的民族特性。

图2.9 德拉克洛瓦:《哈姆雷特和霍拉旭在墓地》。1839年。帆布油画，0.81×0.66米。卢浮宫藏。莎士比亚的爱情悲剧《哈姆雷特》成了一个人是否是浪漫主义画家和诗人的试金石

德拉克洛瓦在巴黎看了《哈姆雷特》之后深受掘墓者这场戏的感染，以至于他以此为主题创作了至少三幅石版画和两幅油画。在这幅画中，他把画面减少到只保留了场景的基本元素：两个掘墓者（前景）面对着哈姆雷特和霍拉旭（中景），而乌云满布的天空几乎占据了半个画面。他把深色的骷髅头放在画面的焦点处，画上的四个人物都看着它，深色骷髅头和浅色的天空形成对比。从右上到左下方的一条对角线增加了画面的紧张感，这条线由下降的山势和掘墓者的胳膊构成。

1834年伦敦老议会大厦彻底毁于大火，为新建的议会大厦确定建筑风格就成了一个重要议题。由于通常认为英国人的权利和自由始自中世纪时期1215年颁布的《大宪章》（Magna Carta），所以议会的一个委员会就为新建筑选择了哥特式风格（参见插图2.2）。这座建筑是由查尔斯·巴里（Charles Barry，1795—1860年）和普金（A. W. N. Pugin，1812—1852年）设计的，采用了尖拱和奇特的塔楼，这表明设计者真正理解了哥特风格的本质特征。虽然有这些特点，但它依然不是真正意义上的哥特式建筑，因为它规整的装饰效果切合古典主义原则，另外其建筑结构还强调水平效果。

现实主义美术风格的兴起 一些新派画家对浪漫主义绘画情绪化、追求怪异和逃避现实的倾向感到不满，他们希望描绘自己身边亲眼所见的真实生活。由于受到了1848年社会革命引发的民主情绪影响，同年的沙龙展允许一种新形式的绘画作品展出。与这种新艺术形式关系最密切的画家是古斯塔夫·库尔贝（Gustave Courbet，1819—1877年），他以某种美学理论的名义拒绝

图2.10　阿尔伯特・比尔施塔特（Albert Bierstadt）:《落基山脉：兰德峰》（*The Rocky Mountains, Lander's Peak*）。1863年。帆布油画，1.86×3.07米。大都会博物馆，罗杰斯基金会1907年收藏（编号07.123）

1859年，德裔美国人阿尔伯特・比尔施塔特（1830—1902年）跟随一个由弗里德里克・兰德（Frederick Lander）带领的政府考察队来到内布拉斯加。这幅画上远处的最高峰后来以这个考察队队长的名字命名，它位于今天的怀俄明州。这是一幅典型的光色主义作品，画中的人类世界——人、马以及露营装备——在天空和山峰面前显得那么渺小。比尔施塔特根据现场写生资料在自己位于纽约的画室画了这幅画。

过分修饰自己的作品。他煽动性的作品激怒了资产阶级观众，但却成了富有战斗精神的现实主义的象征。在1900年之前，大多数画家都在某方面追随库尔贝的艺术足迹。库尔贝来自平民阶层，是一位主要靠自学成才的画家，也是一个富有战斗精神的人，他在1849年因描绘普通生活中的普通人开始引起人们的注意。最重要的是，他努力追求反映日常生活的艺术。

但在法兰西第二帝国，库尔贝的画并没有被欣然接受。沙龙展评拒绝了他的一些先锋性作品，如《相遇》（*Meeting*，又名《你好！库尔贝先生》[*Bonjour Monsieur Courbet*]），这幅画形象地描绘了画家与他的富裕赞助人蒙彼利埃的阿尔弗雷德·布鲁亚斯（Alfred Bruyas，1821—1877年）一次偶遇的情形（插图2.11）。画中衣着光鲜的布鲁亚斯（中）正在向库尔贝（右）问好，旁边一个男仆垂首

图2.11　库尔贝:《相遇》又名《你好！库尔贝先生》。1855年。帆布油画，1.29×1.5米。法国蒙彼利埃法布雷博物馆

这幅画是对他与自己富裕的赞助人布鲁亚斯之间绘画合约的一种讽喻。两人都深受傅立叶的社会主义思想的吸引，他们认为找到了将天才和资本联接起来、对所有人有利的解决方案（用傅立叶的说法）。已公开的两人的通信表明，两人有一个彼此约定：对布鲁亚斯来说可以更多地接近美术圈子，而对库尔贝来说可以获得精神和经济上的自由。虽然两人是伙伴关系，但画上人物位置的安排反映了画家的重要地位：画家傲慢地仰着头，离观察者最近，同另外两个人隔开。

而立。画家则一副随意的打扮，背上背着画具和行李，这提升了库尔贝作为一名追求现实主义事业、无忧无虑的艺术家的形象。在布鲁亚斯的资助下，库尔贝在紧邻1855年官方沙龙展览所在地的地方临时搭建"现实主义展厅"（Realism Pavilion），并在这里展出了这幅画。批评者嘲讽这幅画没有叙事主题，指责库尔贝是自我吹捧和自我陶醉。库尔贝一边欣赏着这种争论，一边仍然忠诚于自己的追求，继续从自己的生活中寻找艺术创作灵感——这种理念后来影响了莫奈（Monet）和印象派画家（参见第3讲）。

库尔贝另外一幅被1855年沙龙展拒绝而在现实主义展厅中展出的作品是他的杰作《我的画室内景》（*Interior of My Studio*，插图2.12）。这幅画清晰地展现了他的艺术创作手法，是一件十分个人化的作品，画作借用逼真的当代人物

图2.12　库尔贝:《我的画室内景:我的七年画家生涯的真实寓言》。1855年。帆布油画，3.6×5.95米。卢浮宫藏

在这幅隐喻作品中同时展现了浪漫主义和现实主义。就像这幅画所展现的，在那个时代画家和美术天才是浪漫主义时代的代表。而不可否认的是现实主义是库尔贝对学院派美术和社会的嘲弄。对这幅画的赞誉来自画面的三部分构成、画家的自画像以及他的绘画技巧，这些技巧抓住了不同物体的质感，如女性模特的皮肤、带有花边的披巾以及一条狗的弄乱的皮毛等。

形象传达了深刻的寓意。这幅画的副标题“我的七年画家生涯的真实寓言”表达了库尔贝创作这幅画的目的。在画面中部的是画家本人，他被光线笼罩着，正在画一幅风景画，一个裸体模特和一个小男孩在注视着他。模特和风景画讽刺性地暗示出沙龙画展对裸体和静物更感兴趣。中间靠左在暗处中的一组人物描绘了那些为生活不得不辛勤劳作的人们，包括农民（猎人和他的狗）和一个壮工，这也是库尔贝绘画中经常出现的内容。在右边同样处在暗处的是他为之作画的人，包括他的朋友和指导者，每个人都有一个具体含义。例如正在读书的男子是诗人波德莱尔（Charles Baudelaire），他代表了艺术的抒情性。总的来说,《我的画室内景》是联结为稻粱谋的普通民众与艺术和文化世界的中介，在这个过程中两者都生动起来。

虽然库尔贝是现实主义绘画风格的主要创立者，但在他以前还有一个可敬的先行者奥诺雷·杜米埃（Honoré Daumier），他在现实主义成为一种公认的绘画风格以前就开始描绘真实生活场景。杜米埃以冷静的视角记录巴黎的社会

图2.13 杜米埃:《出版自由》。画上的文字:“看住他!” 1834年。石版画,0.42×0.29米。伦敦,大英博物馆,印刷品和绘画部

作为一个漫画家,杜米埃可以利用工业革命带来的技术进步。他在画一幅漫画之后,就用石印的方式大规模印刷以满足不断增长的大众需求,这也是首次把工业方法使用到艺术上。在这幅捍卫出版自由的画中,杜米埃的作品反映了他的自由政治观。这幅画的构成要素——人物、文字、比喻以及轻视权威——使它成为现代政治漫画的鼻祖。

生活。他在几千幅赖以谋生的讽刺版画和几百幅油画中描绘了巴黎简陋的街巷、腐败的法庭、肮脏的出租屋、无知的艺术品掮客、潦倒的音乐家、懦弱的资产阶级以及其他数不清的城市人物和情景。他的作品不仅魔法般地再现了19世纪中期的巴黎,还把这座城市比喻成人间地狱,在那里生活成了一种惩罚。

库尔贝是一个石版画大师。基于油和水不相溶的原理,德国人在1798年发明了石板印刷术。在最初的石板印刷术中,画家在石板表面用刷子或蜡笔以油脂先画出画面,然后倒上特定的化学物质将画面固定在石头上。然后将石板用水弄湿,没油脂的部分就沾上了水。用滚动器为石头涂上油质的墨水,石头上含油的部分能吸附住油墨,而空白有水的部分则不能吸附油墨。接着将一张纸压在石头上,油墨就从石头转印到纸上了。现代石印是用锌版或铝版而不是用石板。

在杜米埃的印刷作品中,没有一个人或一件事可以免受抨击。例如在《出版自由》(*The Freedom of the Press*,插图2.13)中,他描绘了一个象征思想自

图2.14　杜米埃:《三等车厢》。约1862年。帆布油画,65.4×90.2厘米。大都会博物馆。1929年海富梅耶夫人(Mrs. H. O. Havemeyer)遗赠

仔细观察这幅画，可以发现杜米埃的观察社会的天才：妈妈慈爱的表情，老妇女的坚忍克己，还有左边远处阴影中戴高帽的男子的忧郁神情。不过，这些人物都代表了一个社会类型的人，因此都不是个性化的。虽然这是一个逼仄的角落，但杜米埃突出了每个旅客的疏离之感。

由的健硕印刷工人，在右边由两名大臣陪伴的查理十世被打倒在地，这暗示了1830年革命中新闻出版在推翻王权中的作用。在左边，头戴高帽的路易·菲力浦在两名随从的怂恿下拿着一把伞在威胁印刷工。杜米埃因这幅讽刺画于1832年被捕入狱6个月，但对崇敬他的观众来说他是一个英雄。杜米埃的政治画中经常出现印刷工人，直到1835年法国通过了更严格的检查法令这一形象才逐渐消失。

杜米埃最著名的油画作品名为《三等车厢》(*The Third Class Carrige*，插图2.14)。在巴黎，三等车厢是最便宜的火车座位，因此也是最局促和最简陋的。杜米埃这幅画的前景中有三个人物——一个抱着入睡婴儿的妈妈、一个老妇女和一个睡着了的男孩。他们后面拥挤着其他的农民和中产阶级商人，后者可以通过他们戴的高礼帽分辨出来。尽管这幅画里有着漫画的痕迹，但它却真实地描绘了铁路使得社会日益民主化的现象。

图2.15　米勒:《拾穗者》。1857年。帆布油画，0.84×1.12米。巴黎，奥赛美术馆(Musee d'Orsay)

米勒笔下农民的现实主义场景部分来自于圣经文句的启发："你必汗流满面，才得糊口。"(《创世纪》第3章第19节）在这幅画中，米勒通过描绘虽然命运艰难但仍然端庄的妇女，用简约的美表达了这一思想。

与杜米埃描绘城市场景不同，米勒（Jean-François Millet，1814—1875年）描绘的是巴黎城南部村庄巴比松（Barbizon）附近的乡村风景，1840年代，那里聚居着许多画家。米勒和巴比松画派深受英国浪漫派画家康斯太布尔的影响，他的作品《干草车》（参见插图1.11）在1824年巴黎美展上大受赞誉。不过康斯太布尔的风景画中只是偶尔有人物出现，米勒的画则与之不同，乡民和他们的劳动场景是米勒作画的主要题材。

米勒最著名的巴比松风格绘画是《拾穗者》(*The Gleaners*)，它在1857年的巴黎美展上展出过。这幅画描绘了三名妇女正在捡拾麦穗（插图2.15）。拾穗者是被法国突飞猛进的工业化抛在后面的无希望的乡村受压迫阶级。画面通过描绘孤立在整个世界之外的孤独劳作的妇女来展现她们窘迫的状况。米勒拒绝社会主义，米勒宣称他只是"把最触动他的人们的状况展现在绘画中"。不过，美展的批评家把米勒叫做社会主义者，并从被边缘化的劳动者那里看到了革命威胁。

图2.16　罗莎·博纳尔:《马市》。1853年。帆布油画，2.44×4米。大都会博物馆。康尼留斯·范德比尔特（Cornelius Vanderbilt）1867年捐赠

擅长画动物场景的画家常常把动物画得很可爱而忽略周围的场景。博纳尔的做法正相反，她仔细渲染了画面的背景，包括如羽毛般的树木和尘土飞扬的鹅卵石地面。她的构图如此准确，以至于远处的圆屋顶被认出是巴黎的萨伯特医院（La Salpêtrière Hospital），在18世纪中期的时候那附近有一个马市。这种现实主义的绘画很为拿破仑三世赞赏，在后者的帮助下博纳尔成为法国最好的画家。在1864年博纳尔成为第一位接受法国最高奖荣誉勋章（Legion of Honor）的妇女。不过，这个奖章是王后私下里授予的，国王拒绝在公开仪式中把该奖授予一名妇女。

不过博纳尔（Rosa Bonheur，1822—1899年）的美术生涯表明，现实主义画家也可以关注乡村生活而不被斥责为社会主义者。博纳尔从她19岁参加巴黎美展开始就专门画动物题材的作品，这赢得了评论家和公众的一致欢迎。1848年巴黎美展评委会授予她的一幅动物题材绘画一等奖章（Medal First Class）。她1853年的作品《马市》（*The Horse Fair*，插图2.16）描绘了一个马匹市场上生机勃勃的骏马和赶马人，这幅画的版画复制品在法国、英国和美国十分畅销，从而为她赢得了世界性的声誉。博纳尔笔下的马和德拉克洛瓦浪漫主义绘画中的马十分不同，她准确地描绘了马的组织构造和动态，这反映了科学的写实主义理念。为了画这幅画博纳尔在两年的时间里每周两次女扮男装到马匹市场去参观写生。这幅画不但场面壮观而且展现了19世纪乡村生活丰富多彩的内容，现在它被看作是博纳尔的巅峰之作。

如果说巴黎美术界对博纳尔的作品感到兴奋的话，那么他们对于马奈（Édouard Manet，1832—1883年）的画则感到愤怒。马奈的绘画风格很难界定，

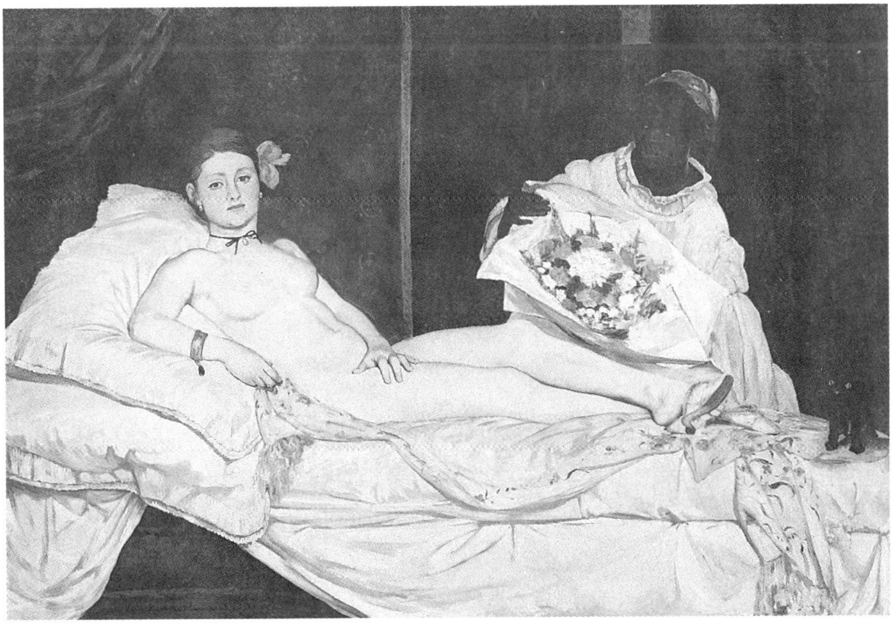

图2.17 马奈:《奥林匹亚》。1863年。帆布油画。1.3×1.89米。巴黎，奥赛美术馆

虽然这幅画使用了传统技法，但还是在拘谨、保守的公众和批评者那里激起了极大的愤怒。虽然巴黎的资产阶级希望在官方画展上看到裸体画，但他们还是被一个臭名昭著的妓女的全裸形象震惊了。同样，美术批评家也认为这幅画是猥亵的，还批评马奈过分刺眼的用光让房间里的其他内部细节都看不到了。虽然《奥林匹亚》一开始不被接受，但现在它被认为是一件与传统美术分道扬镳的作品，为以画家自身感受为中心的现代美术的发展开辟了道路。

他鼓励画家随心所欲地表达自己，这使得巴黎美展和法兰西绘画雕塑学会对画家逐渐失去了吸引力，因此，他是连接1860年代的现实主义者和此后在1870年代被称作印象派的画家之间的桥梁。对他的指责出现在1863年，是年拿破仑三世批准组织了一场“落选作品展”（Salon des Refusés），展出几百位落选官方巴黎美展的画家的作品。马奈在这第一次非官方美展上展出的一幅风格大胆的绘画成了巴黎的议题，他也因此被认为是新绘画的领袖。

1865年的官方美展展出了一幅马奈两年前创作的作品《奥林匹亚》（*Olympia*，插图2.17），它也引起了一场风波。这幅画表现了一位躺在床上的裸体妇女，这个题材是16世纪画家提香创造的，但此时马奈为它加入了现代风格。提香把他作品中的人物描绘成在一个完美背景中类似维纳斯女神那样的裸体形象，而马奈笔下写实的裸体人物形象却是一个躺在自己卧室中的高级妓女。虽然当时巴黎的许多妓女都使用奥林匹亚这个名字，但马奈却把她描绘成了一位来自奥林匹斯山的女神。马奈笔下的奥林匹亚既不端庄也不轻佻，她以冷淡而羞怯的表情挑战式地盯着观察者。她的姿势放肆，支着枕头斜倚在床上，一只鞋在脚上晃荡。一个黑人女仆正服侍着她，女仆恭顺的表情和奥林匹亚形成了鲜明对比。奥林匹亚脚边的一只黑猫象征着性和哀伤，这或许是画家从朋友波德莱尔的诗歌中获得的灵感。

但是，比这些历史事件更重要的是马奈扭曲了现实主义的艺术理论和实践。马奈不像其他现实主义画家那样将自己的道德观念和意识情感反映到创作主题中来，他追求一种冷静的绘画艺术，在其中要表现的主题和画家没有必然联系。马奈的成就是革命性的，因为他实际上抛弃了所有西方艺术的思想传统，即对传说、圣经、圣徒、政治、怀旧、希腊罗马、中世纪和情感题材的依赖。他的作品为一种艺术开辟了大门，描绘艺术家自己选择描绘的对象——即“为艺术而艺术”。总之，马奈是第一位真正意义上的现代派画家。

摄影

促使绘画向更加写实和不带感情色彩的表现方式发展的一个重要因素是照相机的发明。1839年，两种照相技术得到了完善。在法国，路易斯·雅克·曼德·达盖尔（Louis-Jacques-Mandé Daguerre，1787—1851年）发明了用化学手段在镀银铜版上形成影像产生照片的方法，这被称作达盖尔银版照相法（Daguerretype）。在英国，威廉·亨利·福克斯·塔尔博特（William Henry Fox Talbot，1800—1877年）发明了负片转正片（negative-positive）制作照片的方法，他把这种效果称作“大自然的铅笔画”（pencil of nature）。照相机不但没有破坏被描绘对象的实在性，反而创造出了一个新的艺术形式——摄影。虽然摄影作为一门严肃艺术直到最近才被广泛接受，但摄影家从一开始就尝试发掘它的艺术潜能。

早期摄影家有美国人马修·布雷迪（Mathew Brady，1823—1896年）和英国人茱丽娅·玛格丽特·卡梅伦（Julia Margaret Cameron，1815—1879年）。两人都为摄影艺术作出了重要贡献，但他们的创作技法和作品效果却迥然不同。布雷迪采用锐聚焦（sharp focus）以写实的方式捕捉人物形象，而卡梅伦则运用软聚焦（soft focus）以近乎神秘的方式来深入发掘人物个性特征。

布雷迪今日的声誉主要来自于他用照片记录了美国内战。在战前，他在纽约城经营一家大型的工作室和画廊，1860年2月他在这里给正在为获得共和党总统候选人提名而活动的亚伯拉罕·林肯拍摄了照片（插图2.18）。这幅照片将林肯介绍给了东海岸的公众，他们以前认为林肯不过是一个来自蛮荒之地

图2.18　马修・布雷迪:《亚伯拉罕・林肯像》。1860年。国会图书馆

在他的支持者的呼吁下，林肯急忙安排让布雷迪为他拍照片。照片是典型的明信片尺寸，林肯站在照片正面的四分之三处，这个位置是受了西方传统肖像画的影响。他那时是一名成功的律师，穿着律师常穿的正式服装，林肯从容地看着观察者，左手轻轻放在一摞书上。这幅照片以其庄严、沉静提升了林肯“诚实的亚伯”（Honest Abe）的形象。左边是作者的签名:布雷迪，纽约。

的粗野政客。当它被印成名片卡（carte-de-visite）之后，这张富有创意的照片广为流传，名片卡是一种2.5英寸的照片，用作名片和收藏纪念品。林肯当选总统后在感谢布雷迪时说，是这张照片保证了自己在选举中获得胜利。

当布雷迪和他的职员拍摄人物肖像和战场景象照片时，1863年48岁的卡梅伦开始拍摄自己的家人和朋友，其中许多都是维多利亚时代的著名人物（插图2.19）。不到两年，她的艺术才华就得到了承认，她很快展出了自己的作品并因此获奖。她的照片记录了她对于妇女的社会地位、自己深刻的基督教信仰以及浪漫主义运动影响的传统看法。卡梅伦在摄影时常常运用各种光线、使用服装道具、试用不同的相机，她还时常自制底版。

音乐

浪漫主义音乐出现在1800年以后不久，在1830到1871年间达到了顶峰。作曲家创作这种形式的作品来表达自己的感情，这使得浪漫主义风格的音乐作

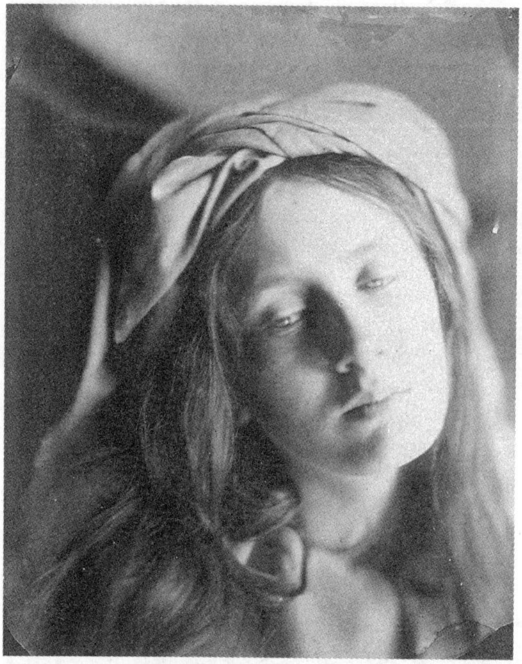

图2.19　茱莉亚·玛格丽特·卡梅伦:《贝雅特丽齐像》(*Beatrice*)。1866年。伦敦，维多利亚和艾伯特博物馆

卡梅伦拍摄了很多分别被赋予了宗教、历史、古典以及文学背景的妇女的照片。利用《神曲》，卡梅伦试图拍出曾激发了但丁创作情感的贝雅特丽齐令人叹服的美丽。在1864年，也是卡梅伦拍摄这幅照片的八年前，那时她刚刚开始摄影，她写道她想通过把理想和现实结合起来以及在不牺牲真实性的前提下致力于作品的诗意与美感的方法，把摄影变成高尚的艺术。

品篇幅更长，也更加具有表现力。浪漫主义作曲家采取了各种技巧来达到独特的效果，如多变的旋律、复杂的音乐结构、不谐和的音调以及小调等。此外，随着民族主义情绪在全欧洲尤其是在1850年以后传播，作曲家们开始把民歌、国歌和本地舞曲融入到他们的音乐作品中。但在整个浪漫主义时代，作曲家们仍然遵循着古典主义的音乐形式——歌剧、奏鸣曲和交响曲。

虽然歌剧是巴洛克时代的产物，但它却在浪漫主义的影响下达到了辉煌的艺术顶峰。资产阶级公众对于歌剧宏大的场面和演唱者的高超演唱技巧十分着迷，热烈地追捧这种艺术形式。歌剧作曲家有时会为展示某些特殊表演者的演唱才华而创作专门作品。这种类型的作品如此丰富，以致今天仍在演出的剧目中半数以上都是这种作品。

在浪漫主义的氛围中，音乐会也繁荣发展起来。随着中产阶级越来越富裕，他们把文化尤其是音乐当做自己社会地位的标志。他们组建乐团，自己当乐团董事，把音乐会变成了伴有着装和举止潜规则的社会仪式，把音乐知识变成了社会威望的象征。

浪漫主义对歌剧产生了重要影响。演奏歌剧的管弦乐队越来越庞大，这激发了作曲家创作需要许多演奏者的复杂的长篇作品。作曲家还通过音乐来强化舞台上角色人物的动作和思想，使用管弦乐来为剧情配乐。最重要的是歌

剧本身也发生了变化。一开始，浪漫主义作曲家模仿以往流传下来的形式写作歌剧，在其中，一系列独立的音乐段落即**咏叹调**（aria，抒情歌曲）与宣叙调（recitative，以自然语速节奏略带有一点音乐变化叙述出来或在比较丰富的音乐伴奏下诵唱出来的台词）交替变换。意大利作曲家威尔第（Giuseppe Verdi，1813—1901年）超越了咏叹调—宣叙调的机械转换，将这种歌剧形式推向顶峰。当威尔第因自己的歌剧成就而名声大噪的时候，一种新歌剧形式正在德国作曲家瓦格纳（Richard Wagner，1813—1883年）的作品中浮现出来，这类作品不是由独立的音乐段落组成，而是编排成连续的音乐场景。

朱塞佩·威尔第是意大利最伟大的歌剧作曲家，他根据当代素材进行创作，还从浪漫主义作家充满激情与纯粹情感的作品中借用了不少情节。让他在国际上扬名的歌剧之一是根据雨果的同名剧本创作的《弄臣》（*Rigoletto*，1851年）。观众热爱这部歌剧的原因在于它的人物形象富有感染力、曲调优美与故事情节和谐，这些都是威尔第成熟作品的特征。这部作品充满了浪漫主义的悖论，它讲述了一个残疾的宫廷丑角利戈莱托（Rigoletto）的故事，他身体残疾而感情敏锐，在众人面前粗俗不堪而私下却是一位慈爱的父亲。利戈莱托的女儿吉尔达（Gilda）也是一个充满矛盾的人物，她在对父亲的爱戴和一个堕落贵族的诱惑之间饱受折磨。

威尔第在《弄臣》中继续将咏叹调和宣叙调交错使用，但他为管弦乐队谱写的音乐很巧妙地烘托了舞台上正在发生的剧情。此外，他还使用音乐小节来展现角色人物的心理活动，例如，使用复杂的管弦乐背景音乐来衬托利戈莱托的独白，或是在展现吉尔达内心的矛盾时配上逐渐从简单到华丽的背景音乐。曼图亚公爵演唱的活泼的咏叹调“善变的女人”表达了他对女人玩世不恭的看法。在一段简洁的交响乐之后，公爵演唱四句式副歌，演唱两遍，歌词有些变动。其主题是“女人惯于欺骗，话语和思想常变”。威尔第把这段著名咏叹调出现的场景安排在一个低级客栈里，在那里公爵被一个放荡的女人玛达莱娜（Maddalena）所诱惑，这增加了歌剧的反讽效果。咏叹调结束后偷听了公爵谈话的利戈莱托以宣叙调与一个雇来的杀手、玛达莱娜的哥哥交谈。

威尔第后来创作的一些歌剧作品也使他声誉日隆，如他于1853年根据法国浪漫主义作家小仲马（Alexandre Dumas the younger）作品创作的《茶花女》（*La Traviata*）以及1871年在埃及总督资助下创作的《阿依达》（*Aïda*），后者在开罗歌剧院进行了首演。

瓦格纳尝试将戏剧性和音乐性结合起来的作品使浪漫主义歌剧艺术水平达到了顶峰。瓦格纳年轻时是一名政治革命者和充满幻想的思索者，他深深认为只有各种艺术形式相融合才能最充分地展现艺术家的才华。他不仅自己作曲，

图2.20　伦敦，科芬园剧场（Coven Garden Theater）。1864年。版画。南汉普顿大学图书馆

这幅版画展现了在伦敦科芬园剧场举行的一场音乐会，在这场音乐会上著名法国指挥家路易斯·朱利安（Louis Jullien，1812—1860年）指挥一个管弦乐队和四个军乐队共同演奏。注意画中的时装：妇女穿戴"宽帽檐"软帽和优雅的低领礼服，男子穿戴晚礼服和"烟囱"礼帽，演员们穿戴正装和军装。这个音乐会被称作"漫步音乐会"（"promenade" concert），类似于流行音乐会，其中演奏的是一些比较轻松或经典的曲目。朱利安将漫步音乐会的形式带入伦敦，至今这仍然是伦敦音乐活动的一个重要特征。

还作词、指挥，甚至亲自设计了德国拜罗伊特（Bayreuth）歌剧院，他的后期作品曾在这里演出。

瓦格纳的主要音乐成就是名为《尼伯龙根的指环》(*The Ring of the Nibelung*）的不朽作品，这是由四部歌剧或瓦格纳自己所称的**乐剧**（music drama）构成的连环剧，这个系列歌剧实现了他将音乐、剧本（libretto）和舞台表演融为一体的理想。作品通过添加一段不断出现的流畅优美的乐曲，使咏叹调和宣叙调之间的区别几乎消失。这种前后一致的音乐形式被称作**主导动机**（leitmotif），其特点是主题音乐随着特定人物、时间或思想的出现而不断出现。

可能瓦格纳最著名主题就是女武神（valkyrie）——这些金发碧眼的神话女子是在挪威神话中的天堂瓦尔哈拉殿（Valhalla）负责引导阵亡英雄的女战士。她们是《指环》系列剧中的第二部《女武神》（1856年）表现主题，这部分引起了人们对在广阔天空中马队骑行的想象，乐曲激动人心，其中舒缓的**极微弱的演奏**（pianissimo）和高亢的**逐渐增强的演奏**（crescendo）相互交叠，节奏和音色不断变换。这个作品是交响乐前奏曲，这首曲子结束大幕拉开，舞台上站满了带着死亡战士前往天堂安息之所的金发碧眼的少女。今天，在电影中经常可以听到这首乐曲，在一部1979年弗朗西斯·福特·科波拉（Francis Ford Coppola）导演的电影《现代启示录》（*Apocalypse Now*）的直升机飞行的场景中就有这首乐曲。

《指环》取材于浪漫主义的中世纪挪威神话，这也反映出歌剧应该具有道德作用的思想。《指环》系列警告世人野心不要太大，它的故事描绘了一场抢夺世界控制权的大规模争斗，在其中，人类和神灵由于对权力的贪欲使人类和神灵都被毁灭了。瓦格纳似乎想借此提醒人们要警惕工业化时代资本主义世界盛行的浮士德精神——这个启示曾经一度被忽视。

和瓦格纳在歌剧中的地位几乎一样，另外一个德国人勃拉姆斯（Johannes Brahms，1833—1897年）在1850年后主导了管弦乐和室内乐乐坛。与瓦格纳不同，勃拉姆斯并非在音乐形式上的创新者。作为一个标准的浪漫主义音乐家，他继承了贝多芬的传统，还十分欣赏巴赫的巴洛克风格作品。在勃拉姆斯定居的维也纳，他成了反对瓦格纳新音乐的传统派英雄。他对歌剧和主题音乐等典型的浪漫主义音乐形式不太注意，而是以交响曲和室内乐出名。勃拉姆斯音乐的特点是圆润优美、十分和谐，不论乐曲是欢快还是忧伤都悦耳动人。

尽管勃拉姆斯在音乐创作技法上是保守的，但他的作品还是融合了许多浪漫主义的因素。例如，他继承了舒伯特创立的艺术歌曲传统（参见第1讲），将民间曲调引入作品。他在器乐作品中常常刻意模仿人声，这是浪漫主义偏爱的一种“歌唱”式表现形式。他在交响乐的长度、所有作品中韵律的变化以及音乐感情饱满和旋律优美等方面也借鉴了浪漫主义的手法。

虽然这一时期古典主义音乐形式仍然占据主流，但与此同时艺术歌曲（lieder）的艺术成就也达到了顶峰。艺术歌曲不断流行反映了资产阶级的口味和影响，因为业余演唱这些歌曲成了小康之家的主要家庭娱乐形式，在德国和奥地利尤其如此。在舒伯特以后最著名的艺术歌曲作曲家是罗伯特·舒曼（Robert Schumann，1810—1856年），他本来是一名钢琴师，1832年右手残疾后转而为音乐杂志撰稿和作曲。舒曼谱写的歌曲歌词和音乐高超地融为一体，实际上是人声与钢琴的二重奏。

资本主义时代的遗产

生活在现代世界的我们仍然可以感受到资本主义时代的影响。1830年和1848年革命表明起义可以带来变革，却并不总能带来期望的结果，反而使未来可能更激烈的社会变革不可避免。这些失败的革命造就了非道德的现实政治思想，它至今仍然是大部分政治活动的指导原则。现实政治也促使1871年德国走向统一，它打破了欧洲大陆的势力均衡，引发了德国的军国主义，使法国对德国的怨恨不断积聚。这些事件都埋下了两次世界大战的种子。

在自由主义思想的支配下，努力工作、节俭、体面生活成了资产阶级至高无上的价值观，个人重于集体的思想也为资产阶级所推崇。空想社会主义者和马克思主义的社会主义者在批判自由主义和工业化的同时为社会和经济问题提供了另外的解决方案。他们的方案预示着诸如工会、大众政党和国家计划等手段的出现。

这一时期的知识和艺术成就产生了深远的影响。虽然全球共产主义垮台了，但仍然有人对马克思备受争议的历史分析方法感兴趣；达尔文的进化论虽然至今仍在激烈辩论，但它对现代思想至关重要；巴斯德对消毒学和微生物学的贡献使这个世界更加安全；挑战希伯来圣经和《新约》的高等批判削弱了宗教神启思想的影响。

虽然1850年后浪漫主义遭到了其他思想流派的抨击，但它并没有从西方消失。紧随浪漫主义之后的现实主义成为主流风格，一直延续到1900年，这部分地受到了照相机发明和摄影艺术发展的影响。伦敦的水晶宫宣告了艺术和建筑领域高科技传统的出现，出版印刷领域的发明和新技术为视觉艺术的大众市场化奠定了基础。这一时期最重要的艺术成就可能是马奈创立了“为艺术而艺术”的观念，它结束了关于艺术之表现本质的争论。1871年以后的大多数艺术家却追随了马奈的大胆步伐。

舒曼的艺术歌曲往往是拥有共同主题的联篇歌曲（song cycles）中的一部分。《诗人之恋》（*Dichterliebe*，1840年）是他最著名的联篇歌曲之一，它是为德国著名的抒情诗人海涅（Heinrich Heine，1797—1856年）的诗歌而谱写的。这部联篇歌曲充分展现了浪漫主义对标题音乐的重视。例如，歌曲《在绚丽的五月》（*Im Wunderschönen Monat Mai*）通过曲调不断上升和推进高超地表达了海涅诗句中所体现出来的内心渴望。这部联篇歌曲的创作激情来自舒曼与克拉拉·维克（Clara Wieck，1819—1896年）的婚姻，维克也是一名钢琴演奏家和作曲家。

文化关键词

功利主义（utilitarianism）
福音派（evangelicalism）
高等批判（higher criticism）
现实主义（realism）
奴隶叙事（slave narrative）
咏叹调（aria）
剧本（libretto）
极微弱的演奏（pianissimo）
社会主义（socialism）
圣洁（holiness）
进化（evolution）
超验主义（transcendentalism）
光色主义（luminism）
乐剧（music drama）
主导动机（leitmotif）
逐渐增强的演奏（crescendo）

批判性思考提问

1. 讨论 1830—1871 年之间发生的主要历史和文化事件，说明它们对艺术和人文，尤其是 1848 年前的新古典主义和浪漫主义风格以及之后的现实主义风格的影响。

2. 讨论这一时期的工业发展。这些变化对文化尤其是政治哲学产生了什么影响？

3. 马奈的哪些创新奠定了现代美术的基础？请解释。

4. 使用文学和美术作品为例讨论作为一种文化风格的现实主义。

5. 中产阶级及其自由主义意识形态如何影响了 19 世纪的政治和文化？请解释 19 世纪中期自由主义的本质所发生的改变。

3 早期现代主义时代

1871—1914年

◀翁贝托·博乔尼:《空间连续性的独特形式》(Umberto Boccioni, *Unique Forms of Continuity in Space*), 1913年。青铜(1931年铸造)。1.11米高, 0.89米宽, 0.4米厚。纽约, 现代艺术博物馆。通过Lillie P. Bliss的遗赠获得。版权属纽约现代艺术博物馆

在1871—1914年间，欧洲度过了前所未有的和平时期，其间没有发生任何军事冲突，这使许多人认为这个时期就是启蒙思想家们预言的那种新时代。但事后看来，该时期中弥漫着任性的民族主义、侵略性的帝国主义和日甚一日的军国主义，这些最终导致了1914年第一次世界大战的爆发。在此同时，被称为“现代生活”的现象呈现出来，人们分享了强大的民族国家和第二次工业革命所带来的实惠。在文化领域，**现代主义**(modernism)诞生了，这场运动既排斥希腊罗马遗产，也排斥犹太—基督教传统，努力塑造一种符合现代世俗经验的新观念。

现代主义延续了大约100年，经历了三个不同的阶段。在本章所述的第一阶段(1871—1914年)，艺术家、作家和思想家们通过他们原创性的作品确立了这场运动的诸原则。第二阶段是现代主义的鼎盛期(1914—1945年)，它将在本书第4讲中探讨。本书第5讲则将探讨其第三阶段(1945—1970年)，即这场运动的衰竭和没落。

图3.1　拉乌尔・杜菲（Raoul Dufy）:《7月14日在阿弗尔湾》（*July 14 in Le Havre*）。帆布油画,0.55米高,0.38米宽。保罗•梅隆夫妇收藏。华盛顿特区，国家美术馆

这幅色彩丰富的油画的作者是拉乌尔・杜菲（1877—1953年），描绘的是法国国庆节巴士底狱日的景象，它很贴切地表现了一个法国外省城市的民族主义和中产阶级生活。杜菲将大街上男男女女奔走的形象画得朦朦胧胧的手法增强了匆忙感以及小城生活的忙碌。在人们头顶的前上方飘扬着法国国旗，而旁边还有其他一些旗帜——法国的三色旗让人想起了它的革命性遗产。阿弗尔建于16世纪，是塞纳河畔一个繁忙的工业港口城市。杜菲是阿弗尔人，他曾一度短暂地实验了野兽派和立体派画技，后来才确立了他自己的风格，专门创作描写休闲和节日事件的油画。他也以类似题材的水彩画和版画闻名。

3.1　欧洲崛起为世界领袖

早期现代主义时代虽然洋溢着乐观、祥和的气氛，却也是一个风云变幻、黑云压城的时代。帝国主义、民族主义和军国主义等驱动力量正在促成将影响20世纪生活的历史趋势（图3.1）。充当这些强大力量之催化剂角色的是中产阶级，他们的政治力量在整个西方与日俱增。

随着帝国主义野心的膨胀，欧洲成为一个拥有全球性政治和经济利益网络的世界霸主，欧洲国家之间的对抗也大大加剧。帝国主义与军国主义冲动和民族主义情感交织在一起，创造了一种最终导致敌对国家相互开战的气氛。

第二次工业革命与现代生活的形成

第二次工业革命在几个重要的方面与第一次工业革命存在着区别。首先，自1760年以来就是世界工业领头羊的英国面临了来自德国和美国的强烈竞争。第二，科学研究提供了新的、更好的工业产品，相比于基本上是实用性的第一次工业革命时期，此时的科学研究发挥了更大的影响。最后，蒸汽和水力被石油和电力等更新的工业能源取代了。内燃机取代了船舶上的蒸汽机，并且在20世纪初年促使了汽车和飞机的诞生。欧洲和世界正在进入一个力量和速度的时代（图3.2）。

作为科学之婢女的技术也在改变着世界。无线电取代了电报，电话也崭露头角，国内和国际的邮政设施建立了起

来。打字机和制表机改变了商业习惯。转轮印刷技术印制出千万份报纸，供识字率越来越高的公众阅读（图3.3）。

第二次工业革命几乎影响了经济的每一个方面。在运输领域，功效更高的发动机意味着更低的运输成本和更便宜的产品。冷冻技术使易烂的食品得以运送到远方而不腐烂。广告既成为发行商的重要收入来源，也在消费经济中发挥巨大的作用。越来越多的财富意味着更多的人拥有更多的休闲，因而也出现了诸如海边度假地、音乐厅、电影院和自行车等新的娱乐——所有这些共同创造了所谓的现代生活。

图3.2　翁贝托•博乔尼:《空间连续性的独特形式》。1913年。铜像(1931年铸造)。1.11米高,0.89米宽,0.4米厚。纽约，现代艺术博物馆。通过Lillie P. Bliss的遗赠获得。版权属纽约现代艺术博物馆

翁贝托·博乔尼及其未来派同道属于一个以意大利为基地的文艺运动，这场运动奠定了早期现代主义的特点，即摒弃过去，着手建立一种全新的艺术概念。未来派人士号召摧毁博物馆、图书馆和一切现存的艺术形式。在这尊昂首阔步的青铜人像中，博乔尼扭曲了造型和空间，创造出一个风风火火的形象，即一个新的现代神像。

工业化都市能提供报酬优厚的工作、舒适的生活、喧嚣的娱乐，因此它们吸引了来自小城镇和农村的居民。到1900年时，西方大约有30%的人住在城里（图3.4）。随着工业化国家中城市的发展，生活水平提高了。消费者受惠于价格的普遍下降和稳步增长的工资收入。从1900年到1914年第一次世界大战爆发这段时期，中产阶级和上层阶级享受着前所未有的繁荣和悠闲，但城市工人的苦难却加深了。城市贫民窟变得越来越拥挤，生活条件越来越差。在繁华中出现的悲惨景象触动了许多市民的良知，他们开始努力为劳工创造更好的居住条件和更安全的工作环境。当这些改革措施显得不得力时，劳工工会兴起了，它们最有力的武器就是罢工。

有一种改革特别显得卓有成效，这就是世俗性公共教育的建立。改革者们声称，由税收提供资金而由国家机关予以监督的国立学校将培养出胜任工业化社会之工作的工人，并造就有知识有文化的公民——这是现代生活的两个基

图3.3　玛丽·卡萨特（Mary Cassatt）：《读〈费加罗报〉》（*Reading "Le Figaro"*）。1878年。帆布油画，1.04×0.84米。华盛顿特区，国家美术馆

卡萨特所画的读报妇女是19世纪中很少见的绘画对象。艺术家们通常会描绘妇女读书而不是读报，因为报纸被认为等同于男人的家外世界。画中妇女是作者的母亲卡德琳娜·卡萨特，她在阅读巴黎最大的《费加罗报》。富有而又受过良好教育的卡萨特夫人对她女儿的生活和事业有着巨大的影响。这位母亲庄严的形象占据了大部分画面，而右侧的镜子反射出了她和周围事物的景象。画家切割了镜面，很像是摄影的风格，这是早期现代主义画家常用的手法。

图3.4 卡米勒·皮萨罗（Camille Pissarro）：《通往罗恩的大桥》（*The Great Bridge to Rouen*）。1896 年。帆布油画。0.74×0.93米。匹兹堡，卡内基艺术博物馆。购买

皮萨罗的画抓住了罗恩河蓬勃兴旺的景象，将这座法国河畔城市转化成新兴工业时代的象征。冒着烟的烟囱，挤满行色匆忙人群的大桥，忙于摆弄机械的码头工人，所有这些都烘托了活力感。印象派的“复色”（broken color）手法加强了这种快节奏效果，使场景充满实感性。

图3.5　埃尔·克劳(Eyre Crowe):《威根的晚餐时间》(*The Dinner Hour at Wigan*)。1874年。帆布油画，0.76×1.08米。英国，曼彻斯特，曼彻斯特市立美术馆

在这个时代，英国妇女有了一定程度的参与社会活动的可能。本幅油画描绘了一个工厂的场景，在其中，女工们获得了一段短暂的休息时间。一些人安静地交谈，另一些人则待在一旁，或是做些杂务。在背景中巨大工厂和烟囱的对比下，她们全都显得很渺小，这是工业之力量的确切象征。

本需要。公共学校制度的建立产生了一个不期而然的结果，那就是孩子与他们父母之间的联系纽带松弛了。

妇女的地位也得到了巨大的改变。新的就业机会为教师、护士、机关工作人员和推销员敞开了大门。由于其中的一些职业要求特殊的技能，一些向妇女传授这些技能的高等院校和学位培养项目发展了起来。许多年轻妇女依然回到家庭事务中去，但新的家务设施降低了对仆人的需求。工厂中的女工现在受国家法律的管理，但小店主们仍然在家庭式经营中实行长时间工作的做法（图3.5）。

一些主要来自中产阶级的女性改革者沿承了在1871年以前已小有规模的传统，倡导给予妇女更多的自由。这些改革者们成功地发动了修改财产法和离婚法的运动，使妇女获得了控制财产和生活的更大权利。在一些国家，她们发

起了争取选举权运动，采用示威游行来宣扬她们的主张。女权主义（feminism）一词在1895年进入了英语词汇。经过一场激情昂扬、时而显得颇为凶猛的运动，英国妇女在1918年、美国妇女在1920年先后获得了投票权。

对工业主义的反应：政治和危机

在早期现代主义初露端倪之际，工业化国家中自由主义的理念遭到了多方面的挑战。除了在英国和美国，其他各国立法机构中的自由派人士受到了两派人的左右夹攻：一派是社会主义者，他们要求加强中央计划，并为工人提供更多的国家服务；另一派是保守派，他们害怕民众，赞成用好战的民族主义来统一国内社会。在1900年以后，代表工人和工会的政党进一步威胁了自由派对政权的控制，这些政党力量日益强大，足以成功地推行一些法律来纠正工业主义的社会弊病。

一些重大事件似乎也让自由主义理论声誉扫地。从理论上来说，自由贸易条件下人口应该下降或至少持平，经济应该和谐地运转，但这两种情况均未出现。实际情况是人口急剧增长，而工业资本主义也动荡无常，这致使许多人断言所谓的自由经济法则并不奏效。

高度工业化西方的国内政治 在这个时期，德国、法国、英国和美国都面临着一些国内问题。1871年建立的德意志帝国在其第一任首相奥托·冯·俾斯麦（Otto von Bismarck）和前普鲁士国王和新帝国皇帝威廉一世（William I，1871—1888年在位）的英明领导下迈向了统一（图3.6）。尽管有着议会统治的假象，这个帝国的基调却是保守的、军国主义的和民族主义的。

在法国，1871年第二帝国屈辱地战败于德国，此后便建立起第三共和国。虽然法国政府依然处在共和派和君主派毫不妥协的倾轧之中，但它在以下事宜上还是保持着一致意见，即：为了对付工人政党和社会主义一方日益壮大的号召力，必须纠正一些最突出的社会不公正现象。法国的自由主义中派逐渐消失，形成了在社会主义者与保守派分子之间的尖锐对抗僵局，这种僵局是任何政府都无法解开的。

这一时期英国在解决其国内问题方面比较成功。英国政府由代表中上层阶级的政党控制，它通过了一些改善许多贫困家庭工作和生活条件的社会立法，并通过国立中学体系创造社会流动的机会。如同在德国和法国一样，这些改革措施并未能够阻止工人组成它们自己的政党，即“工党”（Labour Party）。在第一次世界大战后不到十年的时间里，工党就获得了足够的支持，成为议会中的多数党并推出了英国首相。

图3.6　安敦·冯·维纳（Anton von Werner）：《1871年1月18日德意志帝国在凡尔赛的镜宫宣告成立》（*Proclamation of the German Empire on January 18, 1871 at the Hall of Mirrors in Versailles*）。1885年。帆布油画，约1.67米高，2.02米宽。德国，弗里德里希斯鲁厄，俾斯麦博物馆

本幅油画是纪念德意志帝国宣告成立和普鲁士国王威廉成为帝国首任皇帝的时刻。冯·维讷采用了举世闻名的凡尔赛镜宫中的反光，使这个激动人心的场面显得更加戏剧化，而周围军官们高举的刺刀也具有戏剧效果。军队在场景中的强烈表现预示了军事力量必然将在德意志帝国中扮演主导作用。

在大西洋彼岸，美国开始挑战英国的工业霸主地位。美国迅速发展的经济使大企业得以在20世纪初年改革运动兴起之前始终控制了各个层面上的政治（图3.7）。但在1900年代初期，由美国民主传统激发出来的改革运动，暂时遏制了大企业联合体（即所谓的“托拉斯”[trusts]）的势力，在交通和石油领域尤其如此。

在19世纪后期，欧洲人以人类历史上最大的迁徙规模移居美国。这些移民经历了痛苦的调整过程，特别是在东部城市拥挤的贫民窟中的蜗居生活，之后，他们便进入了美国生活的主流。这些主要来自中欧和东欧的新移民使美国转变成一个种族成分更丰富的社会，并对美国文化作出了巨大的贡献。

生活片段

争取投票权

康斯坦丝·里顿女士（Lady Constance Lytton）
转引自一本日记

莱迪·康斯坦丝·里顿是英国一名妇女选举权运动领袖。她在1910年的一次利物浦抗议行动中被逮捕，随后她假造了一名工人阶级妇女的姓名和身份，自称是简·沃顿（Jane Warton），因为她担心她较高的社会地位会使警察立即释放她。她以简·沃顿的身份举行了绝食抗议，并被一名医生和几名女看守强制进食，这是许多争取妇女选举权人士都遇到过的可怕伎俩。

那位高级医官（Senior Medical Office）又来看我了，他问我多长时间没有吃东西了。我说星期五午夜时分吃了朋友送到警察局来的一块烤饼和一根香蕉。他说："哦，那么，这是第四天了；这太长了，我要喂你吃东西，我必须马上喂你吃。"但他走后什么事也没发生，一直到大约晚上6点钟他才回来，同他一起来的有大约5名女看守拿着进食器具。他催促我自己吃东西。我对他说这是绝对不可能的，只有当我们的立法者不再反对让妇女获得选举权时我才会停止在狱中绝食。他没有检查我的心脏，也没有给我把脉；他没有要我这样做，我也没有说任何可能引导他认为我会拒绝体检的话。我没有表现出任何抗拒的姿态，而是自动地躺到了板床上。女看守中有两人抓住我的胳膊，一人按住我的头，一人按住我的脚。一个女看守帮着灌食物。那个医生靠着我的膝盖，俯身看着我的嘴巴。我闭着嘴，咬紧牙齿。我曾很焦虑地期待这个时刻，担心我的身份会预先暴露。但当这个时刻真的来到时我又感到颇为高兴。那种自己被无力抵御之力量压倒的感觉消失了，但我什么也抵御不了，只能使用自己的嘴巴。医生给了我两个选择，或是用木质张嘴器，或是用钢制张嘴器。他详细地解释说，钢制张嘴器会损伤嘴巴而木质的则不会。他解释这些倒总是那样耐心，因此他敦促我不要逼他用钢制张嘴器。但我一声不吭，也不张嘴，于是他在用木质张嘴器摆弄了一两下之后就用起钢制张嘴器。他对我的抗拒似乎很恼火，因此他用钢制器具撬我的牙时发了脾气。他发现我两边臼齿的假牙还没有拿走。那位在场监督的女看守问我是不是有假牙，如果有就必须取走。我没有回答，他们继续操作下去。他用工具一直撬到我的假牙上，狠狠地压迫到我的牙龈。他说如果我这样反抗的话，他将不得不从我的鼻孔喂食。那样太痛苦了，我最终还是让步了，让他将张嘴器插到了我的牙齿中间，他将张嘴器张得很大很大，直到我的上下颚一点都动弹不了，我平常从未将嘴张到过那么大。接着他将一根管子插到我的喉咙口，我觉得这根管子非常粗，好像有四英尺长。管子里的东西输送得很快。当东西下到我嗓子眼时我猛然要窒息似的，然后东西便一下子流进了我的腹腔。之后食物灌得很快，灌完之后我呕吐了好几秒钟，恶心得使我身体和大腿缩成一团，但那位监督的女看守马上将我的头按回去，那位医生则靠住我的膝盖。这种恐怖正是让我无法形容。我对医生和这些女看守厌恶到了极点，好像过了好长时间他们才把管子抽走。那位医生离开时扇了我一记耳光，不是很重，但它确实表达了他鄙视的不满，他似乎认定我的痛苦是装出来的。一开始这一切好像是极其卑鄙的事情，我禁不住在心里大笑起来。但突然，我看到了简·沃顿躺在我面前，我自己好像在她的身体之外。简是我所见到的最受鄙视、最没文化也最无助的囚徒。当她关押期满放出牢笼时，没有人会相信她说的任何东西，而那位医生在用武力给她喂食并折磨她身体的时候，居然还打她的脸以表示他瞧不起她！这就是简·沃顿，我想帮助的人。

解读本篇生活片段

1. 里顿女士为什么要用一个工人阶级妇女的化名，这揭示了英国生活中的什么现象？

2. 描述强制喂食的程序和技巧。

3. 在她的磨难结束之时，里顿女士是怎样“认识”简·沃顿的？

4. 解释妇女选举权争取者为什么在他们的公民权斗争中采取绝食手段。

5. 将这一场民权斗争与最近的民权斗争进行比较。

中欧、南欧和东欧国家的内政　中欧、南欧和东欧那些工业化程度较低的国家面临着更困难的问题。当工厂制度开始在这些地区出现时，这些国家没有任何完善的政治和经济政策来应付工业化带来的诸多问题。在意大利，某些地区首领比首相权力更大，因此意大利政府便允许北方一些地区率先工业化，而让南方地区包括西西里继续保持半封建的状态。结果，由一个日趋壮大的中产阶级推动的北方遥遥领先于以农业为主的南方，在那里，贫穷的农民耕种着大庄园的土地。在奥匈帝国，政府最大的问题是种族的动荡，这直接来源于对斯拉夫少数民族特别是捷克人和斯洛伐克人之政治自由的剥夺。1867年，奥地利德意志人给予匈牙利人以政治平等地位，允许他们在匈牙利实行自由管理。但这丝毫无助于缓解斯拉夫人中日趋强烈的不满情绪。不过，正是在这个地区弥漫着种族暴行的同时，其首都维也纳却成为现代主义的亮丽象征。在“世纪之末”（fin-de-siècle）的维也纳产生了被称为表现主义的文化风格和西格蒙德·弗洛伊德（Sigmund Freud）的心理学。

更往东一些，俄罗斯帝国慢慢进入了工业化时代，其辽阔的幅员和迟滞的农业经济以及它那效率低下的官僚机制妨碍了它的顺畅发展。令俄罗斯雪上加霜的是激进的地下党人，他们对这个专制社会中任何的实质性改良都深感绝望。1881年，一名无政府主义者刺杀了开明的沙皇亚历山大二世（Alexander II），几位继任的沙皇废除了他的改革措施。在这几位沙皇的统治下，俄国经济日趋

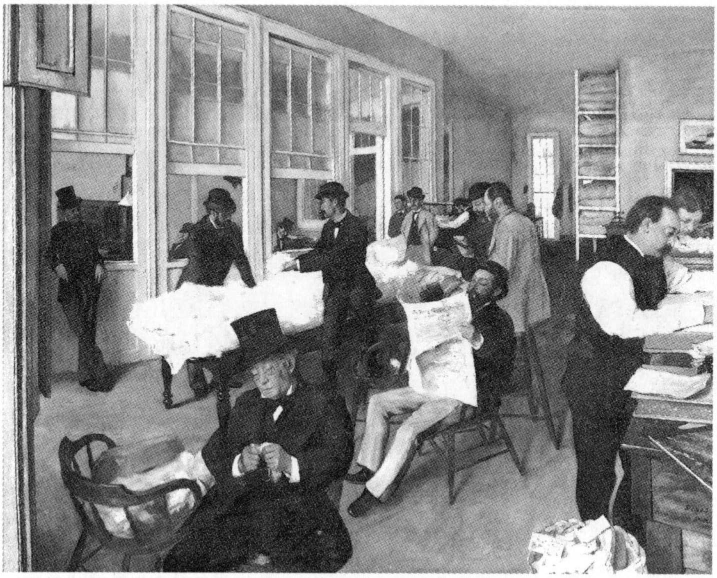

图3.7　埃德加·德加（Edgar Degas）:《新奥尔良的棉花局》（*The Cotton Bureau in New Orleans*）。1873年。帆布油画，0.74米高，0.92米宽。法国，波城，美术博物馆

到19世纪最后25年时，美国已在挑战英国在世界贸易中的优势地位。法国画家德加在他走访路易斯安那州的亲戚时肯定看到了这一场景——新奥尔良一家棉花交易所的内部情况。无论是有意还是无意，德加精确描绘了这个资本主义工作场所的生活现实：游手好闲的资本家或是看报纸，或是斜靠在墙上，而与此形成鲜明对比的是受雇佣的工人在专心工作。

恶化，大臣们也变得越来越反动。1905年，日本在日俄战争（1904—1905年）中一举打败俄国，引发了一场由绝望的工人和饥苦的农民发动的短暂革命。沙皇尼古拉二世（Nicholas II）通过许诺实行仁政勉强渡过了难关，但他的承诺几乎全都落空。相反，国家严厉地镇压不满分子，其结果是沙皇朝廷孤立得危如累卵。

帝国主义和国际关系

在1871年，大多数欧洲国家的人都相信，国内问题比殖民事务更加重要，国内法律和秩序应给予首要的关注。到1914年，这些信念完全改变了。国内政治不再处在最重要位置，国家利益显得由每个国家在全球经济和对外事务中的作用来衡量。

图3.8　G. W. 培根（G. W. Bacon）:《恩图曼之战》（*Battle of Omdurman*）。1898年。版画

1898年9月，一支由基钦纳将军（General H. H. Kitchener，1850—1916年）率领的2.6万人的英—埃军队在苏丹尼罗河畔的恩图曼消灭了一支人数约4万名的苏丹军队。在5个小时之内，装备有来复枪、山炮和机关枪的英国人击毙了1万多名、击伤了1万多名苏丹人，而自己仅伤亡不到400人。带领一支英国骑兵部队发起冲锋的指挥官是年轻的温斯顿·丘吉尔——他的光辉岁月还在日后。由于这次胜利，英国人将他们对尼罗河的控制权大大向南推进，到1914年，他们巩固了在非洲的地位，控制了从（北面的）亚历山大港到（南面的）好望角、从东海岸到西海岸的大片撒哈拉以南地区（参见地图3.1）。

攫取殖民地　在1875年以前，人们普遍意识到殖民地给现代国家既带来好处也带来麻烦，但在1875年之后，西方人的思维急剧改变了。欧洲工业化国家开始在全世界范围内为殖民地和贸易权利进行角逐。为了保持本国较高的生活水准，它们必须寻找新的市场，在那些不发达的地区进行投资并获取廉价的原材料资源。出于这些需求，非洲大陆成为一场帝国主义之梦。欧洲国家在这块出产丰富的大陆占据领土，攫取利益（图3.8）。法国和英国占据了非洲最好的领土，德国和意大利则得到了较为贫瘠和不太适合贸易的领地（地图3.1）。在远东，帝国主义者争夺在南太平洋和中国的殖民地，欧洲列强与美国和日本（它在1895年战胜中国和1905年战胜俄国之后是远东的头号强国）展开了争夺

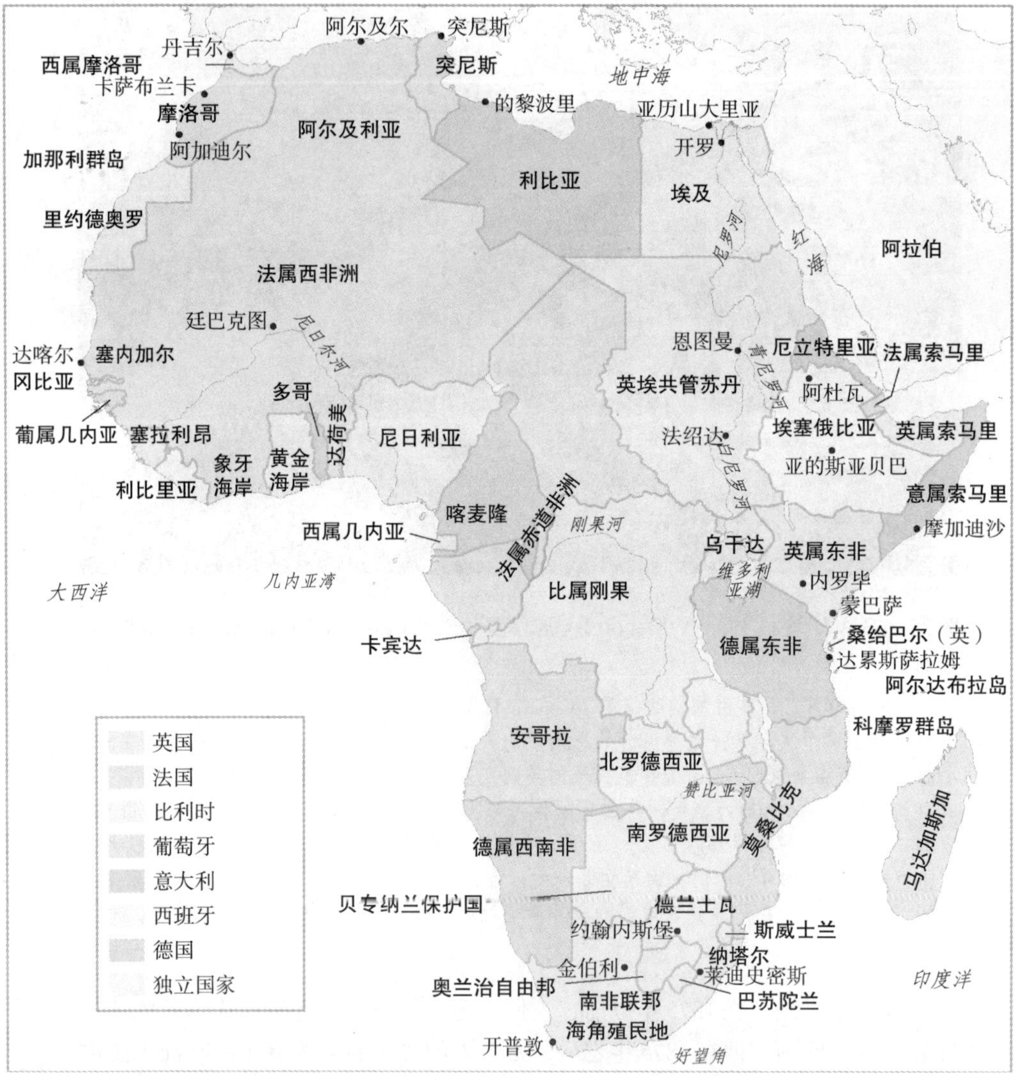

地图3.1　帝国主义在非洲：殖民国家，1914年

本幅地图显示了第一次世界大战前夕欧洲在非洲的殖民地。1.注意地图“欧洲的扩张”中欧洲人从非洲海岸地区向内陆的扩张，直到本幅地图所示在整个非洲大陆建立了殖民地。2.辨认欧洲列强占据的领地。3.哪一个国家的殖民地数量最多？哪一个国家的殖民地最少？ 4.标出殖民列强之间发生潜在冲突的中心。5.哪两个国家依然独立于欧洲控制之外？

领土的角逐。

帝国主义酿成了许多危机，在非洲尤其如此，但并未因此爆发任何大规模的冲突。在这种基本稳定的环境中,人们开始相信,和平系于由大国构建的秘密同盟。由强大的陆海军支撑的外交协定发端于1871年普法战争之后。到1914年，欧洲被划分成两大军事阵营——法国、英国和俄国（被称为三国协约）对德国、奥匈帝国和意大利（被称为三国同盟，地图3.2）。

第一次世界大战的爆发　1914年6月，萨拉热窝发生了一个事件，它没有得到外交的和平解决：奥匈帝国皇储弗朗西斯·斐迪南大公（Archduke Francis Ferdinand）被刺身亡。奥地利人坚信，与俄国结盟的巴尔干国家塞尔维亚在幕后指使了皇储的谋杀。他们要求彻底道歉并严惩涉案诸方。塞尔维亚的答复未能如意，于是奥地利宣战了。

奥地利的行动引发了结盟体系所要求的动员计划。法国的维和努力归于失败。到1914年8月4日，俄国、法国和英国与德国和奥匈帝国开战了，而身为三国同盟成员之一的意大利则作壁上观。以庞大的军队、军事技术和工业能量为标志的现代生活将欧洲以及随后的世界大部分地区推入了一场人类自文明以来最血腥的战争。

3.2　早期现代主义

在现代主义初露端倪之际，许多西方人相信一个黄金时代行将来临。促成这种乐观观念的是自治政府的扩展、新型技术的出现和科学研究的突破，这些东西令人憧憬人文主义将取得无限的道德和物质进步。由此带来的结果是到处洋溢着追求新奇的激情，也即期望将过去的阴影彻底抛弃。

然而，在此同时，一种不确定的情绪开始潜入现代主义的词汇并侵蚀了乐观主义。一些艺术家和思想家认为反叛是对世界的主要反应，因此他们对传统的西方伦理、宗教、习俗和其他一些根深蒂固的信条提出了质疑。他们用多种方法来表达他们的怀疑，但主要是通过不断的实验、回归审美根本的期望以及（在画家中特别突出）认为艺术过程本身比成品更有价值的信念。随着各个生活领域事件节奏的加快，一批充满活力的**先锋派**（avant-garde）作家、艺术家和知识分子将西方文化推向了一个飘忽不定的未来（参见图3.2）。

地图3.2　第一次世界大战前夕的欧洲

本幅地图显示了1914年欧洲的政治阵营。1.辨认三国同盟和三国协约的成员国家。2.在这两个同盟中，哪一个同盟具有保护其盟国的地理优势？ 3.如果在这两个同盟之间爆发战争，哪些小国家有可能成为战场？ 4.标出萨拉热窝，在这个城市中发生的一个事件引发了第一次世界大战。5.将本幅地图与地图2.2“1871年的欧洲”作比较，注意本幅地图上奥斯曼帝国的失地和诸民族国家的建立。

哲学和心理学

到19世纪末，哲学和心理学领域的新趋向重新塑造了这些学科的面貌并推动了向现代主义的转变。一些灵感发源于德意志的观念侵蚀了自启蒙运动起人们一直珍视的西方信念，即关于人类理性、普遍道德秩序和个人自由的理念。开创这些全新观念的人有哲学家弗里德里希·尼采（Friederich Nietzsche）及心理学家西格蒙德·弗洛伊德和卡尔·荣格（Carl Jung）。在此同时，社会的主流和大众的宗教虽然基本上不受这些思潮的影响，却也力图撼动传统的价值观和信条，因为社会已变得越来越世俗化。

尼采 弗里德里希·尼采（1844—1900年）是现代主义的先知，他以其极具腐蚀力的思想而恶名远扬。他超越了他所处时代的乐观主义，正确地预见到了将在20世纪中困扰西方文化的普遍的道德及物质灾难。在他看来，以往的哲学家是完全错误的，因为他们都是基于一些根本不存在的绝对原则。尼采否认道德的确定性，声称他自己是一个故意培植模糊性而论述"可能事物"的哲学家。尼采猛烈地驳斥中产阶级和犹太—基督教的理念，将它们称为"畜群式的"或"奴隶般的"价值观。出于同样的理由，他对他那个时代的许多"主义"（自由主义、社会主义和马克思主义）大加嘲弄，宣称这些主义所昭示的只是人文特性的最低公分母，因而也就损毁了西方文明。

然而，尼采的思想中也有一些正面的和积极的方面。他相信一种将光大人类生活、创造力和个人英雄主义的新伦理。他预见将出现一些超人（Übermenschen），他们具有"权力意志"，也即力争超越芸芸众生及其卑微价值观的原始动力。他赞美这些超人超然于"好与坏之上"，拒不受社会规范和习俗的束缚。

尼采在去世时默默无闻，但他却成为20世纪的思想巨人之一。他那些激进的思想——尤其是他确认文明本身无非是人类创新的观点——几乎触及了现代思想的每个方面，包括宗教、哲学、文学批评和心理学。作为一个极端的个人主义者，他藐视强大的德国国家政权，虽然纳粹在1930年代利用他的著述来为其雅利安人高于一切的理论作辩护。

弗洛伊德和荣格 西格蒙德·弗洛伊德（1856—1939年）并非对人类道德和行为作全面抨击，而是提出一种可用于进一步探究自我的心理学方法。弗洛伊德是一名神经学家，跻身于1900年前后活跃在维也纳的一批极具影响力的知识分子和艺术家，他发明了一套全新的探讨人类本性的思维方法，深刻影响了西方社会。

弗洛伊德对人类意识的分析挑战了启蒙运动认为人类是完全理性的信念。弗洛伊德认为，人性是本能与社会现实之间激烈的内在斗争之产物。按弗洛伊德的说法，每一个人的心灵（psyche）都由本我（id）、超我（superego）和自我（ego）组成。本我是原始的、本能的驱动和欲望，特别是性和侵略。超我与内在化为良知的社会意志相对应。自我则代表自觉的公开面，它产生于本能与良知之间的冲突，充当着建立内心决断的平衡要素。在弗洛伊德看来，心灵的这三种组成部分之间不可能达到真正的、持续的平衡，内心的争斗是永恒的、不可避免的。那些表达出这种不平衡的人承受着不同程度的心理疾病，轻则为轻微的神经质，重则为极端的精神病。尽管弗洛伊德的理论倾向于决定论，他本人还是期望人的自由。他相信，对于那些承认自己存在不可避免之局限的人来说，有关人性状况的真理将让他们摆脱破坏性的思维习惯，并使他们得以做道德上轻松自在的个人——也就是说，通过充分认识行动的后果得以自由地进行道德选择。

弗洛伊德最大的成就是创建了精神分析法，这种思想流派包括以下的原理:（1）一种调查内心活动过程的程序，这种程序是其他任何程序无法替代的；（2）根据这一调查来治疗心绪紊乱的方法；（3）从这些研究中获取的一大批心理学数据，将这些数据集合到一起便建立起了一个新的科学学科。这个思想流派坚信这样的原理：一旦病态行为的根源被揭开，该病人就能过上较轻松、较健康的生活。弗洛伊德发明了心理治疗的一个组成部分，即“自由联想”方法，按这种方法，他的病人被要求随意地、毫无压抑地诉说进入脑海中的任何东西——回忆、随意的观察等等，一切的一切——从而解开埋在潜意识（或下意识）中的心理创伤。他还研究他病人的梦，认为梦是一些完成愿望的形式，他在《梦的解析》（*The Interpretation of Dreams*，1899年）一书中提出了这一理论。弗洛伊德的影响在当今西方文化中相当普遍，但最近的研究却对他的结论和他个人的人品都提出了质疑。

曾经做过弗洛伊德助手的瑞士心理学家卡尔·荣格（1875—1961年）对弗洛伊德的观点提出了挑战。荣格提出了一种理论，认为存在一种所有人都共享的普遍的集体潜意识，这种潜意识与每个人自己的“个人”潜意识并存。荣格假设称，通过研究不断重复地出现在人类经验和梦想、神话及传说中的原型和古代景象，可以破解集体潜意识的秘密。他的原型观念为许多现代主义艺术家和作家打开了丰富的景象和题材资源。然而，尽管弗洛伊德和荣格存在分歧，他们都认同以下观念：自觉意识只是个人性格中一个非常小的成分——这种信念乃是现代主义的基础。

宗教发展　1870—1914年间是最后一个宗教价值观继续激发社会各阶层人的时代。集中关注个人救赎和坚定信仰的福音派（Evangelicalism）教义继续控制着浸礼会（Baptist）、公理会（Congregational）、卫理会（Methodist）和长老会（Presbyterian）等美国新教和英国卫理会的主流。然而，在1880年代，情况有所改变了，此时，**社会福音派**（Social Gospel）的信奉者开始占据主流信仰，这个派别更强调社会改良而非个人虔诚。社会改良扎根于耶稣的教诲和犹太先知对社会正义的呼吁，以前它一直是福音教派的次要目标（参见第1讲），但现在它成为主流教会的主要信念了。社会福音派是进步主义政治的宗教对应物，它教导美国人称：工业主义的罪恶可以通过建设住房和改造厨房等广泛的社会工程得到改善。在欧洲也出现了一个相同的进程，即一项旨在帮助贫困工人的路德教会项目"内心使命"（Inner Mission）。社会福音派的信奉者被称为自由基督徒，因为他们的乐观主义期望源自启蒙运动的一些关键的开明思想：自由意愿、理性和进步。

同时期的福音派教徒感到他们的信念被美国自由基督徒的兴起背叛了。因此，在1880年之后，福音派运动的一支实行自我转变，成为**原教旨主义者**（fundamentalist）运动。原教旨主义者坚持一些基本的信条：《圣经》的毫无差错、"重生"的需要、奇迹的真实性和对基督复活的坚信。从广义上来看，原教旨主义者是约翰·卫斯理（John Wesley）的后代，因为他们像卫斯理这位卫理会的创始人一样，坚持个人的纯洁。原教旨主义者在丧失了对新教主流的控制之后，创建了一系列新的派别，包括"上帝会"（Church of God，1886年）、"五旬节会"（Pentecostal Church，1901年）、"基督上帝会"（Church of God in Christ，系黑人的五旬节会派别）和"神召会"（Assemblies of God，1913年）等。这些教会以及其他的原教旨主义派别，都共同采用"用嘴巴去说"的做法，将此种做法看作"圣灵"显现的象征——源自《圣经·科林多前书》12：8–10。

与此同时，在欧洲，罗马天主教会对现代观念的坚决抵制（参见第2讲）引发了1871—1878年间德国与梵蒂冈之间的"文化战争"（Kulturkampf）。随着德国取得了统一，信奉新教的首相俾斯麦担心天主教会进行干涉，尤其是会去支持德国南部天主教人口占多数的巴伐利亚邦。于是，他推动德国议会颁布一些矛头直指天主教公民的法令，如削弱教会对教育的控制权、由政府机构登记结婚、将耶稣会驱逐出德国等等。他的计划失败了，因为天主教议员在德国议会中人数大增，于是，在选举出一位新教皇后，俾斯麦与天主教会达成了和平。然而，一直到1917年，一些法令依然生效，例如国家对牧师施行监督及驱逐耶稣会士等。

尽管1878年的妥协结束了德国的文化战争，但从此后直到1914年之间，教皇对一些新的思想及政治、经济和社会动荡采取一种摇摆不定的政策。一方面，他们坚守反对创新思想的底线，例如谴责**现代主义**（Modernism，1907年），该主义是天主教会内部的一场开明运动，它将历史学、哲学和心理学上的一些新发现运用到了教义阐释中。另一方面，教皇在反对社会主义和过度的自由放任式资本主义的同时，鼓励一些特殊的社会改革，这些改革导致欧洲内外的僧俗天主教徒们展开了一系列社会行动。

文学

有三种前后重叠而又相互矛盾的风格构成了早期现代主义文学的特色：自然主义、颓废派和表现主义。**自然主义**（Naturalism）受启发于科学的方法和集中关注诸如工人阶级之不满及妇女权利等问题的社会学见解。自然主义作家努力保持客观性并以尖锐的目光来看待现代工业社会。**颓废派**（Decadence）作家摒弃物质价值观，嘲弄科学，并逃避资产阶级社会，他们把这种社会等同于装腔作势和琐碎平庸。**表现主义**（Expressionism）则基于以下这种假设：资产阶级文化已经使传统的艺术词汇丧失了表达真理的能量，因此必须寻求新的表现手法和形式。这三种风格多多少少都贬低中产阶级的生活和价值观（历史分期表3.1）。

历史分期表3.1 早期现代主义

年份	运动
1874—1886	印象派艺术
1886—1900	后印象主义
1900—1914	野兽派和立体派
1890—1914	艺术表现主义
1871—1900	文学上的自然主义
1880—1914	文学上的颓废派
1900—1914	文学和音乐的表现主义

1871	1883	1894	1899	1905	1913
法国战败于德国，德意志帝国建立	瓦格纳去世	德彪西的《牧神午后前奏曲》	弗洛伊德的《梦的解析》	“野兽派”诞生；爱因斯坦的狭义相对论	斯特拉文斯基的《春祭》 1914 一战爆发

自然主义文学 自然主义的鼻祖和主要代表人物是法国作家埃米尔·左拉（Émile Zola，1840—1902年），他的成名作是《卢贡—马尔卡家族》（*Rougon-Macquart*）系列小说（发表于1870—1893年间），这套由20部小说组成的系列描写了法兰西第二帝国时期一个家族的历史。这些小说触及一些颇具争议的社会问题，如妓女（《娜娜》[*Nana*]，1880年）和煤矿业令人震惊的状况（《萌芽》[*Germinal*]，1884年）。它们对19世纪中叶的法国社会作了细致入微的描写，也反映了左拉对生物决定论的信念。无论小说中的人物是妓女还是良家妇女，是顾家男人还是酒鬼，左拉总是将他们的最终命运追溯到他们天生的性情。但尽管如此，左拉并不是一个刻板的宿命论者。他的小说令人可信地描写了人们如何急切地试图在一个冷漠的天地里掌握自己的命运。

另一位杰出的自然主义者是挪威戏剧家易卜生（Henrik Ibsen，1828—1906年）。易卜生是一位重要的剧作家，他帮助创立了探讨诸如公共福利与私人利益之相互关系等社会问题的**问题戏剧**（problem play）。这类戏剧成为现代剧院的主打剧种，而易卜生则成为其最有说服力的实践者。易卜生主要生活在德国和意大利，他描写他自己逃离了的挪威中产阶级环境，坦率地探讨一些以往遭禁忌的话题，如性病、自杀和基督教价值观的沦丧等等。

在《玩偶之家》（*A Doll's House*，1897年）中，易卜生描写了一场当代婚姻，并对妻子的附属角色提出了疑问。该剧的结尾颇具争议：妻子离开了她的丈夫，声称她对自己的责任比她对丈夫的责任更神圣。也许正是因为这一结尾，该剧初演便引起了巨大的轰动。在易卜生的戏剧中，娜拉被其丈夫海尔茂当作一个妩媚的孩子，其唯一的目的就是让他高兴。当娜拉为了救海尔茂的命去借钱时，她对他撒了谎，因为她知道，如果他得知他欠了她的话他会多么“痛苦和屈辱”。但当他发现了这个秘密后，他尖刻地责备她然后又像一位父亲那样原谅了她——他的这种反应使她认识到她是同一个陌生人生活在一起。面对如此缺乏理解的状况，她遗弃了丈夫和家庭，对资产阶级的“体面”关上了门。易卜生的戏剧在全世界获得了成功，剧中那位解放了的女主角成为1880年代新派妇女的象征。

东欧地区最著名的自然主义作家是俄国的契诃夫（Anton Chekhov，1860—1904年），他曾做过医生，后来改行写剧本和短篇小说，以俄国小城镇令人窒息的压抑生活为其写作题材。他在其讽刺戏剧中设计了一些对其平凡生活郁闷不已的男女人等，但他笔下最引人瞩目的人物却是那些从不公开抱怨、默默忍受失望的人。正是后一类人物特性使这些被称为“契诃夫喜剧”的黑色讽刺剧大受演员和观众的喜爱。

《三姐妹》（*The Three Sisters*，1901年）一剧是契诃夫作品的典型，它戏剧化地描写了一个地处偏僻乡村的地主家庭的平淡生活。剧中人将他们的郁闷隐藏在假装的快活和自我欺骗背后。剧中女主角即三姐妹深感烦恼、不安和沮丧，很不甘心于她们平庸的现状。她们不断地讨论去莫斯科旅行一趟，她们热切期盼这次旅行，但却始终未能成行。在今天看来，契诃夫的戏剧影射了俄罗斯孤独的统治阶级，他们行将被1917年的布尔什维克革命扫除出历史舞台。

美国的一位重要的自然主义作家是凯特·肖邦（Kate Chopin，原名为凯瑟琳·奥弗拉赫蒂［Catherine O'Flaherty］，1851—1904年），她是一位兼写短篇和长篇的小说家，她的小说反映了19世纪美国文学从浪漫主义向现实主义和自然主义发展的大趋势。肖邦作品的一个常见主题是情感觉醒，通常是一位女主人公的觉醒。故事的背景用**地方色彩**（local color）描述出来，也即着意描绘地区性的特点，而她叙述情节的手法则是自然主义式的——即将情节与生物因素和社会经济因素交织在一起。肖邦是一个土生土长的圣路易斯（St. Louis）人，她的小说主要描写路易斯安那州**克雷奥尔人**（Creole）和**卡郡人**（Cajun）的生活，她嫁给了一个克雷奥尔农场主兼商人，在一起生活了20年，因此这个生活圈激发了她的想象力。

《觉醒》（*The Awakening*，1899年）是凯特·肖邦的代表作，这部小说也使她的文学创作生涯戛然而止，因为观众对该小说的敌对反应让她震惊得不知所措而陷于沉默。这部小说讲述了一个偷欢的故事，可以说是美国版的《包法利夫人》（参见第2讲）。《觉醒》塑造了女主人公爱德娜·庞特利埃（Edna Pontellier），她出生于肯塔基州，嫁给了一位克雷奥尔人，小说探究了一名妇女热情的个性及其与自我、婚姻和社会的关系。爱德娜摒弃常规的道德、社会责任以及对丈夫和孩子的个人义务。她建立了自己的家庭，通过绘画赚钱，接纳了一位情人，却又另寻新欢。然而，爱德娜追求自由的努力最终失败了。在传统、偏见和其他一些社会压力的打击下，她自溺身亡。肖邦这样的小说结尾因为落入俗套而受到了批评，但即便如此，这部小说却是探讨妇女解放问题的早期尝试。在今天，肖邦不仅单纯地被视为一名自然主义者，而且也因其对边缘人群和女权主义话题的浓郁兴趣而被赞誉为后现代主义（参见第5讲）的先驱。

颓废派文学 颓废派运动开始于法国的乔里-卡尔·于斯曼（Joris-Karl Huysmans，1848—1907年），他是左拉的同道，在1884年抛弃自然主义的社会纪实风格，写作了怪诞小说《逆天》（*Against Nature*）。巴黎被这部半自传体的作品震惊。在这部小说中，于斯曼塑造了一个怪异的主人公德斯·艾塞因特（Des Esseintes），他举止乖张、神经兮兮，但却充满着难以言表的精神渴望。

德斯·艾塞因特痛恨现代生活的粗鄙庸俗，于是创造了一个完全封闭的寂静天地，在其中假想般地自娱自乐。他收集一些显然得了病害的植物。他用异常的声音、色彩和气味刺激自己的感官，并将它们谱成音乐以便体验一种超负荷感觉。另外，他在激烈地反对古典主义的时候，全心阅读罗马帝国后期的拉丁文原著。

在英国，奥斯卡·王尔德（Oscar Wilde，1854—1900年）是1890年代颓废派运动的核心，这场运动对伦理道德采取普遍松弛的观念，并以玩世不恭的方式笑对人生（图3.9）。同于斯曼一样，王尔德本人激愤的姿态很难与其文学成就分离开来。王尔德经常衣着光鲜、手持一支百合花漫步于伦敦的大街，甚至在他以《诚实的意义》（*The Importance of Being Earnest*，1895年）等睿智诙谐的风俗喜剧获得了戏剧家声望之前，他就以**唯美主义者**（aesthete）的身份闻名遐迩——所谓的“唯美主义者”通常对艺术、音乐和文学中的美十分敏感。王尔德唯一一部长篇小说《道连·格雷的画像》（*The Picture of Dorian Gray*，1894年）塑造了一位沉湎于怪异嗜好和阴暗丑事的主人公，他的外表极其苍老，但内心却保持着青春的活力。

在今天最广为推崇的颓废派作家是法国人马塞尔·普鲁斯特（Marcel Proust，1871—1922年），他

图3.9　奥博利·比亚兹莱（Aubery Beardsley）：《莎乐美与施洗者约翰的头：高潮》（*Salomé with the Head of John the Baptist*：*The Climax*）。王尔德著《莎乐美》中的插图，1893年。线条画刻板。私人收藏。斯塔普勒通藏品

这幅版刻画可谓与王尔德颓废派文学风格对应的视觉艺术风格，它是一种艺术创新，尤其因为它是由奥博利·比亚兹莱创作的。这幅为王尔德的戏剧诗《莎乐美》（根据《圣经》中同名舞女的故事创作）所作的黑白插图具有比亚兹莱作品的典型风格。在这幅版画中，莎乐美抓着施洗者约翰被割下的头，盯着他的脸看——约翰是被莎乐美下令处死的。虽然这幅版画的焦点是莎乐美和施洗者约翰两人的头，但看图者的注意力也被吸引到右下角凌乱的画面，在那里，滴下来的血形成了一个血潭，里面长出了两株花。比亚兹莱将器官形状和流线线条与不合理的主题糅合在一起，这种矫揉造作的风格表明了艺术创新与堕落的阴间的相似性。

在本章所述时期临近结尾时涌现了出来。从1913年至1927年，普鲁斯特出版了一套七卷本的自传体小说《追忆似水年华》(*À la recherche du temps perdu*)。在这部恢弘的著作中，他再现了资产阶级上流社会的景象，他在年轻时代就很了解这个社会，但他在1903年就离开了那个天地。普鲁斯特像《逆天》中的德斯·艾塞因特那样默默地藏匿起来，陷入自我封闭式的追忆。他在小说中生动地再现了贵族式的沙龙、庸俗的资产阶级生活圈，以及贵妇、妓女及富人同性恋者的诸种丑态。今天，人们仍然可以从相互矛盾的角度去解读普鲁斯特的小说：可以将它看作是一种为艺术而生活的最高表现，也可以视之为一种毫无精神意义的空洞生活之缩影。

表现主义文学 与前述两种风格不同，表现主义不是发端于法国。相反，它缘起于斯堪的纳维亚和中欧，见于瑞典剧作家奥古斯特·斯特林堡（August Strindberg）的作品和弗兰茨·卡夫卡（Franz Kafka）的小说。斯特林堡（1849—1912年）最初成名于其自然主义戏剧，但在1890年代转向了表现主义风格。《梦剧》(*The Dream Play*，首创于1907年）是其表现主义戏剧的典型，它采用一些脸谱式的角色（取的是一些象征性的名字，如“女儿”、“父亲”等等），情节晦涩，充满荒唐的幻想。在《梦剧》中，时间和地点变得毫无意义，例如，一位患上相思病的战士突然变得苍老邋遢，他手中那束鲜花在观众眼前凋零枯萎。斯特林堡新创的手法并不是要掩盖其真实含义，而是要引导观众从新的角度去看待和理解生活。

表现主义最杰出的代表人物是弗兰茨·卡夫卡（1883—1924年），他那些离奇、大胆的象征性小说质疑现实生活中的传统观念。卡夫卡最骄人的成就之一是其短篇小说《变形记》(*Metamorphosis*，1919年），在这篇小说中，主人公一觉醒来发现，他在熟睡中已被变成了一只巨大的昆虫——这是一幅身份危机的生动景象，贴切地比喻了一个突然被看成与其他人完全不同的人所面临的处境。

完成于1914年但出版于1925年的小说《审判》(*The Trial*）塑造了一个倒霉的主角，他取了一个泛泛的名字，叫约瑟夫·K（Joseph K）。约瑟夫·K是一个卑微的小公务员，当他受到一起莫名罪行的指控时，他那井井有条的生活天地彻底坍塌了。约瑟夫·K既无法辨认控告人是谁，也说不出自己究竟犯了什么错误，他得不到当局的审判，最终被一个神秘的法庭定了罪并被两名戴着高顶帽的官员处死了。卡夫卡笔下这位没有尊严、无能为力的主人公成为争议最广泛的现代主义人物之一。卡夫卡是一个说德语的犹太人，生活在天主教占主导的奥地利，但所处地区却是一个主要说捷克语的信奉新教的地区，这种复杂的状况导致了他本人的生疏感——事实上，卡夫卡将他的这种生疏感演绎成一种现代平民，他遭受着人类无法控制之外力的侵害（图3.10）。

图3.10　爱德华·蒙克（Edvard Munch）:《尖叫》（*Scream*）。1893年。帆布油画，0.91×0.74米。奥斯陆，国家美术馆

表现主义者，无论是作家、艺术家，还是音乐家，都用沮丧、焦虑和无助的形象来应对现代世界的不确定性。挪威画家爱德华·蒙克的这幅作品作为一种视觉艺术，与斯特林堡的荒诞戏剧和卡夫卡的恐怖小说相匹敌。蒙克的画反映出一种噩梦般的生活景象，似乎是一种永远无法摆脱痛苦的潜在存在，他曾说过："我听到了自然界的尖叫。"《尖叫》是一种关于现代人相互疏离的视觉隐喻。画中那个分不清男女的骷髅张着嘴，手捂着耳朵，似乎被背景后走远的一对男女忽略了。蒙克采用典型的表现主义手法，描绘了这个不自然的世界，其不自然表现在画面上弯曲的线条图案和色彩。2004年，一群蒙面持枪的窃贼从美术馆偷走了《尖叫》，2006年被警方追回，油画稍有损坏，但可以修复。

科学的进步

在世纪之交，生物学和化学尤其取得了迅捷的发展。在生物学领域，奥地利僧侣格雷戈尔·约翰·孟德尔（Gregor Johann Mendel，1822—1884年）在1865年总结了他的突破性研究，但他的发现虽然是新的遗传科学的基础，却被人忽视了，一直到1900年，三位各自独立工作的研究者重新发现了他的报告。孟德尔将数学运用到生物学理论，证明了存在一些支配性的隐性特征，他还采用或然性法则描绘出了几代之间的遗传模式。后来的研究表明，孟德尔的原理可运用到几乎所有的动物和植物身上。

放射化学这个新学科的开创者是波兰物理学家和第一位两次获得诺贝尔奖的科学家居里夫人（Marie Sklodowska Curie，1867—1934年）。居里夫人与她的法国丈夫皮埃尔·居里（Pierre Curie，1859—1906年）合作，发现了两种放射性物质钋和镭。镭的绝缘性刺激了原子物理学领域的研究。放射化学的另一位杰出贡献者是德国物理学家威廉·康拉德·伦琴（Wilhelm Conrad Roentgen，1845—1923年），他在1895年对X射线的发现导致了它们被运用于医学诊断。

这些遗传学和放射化学的发现加强了这个时期特有的乐观主义和对进步的信心，但物理学中的发展却产生了相反的作用，印证了同时存在着的有关不确定和怀疑的潜流。三位卓越的科学家——马克斯·普朗克（Max Planck）、尼尔斯·玻尔（Niels Bohr）和阿尔伯特·爱因斯坦（Albert Einstein）——发起了一场革命，这场革命引导其他科学家抛弃了此前认为牛顿力学法则放之四海而皆准的公认信条。

马克斯·普朗克（1858—1947年）以其量子理论研究在1900年奠定了现代物理学基础。他的研究对从18世纪起就流行的辐射微波理论提出了质疑。普朗克在研究热的物体时发现，从一个热源发射出来的辐射能量并不呈平稳波状，而是呈不连续的迸发状。他测量了辐射的每段迸发并计算出一套数学公式来表达释放出来的能量，他将这种能量单位称作量子（quantum）——其词义是特定的数量，源自拉丁语的quanta，即“多少”。当普朗克无法将他的量子公式纳入传统的微波物理学理论时，他意识到了自己的发现具有革命性。他的这一开创性量子理论，为上述三位物理学革命家中的第二位、丹麦物理学家尼尔斯·玻尔的研究奠定了基础。

玻尔（1885—1962年）是解开原子结构之谜的最主要推动者。在他着手进行研究时，那种认为原子不可分的古希腊观念已经被搁置一旁了。20世纪初年的科学家们已经证明，每个原子都是一个中性物体，其中包含着一个阳性的核子和一些被称作电子的阴性物质。一位研究者发现，电子围绕核子旋转，就像行星围绕太阳旋转一样——这表明它符合牛顿的理论。

然而，在玻尔于1912年提出原子结构理论之前，还没有人能解释这些微型的太阳系是如何实际运转的。玻尔的解释建立在大胆假设的基础上：一个电子只能以某些特定的轨道围绕核子旋转，当它处在这些轨道上时，它就不发出辐射。他得出了如下结论：只有当一个电子从一个轨道跳向另一个轨道时，它才会产生辐射。他运用普朗克的量子理论，把这些跳跃称为量子跃迁（quantum jumps），用来表示所释放辐射能量的数量。玻尔的发现具有巨大的后果，它最终导致了核能运用于制造武器和发电。

出生于德国的阿尔伯特·爱因斯坦（1879—1955年）也在原子物理学方面作了重要的理论贡献，但他在20世纪初最突出的研究是关于时间与空间的相互关系。牛顿曾坚持认为存在着绝对的静止和绝对的速度、绝对的时间和绝对的空间。爱因斯坦则声称，宇宙中唯一的绝对物是光速，光速对所有观测者来说都是一样的。他断言所有的运动都是相对的，那些绝对空间和时间的概念是毫无意义的。如果两个体系以相对同一的速度相互向对方运动，那么，就存在两个不同的空间和不同的时间。他称这个发现为狭义相对论。这一理论用光束栅格（grid of light beams）取代了牛顿的绝对空间，因为它认为光束栅格实际上决定了任何情况下的空间意义。爱因斯坦的狭义相对论是重新确立科学时空观的第一步。

图3.11 克劳德·莫奈:《印象:日出》。1872年。帆布油画，0.5×0.65米。巴黎，马莫坦博物馆

莫奈的《印象：日出》展示了印象派的直接性。莫奈画下了他站在窗口眺望阿弗尔港湾看到的情景，他在给朋友的一封信中这样描述该情景："太阳在雾色中隐现，一些船桅矗立在眼前。"这位艺术家将实实在在的自然世界转化成了支离破碎的色块。

现代主义的艺术革命

在1871年之后，艺术和建筑领域开始了一场革命，其目的是用现代主义的原则来替代文艺复兴的理念。虽然这场革命中存在着许多种趋势，但在绘画和雕塑领域，它基本上意味着以下这种转变：从反映自然世界的艺术转向以艺术家内心观念为根本的艺术，从以表现性形象或自然主义式形象为基础的艺术转向专注于非表现性或非客观形式的艺术，从以内容为中心的艺术转向致力于创作过程本身的艺术。当这场革命在绘画和雕塑领域趋于完成之时，艺术家们已经放弃了现实主义，而把抽象确立为他们的理想。在建筑方面，现代主义革命不那么激进，但建筑师们也慢慢地偏离了希腊—罗马和哥特风格的形式，创造出不事雕琢的功能式建筑。

印象派 被称为**"印象派"**（Impressionism）的绘画风格创新开始于1870年代。这种新的风格虽然大大受益于现实主义乃至浪漫主义，但它仍然标志着与现实主义传统的真正决裂，而现实主义传统自14世纪起就一直统率着西方艺术。印象派画家想要描绘他们在自然界中看到的东西，但他们在日益加快的现代生活节奏的启发下着意描绘瞬间的情景。他们专注于光线对物体、人物和自然界的作用，将一些看起来坚固的表面切割开来，强调在明暗光线作用下色彩之间的生动对比，刻画出各种可能的光线折射。与以往的艺术家不同，他们不想从室内观察世界。他们抛开画室在野外作画，画出对所绘物体的即兴印象，而非先在户外打好素描稿再回屋里凭记忆完成画作。他们的一些绘画手法受到

图3.12　克劳德·莫奈:《睡莲池塘》(*Waterlily Pond*)。1914年。帆布油画，0.88×0.91米。丹佛艺术博物馆

莫奈了解艺术市场，他决心摆脱贫困的生活，因此他创作了一些没什么风险的作品，它们对保守的中产阶级收藏家颇具吸引力。他为这些顾主绘作了如睡莲(水百合)一类的自然景观，这些画面能焕发对简洁的乡村价值观的愉悦记忆。从1899年开始，睡莲系列画成为他此后余生主要的绘画对象。他在他那美丽的吉弗内花园里摆好画架，在每天不同的时间里绘画，捕捉太阳光的变化对这种可爱的绘画对象产生的不同效果。

了技术进步的影响：以下这些因素使画室作业转向野外作业成为可能：便宜的火车旅行出现，使画家们能够很容易就到达乡村或海滩；化学染料和画油的发明使艺术家能够将画料装在管子里随身携带。

印象派虽然是工业社会的产物，但同时它也从往昔时光中受益匪浅。印象派画家从现实主义那里学到了如何从日常生活中发现美。他们从巴比松(Barbizon)画家(一批活跃在19世纪中叶的法国风景画家)那里继承了在野外作画的做法。他们从浪漫派那里借鉴了“破色法”——也即将混合颜色分割成它们的基本色调——和采用淡色阴影制造表面微光效果等技巧(参见第2讲)。

“印象派”的名称不是由它的支持者取的，而是那些深切感受这种新式绘画威胁而愤愤然的艺术爱好者们取的。印象派一词产生于1874年，是年，一批画家举办了一个作品展览。它立即招来了公众和媒体的嘲笑。165幅展出作品中有一幅克劳德·莫奈(Claude Monet，1840—1926年)所作的《印象：日出》(*Impression*：*Sunrise*)。从反对者的眼里看来，莫奈描绘的这幅雾水茫茫的日出景象看上去凌乱、粗糙，让人大倒胃口(图3.11)。艺术批评家们借用莫奈的画名，将整个画展概括为“印象派”。作为回应，莫奈与参展的29位同伴将这个名称采纳为他们共同特性的标志，虽然他们每个人之间也各有差异。从此时到1886年，用画家雷诺阿(Renoir)的话来说，印象派怀有一种类似“教会”的热情。印象派画家举办了8次艺术展。虽然有一些人走上了一些新的风格，但莫奈却对印象派信条至死不渝。

莫奈期待再现他所体验到的视觉感受。他排斥传统的内容，全心关注光

图3.13 奥古斯特·雷诺阿:《赛舟会午餐》。1881年。帆布油画，129.5×172.7厘米。华盛顿特区，菲利普收藏品

这幅生动的绘画反映了雷诺阿回归传统价值观。他用餐桌建立起常规的视角，让左边的栏杆形成一条伸向远处的对角线。他将这些或站或坐的青年男女融合成一个整体，从而使画面构图趋于平衡。他还有效地运用了颜色的效果，用橘黄色、蓝色和黑色来平衡桌布、男子和女子上身衬衫的白色色调。

线和空气，模仿迷雾、露霭对风景特别是水面的视觉效果。这种手法取得了巨大的成功，这展现了莫奈的科学眼光与作画才能之间的和谐一致。无论是描绘干草堆、罗恩河畔教堂，还是描绘水中的百合花（图3.12），莫奈都表现出了他对光线和空气变幻的观察入微，体现了他对印象派的终身信奉。

与莫奈不同，奥古斯特·雷诺阿（August Renoir，1841—1919年）并没有始终保持对印象派运动的忠心耿耿。在1880年代初，个人原因和美学动机促使他离开了印象派运动，并在官办沙龙展示画作（当他能够让自己的作品被接受之时）。他采用了经过修饰的风格，从描绘朦胧的景象转向关注画面形式，这个转变立即得到了艺术批评家和富裕资助人的赞同。

《赛舟会午餐》（*The Luncheon of the Boating Party*）作于雷诺阿与印象派运动分道扬镳之时，它展现了雷诺阿把握形式的高超技巧（图3.13）。画中描绘

图3.14　贝尔特•摩里索:《洛里昂的港湾》(*The Harbor at Lorient*)。1869年。帆布油画，0.43×0.73米。华盛顿特区，国家美术馆。艾尔莎• 梅隆• 布鲁斯藏品

摩里索在走访布列塔尼地区比斯开湾的洛里昂时在野外绘作了这幅港湾景色图。水面上倒映着蓝天白云和房屋。那位独自坐着沉思的女士撑着一把时髦的遮阳伞往围堤下看。海堤的淡褐色映衬了女士粉色格调的白衣服，而她帽子的黑色也与由褐转黑的船身颜色对应。画中右边是呈对角线的海堤，左边是一条平行的由房屋和树木组成的对角线，中间是一条由远处的船桅和屋顶组成的地平线；如此构图突出了前景中的港湾，并烘托出辽阔无际的天空景象。

的是夏日里一次轻松愉快的出游，地点在一座塞纳河小岛上的野餐亭，出游人群都是画家的友人，包括几位艺术家同伴、一位记者、咖啡店店主和一位女演员。《赛舟会午餐》表明雷诺阿还没有——也还没想要——抛弃他与印象派的联系，因为他在这幅作品中着意描绘了正在消逝的、充满欢乐的瞬间场景，而这正是印象派风格的根本之处，另外他也采用了自然背景下的破色法。尽管如此，前台人物仍然是雷诺阿信条中关键的地方，这些人物用清晰的写实方法描绘了出来。

莫奈和雷诺阿都是在贫困中取得了事业的鼎盛，与他俩不同，贝尔特• 摩里索（Berthe Morisot，1841—1895年）是一名上流社会的成员。她非常富裕，且出自艺术世家——弗拉戈纳尔（Fragonard）是她的祖父，马奈（Manet）是她的姐夫——这些使她得以全心投入绘画，在创建印象画派中扮演重要作用。她在她的作品中关注气氛和光线对人形的作用，虽然她从没有纯粹为了色彩而

牺牲所画的对象。她作画的题材是现代生活，从城市工人到狭窄的庭院世界和户外散步的衣着光鲜的女士（图3.14）。

几位美国人也对印象派作出了巨大的贡献。他们中最重要的是玛丽·卡萨特（Mary Cassatt，1845—1926年），这位年轻女子在巴黎学画期间加入了印象派圈子。卡萨特来自费城的一个名门大族，主要是通过她那广泛的社会关系，印象派绘画才被介绍到了美国。她向她那些有钱的朋友们暗示说这种艺术值得收藏，美国博物馆中一些最著名的印象派画作正是由于她的影响才被收藏进去的。然而，卡萨特并不只信奉印象画派。与同时代的其他一些艺术家一样，她也对1890年在巴黎展出的法国收藏品中的日本画着迷，她是第一位全面模仿**浮世绘**（ukiyo-e，包括其色彩）木刻的艺术家——浮世绘是17世纪在日本发展起来的一种木刻画——例如其作品《洗澡》或《澡盆》（*The Bath*，or *The Tub*，大约作于1891年，图3.15）。妈妈和孩子是卡萨特艺术中典型的题材。

图3.15　玛丽·卡萨特:《洗澡》或《澡盆》,1891年。印在纸上的软质铜版凹刻画，0.31×0.23米。华盛顿特区，国家妇女艺术博物馆

卡萨特的这幅受日本画风启发而作的刻画，象征着在早期现代主义时就已开启的西方文化的全球化进程。本幅画是一组十幅系列刻画中的第一幅，它是唯一一幅可以被称为纯粹模仿的画作。它采用简洁的构图、日本式的空间布局、平面色块、隐约的日本式脸部特征，创造出了一幅西方式的浮世绘——唯一不同的是它制作在一个金属刻板而非木质刻版上。在这套系列画的其余刻画上，卡萨特采用了更加西方化的风格，尤其是添加了完整的背景，如墙纸和窗户等。她对日本刻画的兴趣与高更受塔希提岛灵感启发所作的艺术实验（参见图3.18）有着异曲同工之妙。卡萨特和高更从非西方源泉获取灵感，这使他们成为后现代主义的先驱者。

后印象派　印象派画家激发出的反叛性试验精神使艺术摆脱了单一风格的束缚。艺术家们现在向许多方向迈进，他们之间唯一的共同点是都希望扩展印象派的范围。这种雄心标志着以下这一现代主义观念的全面胜利：为反映新的历史状况，艺术必须不断变更——这与寻求永恒真谛的古

图3.16　乔治·修拉:《大碗岛上的一个星期日午后》。1884—1886年。帆布油画，2.08×3.08米。芝加哥艺术学院。赫楞·布彻·巴特莱特纪念馆收藏，1926年

与大多数印象派画家不同，修拉画得很慢，很讲究手法。在这幅《大碗岛上的一个星期日午后》上，他花了几年时间构思画面，然后画了点画法技巧所要求的几千个小点。如此辛苦的对细节的关注是获得和谐效果所必需的，他所完成的一些画作即表现出了这种效果。

典理想背道而驰。继承印象派的是**后印象派**（post-impressionism，1886—1900年），该流派最重要的四位艺术家是乔治·修拉（Georges Seurat）、塞尚（Paul Cézanne）、高更（Paul Gauguin）和梵高（Vincent van Gogh）。

同印象派画家一样，乔治·修拉（1859—1891年）描绘了风和日丽的环境中巴黎人生活的平凡乐趣，但他这样做的方式是程式化和理论式的，与马奈等辈的手法明显不同。修拉在研究了科学的色彩理论之后发展出一套被称为**点画法**（Pointillism，或称Divisionism）的技术，它的含义是在画布上画上千万个巧妙排列起来的纯颜色小点，这样，当人们在适当的距离观看时，它们就凝合成一种自然的、和谐的色彩和明暗效果。他最著名的点画法作品是《大碗岛上的一个星期日午后》（*A Sunday Afternoon on the Island of La Grande Jatte*，图3.16），这幅画展现了巴黎人享受生活的温情脉脉、妙趣横生的景象。作画的技巧或许是新颖和“科学”的，但其布局却是古典式的和沉稳的，画中的人物经过了仔

细的摆放和平衡，阳伞、帽子等物体表现出了重复弯曲的形状。修拉的风格导致了一个画家小流派的出现，但他的影响被塞尚的光辉掩盖了。

塞尚（1839—1906年）是西方艺术中的关键人物，他是后印象派抽象原则的先知，也是立体派的先驱。**抽象**（abstraction）是现代艺术的潮流，强调独立于自然世界的形态、线条和色彩。与马奈一样，他是现代绘画的奠基人之一。他在1874年参与了印象派的首次画展，但在1878年他摒弃了印象派运动，因为印象派对自然的描绘缺乏内涵和凝重。他寻求一条描绘自然的新途径，以求揭示其内在的牢固和秩序。在经过试验之后，他断言自然是由诸如圆柱体、球体、立方体和圆锥体等集合形状组成的。他力图在他的作品中展示这一观念，并由此开辟了一条至今还影响着艺术的绘画新途径。

塞尚最伟大的作品创作于1886年之后，其时他离开巴黎回到了他在法国南部普罗旺斯地区艾克斯（Aix-en-Provence）的宁静家园。他最钟爱的事物包括他家乡附近的圣维克托瓦山（Mont Sainte-Victoire，图3.17）。与他许多后期的作品一样，《圣维克托瓦山》（*Mont Sainte-Victoire*）趋向于抽象化，但还绝没有抛弃表现。在画中下半部浓密的几何形状中间，透过凌乱的绿荫可以瞥见房屋的形状，这提醒观画者它是一幅现实主义的风景画。后来的艺术家如康定斯基（Kandinsky）和马列维奇（Malevich）等人继承了塞尚将二维和三维物体进行远景压缩的挑战性尝试，创作出第一批抽象画作，它们构成了20世纪艺术最清晰的标志（参见第4讲）。

后印象派画家高更（1848—1903年）开启了被称为**原始主义**（primitivism）的运动——“原始主义”一词用来指称西方对非西方文化以及文艺复兴之前之艺术的着迷。高更个人举止乖张的生活也使他成为现代主义中一个传奇般的人物。高更排斥巴黎资产阶级的安逸生活，他丢弃了事业和家庭，自我流放到法属殖民地塔希提岛（Tahiti），过起颓废、漂泊的生活。

在移居南太平洋之前，高更生活在布里多尼（Breton）农民中间并描绘他们的生活。他发展了一种自己的风格，这种风格偏好平淡的形状和鲜艳的色彩，回避常规的视角和造型。他还逐渐迷上了非西方的“原始”宗教，他在塔希提岛创作的作品中有许多幅涉及当地的信仰和习俗，例如其《马瑙·图帕泡：死魂窥视》（*Manao Tupapau: The Spirit of the Dead Watching*，图3.18）。当这幅画在巴黎展出时，它激起了一片喧嚣声，因为西方的观众不习惯在艺术中看到深肤色的裸体，即便偶尔有也肯定不会表现成躺在床上，那是自文艺复兴时代以来女性裸体通常的姿势。此外，画的左边坐着的幽灵也是对世俗世界观的直接挑战。今天，高更在艺术中的地位已得到了重新评估。他现在得到了人们极大的尊敬，既因为他把别的文化传统引入了西方艺术从而丰富了其内涵，也因为

遭　遇

法国印象派画家遭遇浮世绘艺术

日本文化在19世纪后期成为欧洲先锋派着迷的对象，其时，欧洲与这个岛国的外交和贸易联系建立了起来。在文化领军人物中很快出现了“日本主义”（Japonisme）风格，“日本主义”一词是法语词，意为“喜欢日本的一切东西”。

除了荷兰人外，欧洲其他国家的人在1638年不再能接触日本，这一年，日本的军阀统治者幕府将军下令日本对外闭国。在随后的225年里，位于长崎港的荷兰殖民地出岛（Deshima）充当了日本面向世界的窗口，那里开展着严格控制但也有利可图的双向贸易。通过引进科学书籍和艺术印刷品，荷兰人也使日本及时接触到西方的某些发展情况。1853年，为回应要求建立通商关系的美国炮艇，日本的孤立政策开始改变了。首批开放了5个港口，其他一些港口也在随后连续开放。

随着贸易的复兴，日本文化流向了西方。特别令人印象深刻的是木刻画，即浮世绘——当时的西方对此一无所知。浮世绘最早是刻成黑白双色，大约在1770年前后它加入了彩色，从而进入了一个黄金时代。当这些刻画进入欧洲时，其明快的图案和大胆的色彩令印象派和后印象派画家

安藤广重:《大桥雷阵雨》。约1857年。木刻，约0.34×0.22米

安藤广重创造了一种新的题材，即旅行见闻木刻画，它是依据各种天气中和一天中不同时间的采风素描加工而成的。《大桥雷阵雨》选自《江户百景》（*One Hundred Famous Views of Edo*）系列。他大胆地设计了大场面构图，让人物在背景下显得很渺小，并且采用了非同寻常的视角——这是他的艺术特色。

大为入迷。

无数艺术家，包括马奈、莫奈、雷诺阿、卡萨特（参见图3.14）、塞尚和高更，都在他们的作品中表现过日本式的特点，但梵高（Vincent van Gogh）与浮世绘的关系是最密切的。梵高特别崇拜并收集安藤广重（Andō Hiroshige，1797—1858年）的作品，他的作品中含有大块大块色彩纯正的部分，而画中的人物则用寥寥几笔勾画出来。安藤广重的《大桥雷阵雨》启发了梵高创作其日本画习作三幅之一——油画《雨中的大桥》。梵高不只是"复制"这幅画作而已，他对原画进行了改造，加重了色彩的对比，并加上了装饰边框。梵高通过研究浮世绘得益颇多，他因此创造了自己独一无二的绘画风格，从而在日本艺术和西方艺术之间架起了桥梁。

读"遭遇"，学知识

1. 促使日本向世界重新开放的历史事件是什么？

2. 贸易在这一艺术遭遇中扮演了什么角色？

3. 定义浮世绘刻画。

4. 浮世绘木刻画对西方艺术家的吸引力是什么？

5. 讨论浮世绘木刻画对梵高艺术风格的影响。

6. 艺术是如何对全球化做出贡献的？

梵高：《雨中的大桥》（仿安藤广重）。1887年。帆布油画，约0.73×0.54米。阿姆斯特丹，梵高博物馆（梵高基金会）

这幅画表明了梵高通过临摹安藤广重的浮世绘学到的东西：浓重的暗色调勾勒人物、大胆的色彩比较、大场面构图和戏剧性的视角。梵高使这些技巧成为他后期作品中自己的风格。

图3.17 保罗·塞尚:《圣维克托瓦山》，约1900年。帆布油画，0.78×0.99米。圣彼得堡国家博物馆

虽然塞尚是以抽象告终的后印象派运动的创始人，他却对艺术保持着一种保守的态度。他想要创作一些能够在博物馆中保存下去的具有艺术连续性的油画，特别是沿承17世纪画家尼古拉斯·普桑(Nicholas Poussin)作品的画作。因此，塞尚继续依靠线条、几何布局、色彩和光，将他的油画简化为整齐的、带有平和色彩的肃穆形象。本幅画作是60幅圣维克托瓦山系列景色画中的一幅，塞尚从他在普罗旺斯的艾克斯的画室就能看到这座山峰。我们在这幅画中可以看到塞尚与抽象艺术之间的密切关系。远处的山峰清晰可见，但是房屋、树木、田野和道路却掩映成一丛丛模糊的、突兀地并排的形状和色块，其边缘呈锯齿状，这启发了立体派画家探索一种表现自然界的新方法。

他对色彩的运用给人以深刻的印象。

印象派传统由于后印象派画家梵高（1853—1890年）而开始在西方艺术中崭露头角，虽然梵高不属于众多印象派画家流派中的任何一派。就梵高而言，“印象派”意味着艺术作品以前所未有的程度充当他表达个人情绪的工具。梵高有时听任自己的情绪来决定使用什么颜色和怎样在画布上作画，这一原则引导出一种非常特别的风格。梵高的一生充满着不幸，甚至他的绘画在他生前几

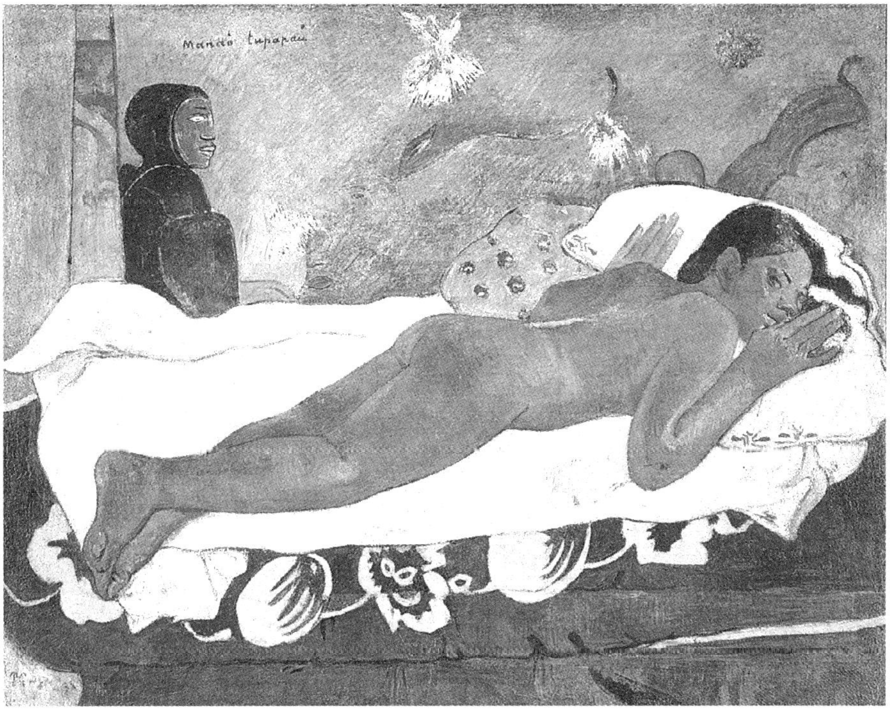

图3.18　高更:《马瑙·图帕泡:死魂窥视》。1892年。油画，画在粗麻布裱成的画布上，0.72×0.92米。布法罗，阿尔布赖特－诺克斯艺术展览馆。A. 康杰尔·古特耶尔收藏品，1965年

关于这幅画，高更写道，他想表达正如图中床上的少女看到的亡灵图帕泡的样子。他通过以下种种手法暗示少女的恐惧：黄、紫、蓝颜色混杂在一起；象征着亡灵的星星点点的磷光；在画面背景中画得像幽灵一样的老妇人。他感到需要“用原始的、孩童般的主题来绘作非常简单的画”，并使用“最小程度的文学手段”，以便让西欧人理解塔希提人是如何看待生死的。

乎无人知晓。在他的早年，他试图在贫困不堪的比利时煤矿工人中做传教工作，但却遭到了拒绝。他的每一次交友尝试都以失败告终，其中包括在法国南部与画家高更的一段出名的交往。在他整个一生当中，他多次向女子献殷勤的举动都招致了脸面丢尽。最后，他变得心智迷乱，自杀身亡。

然而，他从他自己的痛苦中创造出了一种重要的表达风格。他摒弃传统绘画整齐的外观，在印象派画家所绘色彩浓艳油画的启发下，他有时用调色刀或他的手指取代画笔，将纯颜料画到画布上。他那些狠劲涂抹出的笔划和绚丽的色彩往往反映了他的心境，使观画者能够领悟到他那反复无常的个性。

图3.19　梵高:《自画像》。1889年，帆布油画，0.65×0.54米。巴黎，奥赛博物馆

梵高的自恋反映在他在他11年艺术生涯中画了36幅自画像。处在极度痛苦且很容易精神失控的他肯定发现，记录他自己微妙的表情变化是一种排遣情绪的手段。他所有的表情中始终都有着那双直勾勾的眼睛，表现出他永远也无法摆脱的内心痛苦。本幅作品的创作表明了梵高激愤的情绪，表现在画面涂满了用张扬的笔锋汇聚成的火焰状笔划。这幅画绘于1889年，一年后他结束了自己的生命。

例如，他的《自画像》(*Self-Portrait*)的主色调是蓝色阴影，这暗示了他深刻的忧郁症（图3.19）。围绕脑袋的旋转色彩和深深的脸颊线增强了他眼神中的忧伤。其结果是，这位画家总是因激情而躁动不安。

梵高最著名的画作是《星空》(*The Starry Night*，图3.20)。这幅画作于梵高生命的最后一年，它描绘了在激荡夜空下一座宁静的村庄，太空中布满了闪烁的星星、一轮怪异的新月和漩涡式的光亮。左前方那丛柏树呈现为火焰状，增强了画面的奇异感。各种回旋形状的组合和大胆的色彩表达了这位艺术家内心的动荡。在某种意义上，梵高的作品构成了他的心理象征，他的风格或许是西方艺术中最容易辨认的一种。

野兽派、立体派和表现主义　1900年前后，亨利·马蒂斯（Henri Matisse）和毕加索（Pablo Picasso）来到巴黎，他们的到来，加强了巴黎作为西方文化中心的突出地位。这两位极具创新精神的多产艺术家涌现为第一次世界大战之前那一代艺术家的领军人物，随后他们主导了20世纪的艺术界，正如同安格尔和德拉克洛瓦统率19世纪的艺术界一样。

亨利·马蒂斯（1869—1954年）在1905年作为**野兽派**（Fauvism）的领袖一举成名。野兽派是一批松散联接起来的画家，他们一同展出他们的作品，法语词“fauves”[野兽]则是诽谤他们的人给他们取的名字。马蒂斯的作品，与他同道的作品一样，源自梵高的传统，色彩是其压倒一切的关注。在《敞开的窗户，科利乌尔》(*Open Windows*，*Collioure*)中，马蒂赛画了一大堆各种各样

图3.20　梵高:《星空》。1889年，帆布油画，0.74×0.92米。纽约，现代艺术博物馆。通过Lillie P. Bliss的遗赠获得。照片版权，1997，纽约现代艺术博物馆

梵高的《星空》是早期现代主义的杰出象征。旋转、明亮的夜空用狂野的色块和恼怒的画笔画出，反映出作者的心智烦躁——此乃印象派艺术的早期范本。但是梵高不仅仅是个备受个人心病困扰的艺术家，他想追随德拉克洛瓦（参见第1、2讲），用色彩和构图描绘自然界，而不是被动地复制现实。对梵高以及他同时代的哲学家尼采而言，心智狂乱与艺术眼界是不可分割的。

的颜色——粉红、紫红、深绿、橙色、紫色——这不是来自于对自然的直接观察，而是来自于画家的以下信念：色彩的和谐可以控制构图（图3.21）。色彩与人们直接从窗户看到的颜色很少是一致的，从这个意义上来说，色彩是很“任性”的。但就它们相互之间的关系而言，它们远不是那样任性——这正是马蒂斯关心的东西。

天才的西班牙年轻画家毕加索（1881—1973年）在1900年前后被吸引到巴黎的先锋派艺术圈里。1907年，他以《阿维农的少女》（*Les Demoiselles d'Avignon*）证明了自己的才华，这幅画或许是20世纪影响最大的画作（图3.22）。

图3.21　亨利·马蒂斯:《敞开的窗户，科利乌尔》。1905年。帆布油画，0.55×0.46米。华盛顿特区，国家美术馆。特蒙纽约的约翰·海·惠特尼夫人准许

与梵高一样，马蒂斯也排斥安静的画面效果，而宁愿用厚重涂料和长度不等的条块表现出画面模样。他通过使用和替代斑斓的色彩创造出了令人眼花缭乱的光学艺术。在这幅画中，马蒂斯诠释了从他的画室俯瞰地中海获得的绚丽景象。

图3.22　毕加索:《阿维农的少女》。巴黎（1907年6—7月）。帆布油画，2.44×2.34米。纽约，现代艺术博物馆。通过Lillie P. Bliss的遗赠获得。照片版权，1997，纽约现代艺术博物馆

这幅画的标题源自毕加索的故乡巴塞罗那，在那里，阿维农大街穿越了红灯区。创作这幅画最初的意图是一种道德劝诫，警示性病的危险（图中的人物依然显示出挑逗姿势），但在此后几个月里画作的内涵随着毕加索视野的扩展而演变了。他未将这幅画完成——就像科学家记录了一次失败的实验一样——这反映了现代主义的一个主要特征，即相信真理原本是在艺术过程中最好地表达出来的。最近的一份调查表明，这幅画是各种艺术史教科书中最经常被援引的作品。

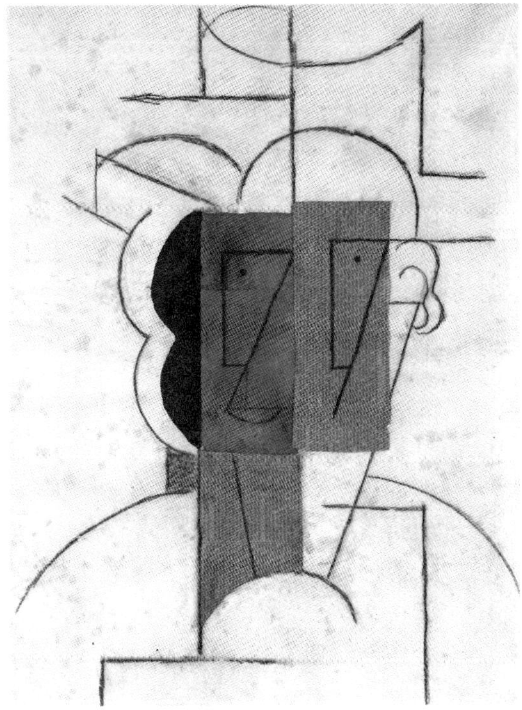

图3.23　毕加索:《戴帽子的男子》(也称《布拉克画像》)。巴黎(1912年12月3日以后)。在纸上的贴纸、炭笔和墨水，0.6×0.27米。纽约，现代艺术博物馆。购买。照片版权，1997，纽约现代艺术博物馆

这幅画暗示了毕加索与布拉克之间紧密的工作关系。这幅画像画的是不是布拉克是有争议的，尤其是因为毕加索自己否认这一点。他称他没有根据模特儿来作画，并进而说，"布拉克和我假装出这是他的画像"。这则逸闻强调了一点，即他俩不是太在乎内容，而是更在乎通过非传统的手段来创造一种新的视觉真实。

这幅革命性的作品将绘画推进到近乎抽象，这实现了塞尚的梦想。作为一幅未完成的作品，《阿维农的少女》反映了当时的多种影响对毕加索的触动——非洲面具的原始主义、塞尚的几何形状、罗马帝国征服之前西班牙的古老雕塑。这幅画尽管手法非常激进，但构图却仍然很常规：五个人物保持静止的姿势直面向前。虽然如此，毕加索通过这幅画将客观艺术引向超越抽象的境界，并进而推动了非客观绘画的发展——从而推翻了文艺复兴确立的标准。

《阿维农的少女》是**立体主义**(或称立方派，Cubism)的序曲，立方派乃是20世纪初引导西方艺术向抽象发展的几种风格之一。毕加索与他的法国同道乔治·布拉克(Georges Braque，1882—1963年)一起发展了立体主义。这种绘画风格经过不同的艺术家之手经历了不同的阶段，其基本的特征是打乱三维物体，将它们重新组合起来，以便凸显它们的几何结构并强调这些基本几何形状之间的相互关系。布拉克和毕加索合作得十分紧密，以至于他们的画作有时据称连他们自己都无法分辨开来。

毕加索通过采用立体主义手法彻底摒弃了文艺复兴的范畴，从多个角度来同时表现物体，并将人物塑造成几何形状。他后来还给立体派添加了一种新

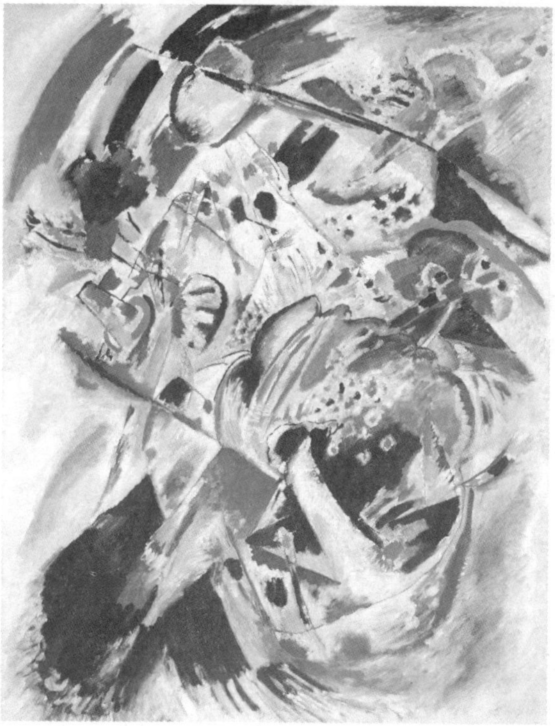

图3.24　瓦西里·康定斯基:《埃德温·R·坎贝尔板面之四》(以前为《第201幅画，冬天》)。1914年，帆布油画,1.63×1.23米。纽约,现代艺术博物馆。(尼尔逊·A·洛克菲勒基金，交换而得)

这幅画是雪佛兰汽车公司创始人委托挂在他在纽约的公寓中的四幅画之一。当康定斯基在创作这个系列画时,他从非表现主义走向了完全的“非客观艺术”,所谓“非客观艺术”(nonobjective art)是他自己生造出的一种表达。他的思想停留在一种浪漫的观念上,即严肃的艺术可以是宗教的替代物，艺术家可以承担“牧师”的职责，他们可以通过神秘的观察力触及神圣的去处。后世的艺术家,例如罗伯特·劳申伯格(参见第5讲)讥讽这个想法是夸夸其谈。在本幅油画中,康定斯基实现了他着手去做的事情——清除了所有有表现意义的形象，而纯粹通过线条、色彩和形状来表达他自己。作为主色调的红色平衡了蓝色、绿色和黄色，浓重的白色和黑色代表了冬天——这是他唯一一处认同表现主义美学的地方。

的特征，即在画面上画上一些其他物体的碎片残余，这种技巧称为**拼贴**(collage)。拼贴轻巧地促使立体主义更接近抽象，绘画外表的平面现在完全成了容纳物体的二维陈列盒。《戴帽子的男子》(*Man with a Hat*，也称《布拉克画像》[*Portrait of Braque*],图3.23)显示了毕加索将立体主义风格和拼贴手法融合到一起的画技。

尽管巴黎仍然是西方艺术的中枢，其他一些城市也展开了美学实验。奥斯陆、慕尼黑、维也纳和德累斯顿都成为艺术圣地，对表现主义画家来说尤其如此，这些画家在由梵高和野兽派开辟的道路上不断探索。在慕尼黑，表现主义导致了一个国际性艺术家流派的建立，这个流派被称为“青骑士”(Der Blaue Reiter)，得名于一幅同名绘画。这一派画家排斥艺术内容的重要性，拒绝描绘“安全的”物体，而专心致力于诸如色彩和线条等要素，旨在用这些要素来表达内心情感。这个流派在1911年由俄国流亡者瓦西里·康定斯基(Wassily Kandinsky，1866—1944年)创建，它取得了通往**抽象艺术**(abstract art)的第一个大突破——创作了一批非表现性的或非客观的绘画，它们否定任何真实感或任何与自然的关联，并且，用康定斯基本人的话来说，它们

"基本上是内在特征的无意识的自发表露，本质上是非物质的"。康定斯基后来将它们标记为"即兴之作"，这些作品形式自由，不包含任何客观内容，完全由一些弯弯曲曲的线条和不成形的色块组成。然而，康定斯基的绘画尽管看上去是随意涂鸦，但实际上作者是预备好让画面呈现出这种样子的。他有意识地布置好线条的位置和色彩的选择，绝不是任意妄为。他还将画面的动感与音乐的曲调联系在一起，《埃德温·R·坎贝尔板面之四》（*Panel for Edwin R. Campbell No. 4*，图 3.24）中弯弯曲曲的线条就暗示了这种联系。在这套代表一年四季的著名四幅组画中，康定斯基使用了鲜艳的色彩来表达他的指导信念：艺术具有一种精神性质。

图3.25　奥古斯特·罗丹：《夏娃》。1881 年。青铜，高1.7米。费城艺术博物馆，罗丹博物馆

这尊真人大小的夏娃雕像最初设计为与亚当组合在一起的双子雕像之一，准备摆放在罗丹的杰作《地狱之门》的两侧，《地狱之门》大体依据但丁的《神曲》创作。这尊夏娃的造型很大程度上借鉴了米开朗琪罗的表达方式，尤其是参照了西斯廷教堂里的《被放逐出伊甸园》（*The Expulsion from the Garden of Eden*）的夏娃。罗丹雕塑的夏娃反映了她既是第一个母亲也是原罪的始作俑者之一的双重身份，她妖艳（秀美的脸庞和曲美的身材）而又害羞（脸转向一边，手臂遮盖着前胸，右腿抬着，一副羞怯的姿势）。

雕塑和建筑的新方向　在1871—1914年期间，没有出现什么有重要影响的雕塑家，只产生了一位天才人物：奥古斯特·罗丹（Auguste Rodin，1840—1917年）。罗丹摒弃19世纪中叶停滞不前的古典主义，开创了一种折中的风格，将浪漫派的创作题材、文艺复兴的简洁明快及哥特式的棱角分明与绘画艺术中正在发生的急剧变化融为一体。在其塑像《夏娃》（*Eve*，图3.25）中，他采用现代手法，把塑像表面尤其是腹部和头颅的表面搞得凹凸不平，从而创造出一种粗犷的哥特式印象。雕像既产生了印象派式的效果（光线对带纹路表面的作用），也具备了表现主义式的效应（罗丹的手指在青铜媒介上留下的痕路，它们极其强烈地表露出作者投入创作的激情）。

在19世纪的大部分时间里，建筑已经落后于其他艺术的发展，到1880年代，它开始奋起直追。美国走在了前列，特别是"芝加哥学派"（Chicago School）的作品。以芝加哥为基地的建筑师们青睐摩天大楼，这些大厦成了现代主义和现代生活的同义词。与现代主义绘画和雕塑不同，新型的建筑之兴起是出于实际的原因：密集的人口和一路飙升的房地产价格。

芝加哥学派遵循"形式随功能而定"（form follows function）的格言，在不依赖以往技术和传统的情况下解决了设计难题。"形式随功能而定"的格言意味着一幢建筑物应该是一个可以运转的机体，在其中，日常生存的压力应被疏导为一个和谐的运行整体。用比较实在的话来说，压力被称为"功能"，而由此产生的建筑就被称为"形式"。这句格言的创作者路易斯·沙利文（Louis Sullivan，1856—1924年）在密苏里州圣路易斯的温赖特大楼（Wainwright Building in St. Louis, Missouri）创造了芝加哥学派风格的一个娴熟典范（图3.26）。我们可以这样来看待沙利文的标记：他让这幢建筑自己表达了自己——墙体外表的设计反映了大楼的钢结构框架，它们置身于窗户中间狭窄的、连续不断的扶壁之中，从地基一直上升到楼顶的圆孔形拱架。这种结构的效果是使房屋的外观变成一幅格子图，清楚地展示内部的构架。虽然沙利文排斥19世纪哥特式的华丽装潢和古典主义的平衡修饰，但他也设计了他自己的装潢方案，这套方案可见于诸如横平竖直的成分要素和窗户之间的空间（砖块）等物件。在这幢楼房中，沙利文唯一例外于其纯粹功能原则的设计是楼顶部的装饰面，他用这条装饰面来"遮盖"楼顶的水塔和电梯设备。

沙利文为20世纪的公共建筑作了界定，而他的弟子弗兰克·劳埃德·赖特（Frank Lloyd Wright，1869—1959年）则在1910年前后给私人建筑下了定义。早在维多利亚时代，建筑师们已经发现，中产阶级对舒适宽敞的住房之需求是一个可以让人赚大钱的好机会。同样是这一阶层的主顾继续要求建造精美的住房，于是赖特为他们创造了一种新型的住宅，他称之为"organic"（有机型），

图3.26　路易斯·沙利文。密苏里州圣路易斯的温赖特大楼。照片版权，马尔温·特莱希滕堡

“纯粹”成为现代主义风格的标志性特征。这种特性清楚地表现在马蒂斯的色彩实验、毕加索的抽象立体主义形式甚至表现主义的原样真理目标中。路易斯·沙利文以其“形式随功能而定”的艺术格言将纯粹性原则引入了建筑领域。本座建筑最初是为圣路易斯的一个富商而建，它是早期现代主义的标志，但后来这座楼房不断凋敝，直到“国家历史保护信托基金”(National Trust for Historical Perservation)购买了它(1973年)，从而避免了它损毁殆尽。今天，温赖特大楼是密苏里州政府办公楼群的一部分。

这是他自己发明的用词，指的是利用当地的木材和石块建造起来从而与周围环境达成浑然一体的房屋。虽然他自己的生活颇为超凡脱俗，但他却为他的资产阶级主顾们考虑得很浪漫。为了提升住房的品位，他将房屋设计成鼓励住户认同周围的自然环境。他的结构也打破了对固定内墙的常规依赖，以求鼓励时时变动的家庭成员关系和自由的屋内行动通道。赖特的风格立即成为全美国追求进取的建筑师们的标准，这种风格表现在外观讲究笔直的水平线条、悬垂的屋檐、阔大的窗户和尽量不搞细节雕琢(图3.27)。

音乐：从印象派到爵士乐

理查德·瓦格纳死于1883年(参见第2讲)，但在某些方面，他是早期现代主义音乐的灵魂人物。大多数作曲家要么以他们自己的手段利用瓦格纳在和声方面作出的创新，赋予这些创新以实际的意涵，要么故意排斥他的创新来抗

图3.27　弗兰克·劳埃德·赖特：弗雷德里克·C·鲁比住宅（Frederick C. Robie House）。1910年，芝加哥，海德公园街区

在1900—1910年间，赖特引进了他的“草原式住宅”（prairie houses），这个名称出现在《女士家居杂志》（*Ladies Home Journal*）的一篇文章（1901年）中，该文第一次推出了这种住宅设计。“鲁比住宅”是为一个有钱的客户设计建造的，建在芝加哥的一个富裕社区，它是美国中西部风格的一个精美典范，成为后来许多中产阶级房主的“梦想宅第”。这种风格非常注重水平线，从而在其外观形成了一些平移的受光面，这种式样可以与同时期绘画发展中的立体主义多视角相媲美。

拒他的影响。例如，受瓦格纳影响的一种音乐风格是印象派，它受到了瓦格纳所创慢慢上升、不断交替的和音之启发。然而，印象派作曲家并没有停留在他的教诲之下。如果说瓦格纳是寻求将各种艺术融合起来的哲学家和文学家的话，那印象派作曲家则纯粹为了声音而探索声音。与印象派画家一样，印象派作曲家认为，任何时刻——无论有多真实——都是匆匆流逝的、支离破碎的瞬间，因此他们的谱曲就阐释了这条原则。他们的音乐没有常规的主题发展或是戏剧性情节和阐释，与海顿一类的音乐相比，他们的乐曲听起来有点云里雾里、含糊不清。

法国作曲家德彪西（Claude Debussy，1862—1918年）开创了印象派风格。他借鉴出自非西方渊源的滑弦音和半阶音等音乐手法，制造出不断变幻的音色和音调效果。德彪西的音乐代表了19世纪音乐界对以下这些东西的兴趣之顶峰：乐曲标题、大型管弦乐团、雄浑和弦和相对自由的节奏及形式。

德彪西的标题作品之一《牧神午后前奏曲》（*Prélude à l'après-midi d'un faune*，1894年）被公认为第一部印象派管弦乐杰作。这部作品是一部饱含模糊音响和虚幻节奏的激情之作。为了达到其幻想曲的音调效果，德彪西使用了一段委婉曲折的乐调，由一支热情洋溢的长笛独奏，背景音则是弱音弦乐和音色甜美的铜管乐及木管乐合奏。增强这部作品之梦幻般气氛的是其精妙的**力度**（dynamics），例如在**柔音**（piano）和**强音**（forte）之间的突然转移。

这段时期还产生了第二位印象派音乐大师：颇受德彪西影响的作曲家莫里斯·拉威尔（Maurice Ravel，1875—1937年）。与德彪西不同，拉威尔爱好古典乐曲和现有舞曲的清晰结构。拉威尔所谱乐曲中最具印象派色彩的也许是《水的嬉戏》（*Jeux d'eau*，1901年），这是一部标题钢琴曲，其特点是乐曲中回荡着水泡声和水滴声的音响。甚至在谱写《水的嬉戏》之前，拉威尔的古典主义情趣就清楚地表现在了《献给已故公主的孔雀舞》（*Pavane pour une infante defunte*，1899年）中，这是一部音质忧郁的钢琴曲。在这部乐曲中，音乐紧扣着巴洛克式**孔雀舞**（pavane）的庄重节奏——孔雀舞是一种源自意大利的英国宫廷舞。舞蹈还激发了拉威尔创作出一部根据舒伯特圆舞曲（参见第1讲）和1820年代巴黎舞厅舞曲改编的钢琴曲《高贵感人的华尔兹》（*Valses nobles et sentimentales*，1911年）和一部对19世纪维也纳圆舞曲明褒实贬的管弦乐作品《华尔兹》（*La Valse*，1920年）。拉威尔最著名的作品《华尔兹》实际上是一种愤怒的比喻，乐曲中逐渐变得不和谐的音乐声代表着触发了一战灾难的种种因素。

与瓦格纳相反的一种趋向是表现主义，它与维也纳的表现主义艺术同时发展起来。音乐上的表现主义吸收弗洛伊德心理学见解，展现一种世界的扭曲形象，集中表达愤怒和痛苦。它最令人震惊的特点是信奉**无调性**（atonality），一种没有任何主次曲调的音乐。对听众来说，无调音乐听起来很不协调甚至有点吵闹，因为它不提供任何和谐的参照结构。它的特征是从一个音调大幅度地跳跃到另一个音调、欢快的片断、突然停顿的节奏和强烈的对比。表现主义作曲家摒弃传统形式，使试验成为其音乐观念中的关键。

表现主义流派的创始人和领袖是阿诺德·勋伯格（Arnold Schoenberg，1874—1951年），他在1907年前后放弃了瓦格纳的风格，向无调性发展。首先，勋伯格采用了传统的音乐形式，例如其《第二弦乐四重奏》（*Second String Quartet*，1908年），虽然从来没有哪部弦乐四重奏听起来像他创作的这部乐曲一样不协和。这部作品没有谱写任何指定的主旋律，而是充满了断断续续的优美曲调，它没有向听众提供任何可以辨认的参照结构。小提琴手需要不时演奏出他们的乐器所能演奏的最高音或最低音。

除了传统的形式外，勋伯格还创立了一套表现主义钟爱的谱曲手法：为音乐设定一段文学内容，音乐随其特点和情感的变化而变化。表现主义内容音乐的一个典型例子是《月迷的彼埃罗》（*Pierrot lunaire*，1912年），它是根据一位比利时作家的诗歌谱写的室内乐五重奏和声乐曲。虽然勋伯格贬低了原作诗歌内容的重要性，但这部乐曲中的小提琴变奏和明显的不协和音调清晰地衬托了音乐内容中怪异的心理和令人毛骨悚然的语言。乐曲中的独唱歌手不是像通常的那样将内容歌唱出来，而是夹唱夹白地进行咏诵。

"月迷的彼埃罗"（Moonstruck Pierrot）是《月迷的彼埃罗》的21首组歌中的一首，把诗人塑造成一个小丑般的人物，因月光之美而迷醉。勋伯格的音乐表达了诗人夸张的思维，比如用一个**华彩段**（cadenza）——一段含有即兴感觉的曲调——来表达涓涓如泻的月光。他还在第一行中确立了一个主题旋律，即一段用钢琴和小提琴演奏的七音符连续音，开头为"Den Wein"（德语中"美酒"的意思）——此乃月光的诗意隐喻。"美酒"段落在第7行和第13行里又重复出现。一段**回旋诗**（rondeau）诗文像这组组歌中的其他歌曲一样意境高远，这段回旋诗是一首始于中世纪后期的十三行法语诗。

《月迷的彼埃罗》代表着第一次世界大战之前勋伯格表现主义音乐的极致。这部作品使他成为两位最受敬重的早期现代主义作曲家之一。但他并不愿意故步自封，而是继续探索崭新的音乐技巧（参见第4讲）。

这段时期中活跃着的另一位20世纪杰出的音乐天才是俄罗斯的伊戈尔·斯特拉文斯基（Igor Stravinsky，1882—1971年）。斯特拉文斯基没有受瓦格纳风格的影响，但他却与艺术和文学领域正在发生的革命性事件不谋而合，他大约与勋伯格同时成名。1913年，斯特拉文斯基为《春祭》（*The Rite of Spring*）谱写了乐曲，《春祭》是谢尔盖·加吉列夫（Sergei Diaghilev，1872—1929年）为巴黎俄罗斯芭蕾舞团（Ballets Russes in Paris）创作的一部芭蕾舞剧。斯特拉文斯基的谱曲和该剧的舞蹈设计非常切合当时在这座法国首都盛极一时的原始主义艺术主题。斯特拉文斯基的击打式音律采用突然的节拍转换、催眠式的拍子和猛烈的**切分音**（syncopation，一种音乐手法，在似乎应该是一个强拍的时候却奏出一个弱拍），从而营造出异教徒的礼仪氛围。"野蛮的"音乐再加上充满色欲的舞蹈招来了众多的非议，使斯特拉文斯基成为全世界最领先的先锋派作曲家。尽管他创作了如此新颖的音律，斯特拉文斯基却决非是一位毫不留情的试验者。在第一次世界大战之后，斯特拉文斯基虽然受到了现代主义影响的触动，却成为了一个古典流派的首领，这个流派以法国为中心，反对勋伯格通过其在维也纳的创作正在引入的更为极端的理论。

图3.28 马修斯乐队（Mathews Band）。路易斯安那州洛克波特（Lockport, Louisiana）。杜兰大学，霍华德—提尔顿纪念图书馆，霍干爵士档案（Hogan Jazz Archive，Howard-Tilton Memorial Library, Tulane University）

乐队——无论是白人乐队还是黑人乐队——在19世纪的美国蓬勃发展。乐队演奏会在野餐会、节日和游行等地方事件上演出，构成了城市文化的一部分。对黑人乐师来说，参加一支乐队演出意味着有机会能展示音乐才华、挣得现钞、穿鲜亮衣服、在聚光灯下潇洒。经验丰富的乐师的乐队文化成为爵士文化的一部分，在迪克西兰爵士乐（Dixieland jazz，爵士乐的一种，通常是指白人乐师演奏的爵士乐——译注）中，乐队成分到今天依然还很浓郁。本图中的纯铜管乐队在路易斯安那州的洛克波特，是新奥尔良附近拉福奇湾（Bayou Lafourche）边的一个乡村。注意照片背景中该地区当地风格的建筑：为了保证通风良好，木屋高架在石础上；四根木柱支撑起门廊；正门两旁是侧窗；还有悬挂着的木质窗帘。

随着西方音乐偏离古代和中世纪的源泉，一种扎根于非洲裔美国人中间的新传统爵士乐（Jazz）开始在美国崭露头角（图3.28）。Jazz一词最初是一个指称性交的脏词，这个词语反映了这种音乐缘起于新奥尔良的地下色情场所。爵士乐将西非和非洲—加勒比地区的节奏与西方音乐的和音融合在一起，并采纳了植根于非洲民歌和1850年代在新教市民中复兴的圣经歌曲中的即兴对唱风格。爵士乐还吸收了另外两种非裔美国人的音乐形式——主要由乐器演奏的切分乐曲和原初是声乐艺术的布鲁斯。

早期现代主义的遗产

在1871—1914年间这段动荡不安的年代里，涌现出了许多趋势，它们促使20世纪成为一个极其振奋——也极其危险——的时代。好战的民族主义之遗产孕育了两场蹂躏了20世纪的世界大战。即使是在今天，民族主义依然是一股强劲的力量，显得要冲垮许多国家的边界和政府。另一个遗产是帝国主义，它具有极其矛盾的后果。一方面，它将西方的民族、价值观和技术扩展到了全世界，带去了更高的生活标准和更大的期望值，而另一方面，它扰乱了（甚至摧毁了）古老的生活方式，并随着殖民地人民起而摆脱西方压迫的枷锁而导致了一系列的战争。至于第三个遗产即军国主义，则促使国家间的争斗成为焦虑和破坏的永久渊源。

在文化范畴内，早期现代主义为20世纪拉开了序幕。大众的兴起导致了文化越来越无产阶级化。结果，中产阶级遭到了来自城市劳工的文化进攻，其情形恰如贵族阶层曾遭受中产阶级的进攻和取代一样。技术加速了大众文化的兴起。这个时代的第二种遗产是先锋派，他们的首领们试图有计划地消除犹太—基督教传统和古希腊—罗马传统残存的痕迹。艺术家们摒弃探索永恒真理的古典理想，他们追随印象派的先导，继续寻求变化以反映他们所处的新的历史条件。最后，早期现代主义营造了这个世纪的情感和审美氛围——对试验主义的钟爱、与不确定性和骚动不安之间爱恨交加的相互关系、对抽象的沉湎、对人性内在深度的信念以及想象不可想象之物的意愿。

切分乐曲（ragtime）在1890—1920年间盛极一时。Ragtime一词来源于词组“ragged time”（切分的时间），其原名是指由黑人钢琴家和作曲家司各特·乔普林（Scott Joplin，1868—1917年）演奏的一种切分音乐，这种音乐的基础是将非裔美国人的节奏与西方音乐的和音结合在一起。**布鲁斯**（blues）则源起于乡村非裔美国人的号歌和圣歌传统，它们将存在于生活、情爱、贫困和劳作中的痛苦呐喊出来。布鲁斯和爵士乐均为极具表达力的音乐形式，它们尤其被认为是美国对世界音乐的贡献。

文化关键词

现代主义（Modernism）　　先锋派（avant-garde）
社会福音派（Social Gospel）　　原教旨主义者（fundamentalist）
现代主义，天主教中的（Modernism，in catholicism）
自然主义（Naturalism）　　颓废派（Decadence）

表现主义（Expressionism）
地方色彩（local color）
卡郡人（Cajun）
印象派（Impressionism）
后印象派（post-impressionism）
抽象（abstraction）
野兽派（Fauvism）
拼贴（collage）
力度（dynamics）
强音（forte）
无调性（atonality）
回旋诗（rondeau）
爵士乐（Jazz）
布鲁斯（blues）
问题戏剧（problem play）
克雷奥尔人（Creole）
唯美主义者（aesthete）
浮世绘（ukiyo-e）
点画法（Pointillism）
原始主义（primitivism）
立体主义（Cubism）
抽象艺术（abstract art）
柔音（piano）
孔雀舞（pavane）
华彩段（cadenza）
切分音（syncopation）
切分乐曲（ragtime）

批判性思考提问

1. 界定早期现代主义。分别用文学和视觉艺术中的一个早期现代主义的例子来说明它们如何各自代表这种风格。

2. 讨论第一次世界大战的根本原因和导致这场战争爆发的直接事件。你认为这场战争有可能被防止吗？解释一下。

3. 界定先锋派并讨论先锋派在19世纪后期的文学艺术中扮演了什么样的角色。

4. 比较印象派、野兽派、立体主义和表现主义，指出每个风格中的主要艺术家及其代表作。

5. 好战民族主义、帝国主义和军国主义是如何影响早期现代主义时期的历史和文化事件的？

4 大众时代和现代主义的巅峰

1914—1945年

1914—1945年这段时期是一个危机年代，主要是由于四个事件：第一次世界大战（1914—1918年）；1930年代的大萧条（Great Depression）；第二次世界大战（1939—1945年）；普通民众登上政治舞台。今天，我们认识到，这个纷乱时代最重大的事件乃是大众成为推动历史发展的强大动力。大众的崛起预示着一个新文化阶段——即“大众时代”（Age of the Masses）——的来临，在其中，下层中产阶级和工人阶级的芸芸众生挑战资产阶级的统治，正如以前资产阶级曾挑战并最终战胜贵族阶级一样。

公众的需要导致了大众文化的诞生，催生出新颖的流行表达形式。大众文化在大多数严肃的艺术家、作家和音乐家中激起了负面反应，这些人更偏好晦涩的、显得有些遥远的现代主义风格。部分是由于大众文化的极其流行，所以现代主义的领军人物便开始创造一些形式上越来越革命性的作品，不断尝试艺术的极限。故而，这一时代同时出现了大众文化的兴起和现代主义的鼎盛。

◀ 毕加索：《三个音乐家》。1921年。帆布油画，2.03×1.88米。费城艺术博物馆。A. E. 加拉廷收藏

图4.1　毕加索:《格尔尼卡》(*Guernica*), 1937年。帆布油画, 3.49×7.77米。马德里, 普拉多画宫

毕加索的《格尔尼卡》是两次大战之间20年动荡岁月的生动象征。这幅画描绘了西班牙内战期间德国飞机轰炸不设防城市格尔尼卡的情景, 它将西班牙的地方性争斗转化成一场极权主义与人类自由之间的国际战争——这类事件也主导了该时代的意识形态争执。

4.1　陈规的坍塌和对新价值观的求索

在第一次世界大战以前, 自由价值观指引着大多数人的期望。然而, 在一战爆发到二战结束期间, 自由主义的价值观经受了严重的考验, 在某些情况下甚至被摧毁了。战争、革命和社会动荡时时笼罩着内外事务。在那些执着于自由主义理想的人看来, 世界似乎发疯了(图4.1)。在俄罗斯、意大利、德国和西班牙, 个人权利逐渐让位于社会需要, 或干脆臣服于当政的极权主义政党的愿望。自由放任信条也在1930年代的大萧条时期声誉扫地, 这致使资本主义本身受到怀疑, 并导致了国家控制型经济的兴起。

第一次世界大战及其后果

1914年, 一场人们没有预料到的战争爆发, 它夺去了大约一千万人的生命。战争一方是中欧国家——德国、奥匈帝国(三国同盟的成员国)、土耳其和保加利亚。这些国家主要的战争目标是确保中欧地区的权势, 它已经在西欧面前暗淡了将近200年时间。中欧自大意识的产生源自于1871年德国的统一, 它使德意志帝国成为欧洲大陆最强大的工业和军事强国。

站在中欧国家对立面的是协约国: 法国、俄罗斯和英国(系三国协约的成

图4.2　保罗·纳什（Paul Nash）:《“我们在创造一个新世界”》（“*We are Making a New World*”）。1918年。帆布油画，71×91厘米。伦敦，帝国战争博物馆

保罗·纳什是第一次世界大战期间英国的一个官方艺术家，他将这场战争巨大的毁灭性力量的现实展示给了国内的平民。在他的战场画面里，农田变成了沼地，森林变成了“无人”地。作者为这幅画选择这样一个标题是在嘲讽政治家称明天将会更美好的许诺。

员国），以及1915年加入进来的原三国同盟国家意大利。协约国不允许中欧国家改变力量均衡，尤其是决意防范德国获取新的土地。交战双方发现自己陷入了持久战事的泥潭，它致使战场前线尸骨累累，后方家园也痛苦不堪（图4.2）。1917年春天，两大事件打破了双方的僵局。首先，美国加入协约国一方参战，带来了源源不断的生力军和给养补充（图4.3）；其次，俄罗斯爆发了革命，扰乱了俄国的战争努力，并最终促使新建立的共产党政权于1918年同中欧国家签订了和约。德国人在西线发动了一场大规模的攻势，但得到美国军队支援的协约国挫败了德国人并迫使他们在1918年11月投降。

结束战争的1919年《凡尔赛和约》部分以美国总统伍德罗·威尔逊

图4.3 蔡尔德·哈萨姆（Childe Hassam）:《1917年5月的协约国日》（*Allies Day. May, 1917*）。1917年。帆布油画，92.7×76.8厘米。Ethelyn McKinney为纪念其兄弟Glen Ford McKinney而捐赠，华盛顿特区，国家美术馆

诸如法国的巴士底狱日那样的爱国主义仪式，在战时很自然地扩及用来纪念一些国家加入协约国对抗其共同的敌人。当美国加入第一次世界大战之时，纽约市的第五大道到处张挂起法国、英国和美国的国旗。协约国中间这种团结奋战精神的洋溢与保罗·纳什的讽刺性画面（参见图4.2）形成了鲜明对照。蔡尔德·哈萨姆（1859—1935年）曾在巴黎留学，而后回到美国，成为美国领军的印象派画家。哈萨姆采用了一种广角摄影式的手法，将各种旗帜与高楼大厦布置在一起，左边渐次淡化的大楼向远方延伸，而在右边只画出来其他楼房的薄薄一层边缘面。左边楼房上发射出来的阳光增添了这幅画轻快的气氛。

（Woodrow Wilson，1913—1921年）的方案为蓝本。威尔逊方案的目标是保住欧洲远离战争，该方案还号召民族自决、民主政府并建立称为国际联盟（League of Nations）的国际机构来维护和平。凡尔赛和约虽然在乐观的气氛中签订了，但它却在德国埋下了不和谐的种子，它们将逐渐引发第二次世界大战（地图4.1）。战败国德国的文武百官日后将谴责这项和约是对他们国家的一种侮辱，以此来煽动民族主义感情。《凡尔赛和约》也为未来中东的难题准备了温床，特别是由于该条约将美索不达米亚（即消亡的奥斯曼帝国之莫索尔［Mosul］、巴格达［Bagdad］和巴士拉［Basra］诸省份）交由英国控制。在此前从未出现过任何现代国家的美索不达米亚，虽然逊尼派和什叶派穆斯林、阿拉伯人、库尔德人、波斯人及亚述人之间存在着裂痕，但1921年还是建立起了伊拉克王国（图4.4）。

但是，和平给战胜国的经济带来了繁荣。英国和法国恢复到了正常的经济状态。美国退回到它战前的孤立主义，在1924—1929年间，美国同时展示了自由企业最好和最坏的东西——前所未有的繁荣和极度的贪婪。

中欧国家的经济日子不好过。德国一开始步履蹒跚，差点

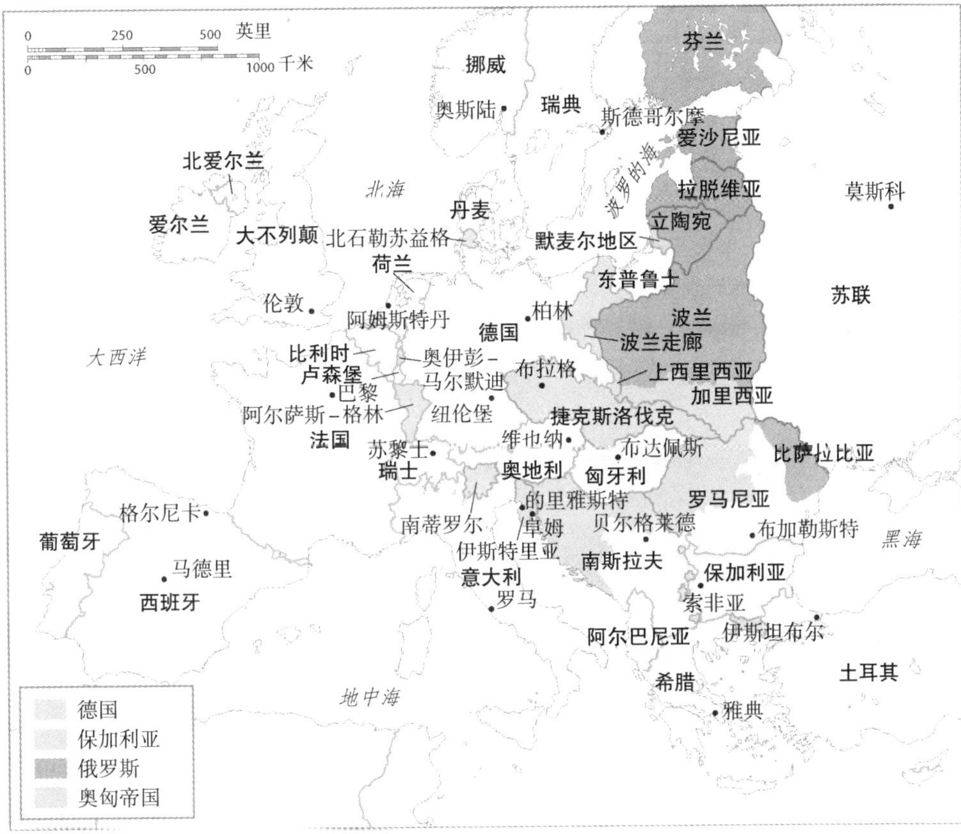

地图4.1 第一次世界大战后的欧洲

这幅地图显示了1920年代早期的欧洲政治分野。1.注意德国、保加利亚、俄国和奥匈帝国失去的领土。2.俄国现在叫什么名字？ 3.哪个国家失去的领土最多？ 4.这些失去的土地如何影响了欧洲的政治？ 5.观察这幅地图上欧洲东南部的国家面积的增大，与它们在地图3.3上更小的面积相比较。6.注意在地图3.3上的奥斯曼帝国在这幅地图上变成了土耳其。

陷入崩溃，但它挺了过来，随后恢复了它作为欧洲大陆头号工业国家的地位。在德国第一个议会制民主政府魏玛共和国（Weimar Republic）时期，德国再度成为欧洲文化的中心，产生了先锋派绘画和文学方面的重要领军人物。相反，奥匈帝国则被划分成一些独立的国家，它原有的斯拉夫族人分散到了几个国家。由于缺乏良好的经济基础，这个一度强盛的帝国再也没能从战败中完全复原。

随着1920年代接近尾声，一盏警灯亮了起来：1929年10月纽约股市狂泻。在此之后，20年代的那种令人欢快的气氛只苟延了几个月。美国作为世界经济的关键角色，其经济萧条随后就拖垮了欧洲的金融市场。

图4.4 《中东的第一口石油"喷井"》(*The First Oil "Gusher" in the Middle East*)。伊拉克，基尔库克，1927年10月14日。版权，伦敦，英国石油有限股份公司

西方在第一次世界大战之后进入了石油时代，而英国对奥斯曼帝国诸领地的规划正是依据一种直觉：在那里广袤的沙漠底下蕴藏着丰富的石油层。石油的迹象可见于摩苏尔沼泽地中的火焰，以及在巴格达涌出地面形成池塘的黑泥浆。然而，一直到1927年，也许是世界上最大的油田才出现，其时，正如这幅照片的佚名摄影师拍摄到的那样，油井喷发出的高达钻塔上空43米的原油证实了这一点。从那以后，如何来操控地下石油便成了伊拉克历史的一个负担。

1930年代的大萧条

经济萧条将繁荣一扫而光，引发了大众失业、街头示威和许多人食不果腹（图4.5）。在欧洲和美国，政府被迫采取极端措施来恢复经济。英国和法国不得不抛弃自由贸易，转向政府控制型经济。美国在富兰克林·德拉诺·罗斯福总统（President Franklin Delano Roosevelt，1933—1945年当政）及其新政（New Deal）下执行了一项国家干预以重振经济的政策。罗斯福启动了一些公共工程项目，发起社会保障和失业保险等计划以救助劳工，并开始督导华尔街（Wall Street）和银行。然而，萧条状态依然延续到第二次世界大战。

德国是欧洲受害最深的国家。部分由银行倒闭和失业剧增引发的国内问题导致了政治危机，这些危机终结了魏玛共和国的民主制度，并为阿道夫·希特勒（Adolf Hitler）领导的国家社会主义党（National Socialists）也即纳粹党（Nazis）夺取政权创造了条件。

当欧洲陷入灾难之时，日本却欣欣向荣。从1926年起，日本由裕仁天皇（Emperor Hirohito，1926—1989年在位）统治，他被像神一样供奉着，而实权则掌握在军方领袖和商人手中。在1930年代，这些团体执行扩张和军国主义

图4.5 多萝西娅·兰格（Dorothea Lange）:《加利福尼亚尼波莫的迁徙中的母亲》（*Migrant Mother, Nipomo, California*）。1936年。国会图书馆

在大萧条时期，移民劳工逐渐被吸引到加州的蔬菜农场。收割庄稼的季节工工资微薄，工作条件悲惨，通常居住在拥挤不堪、很不卫生的营篷里。这幅照片展示了一个带着三个孩子的移民母亲，豌豆作物的歉收令他们原已惨淡的生活雪上加霜。多萝西娅·兰格拍摄的那些令人心酸的照片收集在《美利坚的出埃及记：人类溃疡纪录》（*An American Exodus: A Record of Human Erosion*，1939年）中，它们反映了她强烈的社会正义感、对下层贫民的同情心和她本人作为一个破碎家庭孩子的生活。

政策，先是占领中国东北，后又对中国开战。由于1930年代后期欧洲局势的恶化，日本得以在东南亚采取行动。

极权主义的兴起

当1919年和约签订之时，民主似乎大获全胜了。但仅仅过了20年，到1939年时，大多数新建的民主国家——包括德国、奥地利、匈牙利、意大利、西班牙、保加利亚和罗马尼亚——都已成为极权国家。如此大规模的极权主义是20世纪的一种现象，但其根源则可追溯到法国大革命期间罗伯斯庇尔的政策（参见第1讲）。极权政府控制其公民生活和思想的各个方面。艺术、文学和报刊完全为服务于国家而存在。“真理”本身成为国家说什么就是什么的东西。在两战之间，极权主义呈现出两种形态：俄罗斯的共产主义和欧洲的法西斯主义。

俄国共产主义 俄国共产主义以卡尔·马克思的著作为基础，革命领袖列宁（V. I. Lenin）则对马克思理论进行了解释。列宁接受马克思所称经济状况决定历史进程的基本前提，也接受马克思的如下结论：历史必然走向一个由工

遭 遇

民众不服从和印度独立运动

战争是各个社会摆脱外来控制的传统手段。美国革命便是如此。然而，在两次世界大战期间，英属印度出现了一种反对外来统治的新手段，即民众不服从（civil disobedience）。

在1600年代，英国在印度的统治仅仅扩展到由英国东印度公司掌控的贸易和商业。此后，在1857年，印度兵变使这段英—印历史突然结束了。在残酷镇压这场兵变的同时，英国领导人废除了东印度公司，将印度置于英国王家（即Raj，源于印度梵语词，意为“国王”）的统治之下，包括一个印度国务大臣、一位印度总督和印度文官政府。Raj继续东印度公司已经开始的事业：促进农业、建造铁路和码头、铺设电报线路、努力改变（英国人认为是野蛮的）印度的风俗礼仪、开办学校以培训印度人供职于印度文官政府的低级职位。

此后，许多印度教徒和穆斯林在牛津和剑桥学习，他们在那里学到了西方的政治学和思想，他们在回到印度后要求进行经济和社会革命，并要求在印度事务中发挥更大的作用。1885年，效仿西方政党模式的印度国民大会党（即印度国大党，National Indian Congress）成立，它是一个可以在其中宣泄怨言并向英国官员反映的集会，它很快显露为印度最有影响力的改革集团。1900年之后，国大党与全印穆斯林联盟（All-India Muslim League）结成同盟，在第一次世界大战之后，这两党联合阵线开始争取完全独立。然而，英国人立场坚定，而两党联盟也发生冲突，穆斯林少数派退缩了，他们担心印度教徒占优势的国民大会将在独立后控制印度。

国大党缺乏有力的领导集体，但这个真空因1914年甘地（Mohandas Karamchand Gandhi，1869—1948年）返回印度而得到了填补。甘地在伦敦学习法律（1888—1891年），在南非成为一名民权律师（1893—1914年），他正是这场运动所需要的领袖。在南非期间，甘地经历了一场道德和精神

玛格丽特·布尔克－怀特（Margaret Bourke-White）:《甘地纺线》（*Gandhi at the Spinning Wheel*）。1946年

在1930年代，甘地发起了一场乡村工业运动。他鼓励他的同胞们摆脱英国获得经济独立，并且认同自己的印度手工遗产。作为一个时代的巨人，甘地利用媒体来推进他反对英国殖民主义的政治纲领，本幅照片证明了这一点。在照片上，他身穿一条简朴的缠腰带静静地看书。

觉醒，完成了他旅居英国时已开始的历程。在他的精神追求中，他受到来自东西方思想渊源的混杂影响，包括俄国人托尔斯泰关于基督教的著作、美国人梭罗（Thoreau）关于民众不服从的论文、《圣经》、《古兰经》，特别还有《薄伽梵歌》（*Bhagavad Gita*）——有关个人行为的印度教宗教经典。甘地从这些渊源汲取养分，梳理出一种信条，在其中，他批驳物质主义，同时欣然接受非暴力（ahimsa）和民众不服从（satyagraha，或“坚持真理”）的理念。

甘地将国大党转化为一个政治斗争武器。他崭露成印度人民的心声代言人。在1920年代，他领导了一场抵制英货运动，并敦促他的同胞抗拒英国司法体系和英式教育。他还反对进一步工业化，号召印度人回归棉花业，例如自己织布做衣服等。

印度的自治愿望因1937年的一项英国法律“印度政府法”（Government of India Act）而弄糟了，这项法律使印度成为英帝国内的一个自治国家，但由于印度教徒和穆斯林之间日益增强的不信任，自治政府表现得难以运作。

在第二次世界大战后，甘地在最终导致分别给予印度（印度教徒）和巴基斯坦（穆斯林）独立国家地位的谈判中扮演了关键角色。这个事件引起了巨大的混乱，因为许多印度教徒和穆斯林要从一个国家移居到另一个国家。在这场混乱中，甘地被暗杀了。尽管如此，他用来解决社会、政治和经济问题的方法途径启迪了许多后代人，包括马丁·路德·金和1960年代的其他民权领袖（参见第5讲）、共产党垮台期间的捷克和其他东欧国家人民（参见第6讲）以及全世界各地的民众不服从运动倡导者。甘地在世期间，崇拜他的印度人就授予了他“圣雄”（Mahatma）的尊称。

读“遭遇”，学知识

1. 英国国王为什么从东印度公司手中接收印度？

2. 讨论影响圣雄甘地一生的事件和思想。

3. 甘地的手段用来解决美国的问题会有用吗？

人阶级统治也为工人阶级服务的共产主义社会。与马克思不同的是，列宁认为，只有当一个小型的精英集团——而非一场群众运动——以人民的名义夺取了政权之时，才有可能发生根本的改造。

1917年的俄国灾难重重，君主无德，军方首领无能，经济脆弱，社会和政治不和谐加剧。是年2月爆发了革命，接着，一小批马克思主义共产党人——布尔什维克（Bolsheviks）——于10月掌握了政府。列宁（1917—1924年当政）领导的布尔什维克开始改造经济和政治制度。按他们的计划，国家将控制生产和分配，而苏维埃（soviet）——即由工人、士兵和农民组成的委员会——将在列宁领导的共产党率领下重建地方层面的社会和经济秩序。

列宁去世后，约瑟夫·斯大林（Joseph Stalin,1928—1953年当政）最终当上了苏维埃社会主义共和国（俄罗斯帝国的现有名称）的唯一统治者，他逐步将他的意志蛮横地强加给国家。通过国营的农场、工厂和重工业，生产提高了，现代化也完成了。但是，除共产党外，所有政党被取缔了，而且，斯大林残酷无情地对待政敌和批评者。他或是将他们杀害，或是把他们囚禁到在西伯利亚荒野上四处设置的劳改营（被称为古拉格［Gulag］）。受斯大林迫害的人数难以想象：在1926至1939年强制性农业合作化期间一千多万男女老幼死于非命，还有数百万人死于大清洗和劳改营。

欧洲的法西斯主义　欧洲法西斯主义依据以下这种观念：民众应该直接参与国家事务——但不是通过诸如议会等立法或协商机构，而是通过把民众融入一种"精神"。法西斯主义试图通过宣扬有关国家尊严的非理性情绪来约束民众。法西斯主义者相信个人微不足道，民族国家才是其人民命运的至高无上的象征。

在实践中，法西斯主义导致个人自由的丧失，因为其追求经济稳定和社会和平的理想只能通过独裁统治及对新闻、教育、治安和司法等制度的严格控制来实现。由于它怀有理想主义式的民族主义，因此法西斯主义对外国人和游移于多数派历史、种族和政治之外的国内群体均采取敌视态度。这场运动固有的侵略性导致了强大军队的建立，它们将用于在欧洲征服新的领土，在海外获取殖民帝国。法西斯主义首先于1920年代在意大利露头，随后在1930年代出现于德国和西班牙。

在意大利，步履蹒跚的经济和日趋加深的国民沮丧情绪促使越来越多的人追随法西斯分子。由贝尼托·墨索里尼（Benito Mussolini，1922—1945年执政）领导的法西斯主义者梦想使意大利再现古代的辉煌。在1922年夺取政权之后，墨索里尼多少实现了他的一些宏大计划，而由于欧洲其他地区经受大萧条的煎熬，他那些实用性的政策在其他地方获得了一片赞美。

德国在1930年代初期备受萧条、失业和政治极端主义的困扰。1933年，德国选民把选票投给了国社党（即纳粹党）。在三年之内，纳粹党恢复了工业生产力，消除了失业，并赢得了许多工商界领袖和农民的支持。纳粹党的成功最终是依靠其党魁（Führer，也即leader）阿道夫·希特勒（1933—1945年当政），他是一位属于中产阶级的奥地利人，曾当过兵，他创立了一场以反犹主义（anti-Semitism）和反共主义（anticommunism）为基础的强大的群众运动。他运用自己的人格魅力吸引忠诚的信徒致力于恢复德国战前的辉煌。纳粹党徒残酷对待政敌、犹太人和任何不同政见者的手段从一开始就引起了恐慌，但大多数欧洲人却对这些残暴行为视而不见，他们更多地着眼于这个新政权的成就（图4.6）。

图4.6 纽伦堡纳粹党大会。1933年

在纳粹党宣传头目约瑟夫·戈培尔娴熟的操纵下，纳粹党上演了声势浩大的游行活动，旨在慑服参加者和旁观者们的心灵。在这张佚名摄影师拍摄的照片中，纳粹党徒和非正式军队列队接受检阅。在1930年代，这类游行成功地将德国民众与纳粹党魁联系在一起。

在1920年代中，君主制西班牙的农业经济和传统制度开始因工业增长而陷于衰竭境地，1930年代初，一批联合起来的改革派推翻国王，创建了一个实行保护公民权宪法的世俗共和国。保守派势力阴谋恢复君主统治和教会影响力。1936年，内战爆发。弗朗西斯科·佛朗哥（Francisco Franco，1939—1975年执政）将军率领保守党人于1939年打败改革派联盟，取得了胜利。在内战期间，希特勒和墨索里尼向佛朗哥的军队提供军队和军需支持，而斯大林则支持日趋失利的另一方。对德国人和意大利人来说，西班牙内战是第二次世界大战的热身战。例如，对诸如格尔尼卡（Guernica）等不设防城市的轰炸（参见图4.2）预示了二战中屡见不鲜的狂轰滥炸和杀戮平民现象。

第二次世界大战：原因和结果

第二次世界大战的根源在于《凡尔赛和约》（许多德国人称之为一项“口授的和平”，它把德国丧失的领土划给了法国和波兰）、大萧条和民族主义。希特勒上台后不到一年，就发动了一场修改《凡尔赛和约》的运动，并开展一场集中宣扬德意志往日辉煌的宣传战。他吹嘘他的政权是将延续一千年的第三帝国（Third Reich）——它将像历时几百年的神圣罗马帝国（1000—1806年）一样，而不像是短命的德意志帝国（1871—1918年）。1936年，他派军队进驻德国的工业重地莱茵兰（Rhineland），该地区按《凡尔赛和约》的规定是非军事化的。当世界各国未能对这一挑战作出反应之时，希特勒断定德国从前的敌人很虚弱，于是他酝酿一项征服欧洲的计划。在随后的两年内，欧洲袖手旁观希特勒占领奥地利和捷克斯洛伐克。第二次世界大战开始于1939年9月1日德军入侵波兰；法国和英国报之以宣战。

图4.7　玛格丽特·布尔克－怀特:《俄罗斯坦克兵》。1941年

摄影新闻由照片而非文字来主导新闻，这种流行的形式在第二次世界大战期间达到了新的顶峰,特别是在诸如《生活》一类的图文杂志中。玛格丽特·布尔克－怀特是第一批战地女记者之一，当1941年6月德国人入侵苏联之时，她是唯一一位在现场的外国摄影记者。在本幅照片中，一名俄国坦克兵从窗口向外看，他头顶上是一门坦克炮——这是一幅生动的景象，将人与机械化战争糅合在了一起。

在9个月内，纳粹占领了欧洲大部分地区。到1940年秋天，英国在其战时领袖温斯顿·丘吉尔（Winston Churchill）的领导下顽强抵抗，顶住了德国的空袭。由于不能在空中打败英国，希特勒便转向东方，于1941年入侵苏联（图4.7）。不久以后，英国和苏联成为反纳粹德国的盟友。接着，1941年12月7日，日本偷袭美国的太平洋军事基地珍珠港（Pearl Harbor），几天之后，德国和意大利跟随日本向美国宣战。日本的战争动机是消灭美国海军在太平洋地区的存在，以便能够征服并控制东南亚。

欧洲的战事持续到1945年5月，其时，英国、苏联和美国等同盟国（Allied Powers）的联军迫使德国投降。意大利在反法西斯人士推翻墨索里尼并建立共和国之后，已于1943年9月与同盟国达成了停火。在太平洋，盟军占领了一些日本的战略要岛，至1945年8月，美国在日本城市广岛和长崎投下了两枚原子弹，对日战争戛然而止（图4.8）。这两次空袭致使20多万日本人丧生，六年血腥的战争告终，战争中死亡人数总计约3000万到5000万。

到1945年，全世界已目睹了有史以来人类行为最残酷的一些例子，但人们对纳粹死亡集中营的惊人暴行还是没有心理准备。世人逐渐得知，纳粹曾将德国和东欧的犹太人围捕起来，用闷罐车运往处决营地，在那里的毒气室将他们杀死。纳粹称他们消灭犹太人的计划为“最后解决”（Final Solution），但世界其他地方的人则称之为“大屠杀”（Holocaust）。这项种族灭绝政策屠杀了900万犹太人中的600万，另外还有几百万吉卜赛人和同性恋者等纳粹讨厌的人罹难（图4.9）。

1945年，经过六年战争的德国和日本一片凋敝。意大利损毁得稍轻一些。在战争大部分时间里遭德国局部占领的法国重新获准进入盟国委员会。英国虽然取得了胜利，却已精疲力竭，在其以前的盟友美国和苏联面前显得黯然失色。旧有的欧洲秩序一去不复返了。苏联和美国现在成为世界上两大超级大国。

图4.8　美国海军战舰“密苏里号”上空的舰载飞机。1945年

虽然日本人在1945年8月15日无条件投降，但正式的受降仪式一直到1945年9月2日（即V–J Day，对日战争胜利日）才在停泊于东京湾的美国海军战舰“密苏里号”上举行。此时，美军已登陆日本，盟军聚集起了压倒一切的优势力量，让日本人和全世界知道谁赢得了战争。这个信息通过舰载飞机集群飞临战胜的美国舰队上空的形象传达了出来。用来自美国的武器装备武装起来的同盟国军队表明，如果国家想赢得战争，就必须拥有军事和工业力量。

4.2　现代主义的巅峰

现代主义是这个时期占主导的文化风格。现代主义以其潜在的怀疑主义精神和追求试验的习性引导艺术家、作家、作曲家、电影制作人、设计师和建筑师们进行创作。但这种风格的感召力是有限的，日趋扩大的普通大众被孤立于先锋派艺术、音乐和文学的发展之外。当这一更广泛的观众群体接触到现代主义作品时，他们经常对它们嗤之以鼻，认为他们不可理解、晦涩，或者是在某些方面全然具有挑衅的意味。他们反而转向**大众文化**（mass culture）所提供的越来越便利也越来越支付得起的娱乐。

大众文化、技术和战争

现代主义从19世纪后期开始时起就是技术和战争的产物，同时也是对技

图4.9　德国贝尔森（Belsen）的纳粹死亡集中营。1945年

当纳粹1933年在德国掌权之时，他们秘密地开始将其政敌囚禁在集中营，在那里，政敌们备受折磨，或被处决。到1942年，纳粹将这项秘密政策扩展到欧洲各地，囚禁对象包括了少数民族公民，特别是犹太人。像本幅照片一类的图片，向世界揭露了纳粹政权所犯的屠杀暴行。

术和战争的反应；在20世纪上半叶里，这三样东西更紧密地交织在一起。技术和战争经常显得不可分离，因为技术决定了战争如何进行，而军事策划者通常是些从此前时代获取经验的人，他们显得不能适应最新的战争技术。而现代主义则是时代的一面镜子，记录并反映技术和战争对社会的破坏性作用，事实上是暴露现代生活脆弱的基础和范围。然而，即使是对大众有感召力的大众文化，似乎也时时无法抵制现代主义美学的腐蚀性行为。

大众文化与新技术　同相对主义一样，大众文化也是工业化社会的直接产物。它的根源可追溯到19世纪后期，那时的熟练工人开始享受到以往的工人阶级成员根本不可能享受的更优越的生活标准。这一代新生的消费群体要求符合他们口味的产品和娱乐：便宜、有激情、容易得到。

为满足他们的欲望，采用新技术的企业家们将源源不断的消费商品推向市场并开发新的娱乐品类。与此前的民间文化或民众文化不同，现代大众文化是一种批量生产的文化。不断膨胀的消费市场导致了新产业的建立和扩展，尤其是在汽车、家政产品和室内用具等方面。大众文化的大多数形式——广播上的搞笑节目、报纸上的连环画、卡通、职业运动、图文杂志、录音、电影和音乐剧——在一战以前就发端了，但在两战之间的年代，它们进入了全面发展的阶段。1920年代是百老汇音乐剧的黄金时期，而广播则在1935到1955年间达到了顶峰。

大众文化的扩展提高了美国的声望，它逐渐被公认为最具活力和想象力的流行作品之发源地。美国在大众文化领域主导权的杰出代表是沃尔特·迪斯尼（Walt Disney，1901—1966年），他是米老鼠（Mickey Mouse，1928年）和其他一些卡通形象的创造者。到1945年，大众文化已经在一些较发达社会中大部分公民的公共生活和私人生活中发挥着日益重要的作用。一批现代主义者开始将大众文化的成分融入他们的作品中，比如，他们在"严肃"音乐或歌舞剧影片中运用爵士乐；但大多数艺术家、作家和音乐家还是不愿与大众文化沾边。他们的游离反映出他们对现代主义的实验性、别出心裁和着意晦涩等理念有一种近乎神圣的信奉。一些现代主义者，特别是一些视觉艺术家，使这些理念充满了精神含义。

战争　在这个暴力的时代，技术和战争之间的相互依赖大大加速了。在整个西方的每一个国家，强大的工业—军事—国家复合体批量制造新型武器，将公民动员组成军队。现在出现了一句新名言：只有那些成功地将技术、军事和政府融合在一起的国家才能赢得战争。例如，在20世纪最初几年的英德海军竞争中，军方、工业界和政府之间的联系非常明显。这一打造最强大战列舰的竞争是帝国主义和好战民族主义的反映。在第一次世界大战酝酿的过程中，军事在这一三维关系中扮演了主导角色。援用一位历史学家的说法，使20世纪显得独一无二的"孪生进程"现在变成了战争的工业化和经济的政治化。最终的结果乃是建造了政治家和军事领袖都控制不了的战斗机器。一旦周密的准备和详细的动员计划启动，它们就停止不下来。

到1914年，工业化国家已采用了新式武器——75毫米野战炮、机关枪和后膛步枪——并修筑了运送军队和给养的铁路。考虑到此前的一些战争（参见第2讲），军事领袖一开始相信第一次世界大战将是一场迅捷短暂的战争，但结果它却是一场难决胜负的战争，交战双方损失惨重。从这场旷日持久、艰苦卓绝的战争中吸取的教训是：下一场战争将完全用装甲车、坦克和飞机来机械化；科学和技术将起到至关重要的作用。

德国、日本和意大利窥察到这些一战的教训，它们在第二次世界大战的前三年里占据了上风。但他们的自然资源、生产能力、组织技巧和决心都没能敌过同盟国。归根到底，同盟国之所以能取得胜利，应归功于良好运转的工业—军事—国家复合体，在其中，劳动与管理携手合作，时而受到来自国家的推动；官僚机构平稳地供应后勤；国家为一些关键的科学项目（如建造原子弹）提供资金；平民则自愿为赢得战争作出牺牲。

文学中的试验

1914—1945年间的现代主义者保持着早期现代主义对实验的执着精神，这种姿态反映了他们对所处时代不稳定状态的绝望。现代主义者深信，他们能够给看起来杂乱无章和毫无意义的人类状态确立一种秩序，故而，他们以自己精心创作的实验性作品来挑战传统的文学范式和手法。

小说　现代主义小说家的一个主要关注是描写叙述者的客观意识，除此之外，他们各自的风格各有千秋。源自于这种关注的最独特手法是**意识流**（stream-of-consciousness），在这种手法中，叙述由一个人物凌乱的思想组成，读者通过此人的思想来了解故事情节。意识流小说与第一人称小说——即其中的一个角色用“我”的口气讲述故事，如狄更斯的《大卫・科波菲尔》——的区别是它试图尽力模仿思维和感受的实际体验，乃至于到了一种读起来断断续续、凌乱不堪和随心所欲的地步。

爱尔兰作家詹姆斯・乔伊斯（James Joyce）和英国作家弗吉尼亚・伍尔夫（Virginia Woolf）是意识流技巧的重要开创者。詹姆斯・乔伊斯（1882—1941年）在其长篇小说《尤利西斯》（*Ulysses*）中采用这一手法让书中的人物直接对读者说话。例如，小说最后的55页写的是莫莉・布卢姆（Molly Bloom）逐渐入睡时的胡思乱想，在这55页篇幅中没有插入一句叙述者的话。这么长的一段独白除了最后一段外全连成一句句子，中间没有任何停顿。

尽管《尤利西斯》采用了这种探索性的风格，但乔伊斯在这部不朽巨著中想表现的不仅仅是精湛的技巧。他意欲将该书写成一部现代版的《奥德赛》，荷马的那部二十四卷本传奇描写了诸多英雄壮举，而乔伊斯则描写三个都柏林人平凡的一天。乔伊斯的色情语言虽然对于其书中人物而言很自然，但却不容于资产阶级的道德伦理。1922年首版于法国的《尤利西斯》成为这个时代艺术自由的试金石，而在1930年代以前，美国和英国尚没有这种自由。

弗吉尼亚・伍尔夫（1882—1941年）摒弃传统的叙述手法，尝试采用新颖的探索时间、空间和真相的方法。与她同时代的乔伊斯和弗洛伊德一样，伍尔夫很关心探究潜意识中的真相。许多批评家认为，《到灯塔去》（*To the Lighthouse*，1927年）是伍尔夫最好的一部小说。她在这部小说中采用意识流手法来层层展示一个视角固定的故事，并捕捉由书中几个人物感受到的不同的真实感——很像立体派画家从多个角度来表现物体的手法。为达到这一目的，她集中描写人物的内心世界，通过内心独白创造出不同的效果。例如，书中一个人物狭隘的、平平淡淡的心态与他妻子激情奔放的心情就大不相同。伍尔夫是一名杰出的文学批评家，她还创作了诸如《一个人的房间》（*A Room of*

图4.10　毕加索:《格特鲁德·斯坦因》(*Gertrude Stein*)。帆布油画，99.7×81.3厘米。大都会艺术博物馆。格特鲁德·斯坦因捐赠，1946年

一些极具才华的美国人由美国旅法作家格特鲁德·斯坦因介绍到巴黎，斯坦因使她自己的工作室成了巴黎先锋派人士的聚会场所。她在那里接待了马蒂斯和毕加索、作曲家伊戈尔·斯特拉文斯基、作家海明威和F·斯科特·菲茨杰拉德以及其他许多杰出的现代主义倡导者。毕加索在画像中把她画得阴沉忧郁，斯坦因刚看到时惊愕不已，但她后来逐渐认为画中的样子是很精准的，她说:“在我看来这就是我，而且这就是我唯一的复制品，我一贯就是这样的。”

One's Own，1929年）等一些著名的女性主义作品；她在她身边聚集起了一帮先锋派作家、艺术家和知识分子，这些人被称为“布卢姆斯伯里派”（Bloomsbury Group）；她还同丈夫莱昂纳德（Leonard）一起创办了霍加思出版社（Hogarth Press）。

美国作家也以其探索性小说为现代主义革命作出了贡献。大体而言，这些美国人是在第一次世界大战期间开始与欧洲发生接触的，一直到大萧条爆发，他们才被迫回到国内（图4.10）。欧内斯特·海明威（Ernest Hemingway，1899—1961年）是第一位在国外生活而成为文学巨星的美国人。他那严谨的散文体风格非常注重对话，而且他经常忽略场景和背景的细节。他的写作得益于流行文化：他从当时刻板僵硬的侦探小说中借鉴了一种简洁、厌世的腔调来叙述他的作品，例如他发表于1926年的小说《太阳照常升起》（*The Sun Also Rises*）。在这部小说中，他把流亡的美国同胞描写成其命运被“一战”摧毁了的“失落的一代”——这是现代主义的启示之一。在海明威那玩世不恭的观念中，政治无足轻重；最重要的事情是与男性朋友斗酒豪饮，与漂亮女人邂逅偷欢。

威廉·福克纳（William Faulkner，1897—1962年）是另一位成为20世纪大文豪的美国人。意识流技巧是他创作于1929年的杰作《喧哗与骚动》（*The Sound and the Fury*）的主要特征。这部小说重复了好几遍同一个故事情节，但

每次叙述的角度都各不相同。小说特别大胆之处是其开场，它通过一位智障的眼睛叙述了事情。与他采用这类现代主义手法相比，更重要的是他终身认同他的家乡密西西比州；他在一度短暂逗留欧洲之后就回到家乡，在那里他以纠缠着暧昧之事的大家庭为题材进行写作。福克纳逐渐创造了一个虚构的世界约克纳帕塔法（Yoknapatawpha）郡，在那里生活着一些破落的士绅、野心勃勃的白人青年和一些遭受压榨的黑人。他的艺术感染力不仅在于他能够使他笔下的人物浑然融入这个地区，而且在于他得以使他们成为普遍性的象征。

虽然实验主义（experimentalism）是现代主义小说的一个相当明显的方面，但并非所有的现代主义作家都醉心于创新手段。其他一些作家被认作现代主义者是因为他们的悲观主义观点或他们的争议性主题。例如，英国作家劳伦斯（D. H. Lawrence，1885—1930年）的现代主义表现在一些宣扬性解放的小说中。劳伦斯这位矿工的儿子对资产阶级文化中性关系的冷淡深感沮丧，他断言机器时代使男人失去了男性活力。他在其1928年的小说《查特莱夫人的情人》（*Lady Chatterley's Lover*）中最清楚地表达了性自由的信条。这部小说是私下出版的，很快就因其暴露的语言和场景而遭禁止。在这部小说中，查特莱夫人（她嫁给了一位阳痿的贵族）与下层的猎场看守人梅勒斯（Mellors）之间的做爱片断被表现为性满足的典范，将他们性欲的坦诚与伦理的狂热融为了一体。

英国小说家和散文家乔治·奥威尔（George Orwell，1903—1950年）被排除在现代主义派之外，但他却是两战之间重要的人物之一。奥威尔出生于一个家境良好的资产阶级家庭，本名叫埃里克·布莱尔（Eric Blair）。他后来改了姓名，放弃了身世，在穷苦人和被欺压的人中生活、工作，并成为一名作家。他也成为他那一代人的良知代表，因为他对当时的各种政治理念都抱怀疑态度。他在寓言小说《动物农场》（*Animal Farm*，1945年）里批评了斯大林统治下的俄国。在他的反乌托邦小说《1984》（*1984*，1948年）中，他不仅全力抨击极权主义，尤其是苏联实行的那种极权主义，而且也对资本主义社会中的压制危险提出警告。令奥威尔在这个备受意识形态纷争困扰的时代显得如此卓尔不群的是，他宣称自己不过是一个普普通通的正派人而已。也许正是由于这个原因，奥威尔在今天得到了社会主义者、自由派人士和保守派分子的一致称赞。

诗歌 现代诗歌的第一位大师是威廉·巴特勒·叶芝（William Butler Yeats，1865—1939年）。他的早期诗作以其故国爱尔兰的神话为题材，充满着浪漫的神秘主义。到1910年，他已剔除了他诗句中的浪漫式引喻，但即使是在其后来的作品中，他也从未完全放弃他对神话之玄秘或意义的信念。其时，爱尔兰的爱国者们越来越仇视自己国家持续受英国统治的状况，这种激愤之情到1916年的“复活节暴动”（Easter Rebellion）达到了顶点。在这样的气氛中，叶芝的诗歌也带上了政治色彩。他的最佳诗作写于1920年代，其时他的主要题材是爱尔兰历史和希腊罗马神话。他最优美的诗也许是《驶向拜占庭》（*Sailing to Byzantium*），这首诗借助想象的古典往事来确认古代的智慧并拯救艳俗的工业化世界。

艾略特（T. S. Eliot，1888—1965年）是现代诗歌的又一位缔造者。艾略特在圣路易斯城（St. Louis）长大，就读于哈佛大学，1915年他移居伦敦，1927年加入英国国籍。他与另一位美国流亡人士埃兹拉·庞德（Ezra Pound，1885—1972年）开创了一个诗歌流派，这个流派反映了第一次世界大战后欧洲知识分子深切体会到的自信感。与后期罗马诗歌一样，艾略特的诗作非常注重文献参照和引文引言。

发表于1922年的《荒原》（*The Waste Land*）一诗显示了艾略特晦涩、折中的风格。在这首共有403行不规则诗句的长诗中，他援引或模仿了莎士比亚和但丁等36名作家的句子，吸收了一些流行歌曲的歌词，并使用了6种外语的短语。这首诗的形式与内容相互匹配，因为出自中世纪神话的“荒原”本身代表着一片没有灵性、毫无前途的不毛之地，但艾略特把它改变成了空虚的现代生活之象征。1927年，他超越了这种无神论式的悲观主义，通过加入英国教会而找到了心灵慰藉——他在发表于1930年的诗作《圣灰星期三》（*Ash Wednesday*）中庆贺他入教的行动。

美国黑人诗人朗斯顿·休斯（Langston Hughes，1902—1967年）也可被归入杰出的现代主义者。休斯从非洲、欧洲和墨西哥等许多渊源中汲取灵感，但他的诗歌最根本的震撼力来自美国的经验：爵士乐、黑人圣歌和他作为一个黑人生活在白人世界的郁闷。休斯的成名，与许多非洲裔美国人的涌现一样，发生在一个开始于1914年的人口居住格局大变化时期，在此期间，成千上万来自美国南方的黑人为追求更好的生活而移居到纽约、芝加哥和底特律等北方城市（图4.11）。

在美国的种族分布格局重新划分的同时，骤然兴起了一种对黑人文化的狂热，促成这种狂热的是爵士乐和先锋派对原始风尚的崇拜。这股热潮触发了“哈勒姆文艺复兴”（Harlem Renaissance），即1920年代在纽约市主要由黑人居住的哈勒姆地区出现的文化复兴。休斯是这场黑人文学运动中的主要人物。他最早的诗集《疲倦的布鲁斯》（*The Weary Blues*，1926年）收录了他最著名的诗篇《黑人谈河流》（*The Negro Speaks of Rivers*）。休斯将这首诗敬献给全国有色人种协进会（National Association for the Advancement of Colored People）的创始人杜波依斯（W. E. B. DuBois，1863—1963年）。该诗通过将黑人历史与世界

图4.11 雅各布·劳伦斯(Jacob Lawrence):《移民系列,第58号》(*Migration Series, No. 58*)。系列画最初的标题为“在北方,黑人有更好的受教育条件”。1940—1941年。画在画板上的石膏蛋彩画,30.5×45.7厘米。纽约现代艺术博物馆。戴维·M·列维夫人的捐赠

雅各布·劳伦斯的《移民》系列画是受《财富》委托而作的连载画,它们描写了非洲裔美国人为寻求更好的生活从美国南方涌向北方的滚滚洪流。劳伦斯(1917—2000年)住在哈勒姆,是黑人移民之子。这些作品具有简约派的格式(标准的小幅画和常见的色彩基调)。然而,它们显示出劳伦斯对现代主义的了解,尤其是扁平且棱角分明的人物造型和不同寻常的视角。在这幅题为“第58号”的画中,黑板上的数字排列成序,年轻女孩的手臂和大腿动作以及衣服的摆动也显得颇有顺序,从而产生出一种节奏感。这套系列画使劳伦斯赢得了艺术家的声望,1941年,他成为其作品被纽约现代艺术博物馆永久收藏的第一位非洲裔美国人。

几条大河连接在一起来纪念黑人种族的永恒精神。

哈勒姆文艺复兴的另一位杰出人物是佐拉·尼尔·赫斯顿(Zora Neale Hurston,约1901—1960年),她是她那一代人中最多产的非洲裔美国女作家。赫斯顿兼诗人、小说家、民俗学家和文论家于一身,她不懈地通过其文学工作来探求在白人和男性占主导的世界中黑人及女性遭遇的含义。她不是一个企图煽动民众情绪的雄辩家,她的写作只是根据她从纽约伯纳德学院研习所得的人类学见解,依据她自己身为非洲裔美国人的经历,再从美国南部传统和美国女

权主义文学等许多传统中吸收灵感。这种途径的一个卓越典范是出版在哈勒姆文艺复兴鼎盛时代之后的《他们的眼睛望着上帝》(*Their Eyes Were Watching God*，1937年)。在这部小说中，赫斯顿描写了非洲裔美国人女主角珍妮·克劳福特(Janie Crawford)20世纪20和30年代在与世隔离的佛罗里达乡村追求性满足和个人满足的故事。书中的珍妮·克劳福特用浓重的方言，带着许多谚语和俗语，叙述她自己的生活故事，令人油然回想起小说所述情节浓郁的时代和地方气息。

戏剧　欧洲和美国的戏剧都向新的方向发展。德国人贝尔托·布莱希特(Bertolt Brecht，1898—1956年)在审美观念上来说是一位表现主义者，而就其政治信念来说则是一位马克思主义者，他将他从柏林街头学来的一种不和谐风格与他对资产阶级社会的憎恨糅合成一种他所谓的**史诗剧**(epic theatre)。他挑战传统的戏剧，认为它们不过是加强了的阶级偏见而已，为此他发明了一种激进的戏剧，其核心是一种被称为“间离效果”(alienation effect)的技巧，这种技巧的目的是要让资产阶级观众如坐针毡(图4.12)。间离效果可以采取任何形式，比如离奇古怪的舞台支柱、土里土气的怪发言、滑稽荒唐的对话等等。布莱希特的戏剧破坏了舞台的魔幻魅力，

图4.12　汉娜·霍赫(Hannah Höch)：《厨刀裁切的达达作品，德国最后的魏玛啤酒肚文化时期》(*Cut with the Kitchen Knife Dada through Germany's Last Weimar Beer-Belly Cutural Epoch*)。1919—1920年。用水彩拼贴的合成照片。114×89.9厘米。柏林国家美术馆

德国艺术家汉娜·霍赫(1888—1978年)的艺术是与布莱希特的喜剧相对应的视觉作品。在这幅拼贴画中，汉娜·霍赫描述了她的德国同胞在道德和政治上的双重堕落，她采用讥讽式的标题强化了这一宗旨。霍赫属于被称为“达达”的艺术运动，这场运动在第一次世界大战末期从苏黎世传入柏林。霍赫的艺术手法叫摄影蒙太奇(photomontage)，它将从报纸上剪下来的照片混合起来以表达某种信息，这种手法采纳自毕加索发明的拼贴。请注意，“达达”一词在本幅画中出现在好几个地方。

从而挑战了观众的期望，并促使他们接受他自己的道德和政治启示。布莱希特受到纳粹高压政策的迫害，他先流亡斯堪的纳维亚，随后逃往美国，在那里生活了15年，然后于1952年回到东柏林组建了一个影响极大的剧团。

在他正式信奉马克思主义的前一年，布莱希特与在德国出生的作曲家库尔特·威尔（Kurt Weill，1900—1950年）创作了现代戏剧中最著名的音乐剧之一《三分钱歌剧》（*The Threepenny Opera*，1928年）。布莱希特和威尔大致以一部18世纪的英国歌剧为底本创作该剧，这部表现主义式的新版本嘈杂、笨拙、激烈，敌视资产阶级的价值观。编剧相信资产阶级观众希望看到善彻底战胜恶，因此故意把主人公塑造成一个拙劣的恶棍（"刀锋马克"［Mark the Knife］），而后让他在最后一刻免受了他完全应得的绞刑。

除了像布莱希特这样的开路先锋之外，这个时期还产生了两位重要的现代主义剧作家。第一位是法国戏剧家让·科克托（Jean Cocteau，1889—1963年），他推动了法国戏剧用现代手法来表现希腊古典戏剧的潮流。例如，科克托的《地狱机器》（*The Infernal Machine*，1934年）便是索福克勒斯《俄狄浦斯》的当代版。这部现代版故事充满了弗洛伊德的色调——俄狄浦斯被描绘成一个"恋母男孩"——而影片的剪辑则采用了回闪（flashback）技巧。第二位现代主义大家是尤金·奥尼尔（Eugene O'Neill，1888—1953年），他是美国第一位获得世界声望的剧作家。与科克托一样，奥尼尔有时也写作新版的希腊悲剧，例如《悲悼》（*Mourning Becomes Electra*，1931年）就是模仿埃斯库罗斯的《俄瑞斯忒斯》。奥尼尔最好的剧本是他那些反映代沟争斗的情节紧张的家庭剧，例如在他死后才上演（1956年）的《长夜漫漫路迢迢》（*Long Day's Journey into Night*）。

哲学、科学和医学

大众时代是一个哲学、科学和医学成果丰硕的时代，其时，旧有的确定性面临被颠覆的境地，颠覆性力量或是来自医学的推进，或是来自作为看待世界之革命性方法的新思想流派。然而，在一个清晰可认的科学方面，即把科学实践运用于医治社会痼疾的层面上，确定性依然占据着崇高的地位。的确，这是盲目相信科学的历史潮流中的最后一个时期——盲从科学的趋势开始于"科学革命"，而启蒙运动的乐观主义视野则使这种信念神圣化了。

哲学　在这段时期，从19世纪初期起一直统帅着欧洲大陆思想界的唯心主义哲学被两个新的思想流派所取代。首先，在奥地利和英国，路德维希·维特根斯坦（Ludwig Wittgenstein）阐发的一些观念促进了逻辑实证主义流派的建立，这个流派在第二次世界大战之后被称为分析学派。第二，在德国，马丁·海德格尔（Martin Heidegger）创立了存在主义流派。这两个流派都力图创建与现代主义发展进程相协调的新哲学。

奥地利的路德维希·维特根斯坦（1889—1951 年）相信，西方处在一种道德和知识的衰落中，他将这种衰落归因于错误的语言，而按他的推断，当时的哲学方法应对此种错误的语言负责。维特根斯坦声称，传统的哲学思考是毫无意义的，因为，它们不可避免地依赖于不能超越陈词滥调的语言。

维特根斯坦解决这一知识绝境的办法是颠覆哲学，使之全然成为科学的仆从。他在出版于 1922 年的《逻辑哲学论》（*Tractatus Logico-Philosophicus*）中提出了这一结论。他在这部论著中推论说，虽然语言可能是错误的，但还存在一些数学和科学的方法可用来理解世界。他建议思想家应该放弃对价值观和道德伦理的研究，转而帮助科学家去探求真理。这一结论导致了**逻辑实证主义**（logical positivism），这一哲学流派致力于界定术语并使表述清晰化。

维特根斯坦后来摒弃了把语言看作是有缺陷之工具的观点，代之以把语言视为犹如孩童玩耍的游戏的理论。然而，使维特根斯坦在 1930—1960 年间的英国大学和二战以后的美国拥有巨大影响力的，还是他在《逻辑哲学论》中提出的观点。

在维特根斯坦挑战哲学的古老角色的同时，马丁·海德格尔（1889—1976 年）开创了**存在主义**（existentialism），从另一个角度抨击传统哲学。但是，海德格尔范围宽泛的批评之效果，却是要恢复哲学作为文化价值观之界定者的中心作用。海德格尔的主要著作《存在与时间》（*Being and Time*）出版于 1927 年。他的思想核心是论述人的存在（即"存在主义"一词的来源）相对于世界其他事物所具有的独特性质。按照他的观点，人的存在导致了焦虑，这种状态之所以出现是由于人意识到存在着一个包括抉择和死亡的未来。他指出，大多数人都力图回避面对他们不可避免的命运，其方式是埋头从事一些琐碎的活动。然而，对少数一些人来说，海德格尔觉得存在的时刻提供了机遇，他们能在这机遇中掌握主动，使自己成为真正的人。"本真性"（authenticity）成为人的终极目标：勇敢面对死亡，努力实现天才的创造力——这是一种歌德和尼采也同样采纳的典型的德意志哲学态度。

海德格尔是这个时期最主要的哲学家之一，但他的政治活动却使他成为一个备受争议的人物。在 1930 年代，他利用他身为德国大学教授的地位支持纳粹主义的崛起。在敌视他的人的眼里，海德格尔的存在主义观念——即承认个人无力改造世界，只能接受世界——似乎印证了他的政治立场。的确，一些评论家也正是出于这个原因谴责存在主义。

海德格尔最出名的弟子是法国思想家让-保罗·萨特（Jean-Paul Sartre，

1905—1980年)，但他是反对纳粹主义的。萨特主要的哲学著作《存在与虚无》(*Being and Nothingness*，1943年)极大地受益于他导师的观念。他从海德格尔那里借鉴思想营养，把存在主义界定为一种其最主要特征是关注人类自由、个人责任和个人选择的态度。萨特运用这些思想确立了他的指导原则：因为人类被认为必然是自由的——也就是说不能不进行选择————因此他们就必须为他们的行动负起责任，"不寻求任何借口"地生活。1945年以后，萨特反对把存在主义视为完全是个人主义式的哲学，此后他倾向于支持马克思主义的集体主义行动。

科学　在科学方面，物理学仍然是一个朝气蓬勃的领域。在第一次世界大战之前取得的突破现在得到了新的研究的验证，这些新研究迫使科学家们放弃了把宇宙看作一台简单机械的牛顿模式。他们代之以一套复杂的排斥感觉的结构，其基础是阿尔伯特·爱因斯坦(Albert Einstein)和维尔纳·海森堡(Werner Heisenberg)的发现(图4.13)。

爱因斯坦是西方最主要的科学家，相当于18世纪的牛顿。他在1905年提出的狭义相对论推翻了牛顿关于时间和空间范围固定的观念(参见第3讲)。按爱因斯坦的观点，绝对的空间和时间是毫无意义的范畴，因为它们是随着情况而变化的。1915年，他将他以前的发现扩展成一套广义相对论，即一条基于复杂公式、适用于整个宇宙的普遍原则。广义相对论的核心是，由于物体(如行星、星星、月亮、流星等)呈波浪型抛物线运行时产生的加速度，空间被弯曲了。地球绕太阳运行的轨道不仅受重心"力"的作用，也受到太阳周围的时空弯曲的影响。1919年，一组科学家观测到了太阳附近的空间弯曲，证明空间弯曲达到了爱因斯坦理论曾预见的那种程度。从那时起，他的广义相对论的正确性经受了许多检验，为理论推测开辟了新的路径。

现代物理学的另一个巨大突破是量子力学的建立。在1914年以前，德国物理学家马克斯·普朗克(Max Plank)发现了在亚原子领域(subatomic realm)内辐射的量子特性(参见第3讲)。他否认能量是持续辐射的传统理论，证明能量是以各自分离的单位放射的，他称这些分离的单位为量子(quantum，复数为quanta)，得名于拉丁文中表示"多少"的单词(如构成了quantity[数量]一词)。他用字母h来代表这些单位。

普朗克的h在1927年时被承认为自然界的基本恒量。德国物理学家维尔纳·海森堡(1901—1976年)根据h原理又提出了"测不准原则"(uncertainty principle)，这一步造成了与传统物理学的决裂。海森堡证明，科学家能够测出一个电子微粒的确切位置，也能够测出它的路径，但却不能同时测出这两样东西。这一困境导致了以下的结论：在亚原子科学中，绝对的确定性是不可能的，因为科学家在使用仪器时不可避免地妨碍自己工作的精确性——即“测不准原理”。在量子理论中涉及的不确定性促使爱因斯坦评论说，“上帝不会掷骰子”。尽管如此，量子理论与相对论一起，构成了现代物理学的基本原理。

这场物理学革命的实际后果是1945年8月开启了核时代。美国物理学家J·罗伯特·奥本海默（J. Robert Oppenheimer，1904—1967年）曾为量子理论作出了重要贡献，他很自然地被挑选为主持制造第一枚原子弹的小组。奥本海默的另一个角色

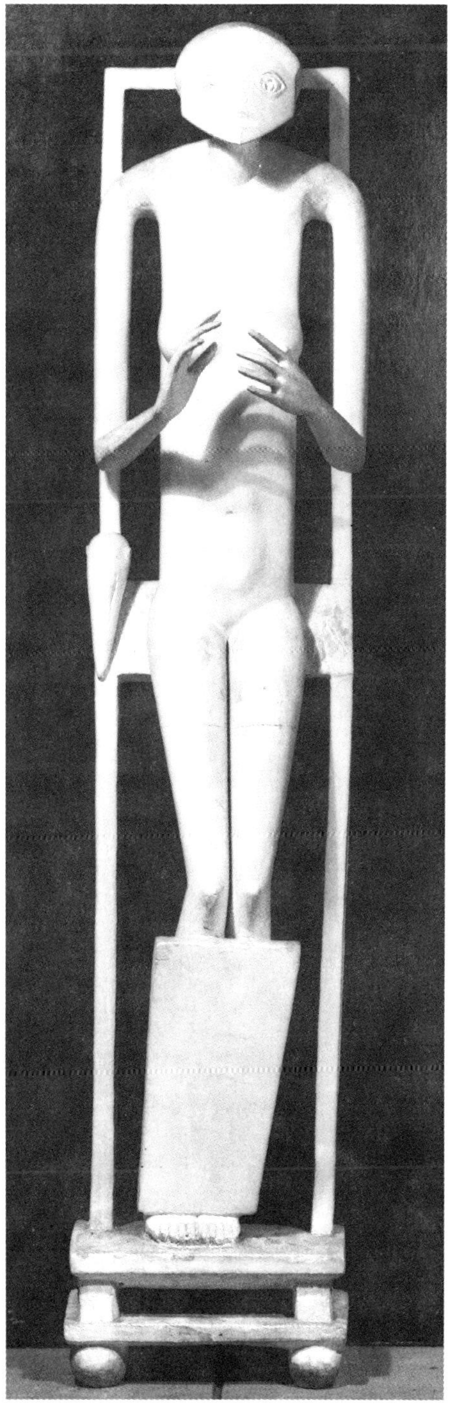

图4.13　阿尔贝托·贾柯梅蒂（Alberto Jiacometti）：《手持隐而不见的空物》（*Hands Holding the Void*）。1934年。石膏雕塑，原始雕像高1.56米。康涅狄格州，纽黑文，耶鲁大学艺术馆。佚名赠送

物理学和日常生活中的经济社会现实都表明了现代世界的不确定性，贾柯梅蒂的这座雕像即辛辣地体现了这种不确定性。他雕塑的这个忧郁的人物抓着一个看不到的东西，表现了苦恼的人类再也不能期盼从科学和哲学这些传统渊源中寻求答案。贾柯梅蒂本人也怀有这些恐惧，因此他受他对埃及雕塑之崇拜的启发，在这件不同寻常的作品中雕刻了一个带着面具半坐着的女性。按一个评论家的观点，这个女性似乎是在探索处在痛苦的无知状态中的人类究竟是什么——这正是现代世界中人类的困境。

生活片断

邪恶之面：纳粹死亡集中营

埃利·威赛尔（Elie Wiesel）
《黑夜》(*Night*，2006年）

在这篇选自其自传体小说《黑夜》的节录中，威赛尔（生于1928年）描述了1944年他一家到达奥斯维辛（Auschwitz）纳粹集中营时的情景。

我们一直带在身边的那些珍藏物件落在了火车上，我们的幻想，连同这些物件一起，最终烟消云散了。

大约每隔两码远就有一名党卫队士兵手持冲锋枪对着我们。我们手牵手跟着人群往前走。

一名党卫队士官走上前来，手里拿着一根棍子。他下命令说：

“男人往左，女人往右！”

这八个字说得很平稳、冷淡，没有一点生气。八个简洁的字。然而就在此刻我离开了我的母亲。我还没来得及细想，但我已经感觉到父亲的手握得紧紧的：我们不在一块了。我瞥见我母亲和妹妹走向右边。琪珀拉牵着母亲的手。我看着她们走远，身影消失了。我母亲用手抚着妹妹松软的头发，好像是要保护她，而我则同父亲及其他男人走开了。我并不知道，就在此地、此刻，我永远离开了我的母亲和琪珀拉。我继续走着。我父亲握住我的手。

在我身后，一位老年人倒在了地上。他身旁是一个党卫队员，正把左轮手枪别回枪套里。

我转过手抓紧父亲的手臂。我有一个念头——不能失去他。不要变成孤零零一个人。

党卫队士官又发命令了：

“五人一组！”

一阵骚动。不管怎样我们都必须在一起。

“嘿，小孩，你多大了？”是一个囚犯在问我。我看不见他的脸，但他的声音很紧张、疲惫。

“我还不到15岁。”

“不，18岁。”

“可我不到18”，我说，“我15。”

“傻瓜。听我说的做。”

然后他问我父亲，父亲回答：“50。”

那人的声音变得极其狂躁。

“不，不能说50。40。你懂吗？18和40。”

他消失在夜幕里。

解读本篇生活片段

1. 总结本段选自威赛尔著作的片段之背景事件。

2. 那位狱友坚持让儿子声称18岁而父亲40岁的意义是什么？

3. 解释叙述者在第一句中用梦想一词来指什么。

4. 将叙述者的经历与其他陷入当时政治动荡的孩子的经历联系起来。

是参加了一个讨论组，该讨论组提出了应向日本投掷原子弹的建议。他的这个角色引发了一些在当时及以后都一直令科学界莫衷一是的伦理问题。

其时，种族主义理论在整个西方大行其道，这些理论的背后有着伪科学的支撑。科学界对这种伪科学有着极大的争议，但其他社会领域的许多人却强烈地表达了他们对此种伪科学的盲目信任。种族主义理论将社会痼疾归咎于固有的种族差异，其理论依据见诸法国社会理论家约瑟夫–阿瑟·德·戈宾诺伯爵（Joseph–Arthur，Comte de Gobineau，1816—1882年）的著作。戈宾诺宣称白人种族——他称之为“雅利安人”，也即德意志民族，包括英国人——优越于其他种族，这种论调在政界和社会各界引起了共鸣。许多西方人逐渐认同他的观点，认为未来的文明依赖于保持种族纯洁和雅利安文化的主导。随着时间的推移，戈宾诺的理论通过各种方式的伪装和科学研究的论证，从而对西方社会和历史产生了巨大的影响。

德国或许是受这种种族主义思想影响最严重的国家，这表现在优生学（优生学“eugenics”，源自希腊语eugenes，意为“好的血统”）运动中，这个运动号召有选择地培育人类。植根于雅利安人高于一切之神话的纳粹意识形态催生了一项全方位的优生计划，最终导致了种族灭绝。为追求雅利安的种族纯洁，纳粹在1930年代发起了一项强制绝育计划，在这项计划中，医生们让40多万被认定有遗传缺陷的人（包括智障、严重酗酒者和残疾人）做了绝育手术。雅利安人至高无上的宣称导致了纳粹计划灭绝犹太人的大屠杀，因为德国医生认为犹太人携带了许多遗传疾病。第二次世界大战之后，对犹太大屠杀的认识令优生运动声誉扫地。

美国的优生学运动没有导致种族灭绝，但它的确引发了各项政府政策。在1924年通过了一项联邦法律，对南欧、东欧、巴尔干和俄罗斯关闭了移民通道。副总统加尔文·柯立芝（Calvin Coolidge，1872—1933年）为这一法令作如下辩解：“美国必须保持其美国人的特性。生物学法则表明……北欧人在与其他种族混杂时就退化了。”只有6名参议员投票反对这项排斥性法律。此外，到1930年时，有27个州已实行了允许对智障和其他非适当人群进行非自愿绝育手术的法律——手术通常在州立医院或智障患者之家进行。优生计划在英国和法国也盛行一时。更早一些时候，在1901年，澳大利亚对非欧洲移民关闭了大门，以图使它自己成为白人文化的堡垒。

医学 1900—1945年间重大的医学事件发生在两个领域：疾病发生原因的认定和制药业的发展。医学研究者现在遵循巴斯德的病菌理论（参见第2讲），确认了以下这些病因：立克次氏体（rickettsias），引发如伤寒斑疹等疾病的有机体；原虫（protozoan），即引发疟疾等热带疾病的有机生物；病毒（virus），即引起腮腺炎、风疹和小儿麻痹症等疾病的有机体。新的制药业进展包括：阿司匹林（1899年），当今世界通用的病痛缓解药；胂凡纳明（1910年），一种以胂为主的配制品，主要对梅毒有良好疗效，也是最早的化疗药物；磺胺类药（1936年），一种抗菌素，用于治疗血液感染和其他感染；盘尼西林（即青霉素，1928年发明，1941年制成注射剂），也许是在盘尼西林抗生素出现之前西方最流行的抗生素，用于治疗梅毒、结核性脑膜炎和其他疾病；链霉素（1944年），第一种有效治疗感染性结核病的药物。在第二次世界大战中盘尼西林在战场上挽救了许多生命。

艺术、建筑、摄影和电影

推动两战期间艺术、建筑、摄影和电影发展的动力与改造了文学和哲学的动力是一致的。现代主义在绘画和建筑中达到了顶点，而电影则逐渐确立为全世界大众文化最流行的形式（历史分期表4.1）。

绘画　绘画主导了两战期间的视觉艺术。画家们每隔两三年就发起一场新的艺术运动，当然，人们能够在不断变化的风格背后辨认出一些持续流行的主题和兴趣：抽象、原始主义、幻想和表现主义。这个时代最轰动的艺术都是在这些风格范畴内产生的。20世纪的两位艺术巨匠毕加索和马蒂斯继续发挥着他们的影响，但他们也是在这三个兴起于后印象主义时期的范畴内进行创作。

抽象　在第一次世界大战之前，毕加索和布拉克（Braque）以其立体派（也称“立方派”或“立方主义”）绘画奠定了抽象的基础（参见第3讲），但苏联画家们超越立体主义，迈向全面的抽象，从而博得了现代抽象艺术之早期奠基人的声望。这些苏联画家中最有影响的是卡西米尔·马列维奇（Kasimir Malevich，1878—1935年）。

马列维奇受到了立体主义者和未来主义者（Futurists，后者是一批意大利的艺术家，描绘一些蓬勃激烈的运动中的形式）的影响，他在1914年第一次世界大战爆发时就已经用抽象风格进行创作。四年以后，他绘作一些完全非具象的画面。他相信艺术应该传达道德和哲学价值观，因此他创立了一种全心追求纯洁的绘画风格，在其中，他使线条、色彩和形状成为他艺术中的唯一目标。他把这种风格称为**至上主义**（suprematism），因为他相信感觉是超越生活中其他所有因素之上的——也就是说，“感觉”应以纯理性方式表达出来。

马列维奇摸索出一种在画布上表达情感的方法，他把几何形状用作非具象的象征，例如《至上主义构图》（*Suprematist Composition*，图4.14）。在这幅

历史分期表 4.1　鼎盛时期的现代主义，1914—1945 年

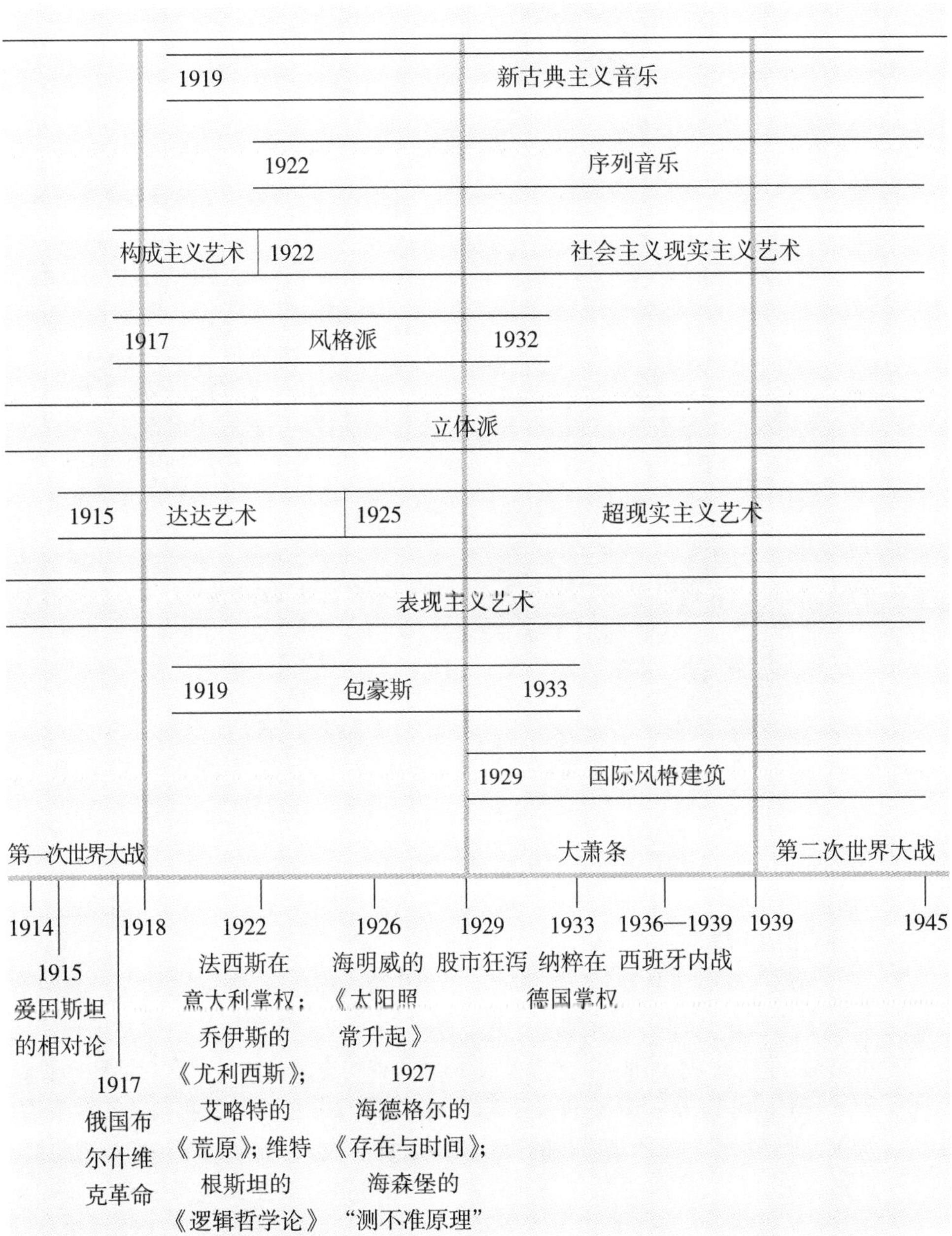

图4.14　卡西米尔·马列维奇：《至上主义构图》。1916—1917年。帆布油画，73.7×92厘米。纽约现代艺术博物馆。照片版权：1997年现代艺术博物馆

马列维奇的几何风格反映了他的以下信念，即抽象的形象有着可以与宗教偶像相匹敌的精神实质。因此，一个抽象形状如果用适当的精神来对待的话，就可以成为一种媒介手段，引导观看者的思维超越物质世界。在马列维奇看来，物质世界不再有用，绘画是对视觉隐喻（主要是几何因素）的一种探索，这种探索可以唤醒个人的有意识和无意识的经验。他的这一信念是20世纪初德国和俄国先锋派人士典型的思维。

画中，构图彻底超越了表现。画中只有一些大小、长度各不相同的几何形状。几何形状的选择反映它们作为构图要素的作用，与自然毫不相干。马列维奇绘画中表现出的特征——平淡、冷峻、严格的合理性——仍然是当今抽象艺术一个分支的关键。

马列维奇的“至上主义”推动了**构成主义**（Constructivism）的形成，后者是列宁政权在1917年发起的第一种艺术风格，也是俄罗斯的最后一场现代艺术运动。但是，马列维奇本人扎根于基督教神秘主义的哲学观念与苏联马克思主义政府的唯物主义格格不入，苏联的抽象派繁荣景象在1922年被突然扼杀了。是年，列宁宣布抽象派是腐朽的资产阶级表现形式，该流派的领袖们或遭监禁，或被流放。取代构成主义的是苏联领导人宣扬的**社会主义现实主义**（socialist realism）原则，它要求采用传统的手法和风格，并应该弘扬共产主义理想。这种现实主义艺术对于苏联大众来说也更有吸引力，他们早已对构成主义的抽象风格感到陌生了。

图 4.15　毕加索:《三乐师》。1921 年。帆布油画，2.03×1.88 米。费城艺术博物馆。A. E. 加拉廷收藏

这幅立方派绘画抓住了一场音乐表演的激情。在这些平面形状中，到处可见由怪异的手指按动乐器的提示。只需一点想象就能领悟到这支三人小乐队的生动形象。鲜艳的色彩伴以破碎后重组在一起的形态令人想到三个乐师肯定是在演奏参差不齐的节奏。

与至上主义和构成主义相似的一场运动被称为**风格派**（de Stijl），它发端于荷兰，并从1917年延续到1932年。风格派艺术家都相信，艺术应该具有精神价值，艺术家们具有根据合理的线条去改进世界（从城市规划、私人居所到餐具，不一而足）的社会使命。

风格派运动的领袖是画家皮埃特·蒙德里安（Piet Mondrian，1872—1944年），1919年后他相继在巴黎、伦敦和纽约进行创作。他发展了一套精致的理论，使他的抽象绘画具有了一种形而上的含义。他是1900年前后盛极一时的秘密组织"神智学会"的会员。他采纳该组织的某些信条，使他的一些后期画作采取了格子形式，特别是他采用了神智学会强调宇宙二元性的观念——按照这种观念，垂直线代表男性，而水平线则代表女性。他的绘画呈矩形，用粗黑线条分割，而以白色为底色。他在着笔极浓的位置用蓝、黄、红等原色调画上一些长方形，例如其作品《蓝黄构图》（*Composition with Blue and Yellow*）。

尽管有至上主义和风格派进行的这些探索性创作，立体主义依然是这段时期最主要的艺术运动，而毕加索则依然是立体主义者中的第一人。毕加索的多才多艺表现在他1920年以后的多种风格中，但他还是继续回复到他的立体主义根源，例如其作品《三乐师》（*The Three Musicians*，图4.15）。与他的其他

解读艺术

风格：这幅画忠实于风格派的美学观念。与立方派不同，风格派全然不顾及物质世界。

反古典：这幅作品的构思否定古典观念：简洁（而非和谐）、不对称（而非对称）、抽象艺术（而非表现艺术）。

构思：作者的基本构思使这幅画成为一件纯粹抽象的作品：用水平和垂直的黑线条加上两种原色色块搭建而成。

色彩：根据蒙德里安的神秘观念，蓝色、黄色、红色这三种原色色调分别象征着天空、太阳和充满活力的统一。

无色：在他看来，作为无色色调的白和黑创造出一个高度变化的视野。

精神观念：蒙德里安把艺术看作是一种对无限（the infinite）的精神追求，因此他画出来连续的线条（此乃无限的象征）和封闭的形状，也即方块（此乃有限的象征）。他在1930年代首次使用的双股线条则加强了他的艺术的动态感。

皮埃特·蒙德里安：《第二号构图：蓝黄构图》（1935年）。帆布油画，0.73×0.69米。华盛顿特区，史密森尼安学院赫松博物馆暨雕塑展览馆。1972年约瑟夫·H·赫松基金会捐赠（查询编号：72.205）

皮埃特·蒙德里安觉得他的家乡荷兰只是一个蔽塞的外省僻壤，因此他在1919年来到了巴黎。在这里，他一下子迷恋上了毕加索和布拉克的立方主义。1938年，当纳粹的战争机器开始启动时，他离开巴黎到了伦敦。他的思想影响了1945年以后的艺术：二维形象、几何图形和满幅（all over）绘画。

作品一样，这幅画根据的也是现实来源，在其中，几个头戴面具的音乐家在弹奏乐器。形式显得很平展，他们好像是一些切割出来然后粘贴到画面上的图像——这是现代画家极其珍视的平面理想。

毕加索长期绘画生涯中最著名的一幅作品也创作于这段时期：用和缓的立体主义风格绘制的抗议画作《格尔尼卡》(*Guernica*)。毕加索为这幅画取的名字源于西班牙内战期间一座惨遭（为佛朗哥效力的）纳粹空军轰炸的不设防城市。毕加索在这幅作品中利用每一种要素来表达他对这种肆意践踏人类生命行径的愤慨（参见图4.1）。黑、白、灰三种色调合成出报纸拼凑的形象，暗示了报纸报道日常灾难的随意方式。一只无所不及的眼睛俯瞰着通过现代媒体暴露在全世界面前的恐怖场景——代表这只眼睛的是那盏电灯泡，它便是全球之眼中的视网膜。画面中充满了死亡和毁灭的景象——母亲抚慰一个孩童的尸体、拴着的马、愤怒的牛、倒地的男子、哭泣的女人——它们被画成棱角分明的样子，使画面显得更加恐怖。从回顾的角度来看，《格尔尼卡》无论是其主题还是风格，都堪称一幅分水岭式的画作。立体主义与社会抗议相结合的做法是很新颖的——佛朗哥那种肆无忌惮的战争方式又何尝不是新鲜的呢。《格尔尼卡》预示着一些更加恐怖的事件将要来临。

美国画家乔治亚·奥基夫（Georgia O'Keeffe，1887—1986年）不愿跟随欧洲画家走到纯抽象的路子上。相反，她运用一些来自自然界的美国物体，并将它们简化为纯粹的形式和色彩，从而创造一种别具一格的美国式抽象。她本是威斯康星州人，但却在德克萨斯特别是新墨西哥等美国西南诸州找到了她的心灵归宿——那里笼罩在阳光下的荒凉景致激发了她一些最著名的想象。她对光线、色彩、质地和氛围非常敏感，她以这种敏感在画中表达这个沙漠天地曾经拥有的潜在美，例如她的作品《母牛头颅与白绢玫瑰》(*Cow's Skull with Calico Roses*，图4.16)。早在文艺复兴时期，画家们就时而用死者的头颅来象征死亡，但在奥基夫之前，还没有哪位艺术家想过把母牛头颅当作艺术品来表现。皮肉已完全烂掉的母牛头颅本身就是一种抽象，而她又对它作了进一步的简略处理，并在它旁边系上两朵玫瑰，这样就使画面变得更加抽象了。由此便产生了一个蕴含惊人美感的印象。

原始主义和幻想 现代主义者对原始主义的崇拜导致了20世纪最不同寻常的艺术运动——**达达**（Dada）。选择“达达”这一毫无意义的名称是因为它那可笑的发音，这场运动在1915—1925年间的苏黎士和巴黎非常盛行，它主要是一些愤愤不平的艺术家玩弄的恶作剧，他们想“死命地朝资产阶级的脸上吐痰”。他们在公共厕所摆放展览，在公墓举行集会，安排一些讲演，讲演中演讲人的声音被一阵喇叭声淹没。事实慢慢表明，这些愤怒的行动表达了这样

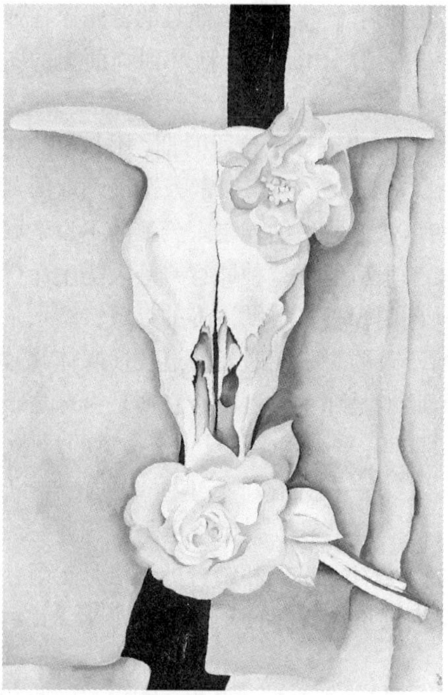

图4.16 乔治亚·奥基夫:《母牛头颅与白绢玫瑰》。1932年。帆布油画,92.2×61.3厘米。芝加哥艺术学院。乔治亚·奥基夫赠与

简洁的形状——头颅和玫瑰——使这幅画与那个时期的抽象趋势联系在一起,但它们被摆放成一张“脸”在吞噬一朵玫瑰,这种摆放的样子又暗示了与这个时期的另一个发展趋势超现实主义相关联,超现实主义风格偏爱具有双重意义的现实形象(参见图4.18)。无论是有意还是无意,奥基夫将两种艺术风格重叠在了一起,这是两次世界大战期间流动多变的艺术景象的典型。

图4.17 马塞尔·杜尚:《甚至,新娘被其相好们脱得精光》(或称《大玻璃》)。1915—1923年。用油墨和铅丝作在玻璃上。2.77×1.76米。费城艺术博物馆。凯瑟琳·M·德雷尔捐赠

在这件传奇的拼凑作品做好后不久,玻璃破碎了。杜尚修复了这件作品,用更厚实的玻璃替代了原来的面板并装置了一个加固框架。但这个事故的效果还是很明显的。杜尚声称他很高兴有这些偶发的事端添加到了他原初的构思上。在作这个宣言时,杜尚是现代派观念的先驱者,现代派观念称偶发事件应该在艺术中发挥主导作用。在第二次世界大战之后,许多艺术家开始将随意的效果融合进他们的作品中。

的信息：第一次世界大战使所有价值观都变得毫无意义。这些艺术家不再能够拥护西方人文主义的精神要求和传统信念。达达派分子信奉反艺术，把它当作现时代艺术家所能把持的唯一的道德立场。

最有影响的达达派代表人物是法国艺术家马塞尔·杜尚（Marcel Duchamp，1887—1968年），他在1915年前后放弃了立体主义。他最著名的达达派作品是“绝对未完成的”《甚至，新娘被其相好们脱得精光》（*The Bride Stripped Bare by Her Bachelors, Even*），这是用油墨、金属线和铅箔制作在两面玻璃板上的混合作品，创作于1915—1923年之间，有时它也被叫做《大玻璃》（*The Large Glass*，图4.17）。虽然它的确像谜一样神秘，而且在许多人看来像是一个大骗局，但《大玻璃》的含义还是很清楚的。它具有一个关于色欲的主题，这是达达艺术的典型特征。杜尚在这件雕塑中表现了这个主题，雕塑的上半部专门表现新娘（悬浮在左边的不成型的形状）和她的“寓所”（那片带三个窟窿的薄纱），下面的“房间”则放入了那些相好（左面的9件物品）和他们的性器官（那堆用一台水磨、磨杵和其他一些金属物件凑成的东西）。将新娘与相好们连接起来的是一些装满油墨的细毛管——象征着受精。杜尚的观点似乎与小说家劳伦斯的观点很相似：在机器时代，性已经变得令人乏味和机械化了。

达达逐渐引发了**超现实主义**（surrealism），它是一场开始于1920年代的艺术运动。与达达不同，超现实主义基本上是一种图画艺术。超现实主义者受弗洛伊德关于人的潜意识理论的启发，试图创立一种真实感，这种真实感也将把蕴含在无意识中的真实含括进来。他们采用直接的方式描绘梦境、幻觉和幻象，这种方式使他们的画作比达达派更触目惊心。主要的超现实主义者有萨尔瓦多·达利（Salvador Dali）和保罗·克利（Paul Klee）。

西班牙画家萨尔瓦多·达里（1904—1989年）注重描绘根据其生动想象加工处理出的物件，经常包含某些稍稍伪装了的性象征。他最著名的作品或许是取了诗一般标题的画作《记忆的永恒》（*The Persistence of Memory*），它描绘了几只处在荒漠般背景中的柔软的、正在融化的钟表（图4.18）。在这些钟表柔弱的形象中或许可以看出一些性主题——可能是在提示性无能。无论它的含义如何，这幅画乃是对平常的物品作了奇怪的扭曲，从而唤起了一种记忆模糊的梦境感——这正是超现实主义艺术的目的。尽管达利显然画技不凡，但他却逐渐表现出一种备受争议、乃至于名声不佳的个人形象，超现实主义者甚至宣称他不是他们的同类。然而，从我们今天的高度来看，达利有两个原因值得称赞：一是他创造了现代主义中最神奇的一些画面，二是他与1960年代的流行艺术家联系在一起（参见第5讲）。

瑞士画家保罗·克利（1879—1940年）或许可以归入超现实主义者行列，

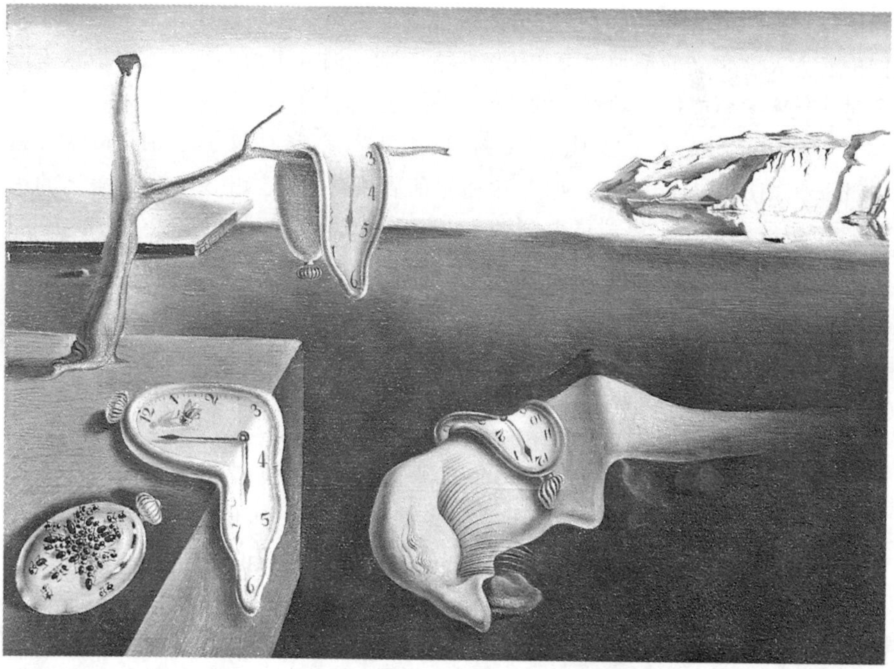

图4.18　萨尔瓦多·达利:《记忆的永恒》。1931年。帆布油画，24.1×33厘米。纽约现代艺术博物馆。照片版权:1997年现代艺术博物馆。达利想描绘实际上是视觉错觉的形象

在这幅画中，画在左边的钟凌乱地垂挂着，细细地看，垂挂的样子像是男人的生殖器。达利运用这种视觉效果来反映他经常宣称的信念，即生活是不合理的。

但他的画风变化太多，以致很难用一种风格来定义他。他最负盛名的是他对待艺术的纯真方式，这种方式产生于他对孩童们信手涂鸦的钟爱。他那些怪诞作品中描绘的童趣使他大受收藏家和观众的喜爱。从1920年到1930年，克利在两战期间德国最重要的艺术学校包豪斯（Bauhaus）学校担任教授，其间他创作了一些色彩绚丽、充满雅趣的抒情形象，例如其《高架桥革命》（*Revolution of the Viaduct*，图4.19）。这幅画描绘了一座高架桥（即由一系列拱门支撑着跨越阔大峡谷的路桥）的崩溃——因为每个拱门迈着纤细的“腿”和脚一样的座基自行走散了。这幅诙谐作品不仅仅是卡通而已，它是克利对欧洲正在兴起的法西斯文化所作的寓言式反应——这是这位通常不谈政治的艺术家的反常姿态。克利把高架桥等同于纳粹分子所钟情的新罗马建筑，他们觉得新罗马建筑表达了一种划一的社会理想。高架桥分裂成单个的拱门则预言了纳粹主义的垮

图4.19 保罗·克利:《高架桥革命》。1937年。帆布油画，66.1×49.8厘米。汉堡艺术馆

克利在1937年7月展出的“堕落艺术展”之后绘制了这幅作品。那次展览由纳粹党筹办，旨在展示他们所谓的颠覆性艺术，也即鼓励“政治混乱和文化混乱”的艺术，这场展览是对现代主义的一场正面进攻。克利自1933年被德国解除教席之后生活在瑞士，他有17幅作品被“堕落艺术展”展出，并被划入“混乱”和“疯狂”标签的类别。克利的《高架桥革命》是国际现代派艺术界对纳粹挑战的回应。

台。克利由此信奉以下这种沉默的信念：法西斯主义的大众同一性将因文化上的革命者（例如他本人）采取的颠覆行动而破毁。

克利的诗一般的图像深深影响了阿根廷画家苏尔·索拉（Xul Solar，1887—1963年）。苏尔·索拉与欧洲艺术的遭遇发生在他客居于法国和意大利的12年中，其时他与先锋派尤其是未来派艺术家交往过从（图3.2）。但对他直接起作用的是克利及其孩童般的奇异感。当1924年苏尔·索拉回到布宜诺斯艾利斯时，他十足的玩性很快显现在“新克雷奥主义”（Neocriollismo）中，“新克雷奥主义”是他发起的一场运动，连同他自己的克雷奥语言。新克雷奥语将葡萄牙语和西班牙语混杂在一起，它一方面是呼吁南美国家团结一致的俏皮呼声，另一方面也是苏尔·索拉对通用语言的精神探求。他现在使用的名字“苏尔·索拉”有多种含义，其中包括“太阳光”和“来自南方之光”的意思。从这一时期起，他与作家豪尔赫·路易斯·博尔赫斯（Jorge Luis Borges，参见第6讲）结下了终生友谊。苏尔·索拉的画作通常是水彩画，它们将孩子般的气质与聪颖的真实感结合在一起，例如《龙》（*Drago*，图4.20）。

墨西哥画家弗丽达·卡洛（Frida Kahlo，1907—1954年）以其令人不安的自画像而闻名，她或许也可被归为超现实主义者，虽然她通常与墨西哥壁画家（Mexican Muralists）联系在一起。墨西哥壁画家是一些怀有政治动机的艺

图4.20　苏尔·索拉：《龙》。1927年，水彩画，约25.4×32.2厘米。布宜诺斯艾里斯，苏尔·索拉博物馆

这幅小尺寸画上画满了各国国旗和星辰日月及宗教象征物的简图，还有一条蜥蜴状的动物，本应长尾巴的地方长了两条腿。这幅图描绘了一个爱因斯坦和牛顿之宇宙的替代物形象。《龙》暗示一种梦境，因此，苏尔·索拉的艺术有时与超现实主义艺术联系在一起。

术家，在两战之间盛极一时，他们在公共建筑的墙壁上绘制系列画，强烈地表达他们的社会观念以及他们与墨西哥土著民族的团结一致。卡洛一生的大部分时间投入在她与最主要的墨西哥壁画家迭戈·里维拉（Diego Rivera，1886—1957年）的惊天动地的婚姻中，但她不只是充当一位著名画家的妻子。卡洛本人就是一个重要的艺术家，她创作了一些反映其身心苦难的作品（她在6岁时得了小儿麻痹症，18岁时又遭遇了一场严重的车祸）。今天，人们公认她是这样一位艺术家——她将个人愤慨转化成了博得全世界共鸣的艺术。

卡洛的自画像（图4.21）创作于她生活中的黑暗时期。她一度遭受婚姻和健康问题的困扰，而她的朋友、俄国马克思主义者托洛茨基（Leon Trotsky，他流亡途中曾在墨西哥生活过）的遇刺身亡更使她心神错乱（在这之后，她在旧金山埃洛伊瑟医生［Dr. Eloesser］）的严格调养下恢复了健康。为了表达感激之情，她将这幅画敬献给了埃洛伊瑟医生，画中飘带上的题字表明了这一点，其中写道：“用我全部的爱，献给我的医生和我最好的朋友。”这幅画像尽管具有这一积极向上的主题，但还是反映了卡洛对死亡和病痛的苦恼。

表现主义　这个时代主要的表现主义画家有：第一次世界大战前野兽派（Fauvism）的开创者亨利·马蒂斯（Henri Matisse，参见第3讲），德国表现主义的继承人马克斯·贝克曼（Max Beckmann）。在1930年代，马蒂斯的艺术特色是其刻求雕琢的性质，这是从他开始进行野兽派创作以来就有的一种趋势。马蒂斯陷入这个时期对“东方主义”的狂热爱好，因此他用取自各种非西方源头的修饰画块（墙纸、地毯和针织物）来活跃画面，如《东方背景中的装饰物》（*Decorative Figure in an Oriental Setting*，图4.22）。而且，正如作品的标题暗示

图4.21　弗丽达・卡洛:《敬献给埃洛伊瑟医生的自画像》(*Self-Portrait Dedicated to Dr. Eloesser*)。1940 年。帆布油画，56.5×40厘米。美国，私人收藏

这幅画中的样子取自多文化渊源，包括基督教和她本土的墨西哥遗产，卡洛的这幅自画像展示了一种现代主义的敏感性。把她的脖子刺出血来的荆棘项圈既暗示基督在被钉在十字架上时带着的荆棘头冠，也代表阿兹特克人的预言仪式，这种仪式要求用龙舌兰枝条抽打自己。一只手形的耳环——系毕加索送的礼物——象征了命运之手，而超大叶子的树丛则喻示失控的自然界的形象。

图4.22　亨利・马蒂斯:《东方背景中的装饰物》。1925年。帆布油画，1.3×0.98米。法国，乔治・蓬皮杜中心，国家现代艺术博物馆

在这幅作品中，人物以及暗示的背景是在某个不知名的苏丹宫廷后宫中的一个婢女，这样的内涵是野兽派开创以来马蒂斯艺术风格中的一个重要组成部分。裸体的（有时是穿些衣服的）婢女表达了一个并不太模糊的信息：与西方工业化社会的物质主义和日常烦恼形成鲜明对比的享受生活。

图4.23　麦克斯·贝克曼:《启程》。1932—1935年。帆布油画，中幅215.3×115.3厘米，旁幅215.3×99.7厘米。纽约，现代艺术博物馆

在《启程》中,贝克曼的表现主义通过形态和色彩的处理显示了出来。呈笨拙姿势的扁平、棱角分明的人物和不同寻常的视角加强了画面中令人不安的主题。旁幅的暗色调与其暴力形象相称，而与中幅鲜艳的色彩及其拯救的含义形成鲜明对照。

的那样，画中的女性被干脆地贬为整个构图中的另一个修饰元素而已。尽管如此，马蒂斯依然以其丰富的色彩忠实于他的野兽派本色。

马蒂斯被人指责为在世界滑向无序状态的时候还全神贯注于漂亮的物件。但却没有人对德国画家马克斯·贝克曼（1884—1950年）作过这类的指责，贝克曼的表现主义画作触及这个风云变幻时代的恐怖景象。《启程》(*The Departure*）是他的代表作品，该作品既涉及人的问题，也涉及精神问题（图4.23)。这件画作像中世纪的祭坛画那样分成三面（三联画），这种结构暗示了它具有宗教含义。它是九幅完整的三联画中的第一幅。《启程》受到了德国思想家叔本华的神秘学说、东亚哲学和犹太神秘主义（中世纪著作）的影响，表达了乞求摆脱尘世恐怖的渴望。贝克曼在两面侧幅中描绘了一些残酷的景象，包括一些被绑缚着的遭受酷刑的人物，其中一人嘴被堵着——这些或许反映了

他对纳粹主义兴起的恐惧。与此相反，画的中幅则展现了解脱的主题，在其中，一名男子、女子和孩子由一位头戴面罩的艄公用船载过一个大湖。纳粹党徒在1933年掌权后宣布贝克曼是堕落艺术家，他们没收了他的作品并解除了他在学院中的职位。1937年，他前往阿姆斯特丹避难，他在那里躲过了第二次世界大战的劫难。

图4.24 沃尔特·格罗皮乌斯。包豪斯，侧翼工作室楼。1925—1926年。德国，德骚。建筑协会图片。版权属佩特拉·霍奇逊

包豪斯（德国，建筑所）是一所传授应用型艺术、建筑和设计的学校，从1919年开办至1933年。1933年，它因被疑与犹太人有牵连而被纳粹关闭。最初它于1919年在魏玛创办，1925年迁到了德骚。颇具才华的建筑师和设计师在那里接受雕塑、绘画、建筑及工艺等方面的训练，学习如何为大众社会设计物件，以求让大众社会在功能和审美方面都得到满意。该学校的杰出教师有保罗·克利(图4.19）和瓦西里·康定斯基（图3.24）。被设计成国际风格的包豪斯侧翼工作室楼是一套三幢楼群的一部分。它用玻璃和金属建构的正面墙体成为战后时期摩天办公大楼的标志性建筑特征（图5.1）。

建筑 在20世纪20、30年代，建筑师们继续探索一种摆脱装饰负担而完全从功能出发的纯粹风格。他们的探索类似于一种神秘的求索，源自于以下这种信念：新建筑可以通过创造一种新的有形环境来解决社会问题——这是欧洲现代主义中一个时常回复的主题。

这一空想的建筑学观念最好地表达在德国的包豪斯学校中，这个教育机构的目标就是期望通过新的视觉环境、特别是日常物件设计中的新理念来促成社会改良。为实现这一目标，该学校将一些艺术家、工匠和建筑师汇聚到了一起。这所学校建于1919年，至1933年便被纳粹关闭。在其短暂的存在期间，包豪斯在沃尔特·格罗皮乌斯（Walter Gropius，1883—1969年）的率领下，成为德国抽象艺术的中心。包豪斯在两个方面影响了日后的文化。第一，它发展了一种斯巴达式的内部装饰，其特点是全白色的房间、木质地板、流线型的家具，白天由窗户提供采光，晚上则用隐形灯光照明。第二，它发明了建筑中的**国际风格**（international style），其特色是外表光滑、呈几何形状、缺少修饰（图4.24）。

两战之间国际风格的最突出代表是瑞士建筑师夏尔-爱德华·让讷

图4.25 勒·柯布西耶：萨伏伊别墅。1929—1931年。巴黎附近的普瓦西（Poissy）

勒·柯布西耶希望与此前的建筑风格决裂，继而创造一种与机器时代相关的新风格。他为萨伏伊别墅所作的设计完全实现了他的这一抱负，这座房屋采用了纯几何的形状，除了建筑细节外没有任何装饰，并且用了非常刺眼的白色墙体。在竣工之时，萨伏伊别墅有着与工业机械相关联的流线型外观，工业机械的成就在1930年代大受追捧。

雷（Charles-Édouard Jeanneret），他更为人所知的名字是勒·柯布西耶（Le Corbusier，1887—1965年）。勒·柯布西耶的艺术信条表达在其格言“房屋系居住之机器”中。在追求这一理想时，他开创了一些全新的建筑手法，例如预制建筑构件和用混凝土加固以消除普通的墙体。他建造的萨伏伊别墅（Savoye House）成为二战以后富人私宅的样板（图4.25）。萨伏别墅被涂成纯白色，由一些圆柱支撑起来。底层有一堵歪曲的墙，窗户呈狭长条。勒·柯布西耶在成为建筑师以前当过画家，他设计的建筑融立体主义的抽象（伸出地面的盒子）与构成主义的单纯（白色）于一体。

摄影 在1900—1945年间，摄影继续在其诞生时就出现的两个领域发展：作为历史记录的照片和作为艺术品的照片（参见第2讲）。关心历史的摄影师想要直接的和真实的图像，它们将用来给后人留下自己时代的记录，包括资料图片、战场照片、风景照、城市景观、工业文化和濒危社会生活的（如乡村生活和美洲土著人的仪式）记录。与此相反，艺术摄影师则要操作他们的最后成影，采用滤色镜和一些从艺术和电影中借鉴来的技术来制作照片，例如印象主义照片、摄影蒙太奇（将照片与报纸剪贴合成在一起，参见图4.1）和受抽象、立体派、达达、超现实主义及这个时代其他一些艺术风格影响的照片。但是，这种分类也不是绝对的，因为审美影响不可避免地渗入历史性照片，而艺术摄影也充当了催生该照片之事件的历史记录。

纪实摄影，或称新闻摄影，也许是这个时代最突出的摄影体裁。这是因为，作为大众文化迅猛发展之组成部分的报纸和杂志，似乎对新图片的需求永无止境。像《纽约时报》和英国的《泰晤士报》这类的正经杂志抵制在封面上放照片的做法，但一些急于提高销量的小报刊和地方出版物则在封面上张贴一些历史、扎眼的和幽默的照片，并在整本杂志里面配上许多插图，以此来吸引更多的读者。摄影史上的一个里程碑式事件是1936年由亨利·卢斯（Henry Luce，1898—1967年）构思的《生活》（*Life*）杂志的创刊，因为《生活》杂志是第一本以图片为主的大众杂志。《生活》杂志每年发行52期，极大地提高了对新照片的需求量。《生活》杂志的成功很快在美国催生了同类的竞争对手，也促使德国、英国、法国其他地方出现同一风格的杂志。

也许因为新闻摄影仍然处在新生期因而没有什么传统可循，因此对妇女产生了巨大的吸引力，其中有这个时期最重要的新闻摄影师玛格丽特·伯克-怀特（Margaret Bourke-White，1906—1971年）和多萝西娅·兰格（Dorothea Lange，1895—1965年）。伯克-怀特从1930年起就因效力于亨利·卢斯集团而声望鹊起。当《生活》杂志创刊之时，她成为四人摄影师团队成员之一，他们日复一日地满世界巡游以寻找轰动性新闻图片。她的摄影作品表现得坦率、直接，也带有一丁点同情，这些作品包括尘暴区的受难者、南部佃农、纳粹占领前夕的捷克生活、第二次世界大战（参见图4.7）、甘地、印巴分治和朝鲜战争。兰格的声望主要得自于她为“农家社会保险局”（Farm Security Administration，简称FSA）拍的照片，该保险局是罗斯福新政的一部分。她的照片采用大特写手法，用令人不快的细节刻画了大萧条时期蹉跎的生活（参见图4.5）。她的照片不仅仅是资料记录，还发挥了宣传功能，因为它们被这个联邦机构用来展示农村穷人的苦难生活，从而引起了富裕的美国的注意。

电影 电影在20世纪初发明出来后立即流行起来，到1920年代中期，它成为最流行的大众娱乐，所吸引的观众大大超过了观看喜剧、杂耍和音乐的人数。美国电影导演D·W·格里菲斯（D. W. Griffith，1875—1948年）在《一个国家的诞生》（*The Birth of a Nation*，1915年）和《党同伐异》（*Intolerance*，

1916年）等开拓性作品中表明，使电影成为严肃、持久的艺术品是可能的。他作的一些技术创新，例如交叉剪辑（cross-cutting）和特写（close-up）等，使电影得以进行更复杂的描述，但这类电影技术开发的尝试仍是较稀少的。虽然其他一些导演很快抄袭了格里菲斯的技巧，但很少有人超越这些技巧，故而电影仍然处于绝对低劣的水平。今天我们所说的“电影”（movie，即指能够获得最多观众的那类）与“影片”（film，系指吸引比较有文化的知识阶层观众的那类）是有所不同的，但这种区别在当时还未出现。

这个时代最有创造力的导演之一是俄国的谢尔盖·爱森斯坦（Sergei Eisenstein，1898—1948年），他发明了一些对艺术影片之兴起影响巨大的导演技巧。在《战舰波将金号》（*The Battleship Potemkin*，1925年）中，他首创了**蒙太奇**（montage）手法，它由一些非常精巧的剪辑模式和节律组成。他开发蒙太奇是因为他相信，电影的关键因素是如何安排镜头，怎样使镜头淡出和淡入，怎样使它们看上去相互并联。爱森斯坦集中关注影片本身的素材而非强调情节或角色的心理，他由此展示了他对电影制作之艺术层面的执著。

这个时代最有争议的导演或许是莱妮·里芬斯塔尔（Leni Reifenstahl，1902—2003年），这位德国舞蹈家和女演员成为希特勒喜欢的制片人。她的代表作是《意志的胜利》（*Triumph of the Will*，1934年），一部几乎长达2小时的纪录片，它记录了1934年9月在纽伦堡举行的纳粹党第六次代表大会，将纳粹党介绍给了全世界（参见图4.6）。该影片的片名是希特勒自己的话，反映了他从尼采哲学（参见第3讲）借鉴来的思想。这部黑白影片展现了纳粹党令人震惊的辉煌场面，包括数千名党员的庞大队列、火炬游行、健硕男青年的运动表演、密集的孩童队伍行军和纳粹党旗仪式等等。里芬斯塔尔通过新颖的摄像角度和创造性的剪辑使这部影片场面更显恢弘。这部影片虽然精彩绝伦，却显示了政治为何能够颠覆艺术，使艺术完全沦为政治宣传的婢女。第二次世界大战之后，里芬斯塔尔因其纳粹宣传被判处4年监禁。她的职业生涯再也没能从其支持纳粹政权的污点上恢复过来。

美国（说到底就是加利福尼亚的好莱坞）自第一次世界大战以后就一直执电影产业的牛耳。在两战之间的时期内，电影业也发生了重大变化。1920年代后期，有声电影在技术上成为可行了，而在1930年代初，三色摄影技术也发展了起来。这两种技术的发展成为全球电影业的基础，但其他一些实验，如宽银幕和三维摄影等却不那么成功。这段时期的另一项发展是许多德国制片人为逃避纳粹统治来到好莱坞。在1930年代的好莱坞，这些流亡人士帮助创造了世界影坛的一些杰出成就。

在这些年月里，好莱坞电影卓越成就的一个标志是奥尔森·威尔斯（Orson

Welles）的《公民凯恩》（*Citizen Kane*，1941年），它经常被称为美国的最佳影片（图4.26）。身为美国人的威尔斯（1915—1985年）向德国流亡者就教，并从他们那里借鉴了表现主义手法，例如舞台型灯光和多重画外音等。威尔斯本人出演主角的精湛演技也有助于使该片成为一部难以忘怀的影片。但是，这部电影的特点之一——即其灰暗的色调，突出了肆意追逐权力的沉重主题——事实上却不过是一种省钱的伎俩，主要是为了掩盖没有摄影棚的尴尬。《公民凯恩》究竟是一部"电影"还是一部"影片"？它做到了两者兼而有之：它经常在电视和影院放映，表明了它极受大众喜爱；而它不断在电影杂志和著作中被人讨论和分析，则表明了它作为一部影片所享有的崇高声誉——这种情形证明了威尔斯的巨大成功。

图4.26 定格画面，取自《公民凯恩》，1941年

这幅来自《公民凯恩》中的定格画面表现了这部影片的主人公查理·福斯特·凯恩的狂妄自大，这个角色由该片导演兼影星奥尔森·威尔斯扮演。画面中的凯恩站在他本人的巨幅画像前面。这里展示的这种极端自负是大众时代典型的宣传手段。无论是左派还是右派的极权主义领袖，包括希特勒和斯大林，都通过公开悬挂巨幅画像来灌输个人崇拜。威尔斯的影片反映了他的民主价值观，讽刺了公民凯恩的沉浮，凯恩是一个以自我为中心的报业大亨，原型取自报纸发行人威廉·兰多夫·赫斯特（William Randolph Hearst，1863—1951年）。影片的魅力部分源自其开创性的深焦距镜头（deep-focus）拍摄手法，这种摄影法使最前景和背景的形象同时显得一样清晰——本幅定格画面显示了这一突破。

音乐：无调性（Atonality）、新古典主义和美利坚风格

由于在第一次世界大战之前时期已经开始的发展进程（参见第3讲），西方音乐在20世纪20、30年代分裂成两个对立的阵营。一方是奥地利—德意志流派，以阿诺德·勋伯格（Arnold Schoenberg）为首，他在1914年以前发明了无调性，并在1920年代开创了**序列音乐**（serial music）。另一方是法兰西流派，以伊格尔·斯特拉文斯基（Igor Stravinsky）为首，他在20世纪初年实验了原始节奏和刺耳的不和谐音，但在第一次世界大战后却采纳了刻板的新古典主义风格。

图4.27　毕加索:《斯特拉文斯基》。1920年。绘在灰色纸上的铅笔素描，61.9×48.6厘米。巴黎，毕加索博物馆

毕加索所作的斯特拉文斯基的素描画像称得上是一个观察细致的性格研究。斯特拉文斯基后来变得几乎无法接近，但在此之前很久，毕加索就把他描绘成一个淡漠、自我沉醉的年轻人。斯特拉文斯基冷漠的行为显见于他那僵硬的姿势、冷酷的凝视、交叉紧抓的双手和二郎腿。毕加索的素描也通过夸大他的手形暗示了斯特拉文斯基的天才，或许是要强调这双大手在这位作曲家创造性生涯中的作用。

勋伯格在1909年就放弃了调性（tonality），他在1920年代发明了序列音乐，即一种用**十二音阶**（twelve-tone scale）谱曲的手法——这十二个音与主音调或次音调中的调性中心无关，而只是相互关联。序列音乐由于缺乏和谐结构，听上去很不协调，颇为随意，似乎在听众中激发出焦虑情绪。这样，序列音乐主要吸引的是一些盲目崇拜者而非普通听众。但是，得不到公众的巨大反响并没有阻止勋伯格对无调性的追求。他的序列体系在《管弦乐变奏曲》（*Variations for Orchestra*，1928年）中达到了顶峰。该部曲谱采用了加入变化的古典主题形式。1933年他移居美国，在那里，他对无调性的孜孜追求更趋完善。勋伯格后期的一些作品将十二音阶谱曲与调性融合在了一起。

斯特拉文斯基于1917年后逃离苏联前往巴黎生活，在那里，他从17、18世纪音乐中借鉴一些特性，成为**新古典主义**（Neoclassicism）音乐的主导人物（图4.27）。在他的新古典主义作品中，他摒弃了许多从巴洛克时期以来已广为运用的音乐技巧，比如浪漫激情主义、标题音乐谱曲、印象派使用的密集管弦乐声等。他的新古典主义谱曲严谨、冷静，采用简洁的乐器组合，听起来非常和谐。斯特拉文斯基在这个时期创作的作品使他成为20世纪杰出的作曲家。

斯特拉文斯基的新古典主义开始于他在1919年创作的芭蕾舞剧《普尔钦奈拉》(*Pulcinella*)，结束于他1951年的歌剧《浪子的历程》(*The Rake's Progress*)。在这两部杰作中间，他还谱写了他最受赞扬的乐曲之一，1930年的《诗篇交响乐》(*Symphony of Psalms*)。《普尔钦奈拉》大大得益于古典作曲家佩尔戈莱西（Pergolesi）的音乐，《浪子的历程》受惠于莫扎特的轻歌剧，而《诗篇交响乐》的小型管弦乐形式和音乐结构则遵循了巴洛克风格的样板。斯特拉文斯基虽然借鉴了形式和思想，但他也引入了时而的不和谐音，并继续进行复杂节拍模式的实验，从而使这些作品成为了他自己的东西。

在此同时，美国的音乐正在发掘其自身的风格。查理·艾夫斯（Charles Ives，1874—1954年）全心关注美利坚的欢快曲调，包括民歌、赞美歌、进行曲、爱国歌曲、爵士乐以及他钟爱的新英格兰音乐。艾夫斯无师自通，以同欧洲先锋派相似的方式实验了调性和节奏。他的作品之典范是钢琴曲《康科德奏鸣曲》(*Concord Sonata*，1909—1915年)。另一位美国作曲家阿龙·科普兰（Aaron Copland，1900—1990年）因模仿欧洲风格而小有所成，但在1930年代，他开始开发一种独特的美国风格。他受舞蹈设计师阿格内·德·米勒（Agnes de Mille）和玛萨·格拉汉姆（Martha Graham）委托创作的几部芭蕾剧乐谱《比利小子》(*Billy the Kid*，1938年)、《罗德奥》(*Rodeo*，1942年）和《阿巴拉契亚之春》(*Appalachian Spring*，1944年)，吸纳了那个时期的赞美曲、民谣、民歌和通俗歌曲。其欢快的曲调、华美的音响、爵士乐尝试和弱拍韵味使这些乐曲大受欢迎。

《阿巴拉契亚之春》虽然全篇充满了纯朴的声音，但科普兰唯一使用的民歌曲调是“简单的礼物”(Simple Gifts)，一首出自“震颤派”的圣歌，这首圣歌表达了震颤派对简单生活的信念。震颤派教徒是18世纪的“贵格派”(Quakers)，最初被称为“震颤贵格教徒”，他们通过欣喜若狂的仪式，如用舌头说话、跳舞和抖动身体等，来表现宗教的狂热。科普兰借用了这首震颤派圣歌，使它成为他的芭蕾舞配乐曲第七章“简单的礼物”的主题乐。“简单的礼物”用古典主题乐形式和变奏曲形式谱写，开头是圣歌前两行甜美的曲调，“这是一份简单的礼物，这是一份随手可得的礼物，这是一份留传在我们宿命当中的礼物”。这里面有5个变奏，音调、节拍（由慢拍到断奏)、力度（由柔到高)、乐器组合和音色，主题乐通过这5种变化不断变奏出来。在结尾的变奏中，科普兰使出浑身解数，采用全乐队。演奏出**最强音**（fortississimo，简写成fff）将简单的音调转化成一种对简单生活的堂皇肯定。

重要的美国作曲家乔治·安塞尔（George Antheil，1900—1959年）不太在意什么纯粹的美利坚风格，而是更关心探索音乐的前沿。安塞尔在1922—

1933年间旅居欧洲，成为知识界先锋派的一分子，这批人对大众时代（Age of the Masses）受机械约束的文化大感兴趣。这些对机械顶礼膜拜的艺术家和音乐家追随了未来主义者的步伐，未来主义者是一帮意大利艺术家，他们在一战以前将“速度”提升为一项艺术原则（参见图3.1）。作为1920年代欧洲音乐界的成员，安塞尔逐渐把工业声音（及大众音乐）结合进了他的乐谱中。故而，他的《机器的芭蕾》（*Ballet méchanique*，作于1924年，1952年修改）包含了异样“乐器”（电子铃、小木桨、大木桨、金属桨、汽笛和16人演奏的钢琴）的线谱。安塞尔宣称这就是他谱写这部标新立异的乐曲之目标：“它是机械的韵律，尽一个艺术家所能美丽地表现出来……它就是生活——今天的制造和工业。”

出生于“老南部”中心地带密西西比州的非洲裔美国作曲家威廉·格兰特·斯蒂尔（William Grant Still，1895—1978年）也给这个时代留下了优美的乐章。斯蒂尔在为严肃音乐增光添彩方面具有独特的地位。他在黑人和白人的高等院校都上过学，先是学医，后来学作曲。他深受西方音乐风格的熏陶，对传统音乐和激进的先锋派音乐都有很深的造诣，同时也通晓黑人和白人表演者所创造的爵士乐风格。他那折中主义的音乐风格采用传统西方音乐的形式，但又混杂了爵士乐等各种黑人音乐表现形式，以及流行音乐和管弦乐。他谱写了5部交响乐，还有一些芭蕾舞曲、管弦乐曲、交响诗、室内乐、歌曲、宗教乐曲和歌剧，包括为朗斯顿·休斯（Langston Hughes）所作歌剧《纷乱之岛》（*The Troubled Island*，1938年）谱写的乐曲——该剧是第一部由非洲裔美国人创作而由专业歌剧团（纽约市歌剧团［New York City Opera］）上演的歌剧。

他在今天更流行的作品是《非裔美国人交响曲》（*Afro-American Symphony*，1931年），它是第一部由美国黑人创作并由大型交响乐团演奏的交响乐。斯蒂尔的交响乐虽然用西方音乐形式谱写，却采用非洲裔美国人遗产中的元素来表现其主题、节奏结构和配乐方式。例如，在这部交响乐第三乐章的第一部分，出现在一个简短序曲之后的主题乐是一段四音符乐句，斯蒂尔将之称作哈利路亚主题，以此来回应非洲裔美国人生活中之福音歌唱所表现的中心思想。伴奏哈利路亚主题的是一支班卓琴（banjo）奏出的别具一格的音调——令人愉快地想起19世纪黑人巡回表演中的班卓琴。这首对应曲是非洲裔美国人之精神的切分曲版本，其灵感也来自非洲裔美国人的教会传统。这个篇章段落的游戏特性表达了一种欢快的情绪，所依据的是斯蒂尔在这一乐章前言中引用的一首由非洲裔美国诗人保罗·顿巴（Paul Dunbar，1872—1906年）所作的诗“在伟大的清算日，我们将高唱哈利路亚”（An' we'll shout ouah hallelujahs/ On dat mighty reck'nin' day）。所谓“清算日”（reck'nin' day）指的是对欢快之日的神圣期待，这一天将是基督再度降临的时日，其时非洲裔美国人将因他们在尘世的苦难而受到奖赏。表达这种欢快情绪的方式是音度、节奏、音色和音区的突然游移和乐器的变化组合。

在这个时期，爵士乐开始获得越来越多的听众，部分原因是收音机和留声机的发展。许多爵士乐大师在这些岁月里功成名就。最好的爵士乐作曲家是杜克·艾林顿（Duke Ellington，原名叫爱德华·肯尼迪·艾林顿［Edward Kennedy Ellington］，1899—1974年），他最早出名是1927年在哈勒姆的"棉花俱乐部"（Cotton Club）。艾林顿的歌曲将即兴演奏巧妙地导入了豪华管弦乐团的演出。他谱的曲范围很广，既有通俗小曲，如《世故的女士》（*Sophisticated Lady*，1932年），也有大型组合乐，如根据莎士比亚戏剧创作的《多么甜蜜的雷电》（*Such Sweet Thunder*，1957年）。这个时期也涌现了一名卓越的爵士乐女歌手比莉·哈乐黛（Billie Holiday，1915—1959年），她苦涩而又甜润的风格之最大特点是别出心裁的分句唱法。

艾林顿的《靛青色心情》（*Mood Indigo*，亦作《芳心之歌》，1930年）现在是美国歌本的一个标准，显示了艾林顿确是一位爵士乐谱曲大师。他通常为由他自己演奏钢琴的15至16件乐器组合的**摇摆乐队**（swing band）谱曲，其所奏音乐的特点是切分音和华丽音色。在《靛青色心情》中，他用他的音乐极富表现力地表达了一种淡淡的忧伤气氛——也即其标题所指。这首乐曲采用了一种渐渐膨胀的增强音，一直到接近碰撞的顶点，然后重复，层层展示出典型的通俗歌曲格式：副歌、正歌、副歌。由小音阶奏出的欢快与忧伤的精致混合给了这首歌以萦绕不绝的韵味，而结尾部分慢慢减弱至无声的做法更加强了这种效果。

两名爵士乐演奏家路易斯·阿姆斯特朗（Louis Armstrong，1901—1971年）和艾拉·菲茨杰拉德（Ella Fitzgerald，1918—1996年）的职业生涯一直延续到这个时期之后很久。阿姆斯特朗更出名的是他的绰号"书包嘴"（Satchmo），他那新奥尔良风格的小号演奏嘹亮轻松，他因此成为美国的亲善大使。艾拉·菲茨杰拉德是一名女歌手，以其银铃般的声音和优雅的停顿著称，她成为爵士乐标准以及流行曲调的无与伦比的诠释者。在此后的一个时期里，爵士乐分裂成许多种风格，它是促使摇滚乐突然产生的一个关键因素，而发端于1950年代的摇滚乐则是主导了此后通俗音乐的重要音乐形式。

大众时代和后期现代主义的遗产

大众时代以优劣并存的方式改造了西方的物质文明。它给了我们以下这些东西：人类历史上破坏性最强的战争，自14世纪以来最大的经济萧条，自罗马帝国晚期以来最专制的政府形式，近代时期第一次想灭绝一个民族的企图，一种有能力毁灭整个地球的武器。在此同时，它也给西方的大多数人带来了更良好的生活水平，并使千百万西方人首次品尝到民主的滋味。

这个时代对文化发展也具有矛盾的影响。一方面，它见证了世界范围的大众文化之成长，引领这种大众文化的美国式创造性开始主导大多数人的公共生活和私人生活。另一方面，它激发了现代主义艺术家、作家和音乐家起而抗争，以求创作一些免受大众文化影响的作品。他们的创作是试验性的、令人困惑不解的，往往是要表达他们所界定的精神价值观。一些现代主义者不愿做大众文化的敌人，这些温和的声音预示了第二次世界大战之后在大众文化与精英传统之间出现的一种更健康的关系。

除了大众文化与高雅文化的两极分化外，这个时期还留下了其他一些文化遗产。电影逐渐被承认为是一种严肃的艺术形式，它们仍然是大众文化留给20世纪的最大遗产。也正是在这个时期，美国崛起为西方世界影响巨大的文化力量，之所以如此有几个方面的原因：一是大批知识分子从欧洲涌进美国，二是美国日益壮大的政治、经济和军事力量，三是美国本土产生了一些出类拔萃的作家、音乐家和艺术家群体。最后一个遗产是，一种疑虑重重的情绪取代此前几百年里的确定性，成为看待世界的常规方式。

现代主义者在1900年前后就率先养成了一种质疑的精神，而在本时期内，物理学革命似乎印证了这种精神。爱因斯坦称时空是可以变换的结论得到了艺术家、作家和音乐家的响应，他们专注于用形式来确定作品的内容。而海森堡的测不准原则似乎在到处回荡——从维特根斯坦对语言的玩弄，到主导小说的高度个人化的白描，再到该时期宗教思想所特有的基本信条之不断萎缩，最后到那种认为西方文明已迷失轨迹的普遍信念。

文化关键词

大众文化（mass culture）
史诗剧（epic theatre）
逻辑实证主义（logical positivism）
至上主义（Suprematism）
社会主义现实主义（Socialist Realism）
达达（Dada）
意识流（stream-of-consciousness）
摄影蒙太奇（photomontage）
存在主义（existentialism）
构成主义（Constructivism）
风格派（de Stijl）
超现实主义（surrealism）

国际风格（International style）
序列音乐（serial music）
新古典主义（Neoclassicism）
摇摆乐队（swing band）
蒙太奇（montage）
十二音阶（twelve-tone scale）
最强音（fortississimo）

批判性思考提问

1.解释1914—1945年间的事件——世界大战、大萧条、极权主义和大众的兴起——是如何影响现代主义风格的。

2.在这个时期主导艺术的是哪些后印象派趋势？指出每一种趋势中的一位主要艺术家、一件代表作和每个艺术家之风格的特征。

3.选择大众时代最具象征性的一件艺术作品或文学作品。解释你选择的理由。

4.两次世界大战之间现代主义的特征是什么——在艺术方面？在文学方面？在哲学方面？在音乐方面？指出每个领域里的一个关键人物和一件主要艺术作品。

5.“1914—1945年间的时期代表着西方‘确定性的终结’”。根据这段时期艺术、人文和科学的发展评价这个宣言（用5个例子说明）。

5 忧虑时代和后期现代主义

1945—1970年

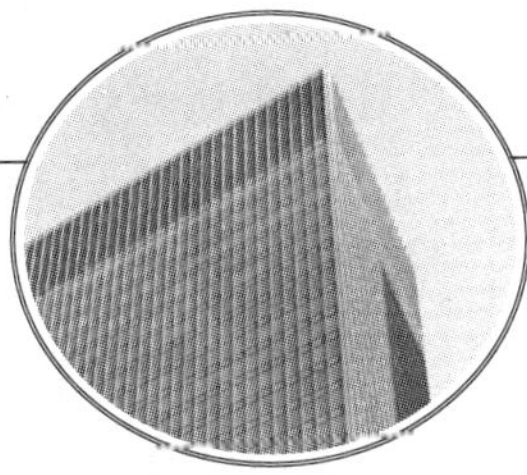

对核战争的恐惧深刻影响了1945年以后人们的态度和世界的事态，并导致美国和苏联大规模发展武器。这种军备建设反过来又造成了以牺牲国内建设为代价的毫不节制的军费开支。在一些人看来，对核战争的忧虑产生了一种荒诞意识和绝望情绪。在这些现实的背景之下，被称为**后期现代主义**（Late Modernism）的文化风格表达出了许多艺术家、作家和知识分子所体验到的烦恼。

◀ 路德维希·米斯·范·德尔·罗赫和菲利普·约翰逊。纽约市，西格拉姆大楼，1954—1958年。伊兹拉·斯托勒（Izra Stoller）摄，版权属Esto

5.1 战后世界的转变

第二次世界大战的结束引发了冷战——一个充斥着国际紧张局势和意识形态对抗的时代。统率国际关系的是美国与苏维埃社会主义联盟共和国（USSR）之间的两极均势。美国阵营包括了西欧、英联邦及其从前的敌人日本、西德和意大利。苏联阵营则几乎囊括了整个东欧，并在1949年中共掌权后把中国含括了进去。

图5.1　华莱士·K·哈里逊国际建筑师委员会。纽约，联合国总部，1949—1951年

把联合国总部设在纽约的决定使这座城市成为自由世界的非正式首都——所谓自由世界在冷战期间指的是美国及其盟国。选择“玻璃盒”摩天大楼造型来建造联合国秘书处大楼有助于确保这种国际风格将成为战后时期（直至1970年）主导的建筑风格。

冷战的加剧有两大原因。首先，随着西方殖民帝国土崩瓦解并被各独立国家所取代，两个超级大国争相影响那里的事态发展，从而将它们的争斗扩展到第三世界，即非洲（南非除外）、亚洲（日本和部分东南亚国家除外）和拉丁美洲的国家。其次，能够将核武器作洲际投掷的弹道导弹不断发展，这增加了毫无预兆就发动大规模毁灭性突然袭击的可能性。

到1970年代，西方似乎在两个超级大国及其各自的阵营之间保持了平衡，而冷战及其将人类推入毁于核武器的威胁则在可预见的未来若隐若现。

超级大国的时代，1945—1970年

随着德国和日本的战败，苏联与西方国家之间的意识形态分歧和地缘政治观念开始影响战后世界的未来。两个相互对立的制度之出现，看起来是第二次世界大战的必然结果。对美国阵营而言，民主是众人遵守的准则，社会福利得到缓慢的扩展，而经济则不断繁荣。对苏联阵营而言，集体主义的制度盛极一时，社会福利系统全面，而经济则要么停滞不前，要么增长缓慢。

战后复原与世界新秩序　主要的同盟国美、英、苏在二战结束前就开始为战后时代作规划。它们一致同意将对德国和日本实施占领，让这些国家建立起代议制政府，并大力约束它们的军国主义制度。它们在1945年联合其他48个国家创建了联合国，这是一个处理国际争端的维护和平和人权的组织（图5.1）。

历史分期表5.1

后期现代主义

1945　1952　1960　1970

抽象表现主义

社会主义的现实主义

波普艺术

欧普艺术

新正教神学

艺术中的极少主义

偶发艺术

国际风格建筑

电影中的新写实主义

荒诞派戏剧

新浪潮电影

序列音乐

存在主义：无神论的和基督教的

1945
美国向日本投掷两枚原子弹；第二次世界大战结束；联合国创立

1949
东德与西德变成独立国家；北大西洋公约组织建立；中华人民共和国成立；德·波伏娃，《第二性》

1953
米勒，《激情年代》

1956
节育技术的发明；奥斯本，《愤怒的回顾》

1960
石油输出国组织建立

1967
列维－施特劳斯，《亲属关系的基本结构》；加西亚·马尔克斯，《百年孤独》

1970

1954
布朗诉教育委员会

1962—1965
第二次梵蒂冈公会议

1968
马丁·路德·金和罗伯特·肯尼迪遇刺

1947
威廉姆斯，《欲望号街车》

1950—1953
朝鲜战争

1957
建立共同市场

1960s—1973
越南战争

1969
第一次登月

1948
苏联卫星系统在东欧建立；以色列国建立；晶体管诞生

1955
华沙条约组织成立

它们也准备建立几个跨国组织来帮助惨遭战争蹂躏的国家，以图实现全球经济复原。例如，“世界银行”将为发展中国家提供大规模建设计划所需的资金和技术援助（国际货币基金组织［International Monetary Fund，简称IMF］则推动国际货币合作，鼓励国际贸易的扩展，并努力稳定货币汇率。然而，苏联拒绝参与这些经济安排。

1945年，同盟国将德国划分成四个占领区。1949年，英国、法国和美国将它们的占领区合并成德意志联邦共和国（西德），苏联则将它的占领区建成德意志民主共和国（东德）。到1969年，由全心打造资本主义的温和派人士领导的西德已成为欧洲主要的工业强国，而处在集体主义制度之下的东德则远远地落在了后面。

在日本，战胜的美国人强制颁行了一部供天皇为名义元首的民主宪法，引进了一套议会制度，给予妇女、工人和农民投票权，彻底解散了日本军队。在1950到1973年间，日本的国内产值以平均每年超过10%的速度增长，领先于其他任何工业化国家的增长率。

到1950年代初，英法两国都保持着适度的经济增长，虽然两国都备受劳工持续骚动的困扰。两国的左翼政府都对大企业实行了国有化，并建立起全民保健制度，虽然保守派政府间或将一些企业交还给了私人。

法国和西德认识到，在这个超级大国的时代，小国的岁月已一去不复返了，为了达到经济平稳发展，有必要将经济力量联合起来。1957年，两国建立起一个自由贸易区，将比利时、荷兰、卢森堡和意大利也拉了进来。这个组织被称为欧洲经济共同体（European Economic Community）或共同市场（Common Market），它成为此后十年中欧洲繁荣的推动力。

建立共同市场的另一个重要原因是苏联企图控制欧洲。在第二次世界大战之后，苏联军队占领了东欧邻国，宣称要为苏联提供一道军事屏障。到1948年，苏联将这些国家改造成了共产党统治的卫星国，它们的工农业结构都与苏联经济紧密联系在了一起。

苏联崛起为超级大国的设计师是约瑟夫·斯大林（Joseph Stalin），他决心保持集体主义制度不受资本主义和西方自由观念的侵蚀。为此，他要求苏联全体公民作出最大程度的牺牲，以求使他们饱受战争破坏的经济赶上先进工业化国家的水平。在1953年斯大林去世之后，其接班人显得比较温和一些，但他们继续实行书报审查和压制民意的政策。

美国在1945年担负起自由世界领袖的角色，它宣称自己是由于对同盟国胜利作出的巨大贡献而获得了这个地位。它进而认为，二战是一场保卫人类自由的道德征讨，因此美国应该保护世界各地人民的权利。在这些信念的基础上，美国理直气壮地奉行一套积极主动的外交政策，而且，在1945年到1970年间，它或许是古往今来地球上最富有、最强大的国家。

1950年代里，美国国内生活中最大的特点是踌躇满志、平平淡淡，但1960年代则是一个骚动不安的时代，全世界都是如此，美国的经历只是其中的一部分而已。在60年代，千百万人抗议越南战争、种族主义和旧有的思维方式。嬉皮士（Hippie）们发展出一种放荡不羁的生活方式，并帮助催生了一种排斥主流价值观和传统的反文化（counterculture）。

种族偏见是美国国内最紧迫的问题，因为它深深扎根于美国的历史。在1954年，联邦最高法院宣判公立学校里的种族隔离措施违宪。次年，阿拉巴马州黑人罗莎·帕克斯（Rosa Parks）拒绝按该州法律所要求的那样走到公共汽车的后面，结果被判入狱。囚禁帕克斯引发的社会抗议标志着美国种族关系上的一个分水岭。黑人公民抛开其一向被动消极的角色，开始在其争取平等权利的斗争中运用违抗习俗的策略。然而，民权运动直到60年代才开始发展为全国规模。几经拖沓之后，联邦政府在教育、居住环境和投票权等方面发动了改革。1968年，民权斗争一度迷失了方向和动力，是年，民权运动领袖马丁·路德·金（Martin Luther King，Jr.）被刺身亡，但美国的黑人社团中又成长起一批新的领导人，他们继续进行反对种族主义的斗争。

冷战 1945年以后，随着苏联和美国确定它们各自的势力范围，对和平的憧憬及对战胜国之间相互合作的期望消失了。到1949年，一道“铁幕”在欧洲降下，将西方与东方隔离了开来（地图5.1）。1949年，对苏联入侵的恐惧促使西方民主国家建立了一个以美国为首的军事同盟，称北大西洋公约组织（North Atlantic Treaty Organization，NATO）。东方阵营予以回应，建立起以苏联为首的同盟华沙条约组织（Warsaw Pact，1955年）。随后就出现了军备竞赛，将工业世界划分成两大军营。到1955年，似乎达成了一种恐怖的均衡，因为美国和苏联都拥有了足够相互摧毁对方的炸弹和导弹。

东西方之间的力量争夺扩展到世界其他地区。1949年，毛泽东领导的中国共产党打败了当政的国民党，开始建立社会主义制度。超级大国之间的较量转到了远东，在那里，二战后分割成两个独立国家的南北朝鲜之间爆发了一场有限战争。美国对共产主义扩张的可能性大为震惊，它在联合国的帮助下派兵援助韩国。中国随后派兵支援朝鲜。经过数月激战，双方在韩国、朝鲜原有的边界沿线形成了僵持局面，这条战线最终在1953年的停火协定中得到了保证。朝鲜战争的经历确立了两条核时代的指导性原则：（1）各自盟国之间的代理战争可以取代超级大国之间的直接战争；（2）可以使用常规武器而非核武器来进行战争。

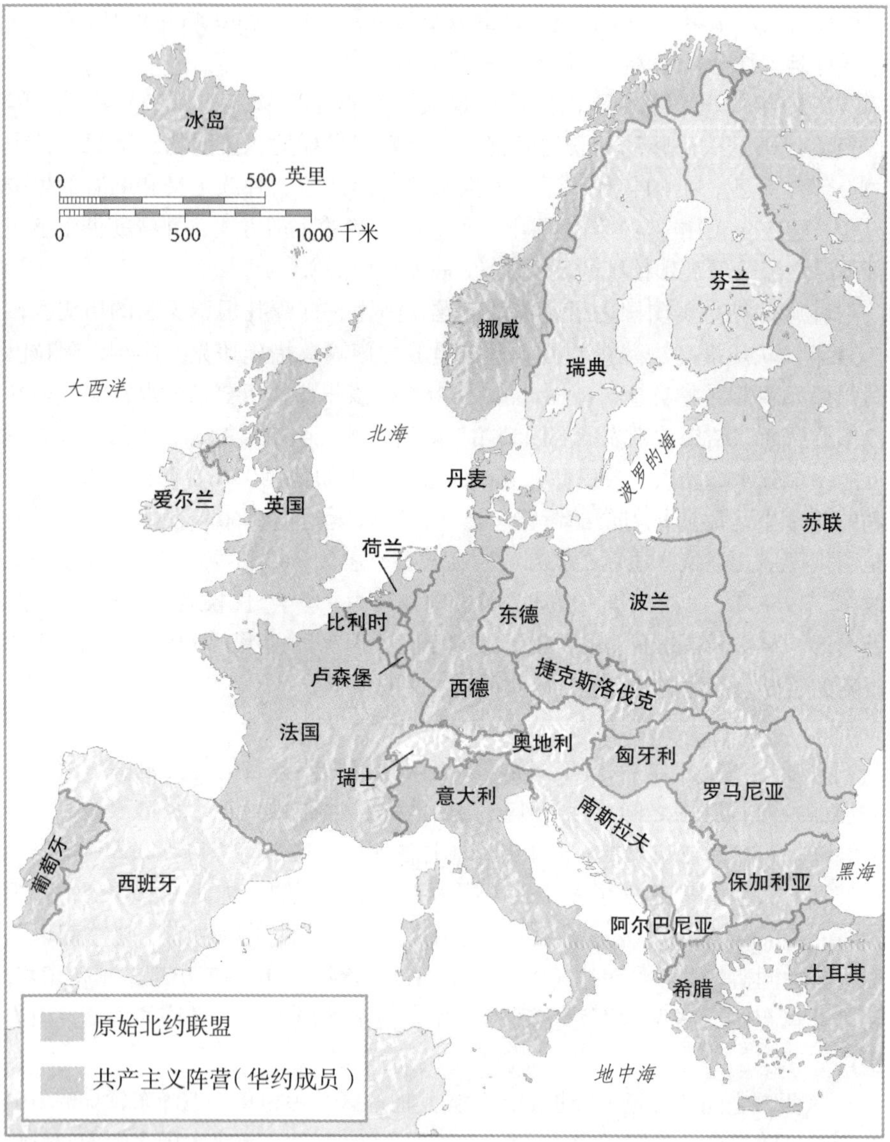

地图5.1　1955年的欧洲

这幅地图显示了冷战高峰时期的欧洲状况。1.注意“北约”与社会主义阵营对欧洲的划分。2.哪些国家既不属于北约也不属于华约。3.如果在两大国家集团之间爆发战争，哪些国家将最有可能成为战场。4.也请注意东西德之间的划分。5.对照地图4.1中规模较小的苏联，观察一下本幅地图中苏联向西方的扩张。

图5.2　勃兰登堡门。

在 1945—1961 年间，超过 350 万的难民从德意志民主共和国（即东德）迁往西方。1961 年 8 月，东德修筑了一道穿越柏林城、用水泥和碳渣砖墙砌成并用钢架加固、再在墙顶安置铁丝网的高墙。在 1961—1989 年间，柏林墙成为共产党国家与西方民主国家之间的分界线。本图后景中的勃兰登堡门是柏林的历史性地标之一。

柏林墙（Berlin Wall）加剧了冷战的紧张局势并使冷战焦点重新聚焦到欧洲。这道围墙系东德在 1961 年建立，旨在防止东德公民前往西柏林。这条武装的边界被看成是一种挽救共产主义的手段，但其结果却只是加剧了东西欧之间的分裂而已（图 5.2）。不过，超级大国体制中最严峻的考验当数 1960 年代初爆发的越南战争。越南战争源自一场内战，当美国军队进入南越反击从北方入侵的越共军队时，它就变成了一场冷战的较量。对美军士兵来说，这场战争加倍地难打，既因为它是在陌生的丛林地带与游击队作战，也因为它在美国国内变得那么强烈地不受欢迎。反战抗议的顶峰是在俄亥俄州和密西西比州诸大学中发生的对峙，对峙中有 6 名大学生在与当局的冲突中丧生（图 5.3）。

越南战争是世界事务中的一个转折点。美国在 1973 年撤出了南越，从而听任南越在 1975 年被北越征服。从这一美国力量的挫折中可以很快得出一些结论:（1）美国的超级大国地位受到了置疑，美国领导人变得不太愿意动用军事力量;（2）越战证明了一条对外关系的新原则——即使是超级大国也不能用常规战争的手段打败小国家。总之，这些越战后时代的原则表明了美国国际影响的衰落，也为 1970 年代新型的全球合作打开了大门。

第三世界的呈现　1945 年之后，欧洲的海外领地开始争取自由和自治，到 1964 年，大多数殖民帝国已被独立国家取代。1946 年，美国放弃了一块前

图5.3　国民警卫队在俄亥俄州肯特州，1970年

这幅照片与戈雅的《1808年5月3日的行刑》非常相似，戈雅的油画是为抗议法国士兵杀戮西班牙平民而作。在肯特州命案之后的紧张时日里，这幅照片在美国社会中发挥了相似的作用，因为许多人开始把死难学生想成是反对越战事业的烈士。

殖民地菲律宾。1947年，英国同意将印度划分成两个国家，一是印度教占主导的印度，二是穆斯林占主导的巴基斯坦。荷兰放弃了其东印度领地，该殖民地在1950年成为印度尼西亚。法国试图保住印度支那，但在1954年被赶了出去，这块前殖民地被分割成了北越和南越。

在中东，法国和英国（从奥斯曼帝国）解放了阿拉伯国家，英法从1919年起控制了这些国家。1945年之后，中东地区处在持续的动荡之中，原因是工业化国家都需要其石油，另外它处在东地中海的地缘政治位置也吸引了超级大国的注意力，而伊斯兰原教旨主义则导致了好战的阿拉伯民族主义。然而，造成中东不安定的最重要原因是，在经历了第二次世界大战和犹太人大屠杀（Holocaust）之后，1948年建立了一个犹太人国家以色列。以色列将50多万阿拉伯人赶出巴勒斯坦，这些难民的命运促发了该地区不断的冲突。巴以冲突充当了动员阿拉伯人起而进攻并力图消灭以色列国家的警钟。

图5.4　伊丽莎白二世女王与恩克鲁玛的画像，阿克拉，加纳。1961年

1957年，加纳成为第一个获得独立的英属非洲殖民地。1961年，伊丽莎白女王访问了这个新国家。五年后，加纳领袖恩克鲁玛（1957—1966年执政）被军队推翻。这两幅并排的巨幅画像表明，恩克鲁玛也受到了个人崇拜的驱使——个人崇拜是一种精心设计的发明，它利用大众传媒手段，让一个国家的人民将其领导人当做英雄来顶礼膜拜。

在非洲，几乎所有的殖民地都获得了自由，虽然独立的过程中经历了往往是痛苦而又代价昂贵的过渡。在1960年代，法国结束了在阿尔及利亚的血腥战争，让阿尔及利亚及法国在西非的其他大多数殖民地都获得了独立。英国人逐步从东非撤离，但在当地保留了原有的行政体系，让它们得以服务于新建立的国家（图5.4）。在南部非洲，罗德西亚于1980年转变成津巴布韦，脱离英国而独立并实现了黑人的多数统治。

非殖民化和第三世界之呈现的后果之一是所谓的“南北分离”。基本上处在北半球的工业化国家与许多位于南半球的发展中第三世界国家之间的关系，此时成为国际政治中的一个主要议题。新近独立但仍处在发展中的国家立刻发现自己面临着一系列的经济劣势。1964年，联合国召开了一次会议，会议上制订了促进国际贸易以援助发展中国家的计划。在缩小南北分离方面的确取得了一些进展，但其间的差距始终无法拉平。

大众文化　在战后时代，美国大众文化开始成为正在涌现的世界文明的公分母。美国大众文化具有民主和充满活力的特征，含有性内容和自由表达的精神，因此吸引了全世界人。千百万人被通过电视、电影和广告展示的美国生活场景迷倒，他们争相模仿这些形象。美国的衣着、食品和音乐的流行现在开始影响整个东西方阵营、第三世界和中东的生活方式。诞生于后期现代主义时期的世界范围的大众文化之兴起，导致了对公众娱乐的无休止需求和对娱乐明星的痴迷。在这个时期开始之时的各种媒体中，电影或许是最符合这种需求的一种。美国电影将许多演员和娱乐人打造成全球性的偶像人物，例如埃尔维斯·普雷斯利（Elvis Presley，1935—1977年，参见图5.15）。一些新的娱乐方式，如看电视、随身携带晶体管收音机、听唱片和看摇滚音乐会等，伴随着新媒体的出现而流行起来。有助于推动这些新兴娱乐形式的事件是1950年代发生的音乐口味的突然转移。

5.2　现代主义的终结

1947年，英美作家奥登（W. H. Auden，1907—1973年）发表了一首题为《忧虑的时代》（*The Age of Anxiety*）的诗歌，表达了他所处时代的忧郁。他描述了一个处在两难境地的时期：一方面狂热地寻求稳定，另一方面是认识到这种寻求徒劳无益。第二次世界大战的暴行是前所未有的，奥登所述的焦虑时代便是对这种暴行的反应，它萦绕着死亡和毁灭，对欧洲犹太人大屠杀和投在日本的两枚原子弹的记忆更令这个时代面目狰狞。当美苏关系恶化、第三次世界大战显得不可避免之时，焦虑便会转化成（也确实转化成了）绝望。在这种郁闷的背景下，现代主义进入了其最后的阶段。

后期现代主义（Late Modernism）在1945年到1970年间盛行，它表达了一帮艺术家、作家和思想家们的观念，这些人显得几乎被这个令人沮丧的时代彻底压垮了。存在主义（Existentialism）似乎是唯一一种颇有道理的哲学——因为它提倡忘却过去和未来，热情地为现在而生活。颇具矛盾意味的是，大大减弱的对人文的信念依然支撑着现代主义者从事他们的创造性工作，并防止了他们沉沦到无望沉默的境地。

与以前的现代主义者一样，后期现代主义者也自视为精英阶层。他们荡涤以往一切无足轻重、粗鄙无识的大众文化，在此同时致力于拯救西方文化中那些在他们看来值得拯救的东西，并从精神分析学和非西方源泉中汲取灵感。他们胸怀一种使命感，努力让自己的作品臻于精练，以直接表达最基本的内容，因此他们摒弃了刻板的合理性，而奉行兴之所至的原则。他们将题材扔到一边，把探索推进到极致的地步，故而，他们把绘画简约为线条和色彩，将雕塑简略为结构和形状，将音乐浓缩成声音的随意组合。与以往的现代主义者一样，他们随后赋予这些作品以精神的或先验的意义，宣称抽象画和抽象雕塑是中介手段，而混杂了噪音及和声的音乐则重现了自然界的声音。

哲学和宗教

诞生于两次世界大战之间的存在主义主宰了战后初期的西方思想。两位法国作家让-保罗·萨特（Jean-Paul Sartre）和阿尔伯特·加缪（Albert Camus）是无神论存在主义的领军人物，他们通过自己的小说和戏剧表达他们的思想（参见“后期现代主义的文学”一节）。而有神论的（也即以上帝为依据的）存在主义也兴盛起来，成为这个时代宗教思想的组成部分。

战后的宗教思想受**新正教**（neo-orthodoxy）的主导，这种思想由瑞士新教思想家卡尔·巴特（Karl Barth，1886—1968年）在第一次世界大战之后创立。巴特宣称上帝超出人类的理性之外，他因此敦促回归传统的或正统的基督教信条，如原罪、三位一体、耶稣复活、甚至处女生圣等。他还批驳自由派新教以人为中心的宗教及其依赖理性的信念，这种人本信念从19世纪后期开始就占据了主导地位（参见第3讲）。巴特强调在“绝对的他者”上帝与卑微的人类之间的鸿沟，这条鸿沟只有上帝能够跨越——由此他复兴了中世纪后期神学（via antiqua），该神学坚持理性与信仰之间的分离。

1945年之后，在巴特的引导下，新正教在西方宗教界兴盛起来，特别体现在德国裔美国新教徒保罗·蒂里希（Paul Tillich，1886—1965年）的著述中。蒂里希的神学理论是在20世纪种种灾难的严峻考验中阐发起来的。在第一次世界大战他担任德国军队随军牧师期间，他的自由基督教信念崩溃了；1933年，纳粹分子将他赶出大学教师岗位，于是他离开德国逃往了美国。到了美国后他很快在几所著名的神学学校任教，并最终撰写了《系统神学》（*Systematic Theology*，1951—1963年），这是一部探究文化与基督教之间关系的三卷本著作。

蒂里希思想的核心是他关于上帝的观念。他从德国哲学家尼采结束的地方，即所谓“上帝之死”（参见第3讲），开始他的论述。但是，在蒂里希看来，死去的上帝是自由基督教的“人格”之神——这个观点致使一些批评者谴责他为不可知论和无神论。但蒂里希坚持称真正的上帝是存在的：这个无限的存在乃是“上帝背后的上帝”，系“一切存在的基础”——也即生活中所有存在和意义的源泉。

蒂里希自认为是站在两个时代交界处的“边界人”——其中一个时代的

生活方式正在消亡，而另一个新的时代正在诞生——对许多宗教追求者来说，这个评论是对“忧虑时代”的概括。天主教徒、新教徒和存在主义者（不管是无神论者还是基督教徒）都急切地拜读他的晦涩难懂的著作。无神论的存在主义者虽然否认上帝的存在，却接受蒂里希关于没有上帝的人类之无望状态的描述。基督教存在主义者则赞赏他关于人类远离“上帝背后的上帝”之描述，他们提倡“信仰的跳跃”(leap of faith)以全盘接受基督教正统信条。“信仰的跳跃”概念由丹麦思想家索伦·克尔凯郭尔（Søren Kierkegaard，1813—1855年）创造，克尔凯郭尔的著作因其得到广泛认同的基督教存在主义而从上个世纪一直流行到后期现代主义时代。

战后时代另外两位主要的宗教思想家也获得了广泛的读者：法国耶稣会士德日进（Teilhard de Chardin，1881—1955年）和德国犹太人宗教哲学家马丁·布伯尔（Martin Buber，1878—1965年）。德日进是一位地理学家和古生物学家，他在其《人的现象》（*The Phenomenon of Man*，1955年）等哲学著作中将哲学和科学融为一体，提出了一套基督教化的进化理论。在德日进看来，历史乃是一个进化过程，在某些特定的阶段将发生道德的进步，例如在基督化身降世之际，而整个的进化过程将迈向精神的完善，其时基督将再度降凡（Second Coming）开启人类救赎的最后阶段。德日进最有影响的著作在他死后出版，因为它们有可能引起极大的争论。1962年，梵蒂冈警告信徒不得不经批判就接受他的观点。

马丁·布伯尔1938年逃离纳粹德国，他是新建的以色列国家的领袖人物。在离开德国之前，他与神学家弗朗兹·罗森茨威格（Franz Rosenzweig，1886—1929年）一起将希伯来《圣经》翻译成了德语（1926—1937年）。在到达耶路撒冷后不久，布伯尔被任命为希伯来大学的社会哲学教授，后来被聘任为以色列科学与人文学院的首任院长。他最著名的著作《我与你》（*I and Thou*）虽然初版于1923年，却是现代后期阶段最畅销的宗教著作之一。在这部著作中，布伯尔以诗一般的语言把宇宙描述成由三个层次组成的道德阶梯：上帝，即永久的“你”；人类，即“我”；世间的其他万物，即“它”——其中永久的“你”使一切的人类关系成为可能。理想的关系乃是人类与上帝之间的“我—你”关系，这种纽带的特点是真诚、互信、坦率和信任。他敦促所有的人与人之间的关系应该尽一切可能向“我—你”关系看齐。最麻烦的是“我—它”关系。“我—它”关系是人与动植物及自然界发生关系时必然会有的邪恶，当它被运用到人与人之间的关系中时，它就成为道德的错误，因为它将其他人变成了个人优势的压制对象。

后期现代主义中出现了一个对宗教文化产生广泛意义的显著里程碑：罗

马天主教会的改革。这项改革由教皇约翰二十三世（Pope John XXIII，1958—1965年在位）发起，由“第二次梵蒂冈公会议”（Second Vatican Council，1962—1965年，更为人熟知的称法是“梵二”［Vatican II］）推行。“梵二”在教会和基督教团体内部进行了一些巨大的改变，例如在做弥撒时采用本国语言，废除各种饮食限制，允许俗界人士更大程度地参与宗教仪式。更加巨大的变化出现在教会对非天主教会成员的观念：东正教徒和新教徒不再被称为异端分子，而是均被看作基督的兄弟姐妹；对犹太教徒作出了友善的姿态，并对教会以往的反犹主义（anti-Semitism）表示忏悔；在提及世界其他宗教时赞赏它们的精神追求；向世界各地的人民保证天主教会将在信仰事务中摒弃强制性手段。这些改革使“梵二”成为公元6世纪的特伦特公会议以来最重要的教会公会议。

政治运动和社会运动

在1960年代，政治运动和社会运动，特别是结构主义、女性主义（feminism）及黑人意识（black consciousness），使存在主义黯然失色。与强调自由和选择的存在主义不同，**结构主义**（structuralism）声称人的自由是有限的。结构主义者认为，天生的意识模式致使人类以始终如一、循环往复的方式应对自然界并相互交往，而不论他们所处的历史时期和社会背景如何。故而，文明（体现为诸如政府、社会关系和语言等事物）和观念（例如自由、健康和美等）乃源于根深蒂固的思维方式，而非来自环境或不断的启蒙。结构主义者推论称，不仅所有的知识受意识的限定，就是文明本身也反映着意识的本性。通过界定和分析文化的基础，他们试图对人类意识的基本特性获取某种理解。

两名最杰出的结构主义者是美国语言学家诺姆·乔姆斯基（Noam Chomsky，1928年出生）和法国人类学家克劳德·列维–施特劳斯（Claude Lévi-Strauss，1908—2009年）。乔姆斯基所著《句法结构》（*Syntactic Structures*，1957年）发起了一场语言学革命。他主张，在句子的表面形式（即语法）之下潜藏着更深层次的语言学结构，这种结构受人类意识的直觉把握，并通用于所有的语言。同样，列维–施特劳斯也以其1967年的研究《亲属关系的基本结构》（*The Elementary Structures of Kinship*）一书对经验主义思维发起了挑战。他声称，在不同社会各种氏族的各类关系中，都存在着某些具有共同主题（如乱伦禁忌和婚姻模式等）的亲属原型。乔姆斯基和列维–施特劳斯暗示，存在着贯穿于各类意识和各个社会的全球性共有结构，它们可以表达为一种普遍的密码。这一结论使结构主义思维具有了一种强烈的心理分析意向，因为它引导研究者们集中关注潜意识。

其他学者们遵循乔姆斯基和列维–施特劳斯的思路，对诸如历史、儿童发展和文学等学科中的潜在模式进行了研究。但是，还没有哪位思想家将各种结构主义融合成一种连贯的意识理论。然而，一个令人好奇的巧合是，朝向一种全球共享之意识结构的思想潮流与后现代主义背景下全球文化的兴起相伴相随。

女性主义的复兴是第二次世界大战以来哲学发展中另一个重要的现象。在1920年代许多西方妇女赢得投票权之后，出现了一段枯燥乏味的间歇期。在这一段时期之后，法国思想家和小说家西蒙·德·波伏娃（Simone de Beauvoir，1908—1986年）发动了女性主义的复兴。在其1949年的论著《第二性》（*The Second Sex*）中，波伏娃声称，妇女被当作男人的“他者”（the Other），这个人类学术语意味着一个人或一个团体看作不同且较低级的存在物。她从个人轶事和存在主义思想中汲取写作题材，建议想要获得独立的妇女不要结婚，并像男人一样让自己不道德起来（图5.5）。

波伏娃的言论传播到了全世界，但美国妇女们特别关注她的言论。1960年代美国最著名的女权主义者是贝蒂·弗里丹（Betty Friedan，1921年出生），她以其《女性的奥秘》（*The Feminine Mystique*，1963年）一书唤醒了休眠中的女权运动。弗里丹在书中宣称，社会联合起来将妇女理想化，从而阻挠她们与男人竞争。1966年，她创建了“全国妇女组织”（National Organization for Women，NOW），一个吸引了数百万妇女的游说组织。根据它的成立宣言，全国妇女组织支持“与男子平等的伙伴地位”，致力于“推动妇女融入公共领域的权力、特权和责任”。弗里丹并不总是赞同1970年代更为激进的女权主义者，1982年，她在《第二阶段》（*The Second Stage*）一书中表明她仍然是一个温和派，该书提倡男人的解放是妇女平等的一个前提。

与女权主义一样，黑人意识运动也从1945年起发展壮大（图5.6）。最早一位著名的黑人认同理论家是弗朗茨·法农（Frantz Fanon，1925—1961年），他是一名在法属马提尼克岛（French Martinique）为阿尔及利亚阿拉伯人行医的精神病医生。目睹法国殖民压迫的法农逐渐相信，西方抛弃了它自己的道德理想，无疑是自掘坟墓。到1950年代后期，法农开始以存在选择和马克思主义为理论基础，为黑人反抗白人社会的革命进行辩护。在其1961年的《地球上受苦的人们》（*The Wretched of the Earth*）一书中，他发出了号召武装起义的愤怒呼声，鼓励非白人民族建立一种单独的文化。60年代中，美国的一些黑人领袖欢迎法农的号召，70年代中那些摒弃西方意识形态的第三世界思想家也倾心于法农的宣言。

60年代的美国产生了一位激进的黑人代言人马尔科姆·埃克斯（Malcolm X，

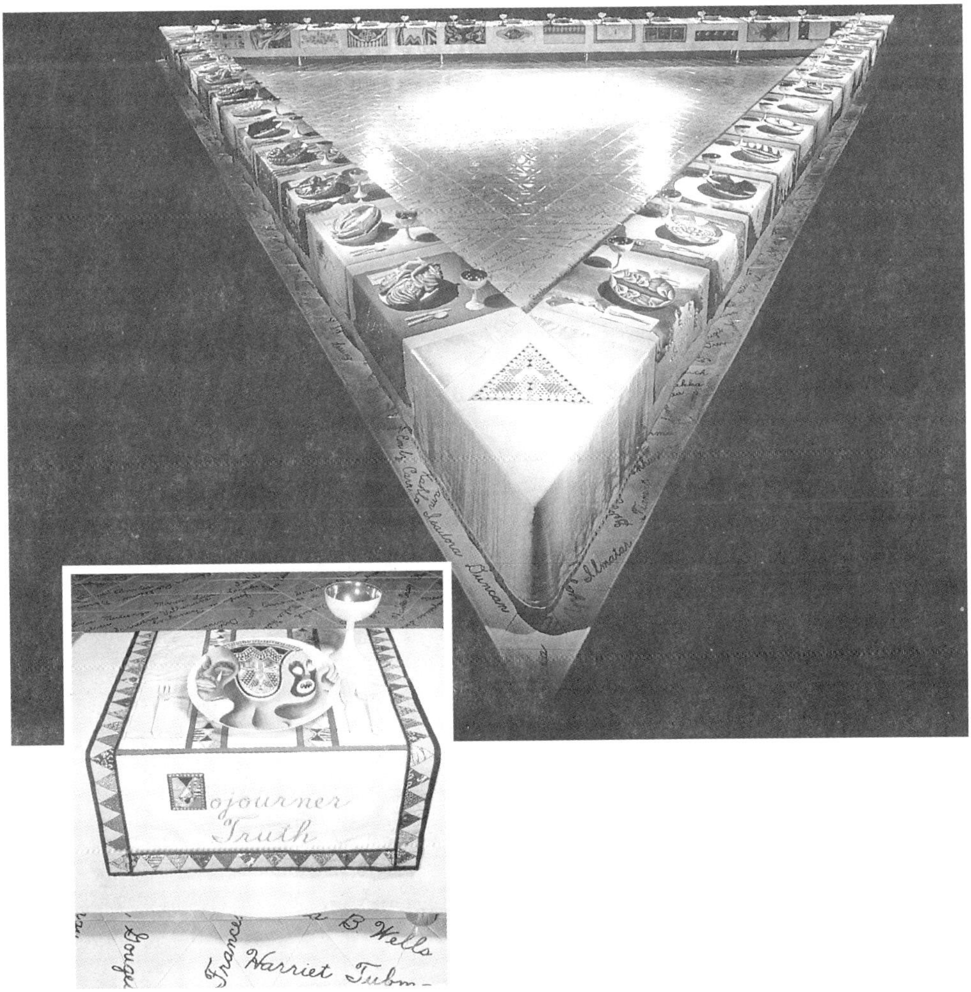

图5.5 朱迪·芝加哥(Judy Chicago):《晚宴》(*The Dinner Party*)。1979年。摆放模样。多种媒介，瓷画，刺绣，14.6 × 14.6 × 14.6米装置。版权属朱迪·芝加哥

女权主义的复兴促使一些女性艺术家在其艺术作品中采用鲜明的女权主义主题，朱迪·芝加哥（1939年出生于杰罗维兹[Gerowitz]）的作品便是如此。芝加哥在1960年代后期抛弃了抽象表现主义，大约在此同时也改变了她的名字，此后她将她的艺术致力于女权主义事业。《晚宴》是她最雄心勃勃的作品，是为纪念西方文明历史和神话中最主要的妇女而作。在这件作品中，她安排了一个三角形餐桌，共有39个装饰各不相同的位子，以纪念像萨福和索贞纳·特鲁斯（插画所示；也见第2讲）一类的著名女性。

图5.6 罗马勒· 比尔登（Romare Bearden）:《鸽子》（*The Dove*）。1964年。用剪贴纸、水彩、铅笔和彩笔作在34×47.6厘米的硬纸板上的作品。纽约，现代艺术博物馆。艺术版权属罗马勒· 比尔登基金会/由纽约VAGA授权

罗马勒 · 比尔登（1914—1988年）是二战后美国最受尊敬的黑人画家，他将现代主义和来自其文化遗产的元素融合在一起。在1960年代，他发展出一种让人联想起立方主义的风格，采用拼贴手法和一些沮丧、削瘦的人物，创作出了20幅被他冠以“投影图”（projections）之名的拼贴画——画中的人物形象是通过在1950年代至1980年代很流行的影印方式取得的。在《鸽子》中，比尔登创造了一个哈勒姆的场景：一条热闹的大街上人们走进走出，沿街有一些闲人，或从窗户向外窥视，或在抽烟，在这些人的头顶上方栖息着一只鸽子。比尔登的拼贴画选材取自照片、剪报和彩纸，所有的东西都黏贴在一起；这些画作的灵感来自于他个人的经历——他在南卡罗莱纳州和纽约的生活，他对爵士乐的喜爱，以及他的艺术训练。

1925—1965年），他的真名是马尔科姆· 利特尔（Malcolm Little）。他是个激情似火的人物，思想理念发生过几次急剧的转变，从最初倡导黑人分离主义转向号召发起一场种族间内战，在他皈依伊斯兰教之后又转向支持种族和谐。他最后被人暗杀，据称暗杀者是他从前的一名同道。但时至今日，许多非洲裔美国人依然把马尔科姆奉为先知式的人物，这些非洲裔美国人想更清晰地感受他们的历史、文化以及在一个白种人占主导的社会中所取得的成就。

在动荡不安的60年代,马尔科姆·埃克斯的声音被马丁·路德·金(1929—1968年)的呼声盖住了。马丁·路德·金是一个梦想家,他期待世界上消除一切种族倾轧。他也许是西方历史上最著名的黑人。马丁·路德·金倡导公民不服从——这种不服从的思想基础是基督教教义、新英格兰哲学家和废奴主义者亨利·戴维·梭罗(Henry David Thoreau)的著作以及印度解放者甘地。马丁·路德·金是一名振奋人心的领袖人物,也是一位出类拔萃的演说家,他激励了美国黑人及许多白人加入到南部基督教领袖联合会(Southern Christian Leadership Conference),这个组织由一些牧师创建,旨在结束美国生活中的种族隔离现象,尤其是在大中小学中的种族隔离。虽然马丁·路德·金关于无隔离社会的梦想生存了下来,但民权运动在他被暗杀后分化成了许多发展方向。

科学技术

虽然战后时期在生物学和物理学领域发展了一些重要的理论,但直接或间接影响人们生活的是在应用科学领域的巨大进展。从1940年代一直到1960年代,来自实验室和研究中心的发明,以及第二次世界大战和冷战的科技副产品,不可逆转地改变了全世界老百姓的生活和行为方式。

· 1940年代后期:晶体管,是一种用来控制电路脉冲的半导体,它催生了改良型助听器和袖珍收音机。大批量生产的体型小巧、便于携带的晶体管收音机预示着1960年代开始的信息时代之来临。

· 1950年代:第一座商用核电站;到1970年,42座核电站生产了美国约4.5%的电力供应。许多西方国家都开发了核电项目,作为石油能源的最有潜力的替代品。

· 1957年:苏联发射了第一枚人造地球卫星"伴侣号"(Sputnik),由此挑起了两个超级大国之间的太空竞争。1958年,美国也发射了第一枚太空卫星。

· 1961年:苏联派出宇航员尤里·加加林(Yuri Gagarin,1934—1968年)进行了环球飞行。肯尼迪总统(1961—1963年在任)承诺美国将在60年代结束之前派人登上月球。1962年,美国派约翰·格伦(John Glenn,1921年出生)进入太空轨道,1969年7月,两名宇航员登上了月球。

登月是美苏太空竞争的顶点,它之所以能实现,是由于在远程通讯、火箭和制导系统微缩化等领域里取得的巨大进步。

医学

随着科学技术的发展，医学领域的突破也改变了各大洲千百万人的行为方式，提高了他们的生活水平。一些最重要的发现得以挽救生命，还有一些发现则具有社会和道德意义，造成一些社会和性别争议。

1956年节育技术的发明引发了一场性革命，到1960年代后期，这场革命融入了社会不安定的浪潮和反叛现有伦理规范及许多美国人之个人行为方式的潮流。这种新兴的性自由在1960年代和1970年代大行其道，但在1980年代因艾滋病的出现而受到越来越大的限制。

其他一些医学进步普惠大众而没有引起社会和伦理争论。在1950年代，通过接种由美国医生乔纳斯·索尔克（Jonas Salk，1914—1995年）和阿尔伯特·萨宾（Albert Sabin，1906—1993年）发明的疫苗，小儿麻痹症被根绝了。新发明的外科手术方法、放射疗法和化学疗法大大降低了癌症死亡率。生物科学中的进步正在揭示有关生命起源的基本信息。1953年，弗朗西斯·克里克（Francis Crick，1916—2004年）和詹姆斯·沃森（James Watson，1928年出生）报告他们发现了脱氧核糖核酸（即基因［DNA］）的结构，正是这种化学物质最终决定了个人的遗传特征。这一发现的含义一直到最近才被人理解（参见第6讲）。

后期现代主义的文学：小说、诗歌和戏剧

这个时期虽然盛行着后期现代主义的绝望氛围，但在小说、诗歌和戏剧领域也产生了一种极其刺耳的不同声音。文学沿着纽约—伦敦—巴黎轴心蓬勃兴旺，当然在这条轴心以外的地方偶尔也会爆发一下声音并被人听到。非洲裔美国人作家继续在国际舞台上展现自己。先锋派依然活跃，作家们不断扩展文学艺术的范围。此时还涌现了一些新的写作和戏剧流派，它们以一些相互对立的理论为基础，寻求与受众进行联系。这些作家中的许多人成为家喻户晓的人物，他们的作品在今天仍被当作经典传诵。回顾一下，我们将发现这是一个文学的黄金时代。

小说　法国人让-保罗·萨特和阿尔伯特·加缪是战后时代后期现代主义思想家中的领军人物。在其出版于1945—1950年间的小说三部曲《自由之路》（*Roads to Freedom*）中，萨特将马克思主义的集体主义信念与存在主义对个人的强调融合在一起。尽管他接受了存在主义所称生活是残酷的但必须面对的观念，他还是把他小说中的人物描写成为了一个更美好的新世界通力合作，这个新世界被想象成他们能在其中和谐地生活。萨特还针对时事写了一些剧本，这些剧本今天还偶尔上演。他最成功的戏剧，或许也是他最不朽的文学作品，乃

是《禁闭》(*No Exit*，1944年)，该剧展现了三个人物如何因为在绝境中所作的不幸选择而沦入万劫不复之状。

与萨特一样，出生于阿尔及利亚的作家和思想家阿尔伯特·加缪(1913—1960年)也写作反映他政治思维和个人价值观的小说、剧本和哲学著作。他最好的一部文学作品是《堕落》(*The Fall*，1956年)，这部小说出版之时，他的声望正如日中天，被视为西方主要的道德代言人。1957年，他被授予诺贝尔文学奖，而同样一个奖项，萨特在1964年则拒绝领取。《堕落》是一部漫谈式的独白作品，描写了一个苦闷的、自我怀疑的主人翁，他不断地责备自己的道德缺陷。当崇拜者们认识到加缪本人就是小说中的那位叙述者时，他们感到十分震惊，因为他们不愿意接受这样苛刻的自我评价。一些评论家们认为，这种自嘲式的忏悔预示着加缪将皈依上帝；这一评价是否属实已永远不得而知，因为一场车祸过早地结束了他的生命。

存在主义摒弃资产阶级的价值观念，主张通过行动来确定个人身份，这些观念吸引了美国的黑人作家。这些作家身为白人占优势社会的局外人，认同法国思想家们号召背叛的呼吁。第一位采纳存在主义观念的黑人作家是理查德·莱特(Richard Wright，1908—1960年)，他出生在密西西比州的一个种植园里，这个出身大大影响了他的视野。他的作品，如小说《土生子》(*Native Son*，1940年)和自传《黑男孩》(*Black Boy*，1945年)等，充满着极其强烈的对种族主义的愤慨，以至于在1940年代不能被白人文学评论家所接受。他的晚年在巴黎度过，在那里，他对存在主义的兴趣进一步加强了。

这个时代最成功的美国黑人作家是詹姆斯·鲍德温(James Baldwin，1924—1987年)，他在自愿流亡法国期间(1948—1957年)开始了写作。在一系列小说和文章中，他探讨在白人占主导的世界里黑人力量壮大的后果。在他的第一部小说《向苍天呼吁》(*Go Tell It on the Mountain*，1953年)中，他根据他的基督教信仰，压抑了他对黑人每天忍受的不公正的愤怒。这部表达了对无种族隔离社会之期望的小说，奠定了他此后一直追求的文学主题，只有到了马丁·路德·金被刺身亡之后，他的期望才变得灰暗起来。在他后来的小说中，例如《街上无名》(*No Name in the Street*，1972年)，他充满悔意地承认，暴力是美国黑人获取种族正义的唯一途径。

在战后小说中，存在主义有时让位于现实主义的文学风格，这种风格关注暴露社会的阴暗面。三位主要的作家将存在主义的沮丧与现实主义的道德愤慨融合在一起，他们是诺曼·梅勒(Norman Mailer，1923—2007年)、多丽丝·莱辛(Doris Lessing，1919年出生)和亚历山大·索尔仁尼琴(Alexander Solzhenitsyn，1918—2008年)。他们的目的是揭露时代的虚伪。

生活片段

人类在太空："人类的巨大飞跃"

内尔·阿姆斯特朗（Neil Amstrong）和埃德温·E.·奥尔德林（Edwin E. Aldrin）登月回忆和宇航员声音的传递

科学技术和人类精神的交汇在1969年7月展示在全世界观众面前，其时，美国宇航员内尔·阿姆斯特朗（1930—2012年）和埃德温·E·奥尔德林（1930年出生）在月球上漫步。这个事件超越了冷战政治，因为只要是地球人都认识到，阿姆斯特朗在月球上迈出的第一步具有永久性意义。他的第一步开启了一个开放机遇的新时代，也引发了关于地球之未来和太空旅行的恐惧。

内尔·阿姆斯特朗：我最强烈的记忆是那些景象本身。在我们看到的所有奇特的景物中，对我来说印象最深刻的是在我们穿过月球的阴影奔向月球的航程。我们离月球还有几千英里，但已经够近的了，以致月球几乎遮盖了我们的圆形窗户。从我们的视角来看，月球正在遮盖太阳，月球轮廓四周的太阳光环清晰可见，像一个巨型的镜片状或碟形状光圈，光芒射出好几个月球直径远。这真是壮观，但月球本身更壮观。我们处在它的阴影之下，以致阳光照射到它表面的任何部分。只有地球之光照射到它。这使月球呈现出蓝灰色，整个景象看上去是清晰的三维立体……

［着陆之后］你知道，太空是黑色的。漆黑的天空。但比起我们从窗口看出去的漆黑来，它好像要亮一些。月球是奇特的东西，但它的表面看起来很温暖，很有吸引力。这是这样一种状态，在其中，你感觉到你好像只穿了一件小泳装就要飞出去抓住一个小小的太阳似的。从驾驶舱里看，月球表面是黄褐色的，但当后来我手里抓着月球表面的物质时发现，它完全不是黄褐色。它是黑色、灰色一类的东西。这是某种光照效果，但在窗外看出去，月球表面不是黑沙，而更像是沙漠里的浅色沙粒……

埃德温·E·奥尔德林（在月球上）：现在我靴子的蓝颜色完全消失了，融入了这种颜色——我仍然不知道究竟用什么来描述这种颜色，只能说是一种灰灰的巧克力颜色。它似乎遮盖了我靴子上的大部分淡颜色……非常柔和的微粒……

［稍后］月球是一个非常自然、愉悦的工作环境。它有许多零重力的好处，但它在某种意义上还有比"零重力"更轻微一些的孤寂，在其中你总是必须注意确保落点以保持身体平衡。在月球上1/6重力的环境中，你有一种不知身在何处的感觉……当我们在月球表面展开实验时，我们不得不丢弃系带、固定桩等东西，我们把有些东西扔了。这些东西被扔开时慢慢地飘开了。如果谁想在这种环境中将一只棒球扔来扔去的话，一开始他会很难习惯这种

缓缓漂移式的投掷路线，但是我相信他可以很容易适应这一点……

气味很大，但我觉得月球物质是一种很特别的味道——很刺鼻，像火药味，就像开过枪的手枪味道。我们装了好多月球尘土带回飞行舱，用我们的衣服、靴子或是用我们用来装设备的箱子搬运这些尘土。一进飞行舱我们就注意到气味立即没有了。

解读本篇生活片段

1. 内尔·阿姆斯特朗是怎样描述他们接近月球时看到的景象的？

2. 在月球上的好处和坏处是？

3. 登月之旅如何影响我们今后的社会？

4. 人类以后的登月和登陆其他星球之旅的意义是什么？请解释。

美国作家梅勒在他第一部也是最好的一部小说《裸者与死者》（*The Naked and the Dead*，1948年）中，根据他自己参加第二次世界大战的经历记叙了现代战争的恐怖。这部作品描述了一帮军人（实际上代表了美国的缩影）因为他们上司的糟糕决定而遭殃。他描写这帮士兵的军官怀有一种认为世上没有上帝、也没有任何永恒价值观的观念，追求空幻的荣誉。在1960年代后期，梅勒开始写新闻稿，最终获得了极其崇高的声誉，以致到今天，他的文章的名气盖过了他的小说。他最好的一部新闻稿是像书那么厚的文章《夜间军队》（*The Armies of the Night*，1968年），它记叙了他亲身参加的1967年10月在华盛顿发生的和平大游行。这本书使梅勒获得了普利策奖（Pulitzer Prize）。

多丽丝·莱辛是一名东非的白人作家，她采用现实主义手法展现了在她的祖国罗德西亚（Rhodesia，现在的津巴布韦［Zimbabwe］）存在的各种矛盾：白人与黑人之间、英国人与荷兰人之间、英国人与殖民地人之间、资本主义分子与马克思主义者之间，以及始终存在的妇女与男人之间的矛盾。在包含五部小说的《暴力的孩子们》（*Children of Violence*）系列（1950—1969年）中，她讲述了黑人自由战士的成长和当时这块英国殖民地中白人统治衰退的故事。这个实行种族隔离的世界是一个大背景，在其中，主人公马莎·奎斯特（Martha Quest）开展了认识自我和追求独立的生存斗争。在她最著名的小说《金色笔记》（*The Golden Notebook*，1962年）中，莱辛除了讨论其他一些事情外，还着意探讨了压制妇女创造力的社会化进程。然而，她所关心的并不只是女性的身份，而且也触及了她在现代世界中看到的道德和思想断裂及冲突。莱辛在2008年获得了诺贝尔文学奖。

俄国作家索尔仁尼琴创作了讴歌俄罗斯人民同时又谴责马克思主义的小说，他把马克思主义看作是与东正教背道而驰的“西方异端”。他的短篇小说《伊

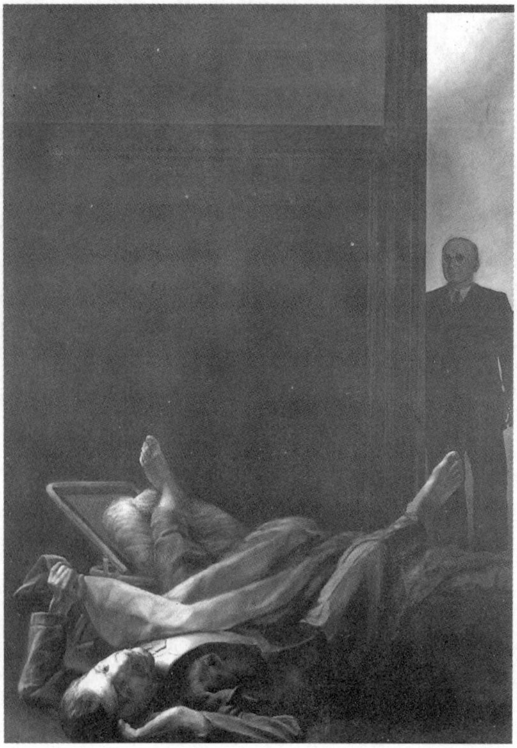

图5.7　维塔利·库马尔和亚力克山大·梅拉米德:《中风(约1953年3月3日)》, 1982—1983年。帆布油画, 1.83×1.17米。伊凡德尔·D·席雷收藏。纽约罗纳德·费尔德曼美术馆展出, 摄影师: D·詹姆士·迪

两位俄国流亡画家库马尔(1943年生)和梅拉米德(1945年生)两人组成为一个创作组, 在抵达美国后不久绘作了这幅油画《中风》。在画中, 他们描绘了斯大林孤独死去以及他的遗体被他核心圈内某个人发现的场景。两位艺术家表现了官场显贵对这位独裁者之死毫无触动的景象, 以此微妙地批判了斯大林和苏联体制。库马尔和梅拉米德借用了早先艺术风格中的一些元素, 例如舞台式的光线和卡拉乔瓦所特有的不寻常视角, 从而表现出了他们的后现代派倾向。

凡·杰尼索维奇的一天》(*One Day in the Life of Ivan Denisovich*, 1962年)反映了他对自己在斯大林统治时期被不公正囚禁的愤怒。这篇小说在尼基塔·赫鲁晓夫(Nikita Khrushchev, 1958—1964年执政)的去斯大林化运动中发表, 它展现了一个劳改营中难以忘怀的生活景象: 沉闷、磨难和残酷。尽管如此, 伊凡·杰尼索维奇依然保持着普通苏联公民的本色, 对马克思主义、自己的工作和同志忠诚不二(图5.7)。

索尔仁尼琴后来的著作流露出了他对共产主义的愤恨, 于是他在1974年被驱逐出了苏联, 他写的书也在苏联被禁, 一直到苏联垮台前几年才开禁。他选择流亡美国, 在佛蒙特(Vermont)州隐居起来, 在那里, 他表达了对西方的不满, 批评西方无神论的唯物主义和对待苏联制度的软弱无力。他所持的价值观是基督教原教旨主义和斯拉夫文化优越论(亦即倡导俄罗斯文化高于一切), 这与19世纪俄国伟大的存在主义先驱小说家陀思妥耶夫斯基的信念很相像。索尔仁尼琴相信共产主义最终会灭亡, 于是他在1994年回到了故国, 但他并没有在后苏联的俄罗斯成为道德代言人。

诗歌　许多后期现代主义诗人过度使用他们个人的语言，以至于他们的诗句往往无法让一般人读懂，因此也就没有多少读者。而少数一些运用较常规做诗风格的诗人则赢得了较多的读者。在后一类人中，威尔士诗人迪伦·托马斯（Dylan Thomas，1914—1953 年）是最著名的一位，到今天也仍然如此。托马斯的诗歌反映了现代主义评论家所喜欢的朦胧，但让他的作品如此难忘的是其明快的音节。它们有着强烈的情感内涵、轻快的节拍和悦耳的单词，因此十分朗朗上口。

不过，比托马斯的诗歌名声更大的是他的散文剧本《在牛奶林下》（*Under Milk Wood*，1954 年），它可以说是最受喜爱的后期现代主义诗性作品。与他的诗歌不同，这部散文剧风格直白，浸透着简洁的情感。它最初是一部广播剧，表现了一个威尔士村庄典型的一天，托马斯本人对这样的村庄十分熟悉，他正是在这样的地方长大成人的。他描述了那些古怪村民丰富多彩的言语和缠杂不清的生活，这些场景感动了几百万听众，激发了他们对自己年轻时代酸甜苦辣之回忆的共鸣。

一位算得上是探索性的但也拥有大批读者的后期现代主义诗人是美国作家艾伦·金斯堡（Allen Ginsberg，1926—1997 年），他是 1950 年代**垮掉的一代**（beat generation）出产的最重要的诗人。与迪伦·托马斯一样，他也注意使用口语语言，并且能够构造新的形式来表达反偶像崇拜的观念，这是他的时代其他任何诗人都望尘莫及的。他最著名的诗作是《嚎叫》（*Howl*，1956 年），它受到反叛青年、吸毒者和淫乱者的顶礼膜拜。金斯堡的这首诗作反对资本主义、异性恋和资产阶级社会，它冲破了书报审查的阻厄，成为“垮掉的一代”的“代歌”。

戏剧　后期现代主义的戏剧沿着多个方向扩展。有充满舞台创新和哲学暗示的实验剧，有用易卜生和萧伯纳式的自然主义传统写作的“社会问题”剧，有描写阶级冲突的现实主义风格戏剧，还有用诗一般语言和丰富的角色化写作的抒情剧。

事实上，最巨大的文学变化发生在戏剧领域。一帮被称为**“荒诞派戏剧”**（theater of the absurd）戏剧家涌现出来。荒诞派剧作家借鉴存在主义的朦胧观念，并决心找到新的方法来表达这种观念。荒诞派戏剧家不再关注研究剧中角色的心理活动，而是转向强调诗一般的语言，他们抛开现实主义所重视的情节，转而注意凸显令人难以容忍的情势。典型的荒诞派戏剧将悲剧与喜剧融为一体，剧作家好像觉得，只有混合了幽默，存在的痛苦才能忍受。

居住在巴黎的爱尔兰作家塞缪尔·贝克特（Samuel Becket，1906—1989 年）是最著名的荒诞派戏剧家。他的《等待戈多》（*Waiting for Godot*，1952 年）一剧中几乎没有“发生”（按“发生”这个词的常规意义来说）任何事情。《等待戈多》将悲剧与滑稽剧的成分糅合在一起，并在许多方面另辟蹊径：结构重复（第二幕几乎是第一幕的翻版）；缺乏布景（舞台上除一棵树外一无所有）；动作很少（剧中人物按照英国音乐厅的常规程序作无益的角色互换）。剧情也增强了徒劳的观念，剧中人物等待神秘的戈多，而戈多始终没有出现。

在后来的岁月里，贝克特的作品探讨无声戏剧的可能性，例如其独幕剧《非我》（*Not I*，1973年）。在这部剧中，一个声音——看上去只是聚光灯照着的一张嘴——努力停止讲话，但又停不下来。贝克特的戏剧把人的意识描述成祸殃之源；但在同时，他的作品也肯定了人们在绝望中求生的精神。

另一位荒诞派剧作家是出生在罗马尼亚的法国人尤金·尤奈斯库（Eugene Ionesco，1909—1994年），他的剧作采用荒诞主义的风格，探讨一些与贝克特剧作类似的主题，如社会孤独和语言缺失等现象。自然主义往往集中表现普通人努力规划他们日常生活的情形，而尤奈斯库则摒弃自然主义，采用超现实的手法、古怪的说话强调和不合理的思维方式，着力构建一种非自然主义的场景。他的剧作是如此敌视自然主义风格，以致被称为“反戏剧”（antiplay）。他以《课程》（*The Lesson*，1952年）等一系列短小的独幕剧建立了声望，之后便逐渐创作一些较长的剧本，成为荒诞派戏剧的代表人物。尤奈斯库最经久不衰的长篇剧作是《犀牛》（*Rhinoceros*，1959年），其内容与其标题相一致。在这部剧中，一座小城里的人逐渐变成了犀牛。一开始，这在他们自己和其他人中引起了恐慌，但最后，当全城都改变时，每个人对他们的皮肤都感到欣慰。具有讽刺意味的是，剧终时出场的是一个反面角色，他太愚蠢，对自己的人形感到自豪，以致变不成犀牛。

在1950年代后期，当英国的哈罗德·品特（Harold Pinter，1930—2008年）上演他最初的剧本时，他经常与荒诞派戏剧家聚在一起。然后，很快就表明，他不属于任何流派，而是在发展他自己的风格。今天，**品特派戏剧**（Pinteresque）一词用来特指一种戏剧风格，其特点是神秘的剧情，虚化的角色，尤其还有台词中随意使用默声。

在品特的剧中，开幕时经常为一个房间，里面是一个或多个角色。当一个陌生人到来时，剧烈的紧张气氛就开始了，把所有人都卷入了混乱，日常生活完全被打乱，相互间的关系也出现了问题，比如，品特最有名的剧作《回家》（*The Homecoming*，1965年）就是如此。一位教授带着妻子回伦敦的老家看他的父亲和两个兄弟。这位妻子的出现在家庭成员中引发了性紧张，他们争相博取她的注意。戏剧突然结束，剧终时妻子加入了这个全是男性的家庭，而丈夫则变成了一个瞎子。2005年，品特被授予了诺贝尔文学奖。

除了荒诞派剧作家外，其他一些重要的后期现代主义剧作家还有美国人亚瑟·米勒（Arthur Miller，1915—2005年）、英国人约翰·奥斯本（John Osborne，1929—1994年）和美国人田纳西·威廉姆斯（Tennessee Williams，1911—1983年）。

亚瑟·米勒是“社会问题”剧大师，这个体裁在早期现代主义时代由易卜生创立（参见第3讲）。1951年，米勒把易卜生1881年的《人民公敌》（*Enemy of the People*）改编成英语剧，因为这部剧对少数人的权利进行了激昂的辩护。米勒的大多数早期作品都关注社会问题，如关于战时一个腐败的工厂主的《全是我的儿子》（*All My Sons*，1947年）；关于错误的社会价值观的《推销员之死》（*Death of a Salesman*，1951年）和关于两个兄弟失和的《代价》（*The Price*，1968年）。在其代表作《激情年代》（*The Crucible*，1953年）中，米勒借用发生在1692年马萨诸塞州萨勒姆的一个女巫审判案，影射了美国国会众议院“非美活动委员会”（Un-American Activities Committee）搜查共产党人的情形。

约翰·奥斯本的声望主要是由于他的一部作品《愤怒的回顾》（*Look Back in Anger*，1956年）。这部现实主义戏剧充满了劳工阶级对战后英国社会领袖的愤慨，戏剧焦点是一个备受折磨的主角吉米·波特（Jimmy Porter）和两名逆来顺受、穿着围裙的资产阶级妇女，她们顺从他的种种心态和怪异念头。奥斯本的这部戏剧打响了那场很快被称为**愤怒青年**（angry young man）的运动之开场礼炮。奥斯本那些刻薄的话语通过吉米·波特的嘴发出，它们就像是代表一代人所讲的话，这代人为自己的国家未能保住“日不落帝国”地位的败绩而痛感悲哀。《愤怒的回顾》是英国舞台的一场革命，因为精英主义的“社会剧”开始让位于描写阶级冲突和劳工阶级主题的作品。

田纳西·威廉姆斯（原名为托马斯·拉尼尔·威廉姆斯［Thomas Lanier Williams］）的抒情剧则涉及完全不同的内容：偷偷摸摸的性行为和家庭秘密（或许反映了他的同性恋癖好）和受压抑的愤怒——这是他在美国南部长大成人的经历留下的印记。他的剧作剧情紧凑，剧中的许多角色都很自恋，语言夸张。威廉姆斯有许多代表作，如描写一位专横母亲的《玻璃动物园》（*The Glass Menagerie*）（1944年）、关于被禁止的性渴望的《欲望号街车》（*A Streetcar Named Desire*，1947年）、关于性挫折的《热铁皮屋顶上的猫》（*Cat on a Hot Tin Roof*，1955年）和描写一位任性教士的《蜥蜴的夜晚》（*The Night of the Iguana*，1961年）。在这些作品中，《欲望号街车》最为突出，它入木三分地刻画了容颜渐老的南方美女布兰奇，她那温文尔雅的举止既是一具面罩也是一件利器，而那位粗鲁的斯坦利，则对浪漫的废话很不耐烦。这对男女都是转变中的世界的牺牲者。到1965年时，威廉姆斯最有创造力的时期已过去了，但他的抒情剧使他成为后期现代主义的诗人。

后期现代主义和艺术

战后艺术界的首都从巴黎转到了纽约。从1940年法国迅速沦陷于纳粹德国时起，巴黎领先地位的终结就已显露出端倪，而二战结束时美国的经济和军事优势则确保了纽约这个美国的第一大城市成为西方文化的新中心。但是，纽约的文化领袖们在1945年分成了两派。一派人想要光大美国的本土艺术流派，这个流派的特征是现实主义和乡村气息。另一派人则是急于执掌西方先锋派艺术的牛耳。后一派人很快主宰了艺术领域，其主要的机构性同盟是纽约市的现代艺术博物馆（Museum of Modern Art，MOMA），它主要由洛克菲勒（Rockefeller）家族创建于1929年。纽约的文化社团也受到北卡罗来纳的黑山学院（Black Mountain College，1956年关闭）的影响，该学院的实验氛围培养了许多位先锋派画家（以及诗人、音乐家和舞蹈家）成功进军纽约。

在确定现代艺术的发展方向时，纽约的艺术家们不得不认清他们的形势：毕加索绘画的主导地位，他那孜孜不倦的探索似乎界定了艺术的前沿；风靡一时的心理学理论，这些理论鼓励艺术家以即兴的姿态进行试验，并从原始民族和宗教体验中寻求灵感；还有至关重要的不断创新之需要。这些东西从1900年以来一直是现代主义的要素，但由于第二次世界大战、犹太人大屠杀和战后军备竞赛的作用，驱除幻觉的需要变得更大了，绝望的程度也更高了。

绘画　在1945年后不久，一种朝气蓬勃的绘画风格开始主宰后期现代主义，直到今天也仍然在发挥着重要作用，它就是**抽象表现主义**（abstract expressionism），有时也被称作**行动绘画**（action painting）。与此前的现代主义者一样，抽象表现主义者为他们的工作提出精神主张，声称他们的即兴方法解放了人的精神。抽象表现主义的奠基人之一是美国人杰克逊·波洛克（Jackson Pollock，1912—1956年），他以他在1947—1950年间发明的“滴色”画（drip paintings）开创了这一风格。波洛克受到用即兴手势作试验的荣格疗法（Jungian therapy）之影响，将画布钉在他画室的地板上，用一些底部钻空的桶装上涂料，将涂料一圈圈地滴在画布上（图5.8）。这种滴色画布以其随意、即兴和“遍布法”（alloverness）的形态引导出一种新的艺术视觉，并且凸显了绘画的实际操作过程。波洛克在作画过程中还倾向于转动画布，这也树立了与艺术工作进行艺术交流的观念。

抽象表现主义的另一位奠基者是出生在荷兰的威廉·德·库宁（Willem de Kooning，1904—1997年）。德·库宁在1926年作为偷渡客来到美国之前，曾在荷兰学习艺术并以商业艺术家的身份工作。他最早的艺术作品——依然是生活画和人物画——显示了受立体派、毕加索及稍后的超现实主义的影响。到

1945年，他确立了一种采用男性人物和抽象主义元素的新风格。1948年，他因抽象派黑白绘画个人画展而一举成名，这个画展采用了一种革命性的姿态——家居搪瓷画。他在随后的画作中加入了色彩，使作品更加抽象。到那个时候，德·库宁把自己定位为一名动作绘画家。

1950年，德·库宁创作了颇有争议的一组妇女画。这些画作引起了一阵骚动，到今天还未完全平息。在其他一些抽象表现主义者看来，德·库宁似乎正在偏离他们的技巧和意象，许多批评特别指出他表现女性形态和特性的错误（图5.9）。在此后十年中，即从50年代中期到60年代中期，德·库宁的绘画从妇女画转向风景画，再从风景画转回到妇女画。当他转回女性形态画时，一些艺术批评家和女权主义者认为这些画是在讥讽妇女的身体，因而引发了更大的争议。

第一代抽象表现主义者被这场运动的激情、粗犷和严肃性所吸引。加入这种新艺术的一个杰出人物是来自俄罗斯的流亡者马克·罗思科（Mark Rothko，1903—1970年），他用一种与波洛克迥然相异的风格作画。作为一名神秘主义者，罗思科想象要淘汰颜料和画布，让雾状的色彩悬挂在空中。1950年以后，他开始创作巨幅绘画，这些画所用到的色调最多不过两三种（图5.10）。

到1950年代早期，新一代抽象表现主义者涌现出来，他们中最重要

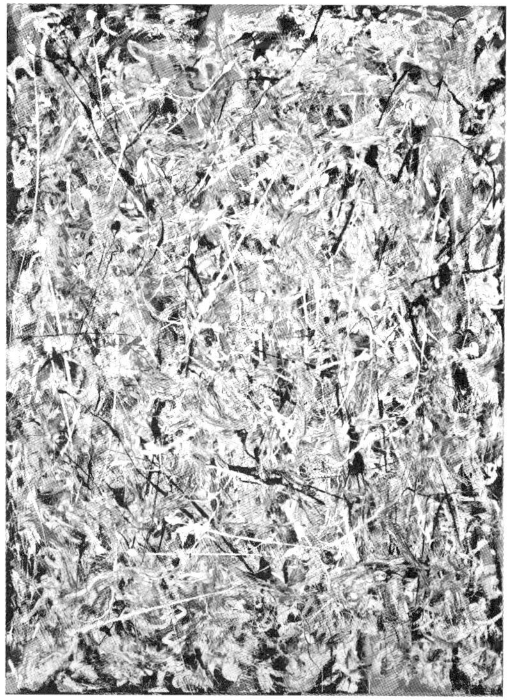

图5.8　杰克逊·波洛克:《白光》（*White Light*）。在帆布上用油、瓷釉和铅绘作的画，1.23×0.97米。纽约现代艺术博物馆（西德尼和哈利艾特·詹尼斯收藏）

波洛克相信，理性对待艺术的方式是有瑕疵的，他坚信潜意识的情感在释放出来时将揭示出潜藏的真理——这是抽象表现主义的典型态度；波洛克拒绝采用传统手段即反映了他的这些信念。乍一看，《白光》像是一堆乱七八糟的线条和划痕——画得看不出有任何计划。但仔细地研究一下就能发现它是有组织的：黄色和橙色与黑白色交织在一起，而白色是画面的主导颜色。最终的效果是光——白光。与波洛克的“滴”画一样，《白光》没有中心，没有顶，也没有底。早期的看画者无法聚焦任何单个的物体或画面的任何部分，他们经常变得困惑不解和恼怒，这种态度使波洛克的作品饱受争议和讥讽；但是，到他去世的时候，他成了最受公认的、展出最广泛的抽象表现主义画家。

图5.9 威廉·德·库宁:《妇女和自行车》。1953年。帆布油画,1.94×1.24米。纽约，惠特尼美国艺术博物馆收藏

德·库宁画的女性占据了一半画面，她有着鼓凸的眼睛、两排大牙和膨胀的胸脯。画家用抽打的画笔和鲜艳的色彩作画，特别是画出了她淫欲的腔调和衣着，这使画中人的样子显得更加狰狞。女权主义批评家评论说这幅画暗示了男人的最根本恐惧之一：高大强悍的女人无法征服，相反是她们击败男人。许多妇女把这幅画和同类系列画看做是对她们的身体和女性身份的侮辱。一些艺术批评家从形式主义的角度来解释这幅画，认为形象是次要的，作品的意义才是第一位的，他们更多地集中讨论库宁对绘画的把握和色彩的运用上。

图5.10 马克·罗思科:《橙色和黄色》。1956年，帆布油画，2.31×1.8米，纽约州，布法罗，奥布莱特－诺克斯艺术展览馆。版权:1998年凯特·罗思科·普利策尔和克里斯多夫·罗思科/艺术家权益协会，纽约

罗思科将一种颜色与另一种颜色上下叠架起来，在两种颜色的交接处产生出一种渐渐融合的绚烂效果，从而使《橙色与黄色》有一种光和色彩的力度。在这幅画和他所有的画作中，罗思科旨在为非宗教时代创造世俗性的圣像，一种扎根于俄罗斯建构主义传统的理论。相应的，他将所有与自然相关的参照系排除出他的艺术，而聚焦于漂浮在空间的色彩领域——一些无穷无尽、无边无际的形象。

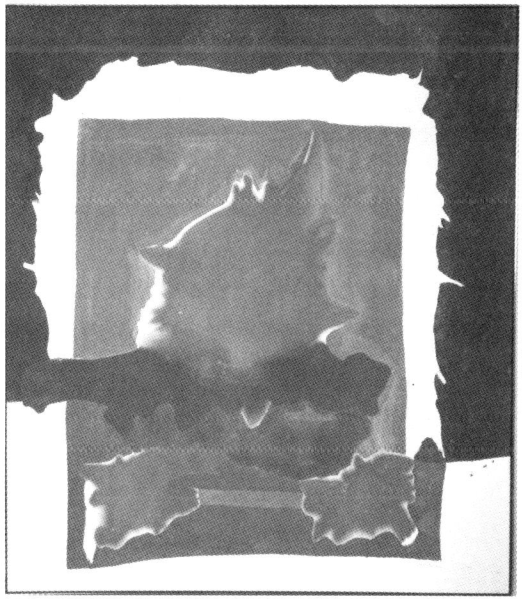

图5.11 海伦·弗兰肯塞勒:《内景》(*Interior Landscape*)。1964年。作在帆布上的树脂漆画，2.66×2.36米。旧金山现代艺术博物馆。妇女委员会的赠礼(68.52)。版权:2011年海伦·弗兰肯塞勒/艺术家权益协会，纽约

弗兰肯塞勒的染色作画法——将树脂漆画料（一种液体画料）倒在画布上——反映了抽象表现派典型的自发性与控制之间的张力。一方面，这种手法自然导致了由颜料不期而然的流淌产生的惊奇。另一方面，艺术家选择颜色和颜料的厚度来操纵画布染色的过程，从而对进程实施控制。实际上，她既是这件最终的艺术成品的参与者，也是其创造者。

的人物是海伦·弗兰肯赛勒（Helen Frankenthaler，1928年出生）、弗兰克·斯特拉（Frank Stella，1936年出生）、贾斯珀·约翰斯（Jasper Johns，1930年出生）和罗伯特·劳申伯格（Robert Rauschenberg，1925—2008年）。弗兰肯塞勒遵循波洛克的路子，采用一种用咖啡罐装颜料朝画布泼洒的作画法。她通过引导画布上的颜料液轨迹将画面涂成精细、凌乱的形状，这些形状虽然是平面的，但却显出了立体感（图5.11）。

弗兰克·斯特拉在毕业于普林斯顿大学之后开始做一名抽象表现主义画家，但他不久就发现这种风格的束缚太大。在用各种风格进行试验的过程中，他发明了一种被称为**硬边线**（hard-edge）的技巧——这个词用来描述非画家式的效果，这种效果产生于由精确、精细的边线分割开来的颜色条。为获得这种效果，斯特拉先用白色条块在黑色底板上绘画，然后再用彩色条块绘画。在1960年代中期，他用裁成不对称形状的画布作画（称之为形状画布），加强了他的硬边线画的视觉效果。这些几何形状、曲线和鲜明色块的交叉格式为他建立了声望，使他成为1960年代后期最受欢迎的艺术家之一（图5.12）。与其他许多后期现代主义艺术家不同，斯特拉成为后现代艺术的一个重要人物（参见第6讲）。

约翰斯和劳申伯格觉得抽象表现主义太局限、太严肃了。约翰斯虽然没有抛弃表现主义，但却往他的作品中添加了一些普通的物体，例如其《靶子与

图5.12　弗兰克·斯特拉:《塔赫特－伊－苏莱曼一世》(*Tahkt–i–Sulayman I*)。1967年，用聚合物和荧光作在帆布上的画，3.05×6.15米。休斯顿，梅尼尔收藏

这幅带有弧线的画是斯特拉的《量角器》(*Protractor*)系列的一部分——“量角器”一词源自通常是半圆形的绘图工具。画布上重复出现了呈水平状和垂直状的量角器边线，相互交叉重叠。红色、粉色的暖色调与蓝色、绿色的冷色调相互平衡。斯特拉画的东西完全是抽象的，只有色彩和线条，不带任何自然界或人物形状的暗示。这幅画的标题灵感取自中世纪波斯一座王宫的名字。

石膏模型》(*Target with Plaster Casts*，1955年，图5.13)。在这幅作品中，他在一排装有人体残块模型的木盒下方画了一个老套的物件。他基本的艺术特征是在精确描绘的人体部分（上方）与美术靶子（下方）之间形成的对比。约翰斯对这种张力情有独钟，这种偏好为后现代主义的自我矛盾风格开辟了道路。同样，劳申伯格也放弃了纯粹的绘画，成为一个**集合作品**（assemblage）艺术家，他将现成的物件与垃圾拼凑在一起，再添加上一些颜料泼洒。在《组合》(*Monogram*)中，他用一只橡胶轮胎箍住一只模型山羊，在羊头上泼上一些颜色，从而使这些现成的物件变成了一幅抽象的形象（图5.14）。

约翰斯和劳申伯格以他们对严肃艺术的玩耍式抨击打开了**波普艺术**（pop art）运动的大门。波普艺术家们反对现代主义所认为的非现实作品可以表达精神价值观的信念，坦然承认他们自己没有任何精神的、形而上的或哲学的目的——他们只不过在创造平面图像而已。虽然在1950年代的伦敦就出现了一种波普艺术，但只有在1960年代初纽约的新一代艺术家开始探索商业性形象时，大众艺术运动才开展起来。

图5.13 贾斯帕·约翰斯:《靶子与石膏模型》。1955年。用石膏模型固定在画布上，1.3×1.1×0.1米。纽约里奥·卡斯特里画廊展出。艺术版权:贾斯帕·约翰斯/纽约艺术家权益协会授权

约翰斯是抽象表现派与大众艺术家之间过渡代画家当中的主要人物。他反叛抽象表现派运动的纯粹抽象，但却又羞于像下一代画派那样直接地容纳大众文化形象。他的《靶子与石膏模型》是他那玩耍般机智风格的典型代表。在这幅作品中，他作了一个双关语式的视觉把戏，将一只公牛眼睛与身体器官的石膏模型并列在一起，每一个器官都是一个“目标”——也即整个历史上艺术家们表现的对象。

图5.14 罗伯特·劳申伯格:《组合》。1959年。多种媒介的结构，1.2×1.8×1.8米。斯德哥尔摩，KSK，现代博物馆。艺术版权:罗伯特·劳申伯格/纽约艺术家权益协会授权

劳申伯格通过对杂物的赞美有助于开启后现代主义之门。在像这幅《组合》一类的作品中，他表示出任何东西无论有多破烂，甚至是一个模型山羊和一个废弃的汽车轮胎，都可以用来创作艺术。这种不敬畏姿态表现了一种民主观念，即任何东西都不应该被看做比其他所有东西更具有艺术价值。

图5.15　安迪·沃霍尔：《埃尔维斯 I 和II》（*Elvis I & II*）。1964年。两幅：对称的聚合体画和丝网印墨画，每幅画布为2.08×2.08米。版权：2004年安迪·沃霍尔基金/纽约艺术资源

《埃尔维斯 I 和II》具有沃霍尔的典型风格，即用原创性的姿态来处理价值不大的事物。他不动声色地借用像这幅埃尔维斯·普雷斯利一类的大众文化形象的做法，既可以被解释为对名人文化的尊重，也可以被看作是代表了他那个时代的文化贫乏。这件作品用埃尔维斯影片的过期海报加工而来，沃霍尔对人物形象作了四次处理，做成折合式双连画的样子，显得它们似乎是四张照片（或海报）。沃霍尔对肖像画的商业性处理使他成为他那一代人中最出名的社会艺术家。

最显眼的大众艺术家是安迪·沃霍尔（Andy Warhol，1927—1987年），他曾作过商业艺术家，执著于大众文化的粗俗和激情。沃霍尔的做派成为传说般的事迹，他不带任何感情色彩地对待一些大众文化的偶像，无论这些偶像是坎贝尔公司的汤罐头（Campbell's Soup cans），还是可口可乐瓶，或是埃尔维斯·普雷斯利（图5.15）。他用系列制作的手法对待这些偶像，非常类似于广告商们用多重形象覆盖媒体的做法，他由此传达了喋喋不休、陈词滥调和枯燥乏味的观念。作为一名艺术家，沃霍尔刻意追求名声，他认同美国人迷恋名声的现象，称“在未来，每个人都会在一刻钟内成名”，这句话经常被人引用。

随着纽约画派统领艺术界，欧洲艺术家们似乎消失在阴影中。但是，在1960年代的一个短时期内，一群**欧普艺术**（op art，也称为“光效应艺术”）的实践者曾与纽约团队分庭抗礼。欧普艺术怀有抽象表现主义的抽象理想，它着力于视觉上刺激眼球的抽象的数学形状，如旋转效果、规则化的丝形表面或残留余像等。最著名的欧普艺术家或许是英国画家布里奇特·赖利（Bridget

图5.16 布里奇特·赖利:《1966年漂流第二号》。帆布上的树脂漆画,2.32×2.27米。纽约州,布法罗,奥布莱特–诺克斯艺术展览馆

布里奇特·赖利像典型的欧普艺术家那样依赖印刷——这是一种使艺术民主化的策略,可以使艺术面向更多的人群,而不像原创油画那样只对部分精英开放。赖利似乎也青睐丝网印刷这种复制艺术形象的商业手段,特别是那种所谓的"硬边线"印刷品。本幅画的效果是由一整套图形、形状和光引发出一种视觉感受组合。

Riley,1931年出生),他的感知理论大多来自于点画法的创始人乔治·修拉(参见第3讲)。赖利作于她探索时期的作品《1966年漂流第二号》(*Drift No. 2, 1966*,图5.16)用黑白两色画制,这是她在当时的典型风格。看画者越是盯着看这幅画,画面对眼睛的飘动效果就越大。

雕塑 英国雕塑家亨利·莫尔(Henry Moore,1898—1986年)是战后时期唯一一位将绘画界发生的东西搬进雕塑形式的主要雕塑家。莫尔在1930年代成名,其时他认同超现实主义和构成主义(参见第4讲)。他由"忠实于材料"之理念和表现完整雕塑形态之原则引导。莫尔的"忠实于材料"指的是他经常采用原始状态的材料,如木头和石头等,他还给他的青铜雕塑品留下一点粗糙的、未完工的和未修饰的质感,使他们看上去显得更自然。为了揭示完整的雕塑形态,莫尔摒弃了作品的传统实体,而在其雕塑内部制造出"空间、空洞和凹陷"。他切入实体形状,让轻巧和空白与实体和凹陷区域相互交织。

在1930年代,莫尔慢慢地征服了最初排斥其作品的疑虑重重的公众。在第二次世界大战期间他继续雕塑,并且在此同时他画了一系列"隐蔽所"素描画,描写了在纳粹空袭英国时期聚集在地铁站的伦敦人的画面。他的素描和雕塑提高了他在英国和国外的声望。

战后,莫尔创作了许多大型雕像,摆放在雕塑馆、公园和公共建筑门口(图

图5.17 亨利・莫尔：《斜倚的人体》（*Reclining Figure*）。1957—1958年。罗马洞石。长5.08米。巴黎，"联合国经济社会合作组织"（UNESCO）大楼

莫尔把这座倚靠着的女性裸体雕像当做了他的个人名片。这座摆放在UNESCO大楼前的外表粗糙的雕像表明了他的爱好取向：他欣赏气候对天然石块的侵蚀作用，也赞叹受岁月沧桑洗磨的古代雕塑。他的大部分女性塑像都是用青铜雕铸的，但这一座却用大理石雕成。

5.17）。这些雕像许多表现了人类传统和显示其战后雕塑特征的形象——妈妈和孩子、裸体平躺者、跌倒的战士和全家福等。到他去世之时，莫尔被认为是战后时期最重要的雕塑家之一，他的一些代表作被认为是这个繁荣发展年代城市风景的组成部分。

几位美国雕塑家的作品与抽象表现主义的绘画相对应，他们中突出的有戴维·史密斯（David Smith，1906—1965年）、俄国流亡者路易斯·内维尔逊（Louise Nevelson，1899—1988年）和一位德国移民爱娃·赫西（Eva Hesse，1936—1970年）。然而，史密斯的出发点与画家们的出发点有所不同，区别在于他从原始文化的象征物中汲取灵感，比如他的《立方体IX》（*Cubi IX*），据作者自己称，

图5.18　戴维·史密斯:《立方体IX》。1961年。不锈钢，2.69×1.49×1.11米。明尼阿波利斯，沃尔克艺术中心（Walker Foundation Art Center）收藏。T. B. 沃尔克捐赠，1966年。艺术版权：戴维·史密斯财产/由纽约VAGA授权

作为一个雕塑家，史密斯有着旺盛的、相当破坏性的精力，他的这种才能，展现在他的不朽作品《立方体》系列中，这个系列是他在意外去世前创作的最后一批艺术品。史密斯早年受过机械师训练，他故而喜欢用工业金属进行创作，将它们切割、焊接成几何物体来满足他的表现需要。他期望将机械形象转化成表现形态，这种期望使他与绘画中的抽象表现主义运动联系在了一起。

这件几何体作品代表一种带有祭品的神坛（图5.18）。如果观众不知道这种有意的含义，那这件不锈钢作品就像波洛克的滴色画一样看不懂。与此相反，路易斯·内维尔逊的木雕作品就与表意毫不相干，而是一些由旧家具和碎木块制作的简单组合（图5.19）。利用现成物件的做法使内维尔逊得以实现抽象表现主义的目标，即避免涉及艺术家生活的即兴艺术。爱娃·赫西在反对表现性艺术方面效仿了内维尔逊，但赫西的艺术更多地受**极少主义**（minimalism）的影响，极少主义倾向于将艺术还原到实质性东西再在此上进行工作。在她短暂的艺术生涯中，她创作了一小批充满智慧和嘲弄的抽象艺术品，如《拉奥孔》（*Laocoön*，1996年，图5.20）。

波普艺术的影响体现在乔治·西格尔（George Segal，1924—2000年）和克里斯·奥登堡（Claes Oldenburg，1929年出生）的作品中。西格尔所作幽灵一样的雕塑是实物的石膏模型，例如《停车库》（*Parking Garage*，1968年），它塑造了一个坐着的男子，显得非常沮丧，正在苦思冥想（图5.21）。西格尔

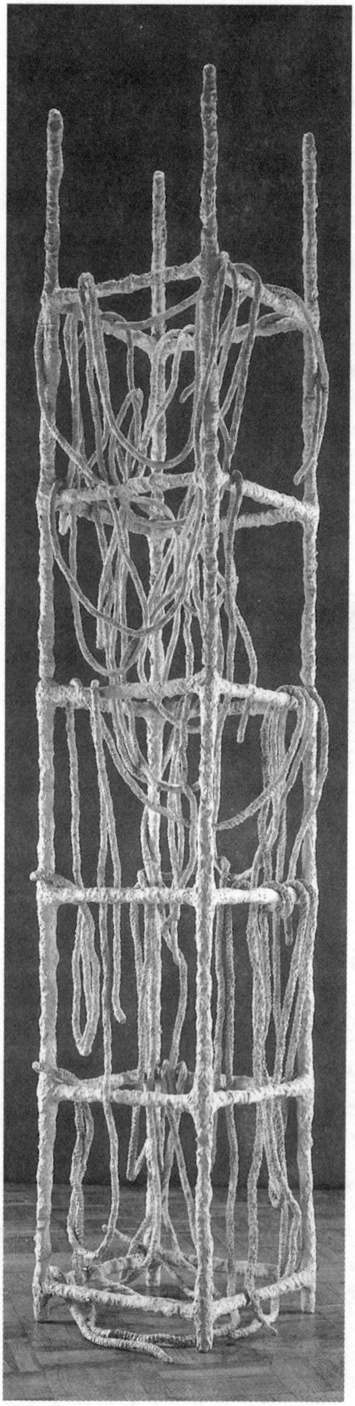

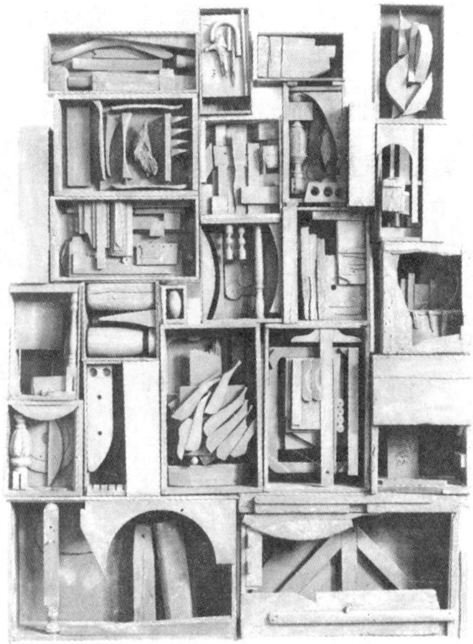

图5.19　路易斯·内维尔逊:《黑墙》(*Black Wall*)。1959年。画出黑色的墙。24个单位,2.77×2.13米。伦敦,泰特美术馆。版权: 2005,路易斯·内维尔逊财产/艺术家权益协会,纽约

内维尔逊虽然是一位现代主义者,但却以其将各种体裁融合在一起的做法预示了后现代主义,独立的墙便是如此,它将建筑、雕塑和绘画糅成一体。她收集了各种大小不一的盒子,往里面装入一些东西,如一柄测量用的T形尺、几本手册、一些木雕;整个组合物随后漆成黑色,使这件已完工的作品呈现出是浮雕的模样。

图5.20　爱娃·赫西:《拉奥孔》。1966年。树脂漆、套绳、铁丝,3.05×0.6×0.6米。俄亥俄,奥柏林,奥柏林学院,阿伦纪念艺术博物馆。当代艺术基金,该艺术家和费希巴赫画廊的礼品,1970年

赫西的这件雕塑,创造了一种对西方艺术最著名经典作品之一《拉奥孔及其两个儿子》或《拉奥孔群塑像》的幽默式尊崇。赫西的套绳让人想起那尊古代塑像中的蛇,但实际上它们是用来将管子和空立方体绑在一起的。这件玩耍式的雕塑表明了神话在现代世界中的消亡。

图5.21 乔治·西格尔:《停车库》。1968年。塑料、木材、电子部件和灯泡，2.99×3.94米。内瓦克博物馆收藏，68.191。新泽西，内瓦克，内瓦克博物馆。艺术版权：乔治和海伦·西格尔基金会/由纽约VAGA授权

与其他一些波普艺术家不同，乔治·西格尔是透过现有的眼光来看待世界。沃霍尔是着意渲染他作品中的名人物件，而西格尔则经常把他创作的物件描绘得孤独不堪、焦虑万分。他把人物的表情塑造得很呆板，手脚僵直，外表通常很普通，以此来表达无聊和沮丧。他的模特儿制作手法（即要求物体在胶水干以前不能移动）增强了抑郁的形象。他通过为其雕塑营造一个合适的背景影响了装置艺术（参见第6讲）的兴起。

自己反对“波普艺术”的标签，指出他的雕塑与罗丹的作品一样具有表现主义的外表，但是他的手法把人体降低为卡通形式，因而使之与大众文化联系到了一起。与西格尔相反，奥登堡则容纳消费文化，创作一些日常物品的会心、幽默的复制品——打字机、电风扇、盥洗间、浴缸和付费电话机等等（图5.22）。这些日常物品的歪歪斜斜的雕塑用塑料或帆布制作，里面用泡沫或木棉塞垫，它们成为制造品的对照物。奥登堡刻画美国制造能力的幽默与那些大众艺术画家们相得益彰，这些画家同样也讥讽物质化的消费社会。

当美国雕塑兴旺发达之时，备受争议的德国雕塑家约瑟夫·博伊斯（Joseph Beuys，1921—1986年）在其祖国对艺术界的现有状态提出挑战，并发展出一套有理论基础的风格，这种风格促使了1970年之后后现代主义运动的成型（参见第6讲）。博伊斯对雕塑的巨大影响，与约翰·凯奇（John Cage）对西方音乐的影响很相似。

博伊斯最早的雕塑用动物脂肪和毛毡做成，反映了他在第二次世界大战中神奇的逃脱经历，当时，他作为一名德国空军飞行员被救援者从坠落的飞机中救出，救援者将他冰冷的身体扔进这些东西中进行救护。他使用非常规材料的做法与抽象表现派成员正在进行的艺术选择相呼应。博伊斯最大的坏名声，也是其经久影响的根源，是60年代中他的舞台表演，这让人想起当时正在纽约发生的即兴表演，并预示了1970年代的行为艺术（参见第6讲）。按照即兴表演的传统，博伊斯在纽约热内·布洛克艺术馆（René Block Gallery）上演了

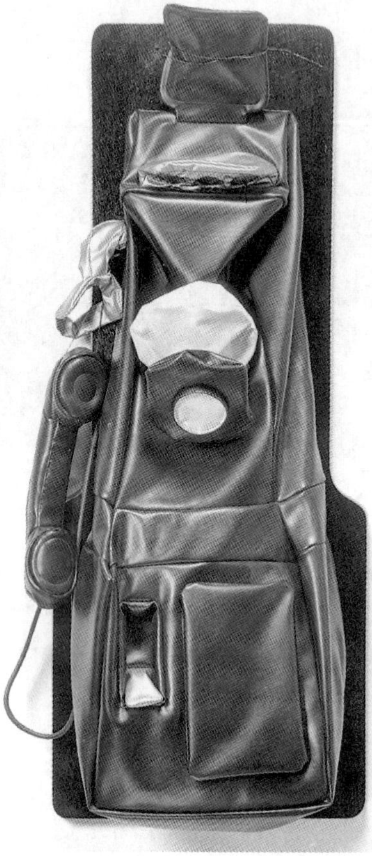

图5.22 克里斯·奥登堡：《柔软的付费电话机》（*Soft Pay-Telephone*）。1963年。用木棉填塞的乙烯基塑料架在一块油漆过的木板上，1.17×0.48×0.23米。纽约，所罗门·R·古根海姆博物馆。礼品，由鲁特和菲利普·齐尔勒夫妇为纪念他们亲爱的亡子威廉·S·齐尔勒捐赠

奥登堡宣称他的柔软造型有许多种身份，因此可以对其作各式各样的解读。显然，《柔软的付费电话机》的形状和轮廓含有一些色欲和肉欲的暗示。充填了木棉的乙烯基塑料松松垮垮，它用一种幽默的方式表现了在1960年代最常用的通讯物件之一，这种东西现在正在变成一件古董。

他最著名的作品之一《草原狼，我爱美国，美国爱我》（*Coyote*，*I Like America and America Likes Me*，图5.23）。在这部用胶片保存的1974年杰作中，博伊斯裹着一条毛毡，从他的毡"蓬"中伸出一根牧羊人用的弯钩棍，而一只鲜活的草原狼则不停地在房间中游荡。他和这只草原狼步调一致，像是表演舞蹈一样，在这家艺术馆中游荡了一个星期，以此强调人与动物世界之间的联系。他的支持物之一——每天发送的50册《华尔街日报》——象征了金钱在艺术界中行使的权力。其他一些象征则令人回想起他在第二次世界大战中的神奇获救。这件激进的行为艺术作品反映了博伊斯的艺术信条：反对把艺术看作是独一无二之物件的旧观念，支持打破艺术品交易者—批评家—博物馆三者组成的一条龙体系。博伊斯是一位政治激进分子，其观念可溯源到早期现代主义，他试图将艺术自由和社会革命结合在一起。博伊斯颇具远见的舞台表演促使了德国表现主义的复兴——此乃当今西方艺术中的重大发展之一（参见第6讲）。

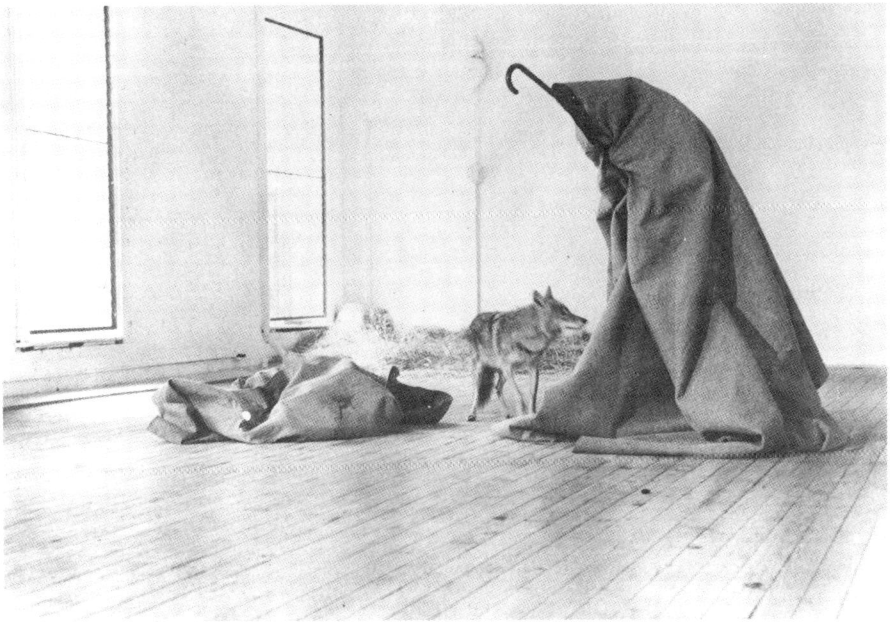

图5.23　约瑟夫·博伊斯在表演《卓原狼，我爱美国，美国爱我》，1974年。纽约，热内·布洛克艺术馆

这张照片选自约瑟夫·博伊斯在一场1974年的表演，它是后期现代主义的标志性形象。博伊斯认为自己不只是一名艺术家，还是一个巫师（shaman），即一个能与神灵沟通并表演巫术疗伤仪式的僧侣——这种观念令人想起原始时代。因此，他的行为实际上是巫师仪式，在外行人看来很神秘，但对圈内人来说却具有医疗效应。他因这种信念而成为批判消费文化的攻击者之一；他尤其否认艺术能成为可购买商品的想法。的确，他的艺术活动没有留下任何作品可以销售。随着他越来越执着于追求人格，博伊斯融入了这个时代渴望意义的潮流。

建筑　两位最有影响的后期现代主义建筑师是出生于芬兰的埃罗·沙里宁（Ecro Saarinen，1910—1961年）和出生于德国的路德维希·密斯·凡·德·罗（Ludwig Mies van der Rohe，1886—1969年）。两人在第二次世界大战之后对建筑材料和建筑设计进行实验性探索，作出了重要的（虽然也是完全不同的）贡献。

埃罗·沙里宁出生于建筑和雕塑世家。从耶鲁大学毕业之后，他在1930年代后期加入了他父亲在芝加哥的建筑公司。他在整个职业生涯中遵循国际主义风格，但在他生命的最后十年中，他开始试验这种风格基本的直线格式，特别是引入了吸引眼球的雕塑模式和设计。已经使用了许多年的加固型和预制型混凝土（参见第4讲）为沙里宁提供了材料，使他得以实现他的雕塑型建筑。

图5.24　埃罗·沙里宁：纽约市肯尼迪国际机场国际航班大楼（TWA）。1962年。伊兹拉·斯托勒拍摄，版权属Esto

这座航班大楼的外观设计给人以飞鸟的印象。沙里宁是这样来完成他的设计的：两根高悬的梁柱（即悬臂）像火焰一般向两端升腾，下方的中部联结在一起，加固型水泥楼顶架设在两根梁柱上，整个屋顶架在巨大的Y形支柱上。在楼内的弧形楼体和支撑柱增强了鸟儿展翅飞翔的外部观感。这种雕塑式的设计有助于明确楼房的功能目的，也加强了飞行的预期和刺激。

沙里宁的方法是先确定一座建筑的特殊目的，比如，是一座功能完备的体育场所（曲棍球赛场），还是一座交通大楼（机场），然后他再设计出既服务于该建筑功能又象征其功能的方案。在华盛顿特区郊外的杜勒斯国际机场和纽约市肯尼迪国际机场TWA航班楼（图5.24）的设计中，沙里宁实现了飞行感觉和飞行象征。沙里宁创造性天才的另外两个强有力的艺术遗产是位于圣路易斯的109.7米高的拱门（在他死后竣工）和他的获奖家具设计。

与沙里宁相比，密斯·凡·德·罗以其在纽约和其他美国城市的国际风格建筑对后期现代主义建筑产生了更大影响。密斯是第二次世界大战前德国最好的设计学校包豪斯学校的末任校长，1933年他关闭了该校，1938年移居美国（参见第4讲）。在1950年代，他以一座玻璃型摩天大楼纽约的西格拉姆大楼（New York's Seagram Building，图5.25）令全世界瞩目。这座大楼以“少即是多”（less is more）的艺术信条为基础，其设计非常简洁：青铜色的主干

图5.25 密斯·凡·德·罗和菲利普·约翰逊：西格拉姆大楼，纽约市。1954—1958 年。伊兹拉·斯托勒拍摄，版权属Esto

密斯决定用青铜色的窗户作为西格拉姆大楼简洁的几何图形设计中实际上是唯一的装饰特征，他的这个决定对他的同时代人产生了深刻的影响。在他的带领下，其他建筑师也给框架结构的摩天大楼设计上带色窗户，这种风格成为后期现代主义最显著的象征。

结构，上面镶嵌着无数巨大的有色玻璃窗——它们是整幢大楼唯一的装饰。为实现他所崇尚的简洁和克制理念，他根据数学比例来规划大楼的结构关系，从而使该大楼呈现出几何化的形态。密斯·凡·德·罗的“玻璃盒”建筑是如此成功，以致类似的设计统率了1970年代初期以前世界各地城市的地平线。

偶发艺术

偶发艺术（happenings）一词指的是由画家、雕塑家、音乐家、舞蹈家、演员和朋友们用古怪的、有时是滑稽的动作表演的幽默小品。即兴表演设计得好像是自然出现的事态，这些可以改变的、不可复制的和爆炸性的实验性事件往往涉及机会元素，它们在上演时会让观众参与到表演中去。它们是严肃认真的吗？或者仅仅想被看作是讽刺作品？它们是“假装”（put-on）的吗？——“假装”是后期现代主义的一个被滥用的批评术语，其灵感得自于爵士乐表演者对

图5.26 阿兰·卡普罗:《分作6部分的18次偶发》的场景。1959年

在这幅照片中，艺术家阿兰·卡普罗在第一次行动中拿着乐器演奏，第一次行动由卡普罗写脚本，由约翰·凯奇谱曲。在这个时候，卡普罗与凯奇一起研究音乐，凯奇的偶发的想法在节目纲要中表现得非常明显。在事件6部分的每个部分中，同时发生三次行动，行动开始和结束都有铃声提示。观众人手一份指示卡，上面提示他们什么时候鼓掌，什么时候换场地，从一个厅到另一个厅去。

普通爵士乐迷做出的令人不快的行为。无论即兴表演的用意是什么，它们也只能在1960年代兴盛，在这个时候，西方传统文明的许多东西受到了来自内部势力的批判。一些老派批评家经常对即兴表演的整个概念嗤之以鼻，否认它的原创性，相反将它与“达达”（参见第4讲）和第一次世界大战期间欧洲“达达”派毫无节制的卡巴莱表演（cabaret show，意为餐馆或夜总会表演）联系在一起。第一场即兴表演或许是50年代初在黑山学院上演的一幕，这场表演体现了先锋派艺术家罗伯特·劳申伯格的风格。被认为组织在纽约市上演第一场即兴表演的艺术家是画家阿伦·卡普罗（Allan Kaprow，1927—2006年），据传，他与作曲家约翰·凯奇和罗伯特·劳申伯格一起上演了《分作6部分的18次偶发》（*18 Happenings in 6 Parts*，1959年，图5.26）。据称，happening这一词也是卡普罗创造的。

后期现代音乐

在二次大战前占主导的音乐风格继续存在于后期现代主义中。纽约是全球音乐界的中心，音乐风格依然极化为调性（tonal）和无调性（atonal）两大阵营，分别由斯特拉文斯基和勋伯格率领。然而，1951年勋伯格去世后，斯特拉文斯基放弃了调性而采纳了他对手的序列手法（serial method）。斯特拉文斯基的转变使十二音阶体系成为无调性音乐中最受尊重的类型，虽然其他一些无调性方法也不断出现，特别是在美国。在后期现代主义的氛围中，这种不协和音乐风格与绘画界中波洛克和抽象表现主义流派的即兴绘画相对应。

斯特拉文斯基虽然吸纳了序列体系的不协和与抽象手段，却仍然在他的后期现代主义作品中倾注了激情和感受，这是检验他音乐风格的标准。他两部最优美的序列式作品是《竞赛》（*Agon*，1957年，为一部芭蕾舞所谱的曲，这部芭蕾舞没有任何情节，只有演员之间的竞争）和《安魂圣歌》（*Requiem Canticles*，1968年，系葬礼用的宗教安魂曲，其特点是质朴的肃穆）。

不协和音调也是克里斯托夫·潘德雷茨基（Krzystof Penderecki，1933年出生）所作乐曲的特点，潘德雷茨基属于“波兰流派”（Polish School），他最不愿意做一个高谈阔论的现代主义者。他信奉一条古老的音乐理念，坚信音乐比其他任何事物都更应该向人的心灵倾诉。然而，他也是一个不懈的创新者，尤其是努力寻求通过不拘一格地运用弦乐和声乐来创造新声。古典主义式的严谨是他所谱乐曲的特点，他的作品结构清晰，充满着行云流水般的声音，例如为52件弦乐器合奏谱写的《广岛亡灵挽歌》（*Threnody for the Victims of Hiroshima*，1960年）。这部作品反映了后期现代主义的忧郁情绪，再现了1945年广岛在原子弹投下到爆炸之间凄惨的几分钟时间。潘德雷茨基运用了在极高的高音区的**滑奏**（glissando），并让弦乐手用非常规方式进行弹奏，由此产生了令人毛骨悚然的效果。

最有影响的后期现代主义者是约翰·凯奇（John Cage，1912—1992年），他那不同寻常甚至是开玩笑般对待音乐的方法为后现代主义开启了大门。凯奇一度是勋伯格的学生，他从佛教禅宗的玄义中获取了大部分备受争议的观念——尤其是他试图将噪音融入音乐的目标。表达这一目标的一部作品被叫做《四分三十三秒》（*Four Minutes and Thirty-three Seconds*），这个标题指的是一段时间，在这期间，演奏者一动不动地坐在一架钢琴前，这样，音乐厅里的声音实际上就成了演奏者默不作声期间的音乐。凯奇这一生气勃勃的探索使他成为先锋派人士的宠儿。他与装置艺术家、舞蹈动作设计师和雕塑家一起，合力打破了艺术形式之间的分野——期待后现代主义的发展。

电影

电影或许是后期现代主义最重要的艺术形式，它坚守阵地以抵御新贵（电视）的进击，当然，这两种媒体之间竞争市场份额的结局如何依然无法判断。电影制片人越来越国际化，他们向一种全球性的电影业发展。随着时间的推移，好莱坞展示出它的力量，但欧洲和其他地区的制片厂也在这个不断扩展的世界大众娱乐市场扮演重要的角色。

在罗马，意大利最大的电影制片公司辛内奇塔（Cinecittà）在战后重新开业。

战后第一场电影运动**新写实主义**（neorealism）在辛内奇塔诞生，这场运动对战后意大利的艰难生活投以不予饶恕的目光。导演罗伯托·罗西里尼（Roberto Rosselini，1906—1977年）以《罗马，不设防的城市》（*Rome*，*Open City*，1945年）开创了这场运动，该片不遗余力地描写了战争最后几天里这座意大利首都的混乱情景，其时意大利地下党与撤退的纳粹军队进行了斗争。也许最伟大的新写实主义者是费德里科·费里尼（Federico Fellini，1920—1993年）。随着他的艺术向前发展，费里尼形成了一种讥讽的风格，从马戏团中寻找影片人物，并经常让他的妻子茱莉艾塔·玛茜娜（Giulietta Masina，1921—1994年）主演影片。他在无与伦比的影片《朱丽叶与精灵》（*Juliet of the Spirits*，1965年）中就是这么做的，这部影片以欢快的手法深入描写了1960年代呈现出来的热衷消费、色欲横流的意大利社会。

同样，日本电影业也在战后重建起来，努力帮助其国民经济的复元，并保证在正在涌现的全球文化中为日本争得一席之地。东京的大映制片公司（Daiei Films）发起了一场成功的营销运动，向西方出口其影片，其营销手段是在电影节上争取奖项，这在今天仍然是国际电影市场上发行商的一个销售手段。大映的成功开始于1951年颇具盛名的威尼斯电影节，在这个电影节上上映了由黑泽明（1910—1998年）执导的故事片《罗生门》（*Roshomon*），该片从片中几个角色不断转换的视角复述了同一个事件。《罗生门》赢得了金奖，在此同时也把日本电影介绍给了全世界。其他一些电影紧随其后，通常掉入了**艺术片**（art film）的范畴，其特点是不同寻常的叙事结构、提升人道主义情感的血腥场面、出色的拍摄技巧和浸透导演个人视野的风格。

艺术片也统领了法国的电影业。在1950年代，法国有影响的电影评论杂志《电影手册》（*Cahiers du Cinéma*）开始使用**作者**（auteur）一词来指称那些在拍片时用摄影机“写作”的导演。“作者”与那些单纯的“导演”截然不同，“导演”仅仅是通过与编剧、摄影师、剪辑师、服装设计师、场景设计师、灯光师和作曲合作制作电影而已。“作者”理论激励了战后法国的第一场电影运动**新浪潮运动**（Nouvele Vague，从50年代后期到60年代初）。“新浪潮”导演们采纳试验手法，运用“跳跃剪辑”（Jump cuts，即快速切换镜头）、定格和模糊的时间顺序制作出一些别具一格的影片，如由弗朗索瓦·特吕弗（François Truffaut，1932—1984年）执导的《四百下》（*The 400 Blows*，1959年）等。在这些导演中非常独特的一位是政治意识浓郁的让－吕克·戈达尔（Jean-Luc Godard，1930年出生），他的《周末》（*Week End*，1967年）亦庄亦谐地嘲讽了“来自地狱的周末”。

在二次大战中保持中立的瑞典享受了电影业的空前繁荣，主要是由于英

图5.27　魔鬼与骑士，定格画，截取自《第七封印》。英格玛·伯格曼导演，1957年

这部影片中的许多场景描述了魔鬼（本特·伊克洛特［Bengt Ekerot］饰）与回国的十字军骑士安东尼乌斯·布洛克（Antonius Block，麦克斯·冯·西多［Max von Sydow］饰）之间持续的象棋对决，像这幅画面中一样。安东尼乌斯为他的灵魂而下棋，尽管在此过程中他表达了许多关于对上帝、宗教和人生的情感。片名《第七封印》出自圣经"启示录"，其中称第七封印的开启预示着世界的末日。《启示录》第八章第一节称："羔羊揭开第七印的时候，天上寂静约有二刻。"伯格曼的寓言式影片描绘了一个备受灾难、暴力和死亡劫掠的世界，他以此再现了这个戏剧性的经过。

格玛·伯格曼（Ingmar Bergman，1918—2007年）的多层次作品。伯格曼片中的一些角色心怀深重的内疚，夹在对生命的热爱和对死亡的恐惧之间备受折磨，他们是后期现代主义十足的代表人物。伯格曼在严格的路德教训导下长大成人，他创作了一长串影片，这些影片或是以荒凉黯淡的封建时代为背景，或是以同样荒凉黯淡（虽然情况不同）的现代中产阶级世界为背景。这些影片中最伟大的有《第七封印》（*The Seventh Seal*，1957年），它再现了中世纪瘟疫的可怕景象，这场瘟疫的顶点是十字军骑士与魔鬼之间的一场对弈（图5.27）。《冬日之光》（*Winter Light*，1963年）是《上帝的沉默》（*Silence of God*）三部曲中的

遭 遇

流行音乐的全球化

全球性音乐在1945—1970年间出现，有许多因素推动了它的兴起，例如改进的技术、国际关系和流行口味。电台、电影和电视等新式媒体将世界改造成一个“地球村”，这个名称即来自于这个时代。战后时代西方、日本和部分第三世界的经济繁荣推进了录制产业的迅猛发展，而这个产业则扩展了地球村中潜在受众的规模和数量。在1948年之后，超级大国推动了全球音乐，其中苏联输出了古典音乐，而美国则输出了融古典音乐、大众音乐和爵士乐于一体的杂烩。

1945年，大型乐团主导了美国的流行音乐。大型乐团通常由20位音乐家组成，由一位指挥率领，它们在音乐会、夜总会和录音棚中演奏情歌乐曲、摇摆乐和爵士乐。随着50年代中期大乐团让位于摇滚乐，美国的流行音乐开始吸纳了革命性的风格和声音。在摇滚乐中，音乐素材来源广泛，有白人音乐，也有黑人音乐，有乡村音乐，也有韵律乐和布鲁斯，有山区乡村摇滚乐（rochabilly），也有福音音乐和爵士乐。但不管其来源如何，摇滚乐都无一例外地采用自然奔放的性感音色。粗犷、洪亮、急迫的摇滚乐声音反映了它将主流之外的遗产融为一体的特征。摇滚乐最初的输出途径是酒吧、录音带和收音机，但不久，一些由5至8名乐手组成的小乐队开始在音乐会和巡回演出中面对大群尖声高叫的乐迷（尤其是青少年）演奏。

在60年代中期，摇滚乐发展为一种更精细但性感色彩较淡一些的全球风格，其最著名的代表人物是“披头士”乐队（Beatles，也译作“甲壳虫”乐队，活跃于

路易斯·阿姆斯特朗在开罗。纽约市，路易斯·阿姆斯特朗故居博物馆。1961年

在这幅照片中，路易斯·阿姆斯特朗在开罗一家医院外面被一群大笑着的孩子簇拥着。阿姆斯特朗的这副样子使他被看成是美国的全球亲善大使，展现了一种亲切的、土生土长的艺术形式。

1959—1970年间)。摇滚乐以其激昂的节奏、尖声的歌唱和愤青情怀风靡全球,淘汰了大多数其他的音乐风格。

虽然其影响不断向外扩散,但像披头士乐队的乔治·哈里森(George Harrison,1943—2001年)这样的一些摇滚乐明星却转向了非西方音乐。醉心于东方神秘主义的哈里森劝说披头士乐队于1967年飞往印度休整一个星期——对此全世界媒体作了热炒报道。哈里森与印度最著名的音乐家拉维·香卡(Ravi Sankar,1920—2012年)一起探讨了音乐,他们两人的友谊有助于使香卡成为全球音乐界中第一批非西方巨星之一。到1960年代,全球音乐成了全世界青年文化的奠基石。

另外两种音乐形式也有助于全球音乐的兴起:民间音乐(尤其是非西方的民间音乐)和舞蹈音乐(主要是来自拉美和非洲节奏的舞蹈音乐)。非西方民间音乐的影响力表现在它产生了一些全球明星,如南非人米里亚姆·马卡贝(Miriam Makeba,1932—2008年),她演唱科萨人(Xhosa)和祖鲁人(Zulu)的歌曲。舞蹈音乐向全球音乐贡献了一种含有非洲韵味的拉丁式打击乐,包括桑巴舞(samba,1940年代初),一种将切分音和非洲舞步融合在一起的巴西舞蹈;曼波舞(mambo,1943年),一种混合了摇摆和非裔古巴人节奏的舞蹈;恰恰舞(cha-cha-cha,1954年),一种从曼波舞衍生出来的古巴舞蹈;巴萨诺瓦舞(bossa nova,葡萄牙语“新浪潮”的意思,1950年代后期),一种融桑巴和爵士乐于一体的巴西舞蹈。

其实呈现全球音乐之典型象征的是非裔美国爵士乐号手路易斯·“书包嘴”·阿姆斯特朗(Louis “Satchmo” Armstrong),他在1947年以后不知疲倦地在全世界巡回演出,赢得了“阿姆斯特朗大使”的绰号(参见第4讲)。阿姆斯特朗大使最著名的有《美丽新世界》(1968年)等曲目,《美丽新世界》表达了在1960年代反叛运动鼎盛时期“书包嘴”的简单信念。

读“遭遇”,学知识

1. 什么力量促使了1945年以后全球音乐文化的兴起?

2. 对这些力量的每一种进行评价。

3. 摇滚乐在全球音乐文化兴起中发挥了什么作用?

4. 讨论民间音乐与舞蹈音乐对全球音乐文化的影响。

5. 为什么路易斯·阿姆斯特朗是早期全球音乐的典型象征?

6. 今天是谁最好地代表了我们当代文化中的全球音乐?

一部,描写了一名新教牧师在现代生活中沉湎于个人野心和政治野心不能自已的故事。

这段时期内其他一些重要的制片中心包括莫斯科、伦敦和加尔各答。但是,当世界其他地方产出艺术影片之时,好莱坞则固守被证明是好的东西:由剧情和背景决定风格的影片,如西部片(40年代后期到50年代初);黑色电影(film noir),一种犯罪片,特点是惊险刺激、硬汉男主角和生存的焦虑(40年代后期到50年代初）；音乐片（到1967年）；社会问题（整个时期）和浪漫喜剧（整个时期）。这些体裁中有些由于其特点决定，制造出了一些逃避现实的影片，情节老套、角色脸谱化、结果一看可知。好莱坞创造天才的一部代表作是由斯坦利·多南（Stanley Donen，1924年出生）和影片主角金·凯利（Gene Kelly，1912—1996年）联合执导的《雨中曲》（*Singing in the Rain*，1952年），该片虽然还是在固定的体裁（音乐剧）范围内拍摄，却显得无与伦比。这部影片虽然没有什么突破性的创新，但却成为评价其他音乐剧的黄金标准，因为它以完美的轻松手法实现了电影艺术的每一项单独的元素。

美国和其他地区电影的另一个趋势是纪录片的兴起。纪录片风格因1959年便携式手提摄影机的发明而成为可能，从而得以记录普通百姓和实况事件。纪录片之所以能大受追捧是因为其内容的即时性，它们往往是从报纸头条新闻中"摘"下来的东西。美国导演拍摄的两部代表性纪录片是一部由D. A. 彭尼贝克（D. A. Penenbaker，1925年出生）执导的《别回头》（*Don't Look Back*，1967年），记录了冉冉升起的歌星鲍勃·迪伦（Bob Dylan，1941年出生）1965年所作的英国巡回演出的场面；另一部是由弗雷德里克·怀斯曼（Frederick Wiseman，1930年出生）执导的《提提卡失序记事》（*Titicut Follies*，1967年），该片揭露了马萨诸塞州一家精神病院的恐怖。美国纪录片的出现正当法国发生所谓"真实电影"（cinéma vérité）运动之时。法国人和美国人都认同意大利新写实主义者们的价值观，尤其是他们偏好真实胜于艺术的意向。

改变电影的另一项发展是为展示电影新作而开办的电影节之兴起。最早的威尼斯电影节创建于1932年，但在战后，法国的戛纳（1947年）、柏林（1951年）、伦敦（1956年）和捷克共和国的卡罗维发利（Karlovy Vary，1965年）都相继创办了电影节。在美国，这段时间里的电影业依然对电影节无动于衷，而宁可通过传统的渠道来推销自己，但美国电影业也发生了一些变化。例如，艺术场馆的电影院和大学电影社团开始为一些特定的观众上映外国影片。在全世界范围内，发行商建立了专门上映老电影的体系，播映"经典"影片的电影院越来越受欢迎。

文化关键词

后期现代主义（Late Modernism）
新正教（neo-orthodoxy）
结构主义（structuralism）
垮掉的一代（beat generation）
荒诞派戏剧（theater of the absurd）
品特派戏剧（Pinteresque）
愤怒青年（angry young man）
抽象表现主义（abstract expressionism）
动作绘画（action painting）
硬边线（hard-edge）

忧虑时代和后期现代主义的遗产

忧虑时代开始于经受战争磨难的世界对和平的期望，结束于两个有能力摧毁人类的超级大国之间的对垒僵持。这场国际争斗影响了人们生活的各个阶段，它也帮助塑造了后期现代主义的文化风格——后期现代主义乃是自1870年以来构成西方主导风格的现代主义之最后阶段。

在1950年代中期，当拥有原子弹、氢弹和远程导弹的美国和苏联似乎准备开战之时，世界弥漫着恐惧情绪。但随着危机一个接一个发生之时，敌对双方找到了避免军事摊牌的途径。在争取经济优势的竞争中，苏联及其东欧卫星国失败了。到1970年代初，西方在制造业和市场运作方面都遥遥领先，从而锻造出一个令全世界嫉妒不已的消费社会和蓬勃发展的中产阶级。

在战后初期，一些西方知识分子接纳了存在主义，而另一些人则转向基督教存在主义或新正教教义。大多数信徒仍然坚持传统的宗教信仰，试图为日益世俗化的社会寻找解救答案和慰藉之道。新教教会在它们各自的教派里对抗变化中的世界，而罗马天主教会则召开了一次公会议。在1960年代后期，结构主义和大众文化中物质化的享乐主义向基督教宗旨和中产阶级的价值观提出了挑战，它们预示了未来的不安定。

科学发现和发明一如既往地发挥混合性的贡献。它们中的大多数在初始阶段都是有益的，例如提高了生活水平，或者在医学或医疗方面改善了许多社会中人们的生活质量。希望充当世界领袖的美国推动其大学和研究中心服务于已经存在的工业—军事—国家复合体，打造出能够发挥巨大的经济、政治甚至精神影响的军事机制——正如艾森豪威尔总统（Dwight Eisenhower，1953—1961年在任）曾堂皇地宣扬的那样。将知识和力量融为一体为国家谋福利的做法，是科学革命以来西方社会的一个特征，这种做法在大多数工业化国家已成为普遍接受的生活方式，并且越来越强烈地影响当代社会的形态。

像两极化国际关系和日益壮大的经济潮流一样，后期现代主义也是从第二次世界大战的创伤经历中衍生而来。以纽约市为中心的美国成为西方文化的领袖，“艺术之都”的名号从欧洲转到了美国。绘画、雕塑、建筑和文学在美国繁荣昌盛起来，来自西欧或苏联的声音只是偶尔在国际层面上响几下。躁动不安、叛逆性十足的战后一代纽约画家和雕塑家之第一种艺术风格是抽象表现主义，随后是一系列不断变化的风格：波普艺术、欧普艺术、极少主义和其他流派。电影在战后得到了新生，并且与电视一起在全世界争夺关注时效越来越短的观众。在艺术和大众文化方面，美国击败了苏联并将差距越扩越大，美国的服装、音乐、电影和明星赢得了全世界年轻人的心。现在，美国以其物质主义社会、悠闲生活方式和摇滚音乐成为推动不断呈现的全球文化的动力。

不管艺术界和其他领域的重大事件影响有多大，真正塑造忧虑时代的是冷战。将两个超级大国推向战争边缘的诸多危机、美苏两国在第三世界中寻求支持的努力、两国政治经济制度之间根深蒂固的意识形态分歧，似乎表明冷战还将持续几十年。同样，1960年代开始的富国与穷国之间的分离，显得在将来会更加扩大。最后，一些艺术创新预示着1970年以后将出现更多的风格、技巧和材质方面的变化。

装置艺术（assemblage art）
欧普艺术（op art）
偶发艺术（happenings）
新写实主义（neorealism）
作者（auteur）
波普艺术（pop art）
极少主义（minimalism）
滑奏（glissando）
艺术片（art film）
新浪潮运动（Nouvele Vague）

批判性思考提问

1. 讨论军备与现代技术对1945—1970年间世界文化的影响。

2. 后期现代主义被称为“忧虑时代”。根据这一时期的文学和艺术来论证或批驳这一评价。

3. 讨论现代女性主义的兴起如何帮助塑造了1945—1970年间的文化（文学、思想和艺术）。

4. 描述后期现代文学的重要发展，列举在该领域创作的代表性作家。

5. 画家们是如何使社会问题成为1945年以来之艺术的中心关注的？什么原因吸引了他们？它们如何在他们的作品中表达？

ONE
WAY

6 当代世界：全球化、恐怖主义和后现代主义

1970年以来

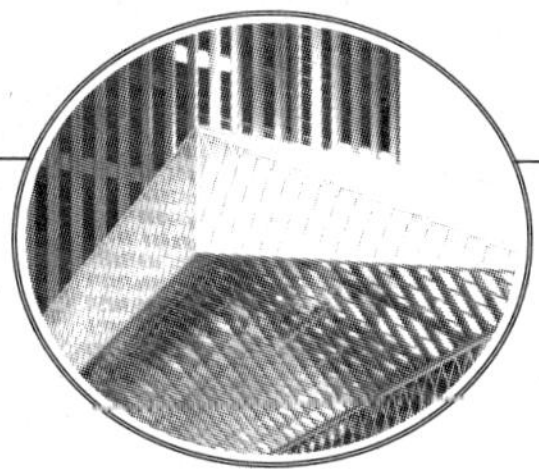

◀ 雷姆·库尔哈斯。西雅图中央图书馆。2004年。西雅图。版权属荣·乌尔泽/格梯影像

在1970年代初，西方进入了一个新时期，在其中，三个事件表现得非常突出：冷战的第二阶段，被称为全球化的日益增长的世界经济，后现代主义的兴起。与这些事件相对应，此后的20年（一直到1990年）是一个极端的时期，在乐观主义和悲观主义之间来回摇摆。

从政治上来说，这些回旋式的事态充分表现在苏联的崩溃中。一些学者宣称，共产主义的崩溃结束了"极端的年代"，或称"长期战争"（Long War）时代——这两个词描述20世纪中集权制度（法西斯主义、纳粹主义）与议会民主制（英国、法国和美国）之间的持久对垒。但是，随着后共产主义世界中种族仇恨的再起并导致暴力与地区性战争的爆发，欢欣之情很快让位于悲观主义。

从经济上来说，1970年代初高昂的石油价格提高了石油生产国的生活标准，但在同时也威胁了工业化世界所享有的富足。随着西方国家将制造业转向远东更廉价的劳动力市场，希望与恐惧也席卷了全世界。

以往是地区性的社会问题现在变得越来越全球化：爆炸的人口引起了食物短缺和饥荒的阴影时时显现；新技术引起了失业危险；无论是工业化国家还是发展中国家都产生了环境灾难的潜在可能。

在1990年代，这些反反复复的情绪和挑战有助于后现代文化的形成，后现代文化在全球化驱动下力图打造一个统一的、多元文化的世界。但任何重现的希望之感都在21世纪开启之时迅速破灭了，其时，此前几十年里零星出现的西方与伊斯兰激进分子之间的冲突，发展到了一个更高的水平。这一时期的近期历史可以被划分成两个阶段：朝向一个新的全球秩序，1970—2001年；“恐怖主义时代”，或另一场“长期战争”的开始，2001年至今。

6.1 朝向一个新的全球秩序，1970—2001年

1970年标志着一个历史的转折点，不仅对西方文明而言如此，对整个世界来说也是如此。政治权力的均衡开始从两极超级大国模式转向包括日本、中国和西欧在内的多极体系。这一全球性转变的开端是两大超级大国走向“缓和”（détente），détente是一个法语词，意思是“敌对的逐渐消失”。到1970年代初，缓和促成了美苏之间的几项军备限制条约，从而为重新估价冷战姿态和减轻其他一些全球性意识形态争斗创造了良好的氛围。中国原先是个封闭的国家，此时开始慢慢开放，与美国和其他西方国家开展了交往。此外，工业化国家开始经历了能源短缺，这暴露出它们对石油出产国的依赖，这些石油出产国以往对世界重大事件是没有什么影响力的。

经济、国家与国际发展

1970年代初，世界经济出现了几个变化。当石油输出国组织（Organization of Petroleum Exporting Countries，也称“欧佩克”［OPEC］，系中东产油国的一个联盟）提高油价之时，西欧和美国大部分国民的生活水平下降了。结果，大多数西方国家出现了衰退，导致失业率上升和通货膨胀。在苏联，其计划型经济越来越显示出不再能够既生产足够的武器又创造充裕的消费品。同样，从土耳其、北非和阿拉伯移居欧洲的移民作为外籍工人重组了劳动力市场，加剧了许多欧洲国家的社会经济紧张局势。而由国家控制的苏联经济也不再能够生产足够的武器和消费品。

在1970年代，水门事件及尼克松总统辞职之后的美国政治趋势显得是漫无目标地随波逐流；与之相反，80年代中无论是国内还是国际形势都出现了急

剧的变化。美国政府采取了自由放任的经济政策,经济状况出现了转折。不过,国家为这一繁荣付出了代价，开支扩大，国债巨增，对外贸易方面从出超国转变为入超国。贫富差别也加大了，美国社会的两极分化更趋严重。

国际舞台上出现了两个妨碍缓和的事件：一是在1979年苏联为支持当地的共产党领导人而入侵阿富汗,二是在1980年波兰建立了团结工会(Solidarity)，这场劳工运动力求推行经济改革。苏联支持的波兰政府残酷镇压了这场运动。冷战意识复活了，两大超级大国之间正在进行的裁军谈判也破裂了，一场更激烈的军备竞赛显得迫在眉睫。

1985年，苏联的经济处在一片混乱之中，是年，温和的苏联领导人米哈伊尔·戈尔巴乔夫（Mikhail Gorbachev，1985—1991年当政）上台执政。随着戈氏的掌权，国际紧张局势也消除了。戈尔巴乔夫开创了一个新的缓和时代，从而推动冷战走向了和平的结局。他向美国发出的倡议促成了有限的武器裁减，也打开了两个超级大国之间的交流。

共产主义的垮台

在苏联国内，戈尔巴乔夫对国家机构和苏联共产党进行改革，旨在提高人民的生活水平。他的改革方案巨大地改变了苏联、东欧以及整个世界的历史进程。戈尔巴乔夫的国内改革造成了苏联中央集权制度的瓦解，一些加盟共和国宣布独立，另一些则获得了更大的地方自主权。施行了70多年共产主义的苏联旧体制崩溃了，在其废墟上出现了一个极度衰落的俄罗斯，它不再拥有庞大的苏联帝国，但仍然通过联盟的方式勉力保住了一些少数民族的自治共和国（地图6.1）。

戈尔巴乔夫对待卫星国的政策导致了东欧共产主义阵营的瓦解，其标志是柏林墙的拆除（图6.1）。这些新独立的前共产党国家，包括俄罗斯本身，都竭力保持它们的社会福利机制和劳工保护立法，在此同时也努力创建民主制政府和市场经济。俄罗斯受到越来越严重的民族和地区性危机之困扰，俄罗斯领导人叶利钦（Boris Yeltsin，1991—1999年当政）力图在以下两股势力之间走一条中间道路：一股是民族主义分子和共产党人士，他们想要恢复他们国家原有的帝国地位和经济制度；另一股是改革派人士，他们想要扩大市场经济和政治自由。

在弗拉基米尔·普京（Vladimir Putin）就任总统（1999—2008年，2012年至今执政）和总理（2008—2012年）期间，俄罗斯开始肢解它此前的民主改革，加强中央政治控制并重新开启民族主义议程。今天，它运用新发现的经济力量——以石油和天然气资源为基础——在外交上更多地介入全球事务和欧

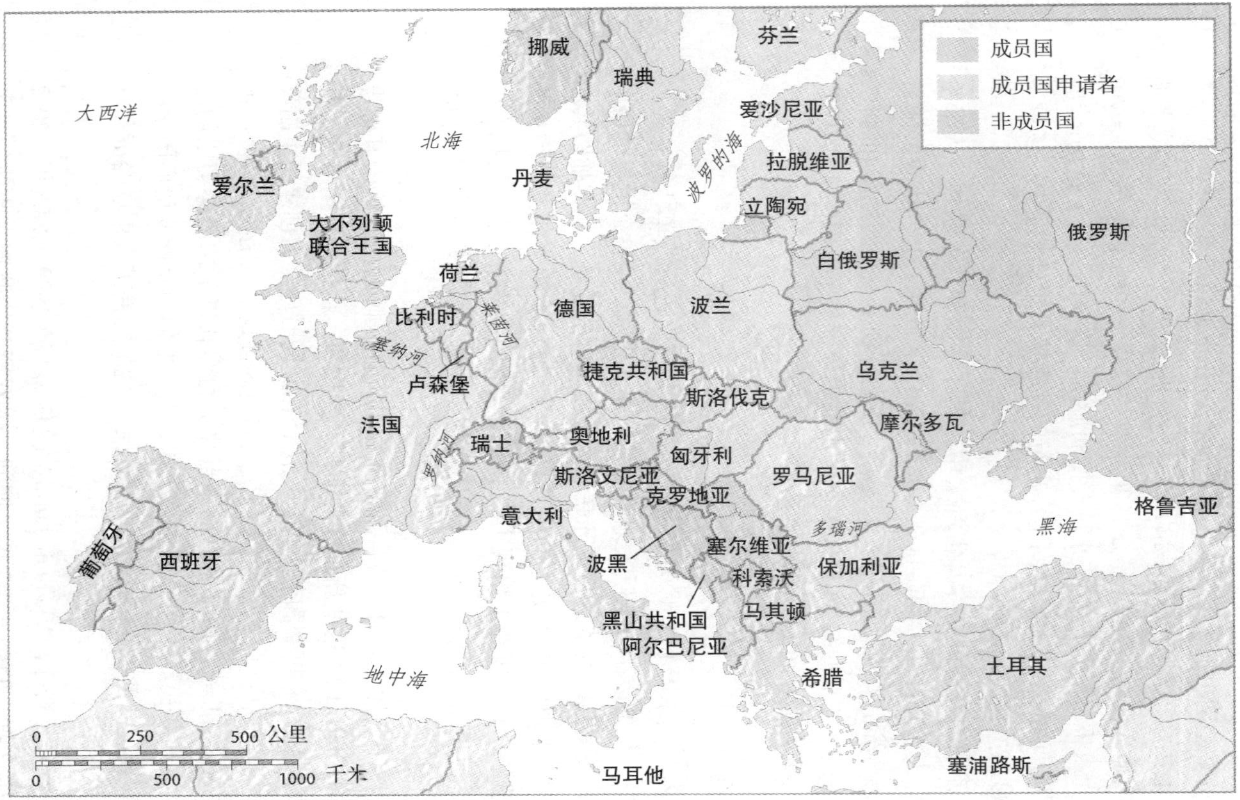

地图6.1　2009年的欧洲

这幅地图显示了2009年时的欢盟成员国。1.注意那些是欧盟成员候选国的国家。2.根据地图5.1观察一下目前的欧盟成员国中哪些是前社会主义阵营内的国家。3.将作为特例的挪威和瑞士排除后，辨认一下哪些国家目前不是欧盟成员国。4.你觉得为什么这些国家现在还不是欧盟成员国？ 5.推测一下俄罗斯对欧盟向俄国边界扩展的态度。

图6.1　柏林墙的倒塌。1989年

鉴于苏联此前在东欧频频使用武力，没有人预见到这些共产党国家的崩溃会如此迅速、如此兵不血刃。这段非常时期最具象征意义的事件是将东西柏林隔离开的柏林墙拆除。

洲及国际贸易。在此同时，随着其从前的卫星国急切地加入欧盟或北约，俄罗斯意识到了对其国家安全的新威胁。

在苏联边界以外，苏联制度的崩溃引发了一系列事件，它们结束了苏联对东欧和中欧的控制，重新平衡了欧洲的力量结构，其标志是共产主义的垮台和美国成为“冷战”的赢家。共产主义垮台激发的欢快呼声和对“世界新秩序”的期待，很快与市场经济联系起来，市场经济替代了声名狼藉的国家控制型经济模式。这些政治和经济变革的含义进一步表明，世界正在逐渐冷却，全球化将在1990年代成为典型潮流。

冷战后世界

在1989年之后，美国成了世界上唯一的超级大国，而其他许多国家则面临了几乎无法把握的难题。美国之所以坐享这一独一无二的地位，乃是由于它的军事优势、它在国际事务中的中心作用以及它推动着全球经济繁荣的消费社会。有助于美国保持其显赫地位的一个因素是它不愿意与联合国通力合作。美国认为联合国被第三世界的利益所左右，因此它宁愿单独行动，或是通过它自己选择的联盟行动，或是与已有的地区性同盟合作。其他一些国家，如日本仍然没有从1990年代的金融市场滑坡中恢复过来，中国虽然取得了每年8%—10%的巨大的经济增长，却面临着一系列的内部危机。

在整个90年代，由于自由市场体制的扩展，经济全球化进一步发展，但金融市场的反复无常导致了社会和经济动荡，也使自由放任型资本主义的一些假设受到了置疑。在90年代初，太平洋沿岸（Pacific Rim）国家除日本外都经历了经济繁荣，但到1998年，这幅美景消失了。与全球化相伴相随的是区域性经济联盟的兴起，如欧盟形成为一个自由贸易区，加拿大、美国和墨西哥建立起北大西洋自由贸易联盟（North Atlantic Free Trade Association，NAFTA）。其他国家也寻求组建类似的区域性经济组织。推动这些趋势的是大踏步的技术革新，例如因特网（Internet）和电子商务，这些事物彻底革新了世界开展商务的手段。

建立于1994年旨在促进自由贸易的世贸组织（The World Trade Organization [WTO]）帮助其成员国解决贸易争端。WTO与世界银行、国际货币基金组织和一些区域性贸易组织一起，增加了全球财富，减少了全球贫困。然而，并不是所有国家都从全球化和自由贸易中获益，一些国家公开批评自由市场经济。在这些不满的国家里，全球化通常被等同于美国化，引发了反美和反全球化情绪，并激发了一种新的平民主义——即鼓吹国家公民的权利以反对多国公司和发达世界的权力。

从1990年代中期到2001年，世界经济受美国发展的驱动。首先，由于受创业基金资助的电子商务公司的发展，美国的股票交易市场节节攀升。投资和贪婪将股票抬升至新高，直到2001年出现了泡沫破灭。第二，美国商界企业效仿此前将工厂转移到劳动力价格较低廉国家的工厂主，把许多白领工作岗位也搬迁到发展中国家。

除了自冷战结束以来的经济发展以外，在超级大国时代（1945—1970年代）被压制的地区性民族主义和种族暴力现在也重新抬头。在1990年代，随着南斯拉夫的分崩离析，新建立的国家之间围绕种族和宗教分歧爆发了战争。最后，当欧洲犹豫不决之时，美国决定行动。经过一系列空袭行动，冲突结束了，交战各方被带到谈判桌上，他们接受了一系列协定，从而给该地区带来了谨小慎微的和平。中东地区发生的事件堪与在美国和欧洲发生的变化相匹敌。中东地区的紧张局势和战争在冷战时期已大大加剧了。例如，以色列在1967年和1973年赢得了对邻国的战争。在1970年代后期，当埃及与以色列签署和平条

历史分期表6.1　文化风格，1970年至今

后现代主义

1970　1980　1990　2000　2010

自从1947年　抽象表现主义

自从1920年　社会主义现实主义

自从1960年　波普艺术

新表现主义

新古典主义

新现实主义

后现代建筑和音乐

解放神学

基督教福音派

观念艺术

自从1950年代晚期　艺术和音乐中的极少主义

音乐中的新浪漫主义

说唱乐

1970

1972—1974　水门丑闻，尼克松总统辞职

1980　波兰团结工会成立；美国第一例爱滋病例

1985　戈尔巴乔夫时期开始

1990

1997　西班牙毕尔巴鄂市古根海姆博物馆开馆

2001　恐怖分子攻击美国

2005　恐怖分子炸弹袭击英国

2003　伊拉克战争

2008　大衰退开始

1976　格拉斯，《海滩上的爱因斯坦》

1982　沃克，《紫色》

1990　东德与西德统一

2000　史密斯，《白牙》；帕慕克，《我的名字叫红》；李安，《卧虎藏龙》

1991　海湾战争

2009　奥巴马就职总统

1973　石油输出国组织石油禁运引发全球衰退

1979　苏联入侵阿富汗；伊朗革命

1984　昆德拉，《生命中不能承受之轻》

1992　欧洲共同体建立

1993　诺贝尔文学奖授予托尼·莫里森

2006　诺贝尔文学奖授予奥尔罕·帕慕克

1971　功夫片开始进入全球市场

1980　圣丹斯电影节创建

1989　苏联卫星国系统瓦解

1994　世界贸易组织成立

2004　库尔哈斯，西雅图中央图书馆；恐怖分子西班牙火车爆炸事件

约时，情况似乎得到改善了。但就在此时爆发了伊朗革命。1979年，伊朗建立了一个伊斯兰神权主义政府，令虔诚的伊斯兰信徒欢欣鼓舞，它也使全世界得知，一场好战的激进运动已经诞生了。

当萨达姆·侯赛因（Saddam Hussein，1979—2003年执政）统治的伊拉克在1980年入侵伊朗之时，中东局势更加动荡不安。侯赛因认为伊朗在其新的革命政府统治下虚弱不堪，指望能够速战速胜。但是，这场给双方带来巨大伤亡的战争却一直持续到1988年。两年之后，伊拉克入侵科威特，很快导致了1991年的海湾战争。以美国为首的西方和伊斯兰国家联军将伊拉克人赶出了科威特。侯赛因尽管被打败，却仍在此后十年中保住了统治。

6.2 恐怖主义时代，2001年至今

两座象征性的美国建筑——象征这个超级大国先进的军事和经济力量——成了2001年9月11日反美袭击的目标。此前的恐怖袭击往往瞄准美国的海外军事基地、世贸中心（1993年）和美国驻非洲使馆（1998年），这些袭击与此次对准纽约市的世界贸易中心双塔（图6.2）和华盛顿特区五角大楼的袭击相比不值一提。这次被人们通常称为"911袭击"的行动由一小撮穆斯林极端分子基地组织（al Qaeda）策划，他们利用美国的开放政策和技术知识发动了他们的毁灭性计划。

美国认定阿富汗政府——塔利班，一个伊斯兰原教旨主义组织——庇护了基地组织及其领导人奥萨马·本·拉登（Osama bin Laden，1957年出生），并于2001年10月入侵了这个国家。塔利班领导的政府在几星期之内垮台，美国和北约盟军占领了阿富汗的首都及许多地区。一部新宪法起草了出来，也举行了一次选举，作为建立民主政体的第一步，但备受种族厮杀、结构性贫困和塔利班叛乱困扰的阿富汗依然是对西方的复杂挑战。

2003年3月，美国在英国和其他一些国家支持下入侵了伊拉克。小布什（George W. Bush，2001—2009年在任）总统解释开战的理由，称萨达姆·侯赛因拥有可能向全世界发射的大规模杀伤性武器，因此必须推翻侯赛因的独裁统治。尽管最初的战斗仅持续了几个星期，而萨达姆·侯赛因也于2003年12月被抓获，但战争却进行了6年多，造成了巨大的伤亡和昂贵的开支（图6.3）。美国公众对战争的态度依然存在深刻的分歧，而且，尽管战事逐渐减少，伊拉克也日趋稳定，但这场战争的最终结果和伊拉克的未来前途仍然悬而未决。

冷战是20世纪诸事件的副产品，而伊拉克战争则与冷战不同，它必须被

图6.2　世贸中心规划方案。2004年。纽约

2001年世贸中心双子楼的被毁对该地块的重建提出了挑战和机遇。在经过几年的公开争论、政治压力和法律诉讼之后，当局在2004年选定了由总部设在柏林的李勃斯基恩德设计院（Studio Libeskind）的方案。左图所示是由出生于波兰的美国人丹尼尔·李勃斯基恩德（1946年出生）提出的模型，其中有一座“自由塔”（Freedom Tower），一块纪念911事件死难者的空地广场和五座大楼环绕在一起的楼群。这个方案的核心“自由塔”将是一座高457.2米的摩天大楼，其上有一根高84.1米的塔尖，使该塔高过了原来的双子楼。地铁站和交通中心已经在2005年开工建造。由弗兰克·葛利设计的一座911博物馆和一座艺术展览中心也在规划之中。

图6.3　美国士兵检查一名伊拉克孩童。2005年

这个场景为在由美国政府发起的社区健康扩展项目期间美国士兵检查一名受伤的伊拉克孩童，这幅画面让人想起了出现在美国最近的几次战争（从第二次世界大战到越南战争）中的相似景象。这幅图片还注解了一支为外国石油而战的军队之困境。士兵是对敌人作战的战士，而同时又是战争中无辜平民的保护者。在历史上，军队来的时候总是解放者，随后留下来便是占领者，接着又作为占领者从朋友变成仇敌。

图6.4 一幅反美图画。2006年。伊朗，德黑兰

在左轮枪形状中的美国“星条旗”表达了在伊朗和其他穆斯林地区不断增强的对美国的敌意。在墙上绘作的抗议画与阿拉伯式样的墙体图案形成鲜明对照，而一位妇女在街上漫步的景象更加剧了这种对照。树干的影子横现在照片上，这使照片有了一种艺术感染力，在吸引观画者视线的同时传达了一种明确的信息。

放在历史背景下进行考察，可以追溯到12世纪的十字军东征。在伊斯兰文明繁荣兴盛之后，穆斯林经历了几百年的屈辱，沦为欧洲国家的牺牲品。在过去十年里，一些伊斯兰宗教和政治领袖利用这一点来激起愤恨情绪，号召其追随者向“西方异教徒”过去的罪行复仇，重新建立神圣的穆斯林帝国。最近的事态是否会导致文明的冲突和第二次“长期战争”，现在还不甚了了。但无论其结局如何，西方与伊斯兰教之间的紧张局势将比以往更加激烈，在不远的将来似乎还将发生更多的暴力和流血（图6.4）。

伊拉克战争和阿富汗战争成为2008年美国大选之前两年中热身宣传的大布景，但它们的影响被一场堪比“大萧条”（参见第4讲）的迅速扩展的全球经济逆转掩盖了。当前这场被一些经济学家称作“大衰退”（Great Recession）的危机，刺激了许多国家采取前所未有的国家性和国际性措施，以求稳定其金融体制并建立有效的调节机构。这场“大衰退”由市场驱动型全球经济的近乎崩溃引发，它促使人们对在过去20年里大行其道的自由市场式资本主义的利

图6.5　白南准（Nam June Paik）：《我的浮士德第五频道——民族主义》（*My Faust-Channel 5-Nationalism*），1989—1991年。25台桂星（Quasar）25厘米电视，3个索尼激光影碟机，新哥特式木雕造型，基盘为2.56×1.27×0.81米。首尔，私家收藏品

这件艺术品由韩裔美国艺术家白南准设计，它是对战争作为一种国家宗教之现象的趣味性评注。该作品受中世纪神坛的启发摆成新哥特式结构，其中充塞了军事用品，例如炸弹、军靴、钢盔，以及电视屏幕和影碟机等。白南准在这件构造物的顶上和两边放满了许多国家的国旗，他以此来表示，所有国家都对它们的军事设施顶礼膜拜。

惠提出了质疑。全球性衰退及其后果将标志着另一个历史转折点。美国新总统巴拉克·奥巴马（Barak Obama，1961年出生，2009年至今在任）正是在这一历史时刻就任其位的。

6.3　后现代主义的诞生

在1970年，后期现代主义（参见第5讲）受到了一场新兴的**后现代主义**（Postmodernism）运动的挑战。后现代主义拥有乐观的历史观，体现在它希望重新解释以前的风格中，因此，它反映了比后期现代主义更积极的观念。后现代主义者是在第二次世界大战之后长大成人的，他们感到后期现代主义的忧虑落伍了，他们欢迎大众文化，更倾向于用一种玩耍的方式来激发创造力（图6.5）。

后现代主义者领教了两个超级大国之间的全球竞争，因此他们展望一种摆脱军事威胁的全球文化。

美国与后现代主义水乳交融。美国的艺术家和学者在创建后现代主义文化中扮演了关键的角色，既因为美国是全球社会独一无二的缩影，也因为美国的富裕使美国消费者成为全球经济的驱动力量。1990年冷战的终结使美国成为唯一的超级大国，也提升了美国在后现代主义中的突出地位。后现代主义的全球化也产生了一种悖论：世界各地都急切地采纳美国的文化（尤其是其流行文化）、价值观和技术，但在采纳的同时却又爆发出针对美国的文化帝国主义、美国军事实力和经济力量的谴责声。

后现代主义的文化视野同时向两个方向展望——向前朝向一种日趋成型、容纳许多声音并具有民主性质的全球文明，向后则朝向西方传统的根本。这种双向的视野容纳了妇女、少数派集团成员和第三世界代表的作品。911事件使这种全球性视野受到了质疑，这一天的悲剧事件开启了"恐怖主义时代"。然而，虽然存在战争威胁、恐怖主义行动和2008年以来的全球衰退，这一视野还是延续了下来。

医学、科学和技术

在当今世界，科学技术的进步具有比以往更大的影响。科学技术不仅加速并制约了全球的变化，而且还成为世界经济、国际事务和大多数国家军事—工业复合体的组成部分。

医学 大部分人的卫生和健康自1970年以来得到了改善。新的药品和外科手术方法挽救和延长了工业化国家中千百万人的生命。全世界各国政府和国际组织通力合作，努力教育民众、散发药品、建立医疗设施，并消除儿童疾病。

器官移植和人造器官的运用延长了许多绝症病人的生命。然而，这些医疗措施也使医学界卷入了伦理争论，在其中有人指责说只有少数人能够支付得起这些疗程，他们耗费了保健体系的资源。同样，新的生命繁殖手段，如试管婴儿和代孕技术等，虽然帮助了一小部分人，却也引发了道德困境，并产生一些诉讼案例，例如：如果一对夫妇离婚，哪一方对试管婴儿孩子拥有法律权利？在代孕案例中，代孕妈妈有没有母亲的权利？如果是精子捐献事例，捐精人是否有不让其后代得知其本人身份的法律权利？

尽管医学突破拯救了数百万人的生命，但一些地方仍然受致命疾病的威胁，全球性流行病的可能始终存在。在1980年代，艾滋病（即获得性免疫缺陷综合征）出现并迅速扩散到某些社会区域。艾滋病和其他一些性传播疾病的

图6.6 艾滋病患者在家人环绕中因肾衰竭去世，南非，教会医院，2002年

据一份研究称，2007年里有200万人死于艾滋病，其中150人是撒哈拉以南非洲地区的人。联合国和包括美国在内的成员国都加大了打击艾滋病的力度。然而，美国的一些宗教组织的信条（例如不用避孕套和禁欲）也在美国人和世界卫生机构当局中引发了争议。约3300万人患有艾滋病或导致艾滋病的获得性免疫缺陷综合征（HIV）。

增长不仅迟缓了性革命，也消除了人口的隔离。在撒哈拉以南的非洲，艾滋病肆虐了许多缺少医院和诊所的社团，当地人或是否认这种疾病的存在，或是排斥现代医学手段，这种态度加剧了艾滋病问题。在一些地区，大部分有生产能力的年龄段成员死亡，留下一代孤儿，其中很多人可能也感染上了这种疾病（图6.6）。

一些致命的感染性疾病很容易传播，由于有几百万国际旅行者是潜在的病菌携带者，它们迅速地在全世界蔓延。特别令人担忧的是一些流感病毒，如发源于亚洲并传向其他大洲的“禽流感”。世界卫生组织和各国卫生机构进行合作，监控这些基本的传播途径，合理隔离并消除它们。

科学 基于DNA之发现的遗传学进步揭示了有关生命起源的基本信息。研究者们破解了人体基因组，它们大约由300万个基因单位组成，排列成23对染色体。在生物遗传领域，科学家们克隆了动植物的生成物和器官，以及他们叹为观止的成就——绵羊和老鼠。至于在医学领域，这些突破正在引发严重的伦理问题，即：基因图将用来做什么？应该不应该尝试克隆人？人们食用转基因水果和蔬菜是否安全？正如在医学领域一样，这些问题的解决或许有待于法律体系内的决定。

技术 比起医学和科学领域所取得的进步来，机械技术的发明和改进对公众和个人生活有着更直接更迅速的影响。新的装置从1959年前后发明的源自晶体管的微型集成电路（参见第5讲）和开始于1970年代的微芯片（microchip，也作“微晶片”）产业衍生出来。微芯片用单个集成电路（也即芯片）取代了晶体管及其部件，从而使进一步缩小机器（尤其是计算机）的体积成为可能。

从1960年代美国太空项目改造而来的通讯卫星使全球文化一体相连成为可能。多国公司现在依赖于这些卫星，而由于卫星通讯，全球各地的人民得以在同一时间观看电视上的新闻事件。

但是计算机和因特网给生活带来的革命性变化更大，它们使此前难以想象的庞大数据变成立时可待，它们简化了复杂的工作，改变了全球各地私人和公共生活的传统习惯。消费者通过电子商务直接购买货物和服务，通过电子交易无需经纪人就购售股票和债券。学者、研究人员和学生通过IT（information technology，信息技术）接触杂志、图书、图书馆和数据库以跟上专业领域的最新进展。商家通过网站输送订单、盘点货存并执行销售。个人通过因特网可以与亲朋好友通过e-mail联系，及时了解当前事态、支付账单、操作网上银行交易、设计自己的个人网页、追求各种兴趣和爱好（例如看电影和玩电脑游戏等）。这些发展导致了“宅居”（cocooning，原意为“蚕茧效应”）生活方式，在这种生活方式中，人们置身于各种电子设备中间，很少涉足公共场所，即使是娱乐和社交也是足不出户。

手机或移动电话则从相反的方面改变人的社会行为，因为它让人们讨论业务和私事，同时也给他们提供各种形式的娱乐。在此同时，手机把个人拴在了通讯网络之上，就像是用线牵着的木偶一样。

微芯片进一步变革了娱乐产业，它现在生产出许多新的产品，包括便携式电视、收音机、影碟机和电子游戏机等等。但是，一些怀有另类企图的买家（如恐怖主义分子）也利用这些发明来构建有效的、精致的全球网络，使自己得以进行破坏性工作并向全世界发布他们的信息。无论是好是坏，e-mail、博客和文字信息都能在几秒钟内传遍世界。这些瞬息即达的通讯方式可以激起舆情，在危机时刻呼吁国际支持，或动员民众挑起骚乱或示威。

另一个正在发生的突破是纳米技术（nanotechnology），它寻求操控原子层面的物质，目的是建造超微型装置。这一突破遵循了1945年后朝向微缩化的趋势（参见第5讲）。纳米（希腊语中的“侏儒”）在国际科学词汇中的意思是“十亿分之一”。美国和东亚的研究依然处在起步阶段，虽然采用纳米技术的防污织品、化妆品和改进型游戏机已可使用。当前的研究表明了纳米技术未来在保健、环境和通讯等多个领域中的便利。

技术上的认识对许多正在呈现的经济实体之成长至关重要。自工业革命以来，技术给了发展中国家赶上更发达国家的手段。正如德国和美国最终超越英国（参见第3讲）一样，今天掌握了生产力模式和技术的穷国就能缩小差距，将它们的制造品卖给更富有的消费国家。环太平洋国家在1970和1980年代就是这么做的。在技术阶梯上迅速攀高的中国和印度也已经成了国际商务贸易中的重要伙伴。

从1995年以来，技术与气候之间的联系已经成为全球性话题。在1980年代，研究表明包括二氧化碳在内的某些气体的排放正在产生温室效应，也即地球表面变暖，这将融化地球两极的冰雪，抬高海平面。意识到这一前景之威胁的141个国家批准了《京都协议书》（1997年），该协议书授权签字国各自降低其工业废气排放。然而美国拒绝签字，声称条约的要求将损害其经济。与此同时，有关南北两极地区极地冰山融化之历史记录的报告继续证实了全球变暖理论。

哲学和宗教

自1970年代起，大多数思潮都局限在学术圈和少数思想家内部，而宗教思想和宗教运动则吸引了全世界的注意力。两个最主要的学术和文学争论之对象是后结构主义和解构主义。来自于结构主义（参见第5讲）的**后结构主义**（poststructuralism）提供了解读各种文本而非仅是文学文本的种种途径。**解构主义**（deconstruction）是一种聚焦于阅读、修辞和语言各层面的批评手段。相比较而言，全世界有组织的宗教团体都进入了政治舞台，经常在内政和外交事务中扮演主角，同时倡导它们关于经济、社会和文化问题的观点。

哲学　托马斯·库恩（Thomas Kuhn）、罗兰·巴特（Roland Barthes）和雅克·德里达（Jaques Derrida）是后现代时期最主要的思想家，虽然他们的大部分著作早就面世。他们的观点引起了关于永久性论题的持续争论，例如人是如何交流、理解和探究不可知事务的，他们是如何理解自己的存在以及生命的意义的。库恩的思想很容易理解，很快被知识界采纳，但巴特和德里达的微妙的论点却不太好把握，因此对普通大众来说依然很陌生。

美国人托马斯·库恩（1922—1996年）是一名科学史研究者，他探究假设和科学研究方法。在《科学革命的结构》（*The Structure of Scientific Revolutions*，1962年）中，库恩解释说，在整个科学史上，研究都受制于范式（paradigm）——也即每一门科学学科中不自觉认同的思维模式——它使科学家限定在其学科范围内工作。在库恩看来，只有当取得一系列发现使现存范式失效从而出现范式转换（paradigm shift）之时，科学领域才会出现根本性的变化。当一次范式转换发生，一种世界观就会替换另一种世界观，例如天文学上的地心说让位于日心说时发生的那样。接下来，一次范式转换引发新的实验来检验基本的假设并提出更多的问题。库恩的范式转换论很快被社会科学、经济学和商学院课程等其他学科采纳，现在已进入了西方思想的主流。

与库恩相反，当罗兰·巴特（1915—1980年）在结构主义运动和后结构主义运动之间建立联系之时，他吸引了一小批特定的追随者，他的影响局限于一小批受众。作为一名结构主义者，巴特声称，每一种语言都有其自身的结构，也即密码，因此它们都是可以被解密的。在其后期的著作中，巴特作为一名后结构主义者宣称，任何理论或解释，例如用于理解或解密一种语言或一部文学作品的手段，都需要有其自己的意义理论和解释。这就要求再有一套密码和解释，也即一系列论证。虽然巴特古怪的风格、诡诈的机智、深邃的典故和广博的兴趣使他很难被理解，但他的思想却深刻影响了法国和美国的文学和文化批评。但是，他的思想含义却令许多评论者捉摸不透。由于巴特推论称理解一个文本没有任何定式，那么，也就不存在任何包罗万象的概念（比如科学）或政治体制和经济制度（比如民主、社会主义或资本主义）。评论家们指责说，他的分析导致了极端的相对主义甚至是**虚无主义**（nihilism）——即对客观真理的否认。

法国哲学家和语言学家雅克·德里达（1930—2004年）是后现代主义的另一种声音，也是解构主义的创始人。他的著作《论文字学》（*Of Grammatology*，1967年）奠定了他作为影响深远的思想家的声望。德里达将解构定义为一种"解构"一个文本的新解读方法，他声称，一个文本，无论是一部小说、一篇哲学论文，还是一本历史书，都可以用许多种方法来解读，可以有非常多的含义，以致它不具备任何终极意义。他声称，被解构的讲话和著作是不可以被分析出来的，因为它们依赖于它们如何被解读，谁是其解读者。以往的理解方式是弄清楚所解读的文本说了什么，被解读出什么，哪些被认为是"真理"，解构则成了动摇并取代这种方式的另一种途径。和后结构主义的批评者一样，解构主义的敌人断言称，解构主义是对扎根于科学方法、经验主义和理性主义之中不言自明的西方真理和基本原理的又一个攻击。

宗教和宗教思想 1970年以后，宗教组织像以往一样试图适应正在迅速变化的世界。虔诚的信徒中有许多人将最新技术运用于认知目的，以图传播和捍卫信仰，但另一些人则抗拒或攻击科学文化变化，认为它们是对他们的价值观和信条的威胁。基督教和伊斯兰教，作为世界上信徒最多的宗教，采用相似的接纳或批评模式，但它们在使其信仰融入现代性和后现代世界方面的战略和策略上各有不同。

在1960年代后期的拉丁美洲，**解放神学**（liberation theology）成为反对贫困和穷人受压的斗争中一个驱动性改变力量。罗马天主教会的知识分子受“梵二”（参见第5讲）的启发创建了这一思想流派，它对那些生活、工作在被剥夺者们中间的教士具有特别的感召力。解放神学的倡导者将基督教的社会正义与马克思主义理论分析结合在一起，号召对以基督教为基础的社会进行经济和政治改革，让穷人们携手奋斗以改善他们的生活和工作条件。随着解放神学扎根下来，它的革命思想显得要威胁一些拉丁美洲国家的稳定。在1980年代，天主教会撤销了对该运动的支持，一些拉美国家的军政府扫荡了许多解放神学运动团体，杀害了一些教士领袖。但是解放神学在世界上一些贫困地区作为一种地下运动延续了下来。

在美国，要求实行基督教社会正义的呼声在1960年代达到了新的顶峰。但是1968年马丁·路德·金的被暗杀、越南战争的升级和美国国内的文化动荡结束了这个阶段的宗教活跃期。一方面是出于对这些事件的反应，另一方面也是由于福音派新教的复兴和重组（参见第3讲），美国的制度化宗教向另一个不同方向发展。在1960和1970年代，以葛培理为首（Billy Graham，1918年出生）的一批具有个人魅力的原教旨主义布道人利用电视的迅猛发展传播他们的复兴启示。一些福音派电视布道者取得了明星般的地位，他们的拥趸慷慨捐献钱财来建造校园式的宗教中心、大型的宗教场所和神学院。这些布道者吸引了对主流文明深感失望的信徒，在这些信徒看来，主流文明构成了对他们的个人信仰和他们的基督教美国观的双重威胁。

到1990年代，这些被称为福音派的团体凝合成了“全美福音派协会”（National Association of Evangelicals），并且通过他们的政治活动影响到选举结果。他们或被称作“宗教权利派”（Religious Right），或被称作“基督教保守派”（Christian Conservatives），通常参加共和党阵营，成为美国政坛上的一支强大力量。他们通过媒体和投票箱来宣扬他们对细胞移植研究、堕胎、同性恋和同性婚姻等许多现代生活问题的信念。他们的政治活动激起了关于政府与信仰之间关系问题的争论，也再一次引起了对已经在美国隔离了教会与政府达200多年之久的“围墙”的关注。

图6.7　教皇约翰·保罗二世在波兰。1979年

在当选为教皇后不久，卡罗·沃伊提拉（Karol Wojtyla）回到他的祖国波兰。1979年6月他访问波兰的举动是一个大胆的姿态。罗马天主教会的首领受到了热情的接待，他会晤了许多组织，包括地下个人运动“团结工会”，该组织在1989年帮助推翻了波兰的共产党政权。从历史回顾来看，教皇的这次旅行可以被视为冷战结束的重要一步。

与美国不同，西欧的有组织宗教作为社会和文化力量继续在衰落。许多城市教堂已改作世俗用途，天主教会僧侣修女的地位急剧下降，新教信徒的规模不断萎缩。然而，在非洲和亚洲，无论是天主教会还是新教教会（尤其是福音派教会），都通过扩展传教计划并建造教堂、学校和医院赢得了千百万皈依者。非洲和美洲的主教和枢机主教在罗马教会教界体系中的比例大幅度增加，这预示着罗马天主教会在未来将成为一个欧洲色彩越来越淡的机构。

教皇约翰·保罗二世（John Paul II，1978—2005年任教皇）的教皇任期典型地反映了这段时期内宗教组织（不光是罗马天主教会，也包括所有有组织宗教）面临的挑战。作为一名来自当时受共产党统治的波兰的枢机主教，他是455年里第一位不是出自意大利的教皇。他是一位投入、聪慧、精力旺盛的人，他利用新闻媒体和喷气式飞机造访了几乎全世界每一个国家并使这些访问向公众高度曝光。他与其他派别的宗教进行沟通，并且在推翻其祖国波兰的共产党政权中发挥了关键性作用，而波兰的政权变更成为了苏联崩溃的序曲（图6.7）。他还加强了教皇权力，废除了一些梵二改革（参见第5讲），坚持天主教会在许多性别和社会问题上的传统立场。他在早年表现得很明显的脉脉温情和精明的政治手腕，让位于一种更独裁的风格和更保守的神学理念，这些不仅反映了他年龄的不断增高，也反映了天主教会对其更加全球化的信徒组成和愈益世俗化世界的反应。

世界另一大宗教伊斯兰教，也处在当今世界的围困之中，尤其是受伊斯兰激进主义的逼迫。1979年，伊朗的阿亚图拉们（ayatollahs，即饱学的什叶派学者）领导了一场反对世俗国王政权的革命，建立了伊斯兰伊朗共和国。在阿富汗,在取得抗苏战争胜利（1988年）和一场毫无结果的内战（1992—1996年）之后，当地伊斯兰运动“塔利班”（1996—2001年执政）成为赢家，建立起一个严厉的穆斯林神权统治政府。塔利班给了奥萨马・本・拉登一个避风港，他在这里操控着他的基地组织网络。其他一些穆斯林组织，如埃及的“穆斯林兄弟会”（Muslin Brotherhood）、黎巴嫩的“真主党”（Hezbollah）和在2006年初赢得巴勒斯坦政权的“哈马斯”（Hamas），都吸引了穆斯林，这些组织被他们看作或者是一些腐朽政权的替代物，或者是以色列的死敌，或者是将对“大撒旦”（美国）进行讨伐的高亢激昂的反美呼声。

以下这些因素使这些穆斯林外围组织进一步激进化了：对欧洲十字军征服和羞辱自己祖先的历史记忆；地缘政治和对他们在全球之核心地位的认识；使他们的国家富裕并提高了阿拉伯民族自豪感的石油；最近时期对《古兰经》的重新解释。影响最大的对《古兰经》的评注由现代伊斯兰恐怖主义之鼻祖、埃及思想家赛义德·库特布（Sayyid Qutb,1906—1966年）提出。在其著作《在〈古兰经〉的庇荫下》（*In the Shade of the Qur'an*,共30卷,从1954年开始陆续出版）和《里程碑》（*Milestones*，1964年）中，库特布向穆斯林描述安拉要他们如何在现代世界中生活。最重要的是，库特布号召进行一场“圣战”（jihad），即对异教徒（西方）及其傀儡穆斯林世俗政权展开武装斗争。在这次斗争中,“近敌”（世俗的穆斯林统治者）和“远敌”（美国及其欧洲盟友）将被消灭。恐怖主义领袖本· 拉登正是以武力来响应这一号召，敦促许多穆斯林追随他理解的库特布意识形态。在赶走异教徒后，这一场现代圣战还必须净化祖国错误百出的社会,杀死“远敌”,按照先知时代的往昔经验建立一个新的伊斯兰帝国。无论本·拉登及其基地组织将等来什么样的终极命运,基地组织的毒瘤正在全世界“扩散”。

后现代主义文学

后现代主义文学的特点是包容了来自各种渊源的新的文学声音，包括拉丁美洲、中欧和东欧、伊斯兰世界以及少数族群、被同化的殖民地民族和新移民等等。这些新的声音组合在一起，标志着偏离了纽约—伦敦—巴黎文化轴心的全球文化的兴起。

小说　在1960年代，拉美作家博得了国际文坛的喝彩。大多数拉美作家都以其左翼政治观点著称，他们专心致力于一种被称为**魔幻现实主义**（magic realism）的文学风格，这种风格将现实主义和超自然因素融合了起来。为魔幻现实主义奠定基础的是阿根廷作家豪尔赫·路易斯·博尔赫斯（Jorge Luis Borges，1899—1986年），他写的那些神秘的短篇小说突出了怪异和语言探索。魔幻现实主义流派的杰出代表是哥伦比亚的加夫列尔·加西亚·马尔克斯（Gabriel García Márquez，1927年出生），他获得了1982年的诺贝尔文学奖，是获此殊荣的第一位拉美小说家。他的《百年孤独》（*One Hundred Years of Solitude*，1967年）是战后时代评价最高的小说之一。受威廉·福克纳（William Faulkner）虚构一个密西西比州约克纳帕陶法（Yoknapatawpha）郡的启发，加西亚·马尔克斯虚构了马孔多（Macondo）镇来象征他的哥伦比亚故乡。他在写这部充满幻觉的小说时采用的是全知视角，借用一位无所不知的叙述者——或许是一个不知名的农民——的眼光，目睹马孔多镇走向命中注定的毁灭。小说将取自拉丁美洲历史的一些细节与一些神奇的事件（例如书中的一个人物升入天空）结合在一起。这部小说的悲观主义是魔幻现实主义风格的典型。

拉美作家享受国际声望是他们的第一次，而后现代主义的另一个新中心中东欧的作家们则仅仅是在复兴一种古老的传统。从19世纪初一直到20世纪共产党政权在该地区建立，中东欧地区最优秀的作家经常在西方受到尊重。该地区的文学复兴在1950年代就出现了先兆，其时苏联领导人赫鲁晓夫发动了文化解冻，但这场解冻显得时机过早，因为一些引起争议的作家要么归于沉默，要么被迫到西方避难。流亡是捷克斯洛伐克小说家米兰·昆德拉（Milan Kundera，1929年出生）的选择，他在出版其第一部小说《玩笑》（*The Joke*）之后得罪了捷克当局。昆德拉的风格与魔幻现实主义有所相似，主要是将幻想与国家历史结合起来，但与拉美作家不同的是，他从来不为志异而志异，而是用怪异来象征道德主题。比起魔幻现实主义者来，他也更乐观一些，总是暗示爱的力量可以导致不同的、更美好的生活。的确，昆德拉倾向于将性自由和政治自由等同起来。

性自由和政治自由的等同无疑是昆德拉至今最优秀的小说《生命中不能承受之轻》（*The Unbearable Lightness of Being*，1984年）的寓意。他在这部小说中聚焦于两个历史事件——1948年共产主义在捷克的建立和1968年起义后共产党政权的复辟。他描述了书中主人公们着魔般的、最终是破坏性的行为，他们试图弄明白在压抑的捷克国家中他们的性行为的本质。虽然他的小说表现了在政治压制面前人的存在是多么的无足轻重，但他却不愿绝望。他笔下的人物努力获取性满足，即使在面临难以抗拒的怪事时也是如此，这便是他肯定人性力量的方法。归根到底，昆德拉赞同这样的人文主义信念：人的精神可以遭受打压，但决不会崩溃。

与昆德拉相似的对人的精神力量的信念在美国作家艾丽斯·沃克（Alice Walker，1944年出生）的著作中也非常明显。在她的诗歌、散文和小说中，她以积极的姿态探讨非洲裔美国人的经历。她的小说《紫色》（*The Color Purple*，1982年）讲述了一个遭受黑人男子蹂躏又倍受白人社会伤害的黑人妇女的故事。她用来表达这名女子痛苦的文学手法是老式手段，即通过书信往来讲述故事。比较特别的是，在一些信中，这名女子完全是向上帝吐露心声——这是在战后世界充满怀疑的氛围中一种意想不到的、但却感人至深的心灵扭曲。《紫色》也渗透了沃克的女权主义意识，书中表现了女主人公的生存依赖于她与其他黑人妇女的团结。《紫色》在1983年赢得了普利策奖，根据它改编的电影在1985年也获得大奖，2005年它又改编成一部成功的百老汇音乐剧。

另一名美国作家托尼·莫里森（Toni Morrison，1931年出生）是第一个获得诺贝尔文学奖（1993年）的非洲裔美国人，她的小说探索了美国社会中黑人的悲惨处境。除了《所罗门之歌》（*The Song of Solomon*，1977年）采用男性叙述者之外，她所有的小说都以遭受种族主义社会折磨的女性人物为主角。例如，在她的第一部小说《最蓝的眼睛》（*The Bluest Eye*，1970年）中，一名年轻的黑人姑娘着迷于白人的审美标准，渴望有一双蓝色的眼睛。莫里森也表现了暴力是怎样构成黑人经历的关键因素，例如，在《苏拉》（*Sula*，1973年）中，一位想支持家庭的祖母处心积虑地实施自伐以获取保险费。她受其非洲遗产的启发，吸收了民间传说、神话和超自然的养分，例如在《爱人》（*Beloved*，1987年）中，主角是一个鬼怪。莫里森在她的小说中除了含括种族主义和暴力外，还渲染精神的期待，从而展现了对未来更公正社会的希望。她的最后一部小说《宽恕》（*A Mercy*）更直接地表达了这种期望，这部小说集中描写了北美殖民地时期的一个多文化家庭，在这个家庭里，种族只起很微小的作用。

汤婷婷（Maxine Hong Kingston，1940年出生）丰富了后现代主义，她写作了几部自传体著作、一部长篇小说、一些短篇小说和许多文章，使华裔美国人跻身于美国文坛。她作为作家的公开目的是“宣告美利坚”（claim America），意思是要表明，华人通过他们的辛勤劳动和自强不息，有权利成为美国的一分子。她作出这一宣称是受了诗人威廉·卡洛斯·威廉姆斯（William Carlos Williams，1883—1963年）的影响，威廉姆斯是一位现代主义诗人，他展望美国文化有别于欧洲，系由美国本土的内容和形式塑造而成。汤婷婷的著作不仅讴歌华人的力量和成就，而且还有助于纠正妄行——亦即她所称的真正意义的剥削、种族主义和蒙昧无知。

汤婷婷是华人移民的女儿，她父母说的是一种广东方言，汤婷婷用她自己的生活来示范华裔美国人的经历。她从她幼年在移民圈里听到的故事中汲取素材，写了两本概述中国文化遗产的书：阐述母系影响的《女勇士：一段鬼影幢幢下的少女回忆》（*The Woman Warrior*: *Memoirs of a Girlhood Among Ghosts*, 1976年）和论述家族宗法的《中国佬》（*China Men*，1980年）。2008年，汤婷婷被授予美国杰出文学贡献奖。

此时还兴起了另一种题材的作品，其创作依据是从以前的殖民地移居到欧洲的海外人的经历，这一题材作品的兴起，使后现代主义文学显得更加多元化了。这一新题材作品最主要的代表人物之一是出生在英国的扎迪·史密斯（Zadie Smith，其原名为Sadie Smith，1975年出生）。史密斯在英国教育体制内接受教育，就读于剑桥大学，他以处女作《白牙》（*White Teeth*，2000年）一举成名，这是一部描写多元文化的伦敦的怀旧小说。史密斯用极具讽刺意味的散文笔法展现了三个家庭（都曾是外来者）三代人的生活：一个是来自孟加拉的穆斯林劳工家庭；一个是与作者本人相似的劳工家庭，父亲是英国白人，母亲是牙买加人；一个是受过教育的英国犹太中产阶级家庭。《白牙》是一部雄心勃勃的作品，它涉及了许多当代的重大议题，如种族和民族认同、恐怖主义和同化等。

2001年发生在纽约和华盛顿特区的恐怖袭击使西方人急于通过来自伊斯兰世界内部的作家去了解伊斯兰文化。在此之前，翻译伊斯兰小说在西方似乎也已习以为常，虽然它们的风格和主题通常是回应西方模式的，例如由诺贝尔文学奖得主纳吉布·马哈福兹（Naguib Mahfouz，1911—2006年）写作的《开罗三部曲》（*The Cairo Trilogy*，1956—1957年），该著描写了从第一次世界大战到1950年代初期之间的三代埃及人。现在，在“911”之后，急剧扩大的读者群表明了阅读伊斯兰书籍的旺盛需求。

对许多西方人来说，伊斯兰世界中发出的最深刻的声音是颇受争议的土耳其作家奥尔罕·帕慕克（Orhan Pamuk，1952年出生）的作品。他的第一部作品《白色城堡》（*The White Castle*，1985年）描述了对现代化的反讽，使人们翘首期待他的新作。他后来的作品不负众望。今天，西方读者经常把他誉为“他的国家的良知”，因为他的主题回应了土耳其最根本的两难困境：认同西方还是认同伊斯兰世界；世俗主义还是宗教；自由还是专制。

在帕慕克的小说中，《我的名字叫红》（*My Name Is Red*，2000年）最吸引全世界的关注。虽然小说的情节围绕一件谋杀案展开，但整部小说学问深厚，嘲讽色彩浓郁，多有色欲描写，浸透着现代主义小说的文学手法。《我的名字叫红》集中描写奥斯曼帝国苏丹穆拉德三世（Murat III，1574—1594年在位，是一名慷慨的艺术赞助人）宫廷中的一批微型画艺术家。当一名艺术家失踪之时，情节开始展开，结局是谋害人死掉。除了情节吸引人外，小说还穿插了许多奥斯曼帝国历史逸闻，涉及风靡整个伊斯兰世界的微型画艺术，特别还提到了当西方油画引入奥斯曼宫廷时出现的骚动及调解。小说的叙事用现代主义的风格展开，全书59章的每一章都从一个不断转移的视角叙事，包括书中的几个人物、一条狗、一枚金币和红颜色。2006年，帕慕克获得了诺贝尔文学奖，成为第一位获得此殊荣的土耳其人。

诗歌 大体而言，诗歌在1970年以后经历了一个淡季。由于大众媒体的爆炸性扩张、人口的迁徙和大多数诗歌含义朦胧，已经很少的诗歌阅读群体变得更加稀少。诗歌一直是在抵制全球化，主要是因为人们经常所说的那样，“诗歌在翻译时总是不太着调”。然而，一位用英语写作的重要诗人脱颖而出，他就是西印度诗人德里克·沃尔科特（Derek Walcott，1930年出生）。

沃尔科特的诗作反映了他的个人处境，首先是作为一个身居遥远的火山岛屿圣卢西亚（Saint Lucia）的年轻人，随后是作为一个成熟的黑人作家，夹在岛屿文化和他新的美国故乡之间备受煎熬。沃尔科特写作了许多部剧本和诗歌集，而使他享誉全世界的是他的长篇诗歌《奥美罗斯》（*Omeros*，1990年）。这部长诗重游了荷马的《伊利亚特》和《奥德赛》，分别借鉴了荷马史诗中的战争和回乡主题，只是把场景转变成了1900年代加勒比海地区。但丁的《神曲》也影响了沃尔科特，给他提供了拯救的主题和三行诗的写诗格式。在《奥美罗斯》中，沃尔科特将想象与词藻结合起来，将令人缅怀不已的热带醉人风情与他失去天堂世界的懊悔混杂在一起。沃尔科特获得了1992年的诺贝尔文学奖。

戏剧 戏剧与诗歌一样没有成为全球性事物。先锋派戏剧盛极一时却悄然消逝。在高度政治化的1960年代，戏剧家把社会政治问题作为自己作品的中心内容，自那以后，很少再出现杰出的戏剧家。因此，经常被说成是“光辉的残疾人”的戏剧，在过去几十年里一直处于病恹恹的状态。然而也出现了两道希望之光：意大利人达里奥·福（Dario Fo，1926年出生）和弗兰卡·拉梅（Franca Rame，1929年出生）及其团队的喜剧和滑稽剧团的兴起。

在1959—1970年的福—拉梅组合中，福是领导者，他编写、导演、设计舞台背景和服装，有时还谱曲。他的妻子、灵感之源和女主角拉梅则在各方面给予他协助。这对夫妇在意大利的社会主义者家庭长大，他们被拉上了向普通百姓开放的公共舞台。他们早期的戏剧只不过是一些嘲讽战后意大利的喜剧讽刺剧。随着时间的推移，当他们的讥讽变得更尖锐时，他们的名声大振，毁誉接踵而来。在1960年代，福和拉梅成为意大利电视上的风云人物。从1970

遭　遇

大陆漂移：人口状况和移民

从史前时代起，人类人口的规模和密度（人口状况）和他们从一个地区向另一个地区的流动（移民）就一直是人类经历的组成部分。因此，今天的移民和人口状况虽然与“全球化时代”密切相连，却也不是什么新的习惯和传统。

虽然世界人口的扩大和移民的迁徙模式是以往趋势的延续，它们也表明了全球社会的未来命运。今天的移民正在对国家和地方政府以及社会服务机构施加强大的压力，并加剧了国家内部和民族之间的紧张局势。由于地球有限的生存空间、有限的自然资源供应以及移民与他们移居地之间各种种族、民族、文化、宗教和意识形态的分歧，这种压力变得更加严重。

从1500年代开始，随着时间的推进，自愿的或被迫的人口迁移不断加速，每一代移民都影响了商业的扩展和移居国的民族及种族特性。在17世纪和18世纪，迁徙与最初阶段的全球性扩张密切相联，移民主要是被用船运载到新大陆的非洲奴隶，还有少量是被判处到海外定居地服刑的欧洲白人，例如在澳大利亚。“大迁徙”发生在1845年到1914年之间，其间有4100万移民定居到了南北美洲，当然其中大多数人是从欧洲移居到了美国。在20世纪，一些国家对移民作出了一些限制，但是一些不顾一切去冒险的人，特别是那些

墨西哥移民。1986年

不顾一切寻找工作的墨西哥移民穿越沙漠，或付钱给蛇头带路越过美墨边界。美国面临着来自中美洲和拉丁美洲非法移民洪流的越来越大的困境，关于如何解决这一问题，政治家们达不成一致意见。农业行业、许多农民和低薪公司需要这些非法或合法的移民作为廉价劳力。但他们的到来加重了国家和地方福利机构的负担，引发了疑虑和不信任，加剧了种族偏见。

寻找工作和政治避难的人，还是继续寻找新的家园。

从1970年代起，迁徙模式有所改变：前往美国的越战移民和越战之后的其他一些亚洲国家移民；从拉丁美洲到美国的合法或非法移民；殖民统治结束后返回欧洲母国的前殖民地人；从南欧和伊斯兰国家迁居欧洲的客籍工人；从亚洲国家到石油输出国来打工的临时性劳工；共产党政权垮台后前来西欧的东欧人。这些迁徙模式给许多国境线制造了压力，例如东西欧国家之间的边界线和美墨边境。许多移民在小说、戏剧和电影中留下了他们的故事——从而对后现代主义的多元文化主义作出了贡献。

人口学研究表明，世界人口正在接近70亿，按这种人口增长轨迹，到2050年全球人口将超过90亿。然而，诸如非洲的艾滋病、来自亚洲的流感或其他一些致命性疾病将改变这种预测。20个人口最多的城市位于5个人口最密集的地带：12个在亚洲，5个在拉美，2个在欧洲，1个在美国（纽约）。其他一些正在发生的人口状态变化将带来更多挑战。在富裕国家，人口正在老龄化，工作人口在减少，而在贫穷国家，人口在膨胀，其中比例较大的是年轻人。

这些人口状况和迁徙趋势正在改变西方的面貌。民族认同在今天正在受到挑战，在一个种族和民族混居的社会，这些争论将产生两极分化。例如，在2006年的法国，人口中有10%是穆斯林，这个国家备受阿拉伯青年引起城市骚乱的困扰，还面临了其他一些激发纷争的抗议事端，抗议的内容包括公立学校中禁止裹伊斯兰教头巾的规定，以及缺乏经济机遇等等。从某些方面来看，西方的未来取决于西方人如何应对全球化及其两个最强有力的刺激因素：人口状况和移民。

读“遭遇”，学知识

1. 人口状况变化和移民所带来的广泛问题有哪些？

2. 自17世纪以来主要的迁徙潮是如何影响国家发展的？

3. 讨论1970年代以来的移民模式。

4. 人口学研究告诉了我们关于世界人口的哪些东西？

5. 举例说明这些发展如何影响了美国社会和你的生活。

年到1985年，他们在米兰与一个剧社合作表演，福为剧社写剧本，其中包括为他奠定国际声望的《一个无政府主义者的意外死亡》（*Accidental Death of an Anarchist*，1970年）。这部根据真实事件创作的极具挑衅性的戏剧提出了这样一个问题：“是警察的怀疑导致了他的死亡，还是他被整死的？”这部冗长的、悲剧性的闹剧将戏剧和喜剧融为一体，借用了**艺术喜剧**（commedia dell’arte，16到18世纪的一种戏剧形式，里面有小丑、木偶和固定角色）和荒诞剧的手法，再加上福自己的想象。1997年，达里奥·福被授予了诺贝尔文学奖。

滑稽剧团（theater troupe）起源于英国，它们在晚上表演节目，节目中有原创性的妙语连珠，有社会讽刺，也有音乐。尝试这一趋势的英国剧组是“边缘之外”（Beyond the Fringe）剧团（1960—1963年），这是一个四人组合，其中最突出的是演员兼乐师达德利·莫尔（Dudley Moore，1935—2002年）。他们的样板后来启发了由滑稽演员约翰·克里斯（John Cleese，1939年出生）领导的“巨蟒飞翔马戏团”（Monty Python Flying Circus，1969—1974年）。“边缘之外”的成功主要局限在音乐厅和电视，而“巨蟒”的触角则延伸至大众文化。两个剧组都讽刺宗教、国家和大众时尚。但“巨蟒”的不同之处是它的超现实主义，这是来自荒诞派戏剧的影响。当前西方流行的社会政治讽刺剧，见证了这两个剧组的经久影响。

后现代主义与艺术

1970年代以后，艺术家和建筑师们逐步跨越了后期现代主义，它似乎分解成了一些微弱的极少主义流派（minimalist schools，参见第5讲）。在后现代主义中，新事物的震荡让位于老事物的冲击。后期现代主义含有一种混沌的悲观主义并一意追求抽象，而后现代主义艺术家则试图摆脱这些特征，他们更加乐观，恢复了以前的一些风格，虽然他们也总是给这些旧风格添加一些新的含义、差异和讥讽的层面。现实主义声势浩大地重返艺术界，体现在以下这些风格的繁荣：**新现实主义**（neorealism），它注重以逼真的清晰来表现细节；**新表现主义**（neoexpressionism），它表达对社会的批评并关注非传统的绘画手法；**新古典主义**（Neoclassicism，不能将它与18世纪后期的新古典主义混淆起来），它自20世纪初以来就一直隐匿了，后期现代主义者曾宣称它已死亡。

新古典主义是后现代主义中最具震撼力的风格，在绘画和建筑领域都是如此，这也许是因为它在现代人看来是如此新颖。除了上述各种现实主义外，现代主义式的抽象依然是后现代主义的一个突出方面。后现代主义者以开放的态度来对待艺术上的可能性，拒绝采纳一种统一的风格，他们与19世纪后期的后印象主义者非常相似。

绘画　杰出的新现实主义画家是美国人菲利普·珀尔斯坦（Philip Pearlstein，1924年出生），他擅长描绘非理想化的裸体。从1960年代起，他开始主攻描绘已见衰老者的人体，他或许想以此来反映岁月无情的忧伤。他画中的裸体人物呈现为呆板的特写，形同走肉，四肢僵硬，脑袋不画全，整个画面像照片一样（图6.8）。他的作品似乎是拙劣地模仿“中间性别”（centerfold sexuality），这种“中间性别”与性革命一道，某种程度上都是由避孕药引起的。

新现实主义趋向于保持中立或道德圆滑，而新表现主义则运用现实主义来创作实行公开社会批判的绘画。后现代主义者中最受好评的画家是杰出的新

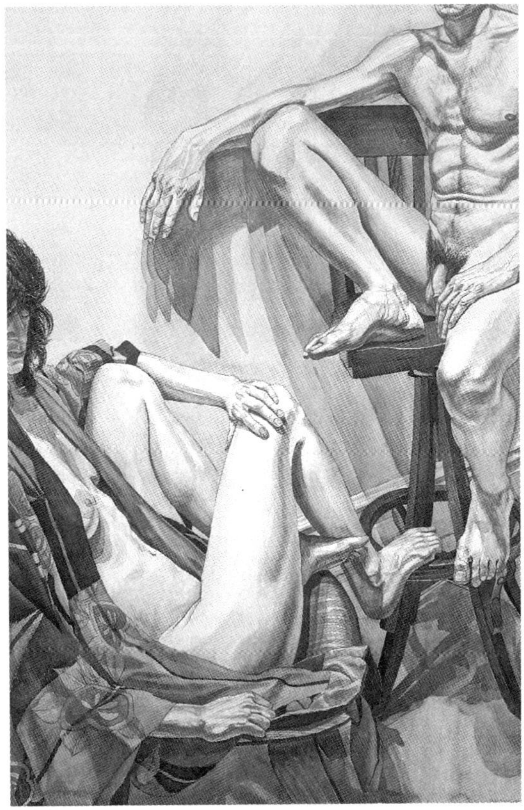

图6.8　菲利普·珀尔斯坦：《埃姆斯椅子上的女性，转凳上的男性》。1981年。水彩画，1.52×1.01米。埃莉诺和莱奥纳德·贝林森夫妇收藏。多纳德·莫里斯美术馆展出，密歇根，伯明翰

珀尔斯坦拒绝将其裸体人物美化，这是后现代主义中民主化倾向的组成部分。正如一些后现代派作家从神话和科幻小说等大众传播题材中自由借鉴灵感一样，珀尔斯坦也将注意力集中到诸如松垂的胸脯和曲张的静脉等身体特征，这些东西是现实主义画家一向忽略的事物。

表现主义者、德国艺术家安塞尔姆·基弗（Anselm Kiefer，1945年出生），他的表现主义倾向很多得自于他的老一代同胞约瑟夫·博伊斯（参见第5讲）。基弗的作品以非传统的绘画材料（包括油垢、沥青和铜丝等）另辟蹊径。他的作品呈现出灾难性景象，带有强烈的个人解释和历史暗示，从这些角度来说，他或许是与20世纪初的德国表现主义者最接近的当代艺术家。

在美国，主要的新表现主义者是苏珊·罗森伯格（Susan Rothenberg，1945年出生）。她觉察到艺术界中正在出现的潮流转向，于是在1973年抛弃了1960年代的极少主义，转而追求一种更具表现力的风格。一直到1980年，她只画一样东西：马。她所画的马唤起了一种人为的感受，因为它们不是被画成栩栩如生的动物状，而是用来表现她的情感——一种与梵高相同的艺术信条（参见第3讲）。在作品《蝴蝶》（*Butterfly*，1976年）中，画中的马平躺成巨大的X状（图6.9）。这种使作品的表面呈现出焦虑感的画法，使她的风格与威廉·德·库宁的风格联系在一起（参见图5.9）。

图6.9 苏珊·罗森伯格:《蝴蝶》。1976年。帆布上的树脂漆画，1.77×0.84米。华盛顿特区，国家美术馆

虽然罗森伯格选择马作为一种描绘对象可能反映了她的个人情感，但马是西方艺术经典中最古老的形象之一，可追溯到史前时代法国的洞穴艺术。在从古代开始一直兴盛直到近代时期的贵族文化中，马被尊崇为一种高贵的动物，有关马的艺术即反映了这种观念。即使在19世纪的近代民主社会里，马虽然不再像过去那样受宠，但依然被评价为有价值的劳作动物，或一种浪漫动物，它也是如此出现在艺术中的。只有当现代主义抽象出现时，马才不再对艺术家具有吸引力。因此，罗森伯格的艺术恢复了马在艺术经典中的最新位置，当然，它现在的形象已被剔除了其原来的精英主义和实用主义的色彩。

有一位画家将新现实主义和新表现主义以及其他艺术潮流的因素容纳在一起，创造出一种独特的风格，他就是哥伦比亚艺术家费尔南多·波特罗（Fernando Botero，1932 年出生）。与新现实主义者一样，他在画布上绘上人和动物的形状，虽然他总是把每个形象画得大大超重。与新表现主义者一样，他采纳夸张的效果——即体型膨胀的人物——来表达他对中产阶级群体的反感，但是，与新表现主义者不同的是，他又将画面画得异常清晰光亮，丝毫不显笔锋痕迹和画布原色。胖墩墩的人物都很肥胖、色彩鲜亮、轮廓清楚——与哥伦比亚民间艺术相似。他还给每幅作品赋予了一个政治潜台词，这是他从墨西哥壁画家迭戈·里维拉（参见第4讲）那里借鉴的做法。描绘肥壮音乐家形态的《在哥伦比亚跳舞》（*Dancing in Columbia*，1980年）是波特罗的典型风格，但比例缩小了的舞蹈者却相当不同寻常（图6.10）。这个场景讽刺了沾沾自喜的中产阶级，他们开着晚会，而毒贩巨头们则在毁坏他们的国家。

一位采用新古典主义对艺术史作微妙评判的画家是彼得·布莱克（Peter Blake，1920年出生）。在《相遇，或“您好，霍克内先生”》(*The Meeting*, *or* “*Have a Nice Day*, *Mr. Hockney*”）中，他描绘了三位1960年代的英国大众艺术家的见面，这三人在1980年代都加入了后现代主义的行列（图6.11）。这幅画是库尔贝的《相遇》(*The Meeting*, *or* “*Bonjour Monsieur Courbet*”，参见图2.11）的新版本，它既是对当代新古典主义的一种嘲讽，而且其本身就是一幅古典

解读艺术

埃及神话：埃及的主神之一俄塞里斯被他的死敌兄弟赛特肢解。俄塞里斯忠诚的姐妹兼妻子伊西斯将他的遗骸（除生殖器以外）重新合并起来，并使他获得永生。最后，伊西斯成为了埃及的主女神，而俄塞里斯则成为了阴间的统治者。

隐喻：金字塔塔顶的电路板象征伊西斯，而碎陶片则象征俄塞里斯的身躯各部分。将电路板和碎陶片连接起来的铜丝既代表伊西斯的爱情，也代表一座核反应堆。

模糊的信息：基弗用俄塞里斯和伊西斯的形象来体现他对现代技术的恐惧，技术成为一种同时拥有破坏和创造能力的天神。

存在主义：这件作品创作于冷战结束之际，其启示性的形象隐喻着烦恼重重的地球，它冷峻地提示了悬浮在这个时代头顶上的核毁灭威胁。

材料：非传统材料，如铜丝、陶片和破碎的电路板。巨大的黄铜色金字塔令人想起萨卡雷的梯式金字塔，从而与古埃及建立了一种联系。这座金字塔被假设为俄塞里斯的陵墓。

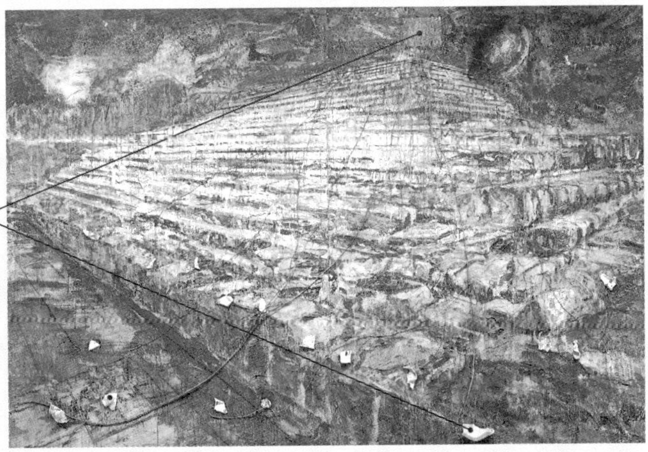

安塞尔姆·基弗：《俄塞里斯和伊西斯》。1985—1987年。折合式双连画，用混合媒介作在帆布上，3.81×5.6×0.17米。纽约

现代主义艺术家的目标是创作一种清除掉民族构造者和象征性符号的艺术；安塞尔姆·基弗则与他们不同，他怀抱他的德意志民族本源，特别是逐渐关注纳粹时期的灾难性事态，就此而言，他可算作是一个纯粹的后现代主义者。这也就形成了他的艺术使命：探究其所归属的德意志遗产和认同。其艺术中的次要主题一直是关于西方文化从最早时期到当代的延续性。从1995年起，基弗在法国生活工作。

图6.10　费尔南多·波特罗:《在哥伦比亚跳舞》。1980年。帆布油画，1.88×2.31米。纽约，大都会艺术博物馆。匿名赠送的礼物，1983年（1983.251）

波特罗使用“肥胖”来刻画哥伦比亚主流的中产阶级，这种做法的灵感来自于“朱门酒肉臭，路有冻死骨”的社会主义信念——这一视觉处理手法类似于英语中的俚语“肥猫”。由于在工业化世界中饥馑已基本绝迹，因此波特罗的象征主义对一些人来说并无多大意义。但是，许多人还是能够对这些胖墩墩的体型产生共鸣，纯粹是用嘲讽的眼光看待他们，因为在美国和其他西方国家，肥胖是一种流行病症。

构图的作品。画中描绘的三位艺术家从左到右分别是霍华德·霍奇金（Howard Hodgkin，1932年出生）、彼得·布莱克和戴维·霍克内（David Hockney，1937年出生），最后这位霍克内手中握着一支大画笔。布莱克的《见面》洋溢着讽刺性的并置：老年人对年轻人、旧世界对新世界、艺术生活对消费主义、工作对玩耍、无限的现在对流逝的时光。布莱克的后现代主义融合了对立的传统，即古典主义的永恒价值和大众艺术的瞬息即逝。

现代主义的抽象继续对后现代主义产生强烈的影响。当今最杰出的抽象信奉者是弗兰克·斯特拉（Frank Stella，1936年出生），这位画家创作了无数形形色色的作品。他在50年代是一名极少主义者（参见图5.12），绘作了黑条块画幅。在70年代，他又运用起绚丽色彩和装饰效果，从而成为新表现主义的先锋，他依然忠实于抽象理念，例如其作品《陶瓷碎片》系列（*Shard series*）中的《紫菜圈》（*Norisring*），该作品利用了其他作品剩余下来的残片（图6.12）。这幅作品完全是抽象的，毫无表现可言，但它却是后现代主义的，因为它将绘画和雕塑的体裁结合了起来——这是许多后现代主义者的雄心。

另一位执着追求后期现代抽象的人是非裔美国艺术家塞缪尔·吉列姆（Samuel Gilliam，1933年出生）。吉列姆最初是一位抽象表现主义者和色彩画家，他用颜色将画布所有地方都涂满，非常夸张地强调颜色的固定区域。在经过一系列试验以后，他受到启发，将画布浸泡得五颜六色，然后将它们悬挂在空中，形成三维立体的雕塑式作品（图6.13）。这些大面积的“悬挂式”绘画是装置艺术运动（参见下文）的组成部分，它们被张挂在各种公共场所——地铁车站、机场和图书馆。他进而用各种媒介进行试验，用计算机绘制图像，将色彩、外观、空间和材料（如塑料和铝等）融合在一起，将他的早期风格和他的后期创新连结在一起。他和罗马勒·比尔登被认为是二战以后最主要的非裔美国画家。

图6.11　彼得·布莱克：《相遇，或"您好，霍克内先生"》。1981—1983年。帆布油画，0.99×1.24米

布莱克将古典主义的特征和原理应用到一个当代的加利福尼亚背景中，从而使古典主义得以与时俱进。他在这幅阳光灿烂的画面中加入了许多双重隐喻式的暗示，包括右前方背景中女孩的姿势（部分借鉴自一本轮滑杂志，部分借鉴自古典雕塑）、狗（暗示美国的年轻人文化和阿尔贝蒂的文艺复兴艺术理论）和身穿道奇短衫男子手中的宽边帽（这是一种当代体育活动的象征，也是墨丘利神的标志）。油画的效果是产生了一种混杂的场景，最突出的是中间那些严肃自制的人物与背景中"耍酷"的少年形成讽刺性的对比。

德国画家格哈德·里希特（Gerhard Richter，1932年出生）很难被划入哪个门派，他那风格多变的形象使他成为艺术界的变色龙。这位艺术家变化多端，他的画作涵盖了从抽象到某种写实主义的整个后现代主义谱系，其立足点总是介乎两者之间，包括摄影写真主义（一种模仿摄影照片之清晰度的绘画风格）和欧普艺术，经常是同时用两种风格创作。里希特的创作手法也多种多样，使他的艺术变得更为复杂，例如他会选择一些平常物品（两支点燃的蜡烛），或者是将写真主义的画像弄得模模糊糊（以表示是褪色的照片）。他最引人注目的画像也许是《贝蒂》（*Betty*，1988年，图6.14），这是一幅女子的画像，画中人的脸转向一边，艺术家（和观众）都看不见。这幅稍带模糊效果的画像虽然魅力十足，却不太合乎常理，观赏这幅画的人不禁要问，里希特这位后现代艺术家中最难捉摸的人的艺术目的是什么？

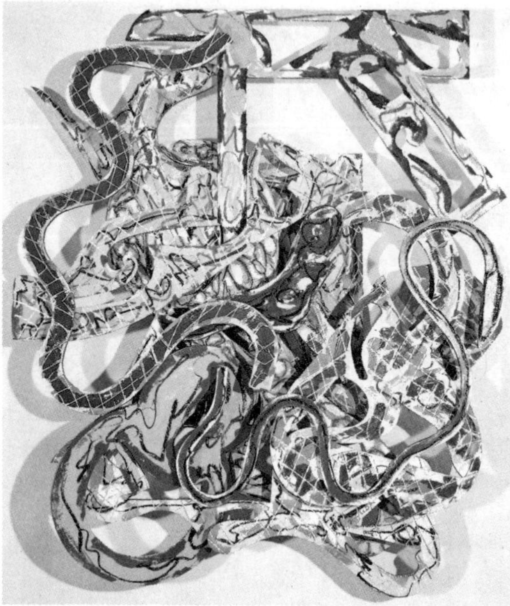

图6.12　弗兰克·斯特拉:《紫莱圈(XVI, 3X)》。1983年。在蚀刻铝箔上用混杂媒介作成,2×1.7×0.38米。安和罗伯特·弗里德曼收藏。纽约，诺德勒公司展出

主要是由于他活跃的思维，斯特拉始终站在后现代主义的前沿。当现实主义风格还占据主流之时，他就几乎是独自一人保持了抽象的活力。他在1960年代发明了呈各种形状的画布，这种发明使他得以用抽象的形态来替代方形画布(参见5.13)。到1980年代初，他将形状画布转化成《紫莱圈》这样融雕塑和绘画于一体的混合物。

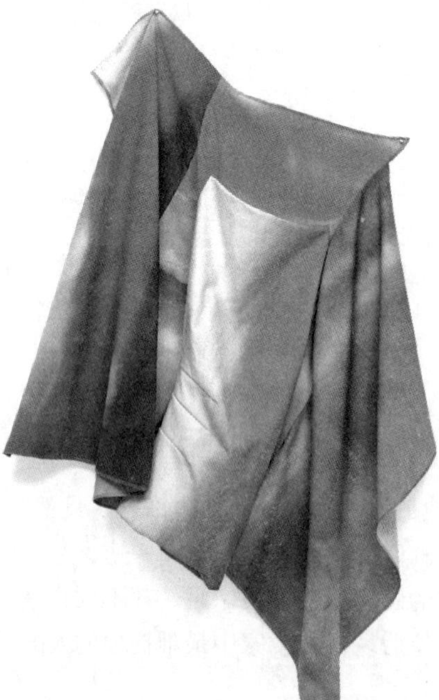

图6.13　塞缪尔·吉列姆:《猫在夜里都是灰的》。1996年。画布上的丙烯酸，1.65×1.12×0.2米(垂挂着，可变动)。帕特里克·埃弗雷特收藏

吉列姆曾是1960年代华盛顿色彩画派的成员，他逐渐超越了抽象表现主义，重新界定其传统和技巧以实验和创造他自己的风格。根据一位批评家的说法，吉列姆带回了“绘画质地和视觉特性的愉悦”。在他的“挂件”——系对他的作品的叫法——中，他将色彩混合起来，将其表面打光，再悬挂在画布上，从而将色彩和质地结合在了一起。

图6.14　格哈德·里希特:《贝蒂》。1988年。帆布油画，1.02×0.72米。圣路易斯艺术博物馆。版权属格哈德·里希特

里希特的这副扎眼的贝蒂肖像画（脸转向一边）引发了多层次的解释。从存在主义的话语来说，画中人表达了现代生活的孤单。从艺术史的感受来看，这副对后脑勺的描绘让人想起了文艺复兴时期雕塑家从前后左右各面充分完成其人物雕像的手法。用现代主义的话来说，画中的姿势对观画者关于艺术的基本假设提出了挑战。而女性主义者的解读会把画中人解释成画家排斥“男性盯视”。用弗洛依德的话来说，这种姿势可以反映出画中人（他的妻子？）与艺术家之间的疏远。里希特对他的作画动机则缄默不语，这使作品的意义悬而不决。因此，里希特的《贝蒂》成为体现后现代主义模糊性的一件杰作。

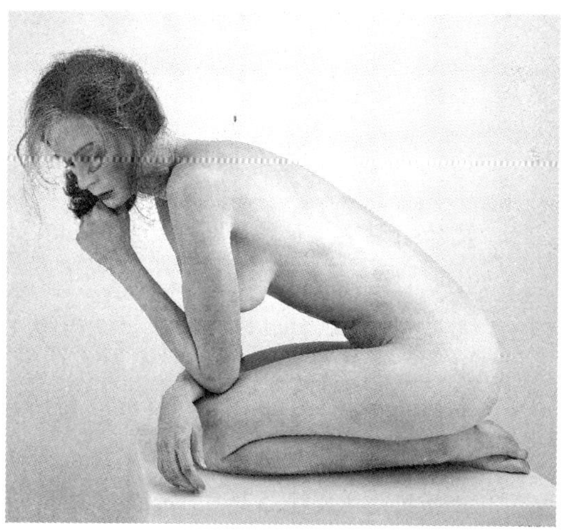

图6.15　约翰·德·安德烈亚:《斯芬克司》。1987年。聚乙烯基塑料，油漆，真人大小。纽约，ACA美术馆展出

与珀尔斯坦用裸体来表现他的厌恶不同，德·安德烈亚将他的塑料裸体雕像设计为赞美中产阶级上层的亮丽生活。他雕塑的裸体人像的身体传达了当今的消费文化鼓动每个人想成为的姿态：健康、苗条、健美和性感。

图6.16　丹·弗莱文《无名（致爱伦）》（*Untitled* [*For Ellen*]）。1975年，粉红、蓝色和绿色荧光灯，高2.24米。安置在德斯·莫伊内斯艺术中心，德斯·莫伊内斯，1994年

正如视频艺术给雕塑艺术增添了一种新媒介"声音"一样，弗莱文的作品运用了"光"。通过将光当做其创作媒介，弗莱文把美学焦点从雕塑的传统关注即质地和外观转移到了心境和氛围。《无名》置放在原本空荡荡的展厅的一个角落壁柜里，它那灼亮的光线激发了安全感和愉悦感。给这件作品赋予人情味的是其副标题《致爱伦》，对爱伦的记忆或许激发了选择粉、蓝、绿这三种欣欣然颜色的灵感。

雕塑　与画家们一样，后现代主义雕塑家们开始采用现实主义的形式。例如，美国人约翰·德·安德烈亚（John De Andrea，1941年出生）的雕塑可以看作是菲利普·珀尔斯坦的新现实主义绘画的补充。一般来说，德·安德烈亚雕塑传统的姿势，例如其作品《斯芬克司》（*Sphinx*，图6.15）。但是德·安德烈亚塑造的人物完全是同时代人，气质上看起来是一些积极向上的年轻职业人士（即所谓的"雅皮士"[yuppies]），只是脱去了衣服而已。不管他的作品是否具有讽刺色彩，他总是设法用雕塑的形式抓住非常合乎现代广告、电影和传媒之意向的色情特征。

发端于1950和1960年代的艺术运动极少主义运动在1970年之后显示出了强劲的力量，尤其是在雕塑家之间，他们从极少主义潮流中获取灵感，将艺术元素简约到最简单的形式。极少主义雕塑家探索媒介、形状和意义等问题，例如丹·弗莱文（Dan Flavin，1933—1996年）的作品。弗莱文摒弃传统的雕塑媒介，将灯光用作他的艺术的主要媒介（图6.16）。由于他一般用的光源是荧光灯，这种选择影响了他作品的最终形态。由于他的艺术中的这个技术核心，他的每一件作品的意义都很刻板，不那么人格化——这是极少主义的一个普遍特征。

极少主义美学品味也启发了华盛顿特区越战老兵纪念碑（Vietnam Veterans'

图6.17 林璎：越战老兵纪念碑。1982年，黑色花岗岩，（两翼各）76.2米长。华盛顿特区

将V字型的顶角如此摆放，以便让人可能一眼看到华盛顿纪念碑，然后转过来看到林肯纪念堂——这是纪念两位最受尊敬的美国总统的圣地。越战老兵纪念碑虽然在建成时饱受争议，但它发挥了医治创伤的作用，使国家在经历一场令国民彼此倾轧的战争之后重新融合。每天有参观者前来表示敬意，留下鲜花、照片、书信和军功章。看上去无穷无尽的阵亡将士名单向拜谒者提醒战争的惨重代价。

Memorial）的空旷形态，该纪念碑由来自中国移民家庭的女子林璎（Maya Ying Lin，1959年出生）设计。林璎的设计——两道打磨精细的黑色花岗岩高墙组成巨大的V字造型——赢得了全美设计方案竞赛，她摒弃了战士倒下的传统形象，相反选择了一种不同寻常且不经意的对战死者的敬意。按照她的艺术观念，纪念碑将显得“如同大地上的一道裂缝”，它将隆起，然后消隐——这是当时正在诞生的环境艺术原则的暗示。在它的两面墙壁上将刻上越战伤亡名单，58000多名美国男女被杀或失踪，名单不按姓氏字母排列，而是按死者阵亡的年代排列。搜寻名字就强烈地表示出这场战争的节奏，因为战事在1960年代后期和1970年代初期加剧，随后伤亡一路减少，一直到1974年战争结束。这座修建在国家广场（National Mall）西北侧的越战纪念碑已成为美国最神圣且参观人数最多的地方之一（图6.17）。

图6.18　克里斯托和珍妮–克劳德：选自《大门》（*The Gates*）的场景。2005年，纽约中央公园

中央公园的《大门》持续了两个星期，是克里斯托方案通常选择的时段。7500座大门由空悬的橘黄色布料做成，沿共计长37公里的步行道摆放，两个门之间相距3至4.5米。冬季的雪景中凋零的树枝银装素裹，橘黄色彩门绵延伸展，这种景象营造出一条鲜艳的彩河流过中央公园的效果，人们可以步行数公里，观赏自然与艺术之间的相得益彰。两位艺术家在1979年提出了这个创意，随后向政府和民间团体游说以争取支持。根据他们的安排，克里斯托和珍妮–克劳德出资支付了这个花费达2100万美元的项目。

林璎所设计的户外雕塑具有肃穆庄严和永恒的特性，与之截然相对的是克里斯托（Christo，1935年出生）及其妻子珍妮–克劳德（Jeanne–Claude，1935—2009年）创作的具有娱乐性和临时性的作品。他们的创作经常被看作是环境艺术，即一种与大自然联系在一起的艺术形式，通常放在特殊的、有时还是短暂的地点进行（参见“环境艺术”一节），它们也被定位为**观念艺术**（conception art），在这种艺术类型中，观点或概念比用来完成创作的手段更加重要。开始于1960年代的观念艺术经常是社会政治观点的载体。无论克里斯托和珍妮–克劳德的作品如何定位，他们的作品总是与风景相关，且使受众产生敬畏之感，并吸引大批观赏者和媒体，引起很大的争论（图6.18）。

图6.19　阿尼什・卡普尔:《云门》。2004年。不锈钢，10×20×12.8米。芝加哥千禧公园

《云门》的灵感来自于水银流珠，它有一个精美的流线形状，其外表镜面反射出的周围地面和天空景物随视角变化而浮动。这件可以接近的艺术品被设计成互动物件，即参观者在沿其周围和穿过其拱门步行时体验作品的精妙。《云门》的抽象形态回应了西方现代主义的理念，而据卡普尔称，其始终变化的外表面又隐喻了万物转化的状态——印度思想中的一种典型世界观。

他们的代表性创作计划需要好几年的策划，要有政府部门和私人机构的合作和支持，要雇佣数百名工人，购买大量材料，通常是些绳索、钢管和布料等。克里斯托和珍妮-克劳德进行这些创作时不接受任何资助或捐赠，而是销售他们自己的作品来支付费用，他们的销售物包括明信片、缩微模型和其他一些个人化的物件。他们包装一座大楼，在海岸上拉一条尼龙绳篱笆，或是妆点一座公园或景点，这些创作吸引了公众的关注。每次艺术事件只持续几星期，然后就拆除——只能通过照片、电影或目睹者的记忆来回味。环境恢复到之前状态，艺术消失——因此，这种短暂存在余下的只有观念和记忆。

后现代主义雕塑家阿尼什・卡普尔（Anish Kapoor，1954年出生）的作品具有神秘的诱惑力，这使他在全球文化中占据了耀眼的位置。卡普尔是一位印度艺术家，生于孟买，自1972年起在英国生活工作。卡普尔从他的印度背景

图6.20 雷切尔·怀特里德:《无名(黄色浴缸)》。1996年。用橡胶和聚苯乙烯浇铸，高0.8米，长2.07米，宽1.15米。纽约，鲁赫林·奥古斯丁美术馆

雷切尔·怀特里德宽广的视野引导她雕塑许多家具物品，例如床垫、座椅、书架和浴缸。她的作品不仅仅是再现；她给一个物体安置了周围的空间，力图捕捉人类生活的踪影。怀特里德的浴缸是一种新的化身，人们把它与石棺相提并论。作者本人是可以接受这种解释的，因为据说她曾把她的浇铸手法与制作死亡面具做过比较。的确，怀特里德的雕塑散发出一种淡淡的忧伤，因为它们似乎要断言人的死亡。

和西方训练中汲取营养，并受到了德国艺术家约瑟夫·博伊斯的审美观的影响。卡普尔兼容并蓄地采用各种材料创作了大批作品，所用材料包括天然颜料、粉笔、泥土、有机玻璃、石块、葫芦、水泥、铝、不锈钢、铜、毛毡、树脂和蜡等。在他多产的雕塑中，最著名的也许是摆放在芝加哥千禧公园（Millennium Park）中的《云门》(*Cloud Gate*，2004年，图6.19)。这件大型作品重110吨，但却与千禧公园的大背景非常匹配——因此它的类型介乎建筑和雕塑之间，难以定位。

另一位重要的后现代主义雕塑家是雷切尔·怀特里德（Rachel Whiteread，1964年出生），她是“布里特帕克”（Brit Pak），或更正式的称法为“年轻英国艺术家”（Young British Artists，YBA）的成员。YBA用陈旧的英国艺术来折价换取一种吸引眼球的、往往与丑闻相联系的艺术。与这个英国流派中许多人的作品不同，怀特里德的雕塑创作手法非常严肃、谨慎。受60、70年代美国极少主义艺术的启发，她的作品通常用人们熟悉的日常物件来表达简单的观念(图6.20)。她用各种各样的媒介进行创作，包括石膏、混凝土、树脂和橡胶等。

装置艺术（Installation Art） **装置艺术**是一种诞生于1960年代的挑战边界的艺术，该艺术利用或参考艺术资源（如音乐、绘画、雕塑和戏剧）及日常世界（如日常工作、媒体形象和食物），创造出建筑造型，其创作也可以包含在

图6.21 安·汉密尔顿:《斗篷》场景。迈阿密艺术博物馆，1998年

装置艺术与其他创新的艺术形式有相似性，但它不像视频艺术那样具有形象摄录的主题，也不像行为艺术那样具有强烈的音乐内涵。在《斗篷》中有一个微小的音乐细节：摆放在花丛中的收音机在展出期间播放音乐和其他声音。这座装置有着女权主义的视野，它可以被解释为对男性统治的艺术世界作讽刺性的评论，因为一直到20世纪中叶以前，这个世界不鼓励妇女成为艺术家，把她们的艺术选择限制在主要是像缝纫等户内杂务中。在这幅照片中，正在缝纫的妇女就是安·汉密尔顿本人，她离开时就由志愿者和雇员担任这一角色。

场的人。最有天赋的装置艺术家之一是美国的安·汉密尔顿（Ann Hamilton，1956年出生），她以其饱含寓意的感觉作品而闻名。她的作品《斗篷》（*mantle*）在1998年摆放在迈阿密艺术博物馆（Miami Art Museum，图6.21），布满了一间二楼展厅，其人物焦点是一个妇女在一扇窗户前做家务——这是对荷兰风俗艺术的尊敬，荷兰艺术经常描绘类似姿势的妇女。坐着的妇女做的活——将袖管缝到羊毛外套上——使作品得以命名（“斗篷”的意思之一是无袖外衣）。在这位妇女身后一张14.6米长的桌子上摆放着6万枝花朵堆成的花丘，一些凌乱的电线从展厅的墙壁上荡下落在花丘中。这种由慢慢凋零的花束堆成的花丘是一种死亡的象征（memento mori）——此乃文艺复兴艺术经常表现的一个主题。1999年，汉密尔顿被挑选为美国代表出席声望卓著的双年度威尼斯艺术节（Venice Art Bienniale）。

环境艺术（Environmental Art） **环境艺术**是1970年后出现的一种新的艺术形式。环境艺术的结构采用天然材料，如石头、泥巴、水和植物等，以显得似乎是天作之物。摆放艺术雕塑一部分是景观设计，一部分是工程操作，一部分是极少主义艺术，它一开始是出于对现代主义要打破艺术与生活之间界线的愿望之回应，例如由罗伯特·史密森（Robert Smithson，1938—1973年）创作的《螺旋防洪堤》（*Spiral Jetty*，图6.22，1970年）。环境雕塑之所以是后现代

图6.22 罗伯特·史密森:《螺旋防洪堤》。1970年。岩石、盐块、泥土和水,直径457米。犹他州,大盐湖。艺术版权:罗伯特·史密森财产/由纽约VAGA授权

史密森的源自极少主义美学的创作宗旨是将艺术与自然之间的界限模糊化,《螺旋防洪堤》便是如此。这座防洪堤用大盐湖地区的土产材料建造起来,除了其螺旋造型外,它没有显露出什么人为的迹象。即使是其造型也是随时变化的,因为湖水是潮起潮落的。史密森创造了受制于创作现场之气候和地理因素的艺术,他以此来提醒参观者:所有人类的努力不过是过眼云烟。因此,他的作品弥漫着一种文雅的忧郁情调。

的,乃是因为它的政治含义,因为环境艺术作品事实上都表达了对环境事业的坚定信心。

视频艺术(Video Art) 白南准(Nam June Paik,1932年出生)的确是视频艺术的开创者,他无疑是用这一媒介进行创作的最有影响的艺术家。**视频艺术**由一台或多台显示屏创作,可以采用计算机编程,也可以采用手动摄像机;作品可以是短暂的,也可以是永久性的。白南准自1959年起就用录像带进行创作,他起初是一名意在提供娱乐的艺术家,后来发展为专心用自己的节目探讨严肃的话题,而从1980年代起,他更是开始表达一些政治观点。代表他政治信念的一件深奥作品是《我的浮士德(台):宗教》(*My Faust* [*Stations*]: *Religion*,1989—1991年),它是13件多荧屏摆放作品系列中的一件(参见图

6.5）。这13件系列作品蕴藏着丰富的暗示，让人联想到曼哈顿地区的电视观众可以同时收看到的13个电视频道，而标题中的台（stations）一词，加上新哥特式的神坛造型，则是暗指“基督教的十字架台”（Christianity's Stations of the Cross），即耶稣走上十字架台罹难的13级台阶。浮士德则是一个标志，象征着既不知疲倦也毫不留情地寻求知识，即使丧失灵魂也在所不惜。故而，白南准的《浮士德》暗示了人类为获取世俗权力和荣耀与恶魔达成的契约。

建筑 到1960年代中期，随着先锋派建筑师们尝试新的形式和新的建筑材料，建筑逐渐摆脱后期现代主义而向后现代主义方向发展。特别引人注目的是作为后期现代主义设计之核心的不加装饰的“玻璃盒”被舍弃，代之以着意修饰的外观和各种**覆面**（claddings），即外墙的遮盖物和遮盖层。

促使后现代主义建筑兴起的是一种关于建筑的新的思维方式。在后期现代主义理念中，一座楼房通常是一座丰碑，是与绘画或雕塑一样的永恒性结构。但在后现代主义中，一座楼房无论是好是坏，总是历史性城市景观的一部分。如果周围环境繁荣，那么一座新楼应该与其四周协调起来，但如果所在街区衰落，那么，新的高楼大厦可以充当发动机以帮助使该城市区域重新恢复活力。故而，艺术表演中心、歌剧院、体育馆和博物馆就成为变化的工具，围绕着这些轴心将建造起饭店、剧院、商店、公寓。一座楼房本身不仅仅是被人观看的去处，而且还要经历城市生活。例如，一个新的博物馆不仅可以充当艺术的收藏库，还可以充当教育中心，成为举办讲座、播放电影和上演剧目的场地，并开设精美的现场餐馆。

后现代建筑的最早的倡导者之一是美国人罗伯特·文图里（Robert Venturi，1925年出生），他的观点概述在他的《建筑中的复杂性和矛盾》（*Complexity and Contradiction in Architecture*）一书（1966年）中。他反对现代主义建筑，认为它太僵硬因而是非人性的，他试图创造表达当代生活活力和不断变化特性的建筑。他醉心于大众文化，灵感来自于一些流行的建筑风格，比如拉斯维加斯的赌场和印第安人圆锥型帐篷式的汽车旅馆——一种有时被称为“乡土气”的矫揉造作的风格。一件饱含他对平凡事物之钟爱的作品是他设计的“行会会所”（Guild House），一座位于费城中低阶层社区的退休人之家（图6.23）。这栋楼房很不起眼，也似乎毫无艺术可言，它的审美情趣来自于大众文化。例如，屋顶上的线状雕塑看上去像是电视天线，而凹进去的入口及标记则让人回想起往日的电影院。文图里对现代主义戏弄式的抨击为后现代主义的多样性开启了大门。1991年，文图里获得了被认为是业内最高荣誉的“普利兹克建筑奖”（Pritzker Architecture Prize）。

图6.23 罗伯特·文图里：行会会所，1965年。费城

文图里的美学目的是化平常为非凡。他遵循这一民主理想设计了这座会所，在该案中，他采用了“沉默和平凡”（他自己的话）观念，力图给它以一种卓尔不群的外观。他对大众文化有着讥讽式的感悟和不合常理的快意，这使他成为后现代主义的领军人物。

贝聿铭（1917年出生）是一位跨越了后期现代主义和后现代主义并充分认识到城市生活与建筑之间联系的建筑师。贝聿铭出生于中国，十多岁时来美国学习建筑。他的老师中有出自包豪斯学校、逃离纳粹德国来到美国的沃尔特·格劳皮尤斯（1883—1969年）。从1955年起，贝聿铭与合作伙伴们一起设计了20世纪后期最有影响的一些建筑，包括波士顿的肯尼迪图书馆（John F. Kennedy Library）、达拉斯的莫顿·H·迈尔森交响乐团中心（Morton H. Myerson Symphony Center in Dallas）、华盛顿特区的国家艺术馆东楼（East Building of the National Gallery）、克利夫兰的摇滚名人博物馆（Rock and Roll Hall of Fame and Museum in Cleveland）和他最近的设计项目卡塔尔多哈的伊斯兰艺术博物馆（Museum of Islamic Art in Doha，Qatar，图6.24）。贝聿铭把博物馆设计得不仅是艺术收藏所，而且也是教育和社会中心，使它们能够更容易地被更广泛的受众接受——这是后现代主义将艺术大众化的趋势。贝聿铭获得了1983年的“普利兹克建筑奖”。

后现代主义的趣向之一是**高科技**（high tech），这种风格利用工业技术，其渊源可追溯到水晶宫（参见2.6）和埃菲尔铁塔。英国的理查德·罗杰斯（Richard Rogers，1933年出生）和意大利的任佐·皮亚诺（Renzo Piano，1937

图6.24　贝聿铭：伊斯兰艺术博物馆。2008年。卡塔尔，多哈，考比斯广告公司

很少承接新的大项目的贝聿铭设计了这座博物馆，该馆有着几何形状和高耸的立方体屋顶，融东西方建筑特征于一体。他受开罗的伊本·图伦清真寺的启发，设计了博物馆的穹顶和三面广场上的喷泉池。这座博物馆坐落在一座人工岛屿上，由一座绿树成荫的步行桥与陆地连接起来，馆内包括一些展厅、一家图书馆、一个管理中心和一个会堂。它是卡塔尔教育城的一部分，在该教育城里，一些美国大学开设了医学、工程、计算机科学、设计和外交服务等专业学校。

年出生）发起了这场复兴，其起始是巴黎的蓬皮杜中心，该作品大胆地展示了其工厂制作的金属部件和透明墙壁（图6.25）。蓬皮杜中心的设计目的是要争回巴黎在文化上比纽约更优先的地位，该中心被人们争相模仿，并衍生出一种内部装饰风格。皮亚诺在1998年被授予“普利兹克建筑奖”。

后现代主义建筑中最有争议的建筑之一是37层高、由淡黄色花岗岩建成的美国电话电报公司（American Telephone and Telegraph）总部大楼，它体现了新古典主义的风格（图6.26）。

这座楼房由米斯·范·德尔·罗赫的美国弟子菲利普·C·约翰逊（Philip C. Johnson，1906—2006年）设计，它完全采用了古典模式，不啻是给现代主义理念的一记响亮耳光。这幢AT&T总部大楼包含底座、中部和顶部，与希腊圆柱的基座、柱身和柱头相对应——此乃希腊—罗马建筑风格的基本要素。对现代主义单纯性的致命一击是，约翰逊在该楼的顶端加上了一个开裂的人字墙，这致使一位反对派批评家把它与18世纪的切宾代尔式高脚抽屉柜（Chippendale highboy）相提并论。不管对于它有多大的愤慨之词，这幢建筑预示了在后现

图6.25 理查德·罗杰斯、任佐·皮亚诺:蓬皮杜艺术文化中心。1971—1977年,巴黎。

蓬皮杜中心设计成了艳俗的工业风格,矗立在巴黎一个叫皮欧堡(Beaubourg)的安静社区的中心,它从一开始的设计阶段就饱受争议。它那扎眼的外观与周围建筑物的历史风格形成强烈反差——一种已成为后现代主义建筑之主导理想的反差。蓬皮杜中心开馆之日就引起了骚动,这种骚动并非偶然,在巴黎的其他地方,当政府在城市的传统建筑中间建起一些花里胡哨的庙宇时也发生了类似的骚动。

代主义时代新古典主义的复兴。1979年,约翰逊成为"普利兹克建筑奖"的第一位获奖者。

西班牙巴斯克地区毕尔巴鄂市(Basque city of Bilbao)的古根海姆博物馆(Guggenheim Museum)由美国人弗兰克·盖瑞(Frank Gehry,1929年出生)设计,它在1997年开馆之时,立即被公认为是一件经典作品。盖瑞受该市官员之聘,要将该博物馆建成毕尔巴鄂城市复兴工程的一部分,他将馆址选在内尔维昂河(Nervion River)河上,这条河流在毕尔巴鄂市的历史上发挥了重要作用。盖瑞的设计呈玫瑰花状,或是像一朵"金属花",其中央是一座圆形大厅,四周的花瓣则呈离心力的波浪状盘旋(图6.27)。墙体金属的纹路呈涟漪状,熠熠生辉,从市内就能望见,这是盖瑞处理柔软材料的典型的表现主义手法。内部装饰采用了巴洛克风格,里面含有一些展厅、一间报告厅、一家餐厅、一间咖啡屋、

图6.26　菲利普·C·约翰逊和约翰·布尔基（John Burgee）：美国电话电报公司总部大楼。1979—1984年。纽约。照片版权：彼得·莫斯（Peter Mauss）/Esto

虽然菲利普和布尔基在设计美国电话电报公司总部大楼时遵循了古典原则，但该楼却是用现代主义的方法建造的。像其他一些现代主义建筑一样，该楼采用了外部镶贴面板的钢架结构。但虽然这栋大楼的内在特性是现代主义的，其外观却呈现为前现代主义特色，传达出通常与古典建筑联系在一起的庄重感和协调感。

售货亭和一个相当于城市广场的中庭。选择象征圣母玛丽亚的玫瑰，则适合信奉天主教的西班牙。盖瑞将玫瑰花这个象征物从教堂转用到博物馆，从而将它改造成后现代时期的一个含糊标记。盖瑞在1989年获得了“普利兹克建筑奖”。

建筑界的两颗最耀眼的新星是荷兰的雷姆·库尔哈斯（Rem Koolhaas，原名为Remmet，1944年出生）和出生在伊拉克的英国人扎哈·哈迪德（Zaha Hadid，1950年出生）。两人都获得了“普利兹克建筑奖”，库尔哈斯在2000年，哈迪德在2004年，哈迪德是获得该奖的第一位女性。他们在伦敦相遇，其时哈迪德在“大都会建筑事务所”（Office for Metropolitan Architecture，OMA）工作，该事务所创建于1975年，库尔哈斯是其创建人之一。1980年代初，库尔哈斯将事务所搬迁至鹿特丹，但哈迪德留在了伦敦。

图6.27　弗兰克·盖瑞：古根海姆博物馆。1997年。西班牙，毕尔巴鄂市。

盖瑞的闻名在于他拓展了往往受现有规矩制约的建筑行业之范围，因为他与一些画家和雕塑家过从甚密，故他把自己看作既是艺术家也是建筑师。因此，毕尔巴鄂的古根海姆博物馆已被称为是雕塑建筑，它本身就被看作是一件艺术品。盖瑞借助一套复杂的电脑程序获得了这座建筑的戏剧性流线型效果，他还选择钛金属来包装外墙，从而使博物馆显得极其流光溢彩，像是在风中摇曳。

后期现代主义认为建筑可以成为社会转型的媒介，库尔哈斯和哈迪德则反叛这种理念，创建了与他们的城市环境相联系的非空想风格。在他们两人看来，一座楼房是一座城市的一部分，但构成呈现中的全球文化之基本单位的是城市而非楼房。库尔哈斯将这些观点写进了他1975年的论著《迷乱的纽约，曼哈顿追溯宣言》（*Delirious New York*，*A Retroactive Manifesto for Manhattan*）——该著号召大家起来重新规划城市景观。库尔哈斯设计的西雅图中央图书馆（Seattle Central Library，2004年，图6.28）建在一座山顶之上，俯瞰普捷湾（Puget Sound），它美妙地实现了库尔哈斯的理念：一座建筑应该与它周围直接的城市环境和谐一致。哈迪德则在设计辛辛那提的罗森塔尔现代艺术中心（Rosenthal Center for Contemporary Art，2003年）时追求了相似的目标，这个艺术中心毫无瑕疵地融入了它周围的背景（图6.29）。

图6.28 雷姆·库尔哈斯：西雅图中央图书馆。2004年。西雅图

按其建筑师库尔哈斯的说法，西雅图中央图书馆虽然有着一个躁动不安的外观，但它的原意是用来使用而不是用来当作一座纪念碑被观看的。按照他的美学眼光，这座图书馆层层叠叠的造型及其尖锐的顶角是为了与这座城市市中心的山丘梯形地势相呼应。在馆内，有一个高耸的门廊来欢迎来访的读者，而迷幻般绿黄两色的自动楼梯则吸引光顾者前去探索。除了楼梯和升降梯外，还有一个别具一格的螺旋型楼梯纵贯这座十一层的建筑。众多宽大的窗户俯瞰着周围的市景，并使馆内与馆外的景象得以充分互动。库尔哈斯的这件杰作刷新了现代主义的"玻璃盒"造型，使这座图书馆的内景外观进入一种富丽堂皇的梦幻境地，但像许多后现代的图书馆一样，它并不是一个享受和聚会的地方。

图6.29 扎哈·哈迪德：罗森塔尔现代艺术中心。2003年，辛辛那提

哈迪德的大胆设计——夸张的色彩对比、延长的水平线、交叉重叠的明暗——使罗森塔尔中心的这个顶角处呈现出一种鲜亮的外观。但是这座建筑又与辛辛那提的周围环境水乳交融，其夸张的外墙面与附近的楼房（左面、右面和后面）连接了起来。最底下近街的楼层用玻璃的墙体和立柱组合起来，是早期现代主义的遗留痕迹。

电影

1970年以后，已经全球化的电影业受到了许多因素（往往是相互交织的因素）的围攻，其中包括诸多技术发明、活跃多变的市场、不断发展的电影品位和电影观众持续减少，转向新的娱乐形式。虽然美国电影继续保持其全球顶峰优势，但1955年起麻烦不断的好莱坞制片体系在此后30年里自身不断蜕变。

随着电影制片公司的萎缩和电影银幕变宽，老的好莱坞让位于新的好莱坞以应对来自电视的进击。电影公司设计了削减成本的创造性策略，例如到国外拍摄或与外国公司分摊费用等等。新的电影发行体系兴起，提供磁带或DVD之类的新式拷贝，或用于出租，或用于销售，而电视也显示出对窄银幕影片的旺盛需求。一些小公司专门制作艺术片。例如，米拉麦克斯影业公司（Miramax Films，1979—2005年）成为一个重要的全球品牌，它的强项是历史喜剧一类的动人作品，例如由约翰·马登（John Madden，1949年出生）执导的《恋爱中的莎士比亚》（*Shakespeare in Love*，1998年）。新的好莱坞哺育了一些性格导演，例如以纽约为根基的伍迪·艾伦（Woody Allen，1935年出生），他导演了《安妮·霍尔》（*Annie Hall*，1977年）一类反映城市焦虑症的艺术片；还有克林特·伊斯特伍德（Clint Eastwood，1930年出生），他导演了后现代西部片《不可饶恕》（*Unforgiven*，1992年）。好莱坞之变化的一个强烈征兆是1980年由演员罗伯特·雷德福（Robert Redford，1937年出生）创建了现在所称的“圣丹斯电影节”（Sundance Film Festival）。这个电影节成为了艺术片、独立电影和纪录片的全国性和国际性展示场所。在今天竞争十分激烈的大众文化领域，在一些经济不景气的时段，制作这些探索性的电影风险越来越大。

在此同时，在新的好莱坞中，制片人继续制作各种题材影片，将诸多新技术注入这些影片中，使它们保持新颖性，例如，由斯蒂芬·斯皮尔伯格（Steven Spielberg，1946年出生）执导的《侏罗纪公园》（*Jurassic Park*，1993年）中的“数字化音响效果”（DST Digital Sound）；由皮克萨工作室（Pixar Studios）和迪斯尼公司合创的《玩具总动员》（*Toy Story*，1995年）中的电脑制作动画；由乔治·卢卡斯（George Lucas，1944年出生）执导的《星战前传2——克隆人的进攻》（*Star Wars: Episode II–Attack of the Clones*，2002年）中的数码摄影技术。特别要提一下的是由詹姆斯·卡梅隆（James Cameron，1954年出生）执导的灾难片《泰坦尼克号》（*Titanic*，1997年），它显示了好莱坞的最新迷局：它是有史以来制作成本最高而票房价值也最大的影片。

1970年以后好莱坞的最后一个重大变化是电影开始更贴近地反映美国的种族多元主义情形。这一趋势开始于由梅尔文·范·皮布尔斯（Melvin Van Peebles，1932年出生）执导的《斯维特拜克之歌》（*Sweet Sweetback' s*

Baadasssss Song！，1971年），这又继而引发了**黑人电影**（blaxploitation film）题材——这种影片的特点是以一个趾高气扬的黑人主角为中心的犯罪片，迎合黑人观众的口味。范·皮布尔斯的高票房作品为其他黑人导演铺平了道路，他们中有斯拜克·李（Spike Lee，1957年出生）及其执导的探索种族色彩暴力的城市题材片《为所应为》（*Do the Right Thing*，1989年）。随着非裔美国人加入好莱坞的主流，墨西哥裔和亚裔美国人也竞相效仿。然而，在911事件之后，阿拉伯裔美国人和其他中东后裔的美国人在影片中很少扮演正面角色——这也是这些族群的人的一个抱怨根源。

震撼美国电影业的剧烈变化在全世界都能被感觉到。虽然电影观众急剧减少，但仍然看电影的人更加年轻化。随着亚洲经济的勃兴（从1970年代到1990年代是日本，从1990年代到今天是中国、印度和韩国），这些国家的年轻观众成为推动电影市场繁荣和武术片题材兴起的动力。日本电影在世界电影市场中占据着稳固的位置。例如，黑泽明（1910—1998年）的《乱》将莎士比亚的《李尔王》移植到了封建时代的日本,这部影片在国际上赢得了大声喝彩，该片技术人员还采用了“极限影像”（IMAX）宽银幕格式——这是今天大多数大城市中的流行银幕格式。

澳大利亚和中国的电影业也加入到国际电影圈。澳大利亚电影的繁荣产出了高雅优美的艺术片，往往以真人真事为依据创作，将苦涩的细节与奇异的现实主义结合在一起,例如由彼得·威尔（Peter Weir,1944年出生）执导的《悬崖下的野餐》（*Picnic at Hanging Rock*，1975年），该片是一个结局悲惨的学生郊游发生的鬼故事。威尔后来被召到好莱坞——这是现在许多外国导演走的路。澳大利亚的电影今天仍然相当有影响，例如由巴兹·鲁曼（Baz Luhrmann，1962年出生）执导的《红磨坊》（*Moulin Rouge*），它几乎是单枪匹马地复兴了音乐片体裁。澳大利亚顶尖的导演和演员都轻松地来往于澳大利亚和好莱坞。

中国电影在全球的崭露同样令人瞩目，尽管它往往是一些采用受古代打斗套路启发的低级题材，即武术片。这场复兴开始于香港，在那里，武术片到1955年时已扎下了深根。这一地区性题材通过由李小龙（1940—1973年）主演、罗维（1918—1996年）执导的《唐山大兄》（*The Big Boss*，1971年）挺进了国际影坛。这部影片的特点是赤手空拳的打斗（即功夫）,从而被称为“功夫片”。随着香港电影的繁荣，大陆电影界也在1980年代中期觉醒了，其时新一代制片人崭露头角，他们更倾向于艺术片而非功夫片。这一群体的领军人物是张艺谋（1951年出生），他的电影虽然在中国颇受争议，但却被认为具有启示意义，并在国外频频获奖，例如《大红灯笼高高挂》（1991年），它讲述了一个有关包办婚姻、多妻多妾和权谋伎俩的伤心故事。中国电影真正走向全球的证明是

图6.30 《卧虎藏龙》定格画面。2000年

影片《卧虎藏龙》聚集了几位亚洲的超级明星和一些相对来说没什么名气的演员，例如章子怡（1979年出生，画面中间的人物）。章子怡扮演了一位出逃的年轻女子，她在追寻名誉和复仇。她扮演的角色是这个复杂故事的核心，这个角色将东方武术与西方的女权主义融合在一起，吸引了全球的观众。具有讽刺意味的是，西方观众对影片过度渲染的打斗场面很着迷（演员们用看不出的铁丝悬挂着拍戏，像在失重的太空中行走一般），而中国观众却对此很不满，觉得这种场面很不真实。

由李安（1954年出生）执导的武术片《卧虎藏龙》（2000年）获得奥斯卡最佳外语片奖（图6.30）。

后现代音乐

在1960年代，一些具有创新精神的作曲家摒弃无调性（atonality）的过于理智和对尖锐音的明显专注。他们以一种旨在使音乐更具有情感感召力的后现代风格来取代无调性，尽管他们仍然采用一些探索性手段。在这一风格范围内进行创作的最著名的作曲家是美国人菲利普·格拉斯（Philip Glass，1937年出生），他立志还音乐以充沛的内涵。他在追求这一目标时遵循一种极少主义传统，虽然他也从古典印度音乐、非洲击鼓乐和摇滚乐等各种渊源中汲取养分。格拉斯的许多音乐都是为**电子合成器**（synthesizer）谱写的，这种装置简单键钮的机器能复制多种乐器的声音，最多可同时发出十二种乐器声音。格拉斯谱曲时采用简单调性和声、有规律节拍、自然音阶等手法，特别喜欢用轻快的急速和弦，也即通过快速按击连续音键产生的串联式声音。

格拉斯的作品有着回绕不绝、循环重复的特点，因而可以一下子就能听出来，例如他为纪录片《机械生活》（*Koyaaniqatsi*，1983年）谱写的插曲“玻璃瓶”（Vessels）就是这样（“Koyaaniqatsi”是北美印第安霍皮［Hopi］族语的一个词，意思是“失衡的生活”）。在这首没有歌词的合唱作品中，格拉斯将人的嗓音模拟成颤抖的对话，很像此前的作曲家用乐器组合模仿人的对话一样。一组高音发出始终变化的颤音，而一组低音则形成一种不断向前推进的音墙。格拉斯的色彩斑斓的音乐为这部纪录片中时光交错的影像画面提供了萦绕不息的美妙配音。

作为一名作曲家，格拉斯谱写了交响乐、室内乐、电影配曲和舞曲等各类乐曲，但最使他声望卓著的是他的歌剧作品。他的第一部歌剧《海滩上的爱因斯坦》（*Einstein on the Beach*，1976年）是与同样备受争议的美国导演罗伯特·威尔逊（Robert Wilson，1941年出生）合作产生的，该剧在纽约大都会歌剧院（New York's Metropolitan Opera）上演，这对近期在世的作曲家来说是一种殊荣。在这部光怪陆离的作品中，格拉斯和威尔逊重新界定了歌剧的形式，这台长达四个半小时的歌剧是没有间断地一口气演完的，而格拉斯那一气呵成的音乐也与威尔逊的剧情十分贴切，这部剧没有清楚的情节，没有咏叹调，也没有大合唱。这次冒险是如此成功，以致格拉斯随后又为其他一些以著名人物为题材的歌剧谱写了乐曲，如演绎印度解放者甘地生平的《非暴力不合作》（*Satyagraha*，1978年）和集中反映有时被称为第一位一神论者的埃及法老的《埃赫那吞》（*Akhenaten*，1984年）。1998年，格拉斯的兴趣发生了一个更加多文化的转折，是年，他的多媒体歌剧《仁慈怪兽》（*Monsters of Grace*）首次上演并在世界各地作了巡回演出，这部歌剧的剧本改编自13世纪波斯神秘诗人哲拉鲁丁·鲁米（Jalal ad Din ar-Rumi）的诗歌。2000年，他重返西方题材，创作了改编自卡夫卡短篇小说的《在流放地》（*In the Penal Colony*）——他称该剧是“袖珍歌剧”。他的歌剧《等待野蛮人》（*Waiting for the Barbarians*，2005年）的剧本改编自诺贝尔文学奖得主约翰·库切（John M. Coetzee，1940年出生，系一名拥有德国和英国血统、生活在澳大利亚的南非小说家）出版于1980年的小说。这部歌剧的西方主题所含的政治意义显得非常强烈。歌剧的背景和情节——一个无名“帝国”的边疆小城，等待着来自野蛮人的进攻——令人想到了伊拉克战争和恐怖主义袭击。

目前在世的著名作曲家之一是美国人约翰·亚当斯（John Adams，1947年出生）。与他同代的许多作曲家一样，亚当斯是一名极少主义者，但他大力主张共鸣声和对音乐形式的确切把握。他为多种媒介谱过曲，包括管弦乐、歌剧、影视和舞蹈，并且既谱写电子音乐，也谱写器乐曲。他的歌剧《尼克松在中国》（*Nixon in China*，1987年）、《克林豪福之死》（*Death of Klinghoffer*，1991年）、《我看着天花板，随后看见了太空》（*I was Looking at the Ceiling and Then I Saw the Sky*，1998年）和《原子博士》（*Doctor Atomic*，2005年）均以历史事件为蓝本，它们的观看率比近期的任何歌剧都更高。他的两部管弦乐作品，选自《尼克松在中国》的《主席跳舞》（*Chairman Dances*）和《大人物打圈》（*Shaker Loops*，1996年），被一位评论家称为"位于当代美国音乐最著名和最常演奏的作品之列"。2001年，亚当斯回到他的极少主义源头，创作了《陌生地导引》（*Guide to Strange Place*），这是一部节奏紧张的管弦乐作品，长20分钟，分成5个快速和慢速交替行进的乐章。两年以后，这部作品成为同名芭蕾舞剧的配乐，该同名芭蕾舞由纽约市立芭蕾舞团（New York City Ballet）的丹麦裔芭蕾舞大师彼得·马丁斯（Peter Martins，1946年出生）编舞，这是亚当斯与马丁斯之间的第八次合作。

三位以大胆创新和影响广泛著称的重要作曲家展现了后现代音乐的多种风格。他们是匈牙利出生的奥地利人乔治·里盖蒂（Gyorgy Ligeti，1923—2006年）、美国人约翰·科瑞里亚诺（John Corigliano，1938年出生）和出生于中国的谭盾（1957年出生）。

里盖蒂的音乐扎根于极少主义美学，在他创作生涯中不断演化。在他的早期作品中，他展现了约翰·凯奇的玩笑精神，例如《音乐未来》（*Future of Music*，1961年），在这部作品中，演奏者和观众仅仅是相互凝视一段时间而已。后来，他又尝试由法裔美国籍作曲家埃德加·瓦雷兹（Edgar Varese，1883—1965年）开创的**电子音乐**（electronic music，这种音乐涉及电子处理程序，从各种声源汇集音响，并需要在音乐会上使用扩音器）。1960年代中期，里盖蒂摒弃了旋律、节奏和和声，转而创造一种奇特的声响，例如今天人们最常听到的他的作品《气氛》（*Atmospheres*，1966年）。在《气氛》中，他发明了"微复调"（micropolyphony）来制造不断游移的音层，尤其是其声音密度和音色的游移。1968年，导演斯坦利·库布里克（Stanly Kubrick，1928—1999年）在影片《2001太空漫游》（2001：*A Space Odyssey*）中用他这部作品中的一些段落来烘托未来景象。里盖蒂是一个不知疲倦的天才，他继续进行新的尝试，例如，他在歌剧《大灭亡》（*Le Grand Macabre*，1976年；1999年修改）中将大众文化、讽刺、模拟歌剧音乐和彼得·布鲁盖尔的农民画糅合到了一起。这部歌剧对后现代主义来说是讽刺性的情人，已被批评家们叫做"反歌剧"（antiopera），是一出"荒诞

图6.31 《大灭亡》中的一幕

通过自由混合时期和风格，里盖蒂的《大灭亡》使自身成为了与歌剧传统若即若离的讽刺性作品。

的音乐喜剧"，是一幕"启示录式的闹剧"（图6.31）。

科瑞里亚诺属于后现代音乐中的**新浪漫主义**（neoromantic）派。他的作品使用许多媒介谱写，包括管弦乐、室内乐、歌剧和电影，表现出一种不断变迁的风格，充满了丰富的表现力和创新手法。他在今天最为人熟知的作品是为加拿大人弗朗索瓦·吉拉德（François Girard，1963年出生）执导的《红色小提琴》（*The Red Violin*，1999年）所作的电影配乐。科瑞里亚诺的回旋不绝的配乐乐曲（完成于1997年）采用了古典音乐、大众音乐和民间音乐等多种不同的音乐风格，以追随从意大利到英国到中国到加拿大的全球行程。科瑞里亚诺又将这部电影配乐的主题乐扩展成了一部独立的小提琴和管弦乐演奏曲《红色小提琴恰空舞曲》（*The Red Violin Chaconne*，1997年）。（"恰空舞"最初是18世纪的一种西班牙宫廷舞，这种音乐形式的特点是和声行进的变调而非旋律的变调。）

谭盾是全球音乐界冉冉升起的一轮明月。或像约翰·凯奇所言，谭盾是一种音乐力量，他似乎让"东方和西方一起走到了我们家里"。作为一名北京中央音乐学院（1981年）和纽约哥伦比亚大学（博士，1993年）的毕业生，谭盾发展出一种反映对两种文化的音乐都极为稔熟的兼容并蓄的风格。在他创作的管弦乐、室内乐、歌剧和电影配乐中，谭盾将中国的音乐、历史和文化传统与历史上的西方风格如古典派、极少主义和流行音乐形式等糅合在了一起。全球听众第一次见识谭盾的迷人音乐是通过李安的《卧虎藏龙》（2000年），谭盾为该片谱写的配乐获得了奥斯卡奖。迄今为止他最恢宏的作品是歌剧《马可·波罗》，该剧采用了“歌剧中套歌剧”的西方先锋派形式，并将多文化的泛亚洲元素融合其中：中国的京剧、日本的歌舞伎、印度尼西亚的皮影戏和西藏仪式中的脸谱等等。来自欧洲、印度、西藏和中国的乐器加强了这种多文化融合。在这个多层次的故事中，马可·波罗自西向东的旅行既再现了这位意大利冒险家的真实行程，也象征了后现代世界中正在进行的全球遭遇，还体现了谭盾自己的心灵旅程。

行为艺术

劳里埃·安德森（Laurie Anderson，1947年出生）是**行为艺术**（Performance Art）的重要艺术家——行为艺术诞生于1960年代，是一种将多种媒介的艺术自由地混合在一起的艺术类型，它排除艺术种类的界限，将高雅艺术（如音乐、绘画和戏剧）与大众艺术（如摇滚乐、电影和时尚）愉快地融为一体，创造一种独特的、无法复制的艺术体验。安德森的行为艺术由故事说唱组成，用多少有些令人惊骇的效果讲述日常生活中的平凡事件。其中的独白往往含有幽默色彩，用一种唱歌般的声音说出来，辅之以一些媒介形象、奇怪的道具和各种不同的电子媒介，如电子乐器、照片投射、巧妙操作的影像和变声处理设备等等。其表演的核心是她的舞台角色，很像《绿野仙踪》（*The Wizard of Oz*）中的多萝茜（Dorothy），她瞪着眼睛困惑地看着现代的电子世界。她是一名天才的小提琴手，她的录音带——如取自作品《圣经新约读本》（*Readings from the New Bible*，1992—1995年）的音带《戴珠宝的丑人》（*The Ugly One with the Jewels*，1995年）——曾非常热销，但她却只想让她的音乐在其艺术中起配角作用。在改编自19世纪赫尔曼·梅尔维尔所著小说的作品《〈莫比·迪克〉的歌与故事》（*Songs and Stories from "Moby Dick"*，1999年）中，她另辟天地，在她自己的声音以外又增添了男声（图6.32）。

美国人辛迪·谢尔曼（Cindy Sherman，1954年出生）也创造了一种不带音乐的行为艺术。谢尔曼在1970年代就崭露头角，她拍摄了一些她本人造型别致的照片，唤起人们回想起老电影的场景。虽然这些照片聚焦于一些身为牺牲品的妇女，但其暧昧的特性使她备受争议，在女权主义者们眼里更是如此。在80年代，她制作了一系列“历史画像”，在其中她模仿一些著名的艺术人物。在90年代，她制作了一些以色情人物、模拟时尚形象和神话角色为对象的照片（图6.33）。谢尔曼的艺术特性是舞台化和邋遢不拘，她试图推翻高雅艺术，将其带回凡间向今天的观众展示。

图6.32 威廉·斯特鲁斯。劳里埃·安德森在美国斯波雷托音乐节上表演。1996年6月

劳里埃·安德森的作品定义了行为艺术。图中所示为她所表演的《〈莫比·迪克〉的歌与故事》中的一幕。

大众文化

信息膨胀是使世界美国化并转型为地球村的巨大推动力，而电视则提供了最初的转型手段。随着地球的缩小，更先进的电子器械——录像带、光碟机、数字录音机、数码摄像机、电脑——使个人的空间更加缩小，每个家庭都变成了一个信息中心。世界得以进一步缩小是由于包含因特网和万维网(World Wide Web)的全球信息高速公路之来临，以及诸如卫星电话等国际通讯技术的发展。

这种信息爆炸引发了“信息时代”的来临，所谓“信息时代”就是信息和娱乐融合在一起，这种现象清楚地表现在所有的大众媒体中。报纸、杂志和电台等老式的大众媒体业已衰落，而新式的信息输出手段如电视和电脑等兴盛起来。即使是新式传媒也受到围攻，例如，晚间电视新闻屈从于由CNN在1980年代初率先尝试的24小时新闻网络模式。CNN本身也受到一个使用英语和法语播送的泛非洲新闻频道的冲击，更受到以卡塔尔为基地的半岛电视台(Al Jazeera)的挑战。半岛电视台用英语播送，是反映阿拉伯人呼声的全球性喉舌。

生活片段

我们如何来到这里？我们将去向何处？

阿敏・马卢夫（Amin Maalouf）

阿敏・马卢夫（1949年出生）的母语是阿拉伯语，但他用法语写作，他既是正在呈现的全球文化的代表性人物，也是这种文化的热忱的观察人。他出生在黎巴嫩一个信奉天主教的阿拉伯家庭，为一家贝鲁特报纸撰稿，曾游历印度、孟加拉国、埃塞俄比亚、索马里、肯尼亚、也门和阿尔及利亚。1975年的黎巴嫩内战迫使他离开祖国移居法国，在那里，他写出了一系列使他获得国际声望的获奖小说。下列片段摘录自《源头》（*Origins*，2004年）的导言，《源头》是一部关于马卢夫家族几代人的回忆录。

除我之外的其他人可能会使用“根”（roots）一词来做本部回忆录的书名。“根”不在我的词汇里。我不喜欢这个词，我甚至更不喜欢这个词表达的景象。“根”扎在地下，扭曲着埋在泥土里，在黑暗中蔓延。它们从一开始就把树抓在手里，以勒索的代价来滋养树木：“你自由了就会枯死！”

树木被迫屈服，它们需要根。人却不是这样。我们轻柔地呼吸空气，向往天空。如果我们沉入地下，我们就烂掉了。我们故土中的汁液并不会从我们的脚流到我们的头，我们只是用脚走路。与我们相关的是道路。道路承载着我们从贫困走向富裕，或是走回贫困，从樊笼走向自由，或是走向暴死。道路蕴藏着我们的希望，负担我们的体重，激励我们向前，随后抛弃我们。我们将在一条不是我们自己选择的道路的边上死去，正如我们出生一样。

道路不像树木，不是在种子随便落下的地方破土而出。与我们一样，道路有源头——虚幻的源头，因为道路没有真正的起点。在落在我们身后的第一个弯道之前，已经有一个弯道，在这之前还有一个弯道。每条道路的源头都是捉摸不定的，因为它们在十字路口与其他的道路相交，其他的道路有着其他的源头。如果我们把所有这些支路都计算上，它们可以绕上地球一百次。

在我的家族里，这些支路必须计算一下。我来自一个在记不清的时代就生活在辽阔无垠的沙漠中的游牧部落。我们的家园是一些绿洲，当春天绿洲枯竭时我们就离开那里；我们的房子是搭建在石块中的帐篷；而我们的民族身份，那就与日期和船只相关了。唯一把我们连结在一起的东西，除了代代相继、大海和语言的嘈杂声以外，就是一个姓氏的温柔发音。

一个姓氏就是一个故乡？是的，就是这样。不是什么宗教信仰，而是姓氏，才是悠久的忠诚所在。

我从来没有真正的宗教归属。如果有归属的话，那我有好几种互不相容的宗教信仰。我也从来没有感觉到对一个国家的压倒一切的忠诚感。真的，我不是只有一个国家。另一方面，我愿意认同我的大家庭的历史——认同它的历史及其传说。像古希腊人一样，我把我的认同置于一种神话中。我知道这是虚构的，但我崇拜这种神话，好像它揭示了某种真理似的。

解读本篇生活片段

1. 比较和对照马卢大关于用“根”和“道路”来比喻一个人与其家庭之关系时的区别。

2. 对于世界上一些备受种族、民族和宗教纷争困扰的麻烦地区来说，“道路”作为身份认同的比喻有什么启示？

3. “道路”作为身份认同的比喻，是看待非法移民问题的一个途径，它在美国有什么启示意义？

4. “道路”概念可以运用到你的家族史上吗？解释你的答案。

图6.33　辛迪·谢尔曼：《无题第50号》。照片，1979年。纽约现代艺术馆收藏

这张黑白照片取自《剧照》系列。谢尔曼将她年轻时的电影中一个常见的角色非人格化为一个冷酷的老于世故的人。

娱乐业也出现了相同的变化。老式的娱乐如电台和滑稽小品等之外又有了新的传媒手段，如包含MTV频道和体育频道的有线电视等。这一变化催生了一些被狂热追捧的人物：迈克尔·杰克逊（Michael Jackson，1958—2009年），1980年代中期的超级巨星麦当娜（Madonna，1959年出生），1990年代初期的通俗歌后；阿姆（Eminem，1972年出生，原名是马歇尔·马瑟尔斯第三[Marshall Mathers III]），白人饶舌乐手，目前的流行歌王。随着娱乐的继续演化，近年来最明显也最有影响的发展也许是街头"说唱乐"（hip-hop）的诞生。

说唱乐（hip-hop）在1970年代开始兴起。其来源是霹雳舞、涂鸦艺术、饶舌和DJ，它出现在说英语或西班牙语的黑人和墨西哥裔美国人群体中。到2001年，说唱乐在美国大众音乐中占据了顶峰位置，主要是由于非裔美国人在好莱坞电影和电视上进入了主流。说唱乐已经扩展到了墨西哥、拉丁美洲大部分地区、加拿大的一部分地区、远东和欧洲，在移民群体中尤为盛行。

6.4 总结

自最初的历史时期开始，人类就发现，对他们自己所处时代的理解虽然是必需的，却也是很困难和难以预测的。很少有人既能解释他们自己的历史，又有足够的智慧知道哪些东西将持久流传下去。预测今天的事件和趋势将如何决定本世纪以后时间的历史进程几乎是不可能的。

然而，考虑到当今在政治、社会和经济领域出现的突破性变化，我们将对不远的将来提出两种相互矛盾的解释。一方面，在当今这个后现代时代，我们看到了一幅新的世界景象——世界呈现出全球性的和民主的新景象，容纳了来自许多民族和国家男女人等的贡献、爱好和观念，并从高雅文化和通俗文化中借鉴养分。根据这种乐观的看法，世界将继续以西方文明为主导向前推进，主要是因为西方文明已经表明具有调整和延续的能力。另一方面，鉴于世界各地出现的令人沮丧的紧张局势，这些朝向同一性的趋势似乎仅仅是水中月、镜中花而已。从我们悲观的角度来看，未来可能会充满各种社会之间重新爆发的断裂和冲突，这些纷争将表现为各种形式，如经济制裁、武装冲突乃至恐怖行动。

当我们像在本书中那样思考我们的过去时，将清楚地看到一个教训：长期的历史是不可预见的。例如，在五千年之前的公元前3000年，谁会预见羽翼未丰的埃及和美索不达米亚诸社会将成为文明的摇篮，在它们衰落之前遗留下一些持久的文化形式？在公元前2000年，谁又能预见再度复兴的埃及和美索不达米亚最终将被铁器时代的入侵者摧毁？公元前1000年的东地中海正处在

当代世界的遗产

从我们当前的眼光来看，1970年之后世界似乎转了一个弯，将此前时期甩在了身后。在几代人中流传的传统、习惯和原则跌落在路边，并迅速地被新的真理、新的安排和新的忠诚取代。冷战结束了，恐怖主义时代诞生了。世界不再是两个超级大国之间的争斗，而是面临了西方与伊斯兰世界之间的战争，这一战争显得将成为一种文明的冲突。共产主义崩溃后一个超级大国（美国）的大获全胜也促使西方阵营分崩离析，表现为美国与欧洲之间的诸多裂缝。同样，石油蕴藏丰富的俄罗斯、中国、印度和伊朗已表现出对美国霸权和安全的威胁。但不管怎样，美国及其民主制度和自由市场经济却在全世界被广泛效仿。然而，好战的民族主义和种族厮杀之再起、较贫穷国家中以民粹主义形式表现出来的对全球化的反应、恐怖主义的蔓延以及2008年以来世界范围的剧烈信贷危机和经济萧条，威胁着自由民主制度和市场经济的全面胜利。从长远来看，无止境进步会一直持续到不可预见未来的远景难以期待，只能期望一种受地球自然资源之制约的适度增长。第二次世界大战之后世界分成三块（西方、苏联阵营和第三世界）的状态，现在已经演化为一个正在呈现中的全球文明，将这个全球文明连结在一起的手段有：技术、联合国及其各种机构、跨国公司、电影、大众媒体、大众文化、旅游和林林总总的非政府组织。

混乱和衰落之中，当此之时，怎么可能猜想到希腊和罗马将相继演进为以后将成为西方之范式的文明？在公元前夕罗马帝国如日中天之时，谁又敢预言罗马的力量将扩张得如此广阔但随后又崩溃，让位于伊斯兰、拜占庭和西方这三个各自分离的文明？在公元1000年时，谁又会预见落后的西方将成为不断革新的工业巨人，其文化将统率全世界？通过这简单的考察吸取一点教训，我们就马上会承认，我们无法知道下一个千年将带来些什么。我们所能说的仅仅是：基于过去的历史，我们所知道的文明，将由于一些我们目前预见不到的技术、政治、宗教、经济或社会危机及其反应而发生根本性变化。

在这些紧张、不安、冲突和日常危机的表象之下涌动着现代生活的挑战，在这种潮流之下还蕴藏着使我们之所以成为人类的东西：对精神指导的探求、对探索的好奇心、对理解的满足、表达我们创造性才能的天分以及引导我们的往昔。这些人类存在的共同线索，如同一种经久的信念，表明人类精神将延存下去并最终盛行开来。美索不达米亚人和希腊人早已认识到了人类的这种不朽品质。无论未来是什么样子，我们将继续保持这些人文主义的价值观。

文化关键词

后现代主义（postmodernism）
解构主义（deconstruction）
虚无主义（nihilism）
魔幻现实主义（magic realism）
新现实主义（neorealism）
新古典主义（neoclassicism）
装置艺术（Installation Art）
视频艺术（video Art）
高科技（high tech）
电子合成器（synthesizer）
新浪漫主义（neoromantic）
说唱乐（hip-hop）
后结构主义（poststructuralism）
范式转换（paradigm shift）
解放神学（liberation theology）
艺术喜剧（commedia dell'arte）
新表现主义（neoexpressionism）
观念艺术（conception art）
环境艺术（environmental Art）
覆面（claddings）
黑人电影（blaxploitation film）
电子音乐（electronic music）
行为艺术（performance Art）

批判性思考提问

1.界定后现代主义。解释历史事件对后现代主义兴起的影响。

2.辨别后现代主义艺术的三种潮流。讨论各代表一种潮流的一件艺术作品。

3.辨认三位后现代思想家及其主要思想。阐明这些思想如何各自代表后现代主义。

4.撰写一篇短文，表明社会议题与后现代艺术及人文主义的关系，从以下方面举出五个例证：哲学、宗教、文学、艺术、建筑、电影、音乐。

5.讨论导致1970年以后全球新秩序的因素和事件。

出版后记

在世界越来越成为一个“地球村”的年代，在全世界各个地域、各个种族的人群都怀抱“同一个世界，同一个梦想”的年代，地处东方的我们，融入世界大家庭所必需的一步，就是深入理解深刻影响现代世界形貌的西方世界。他们的历史进程，他们的所思所想，这一切都可以通过他们创造和表达自身的作品去找寻——哲学、宗教、艺术、音乐、文学等——这些相关领域的知识我们可以统称为人文学识。

《人文通识课》就是一套结构清晰、编排合理、流畅好读的人文学识读本，内容涵盖了从史前到21世纪的西方文明进程中的文化表达。在每一章中，作者都会就所述时代的历史、政治、经济和社会发展给出扼要的描述，为将要讨论的西方文化勾勒出时代背景；余下的部分主要论述两种不同的文化表达，一是哲学、宗教、科学等思想观念范畴，一是艺术、建筑、文学等文化作品范畴。既分析描述该时代普遍性的主题、风格传承与流变和风格要素，又考察具有创造力的个人是如何应对其所处社会向他们提出的挑战的。书中提供的精美图片、精心设置的专栏、章尾提出的思考题，以多种形式帮助读者掌握每章的精髓内容。

对人文学识的学习，主要目的并非是把这些人类历史上的文化珍品置于博物馆中，以旁观者的姿态把玩欣赏。更重要的是，读者应该在这趟人文精神之旅中不断丰富和提高自己的历史眼光，以加深对当今世界纷繁复杂的情势的理解，并勇敢投入到塑造未来的行动中去。

服务热线：133-6631-2326　188-1142-1266

服务信箱：reader@hinabook.com

后浪出版咨询（北京）有限责任公司

2013年4月

图书在版编目（CIP）数据
人文通识课Ⅳ /（美）马修斯，（美）普拉特，（美）诺布尔著；卢明华，计秋枫，郑安光译．——北京：世界图书出版公司北京公司，2013.7
书名原文：The western humanities，7e
ISBN 978-7-5100-6723-5
Ⅰ．①人…　Ⅱ．①马…②普…③诺…④卢…⑤计…⑥郑…　Ⅲ．①人文科学　Ⅳ．①C
中国版本图书馆 CIP 数据核字（2013）第 161055 号

Roy Mathews
The Western Humanities,7e
0-07-337662-0

人文通识课Ⅳ：从法国大革命到全球化时代

著　　者：（美）罗伊·T·马修斯等　　译　　者：卢明华　计秋枫　郑安光　　筹划出版：银杏树下
出版统筹：吴兴元　　责任编辑：张　鹏　　营销推广：ONEBOOK　　装帧制造：墨白空间

出　　版：世界图书出版公司北京公司
出 版 人：张跃明
发　　行：世界图书出版公司北京公司（北京朝内大街 137 号　邮编 100010）
销　　售：各地新华书店
印　　刷：北京铭传印刷有限公司（三河市驹阳镇南外环柯达路　邮编 065200）
（如存在文字不清、漏印、缺页、倒页、脱页等印装质量问题，请与承印厂联系调换。联系电话：0316-3216418）

开　　本：690×960 毫米　1/16
印　　张：22　　插页 4
字　　数：420 千
版　　次：2014 年 3 月第 1 版
印　　次：2014 年 3 月第 1 次印刷

读者服务：reader@hinabook.com　188-1142-1266
投稿服务：onebook@hinabook.com　133-6631-2326
购书服务：buy@hinabook.com　133-6657-3072
网上订购：www.hinabook.com　（后浪官网）

ISBN 978-7-5100-6723-5　　　定　　价：39.80 元

后浪出版咨询（北京）有限公司常年法律顾问：北京大成律师事务所　周天晖　copyright@hinabook.com

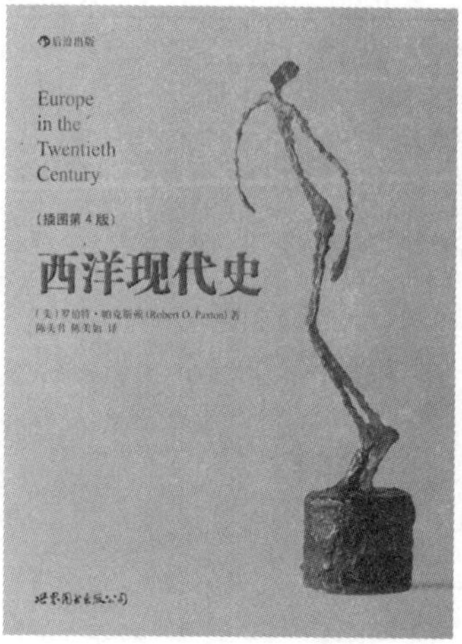

《西洋现代史》

（插图第4版）

著　　者:（美）罗伯特·帕克斯顿
译　　者: 陈美君　陈美如
书　　号: 978-7-5100-3939-3
出版时间: 2011.11
定　　价: 88.00元

纵览欧洲百年历史　展望全球未来走向

社会史观　深度呈现　作者是当代美国最杰出的政治及历史学者之一，专于二战时期法国维希政权、纳粹主义及欧洲史。本书出版于1972年，40余年里一再修订再版，不断跟进世界形势，因而成为如今美国的经典大学教材。本书所呈现的既有波澜壮阔的战争或外交场景，也有小处着眼的家庭关系、个人生活，细致反映了个人与社会整体之间的微妙互动。

百年沉浮　经典取景　纷繁芜杂的欧洲舞剧，尽心裁剪，方达管中窥豹之功。本书以欧洲地域范围内的百年风云为中心，详尽而又从容地展现了欧洲在20世纪的变迁。从世纪之初的乡村风光到二三十年代的巴黎和会，再到血腥异常的二战、波谲云诡的冷战和东欧剧变，逐一娓娓道来，发人深省。

宏观把握　微观解剖　视界开阔且思绪周详，叙事宏大且析理入微，既见树木且见森林。帝国主义扩张与觉醒的民族主义碰撞出“一战”火星、经济萧条与社会衰退的矫枉过正式补救引燃“二战”狼烟、现实政治与意识形态催生不尴不尬的经久冷战：整体和盘托出，细节披露无遗。

史论结合　相得益彰　史实讲述客观翔实且生动有趣，寓史论于史实，以史实呼应史论，相得益彰。本书既以惯常的时间次序叙事行文，又将某些重大的历史专题与相应的历史时段并列，史论结合。此种精心之处，既让读者知悉历史现象，又习得历史方法，授人以鱼且授人以渔。